中国人事科学研究院
·学术文库·

高校毕业生就业制度的变迁

秦莹○著

中国社会科学出版社

图书在版编目（CIP）数据

高校毕业生就业制度的变迁／奉莹著 .—北京：中国社会科学出版社，2023.10
（中国人事科学研究院学术文库）
ISBN 978 – 7 – 5227 – 2724 – 0

Ⅰ.①高… Ⅱ.①奉… Ⅲ.①大学生—就业制度—历史—中国 Ⅳ.①G647.38

中国国家版本馆 CIP 数据核字（2023）第 203333 号

出 版 人	赵剑英
责任编辑	孔继萍　周怡冰
责任校对	闫　萃
责任印制	郝美娜

出　　版	中国社会种学出版社
社　　址	北京鼓楼西大街甲 158 号
邮　　编	100720
网　　址	http://www.csspw.cn
发 行 部	010 – 84083685
门 市 部	010 – 84029450
经　　销	新华书店及其他书店

印刷装订	北京君升印刷有限公司
版　　次	2023 年 10 月第 1 版
印　　次	2023 年 10 月第 1 次印刷

开　　本	710×1000　1/16
印　　张	22
字　　数	365 千字
定　　价	128.00 元

凡购买中国社会科学出版社图书，如有质量问题请与本社营销中心联系调换
电话：010 – 84083683
版权所有　侵权必究

目 录

前 言 …………………………………………………………（1）

第一章 高校毕业生就业制度发展的基本历程 …………………（1）
  第一节 高校毕业生就业分配制度的建立（1949—1958年）……（1）
    一 高校毕业生统筹分配制度（1949—1951年）……………（2）
    二 高校毕业生统一分配制度（1951—1958年）……………（6）
  第二节 高校毕业生就业分配制度的曲折发展（1958—
        1985年）………………………………………………（15）
    一 高等教育大发展时期的统一分配制度（1958—
       1961年）……………………………………………………（15）
    二 高等教育精简时期的统一分配制度
       （1961—1966年）…………………………………………（19）
    三 高校毕业生就业分配制度的挫折发展
       （1966—1979年）…………………………………………（33）
    四 高校毕业生就业分配制度的恢复调整
       （1979—1985年）…………………………………………（38）
  第三节 高校毕业生就业分配制度的市场化探索（1985—
        1992年）………………………………………………（46）
    一 "供需见面" ……………………………………………（47）
    二 "双向选择"的探索发展 ………………………………（49）
  第四节 高校毕业生就业制度的市场化发展（1992—
        2003年）………………………………………………（58）
    一 全方位的"双向选择" …………………………………（59）

二　普及推广自主择业 …………………………………………（63）
第五节　高校毕业生就业制度的优化完善
　　　　（2003—2013 年）………………………………………（68）
　　一　高校扩招初期的高校毕业生就业政策（2003—
　　　　2009 年）………………………………………………（69）
　　二　金融危机时期的高校毕业生就业政策（2009—
　　　　2013 年）………………………………………………（70）
第六节　高校毕业生就业促进政策的稳步发展（2013—
　　　　2022 年）………………………………………………（71）
　　一　高校毕业生就业政策的丰富发展
　　　　（2013—2016 年）………………………………………（71）
　　二　高校毕业生就业政策的进一步完善
　　　　（2016—2019 年）………………………………………（75）
　　三　新冠疫情时期的高校毕业生就业促进政策（2019—
　　　　2022 年）………………………………………………（77）

第二章　高校毕业生就业岗位扩展政策……………………………（85）
第一节　引导高校毕业生到农村基层服务项目………………………（85）
　　一　基层服务项目相关政策的发展历程………………………（86）
　　二　"大学生志愿服务西部计划"………………………………（92）
　　三　"三支一扶"计划……………………………………………（97）
　　四　农村教师特设岗位计划……………………………………（101）
　　五　选聘高校毕业生到农村任职………………………………（106）
　　六　基层农技推广特设岗位计划………………………………（108）
第二节　选调生政策……………………………………………………（110）
　　一　早期的选调生政策…………………………………………（110）
　　二　选调生政策的恢复和发展…………………………………（111）
　　三　选调生工作的规范发展……………………………………（113）
　　四　选调生政策的进一步完善…………………………………（115）
第三节　鼓励高校毕业生到中小企业和非公有制单位就业……（118）

一　对到中小企业和非公有制单位就业的高校毕业生给予
　　　　支持 …………………………………………………… (118)
　　二　对招收高校毕业生的中小企业和非公有制单位给予
　　　　优惠 …………………………………………………… (120)
　　三　鼓励企业扩大招聘高校毕业生规模 ………………… (121)
第四节　开发基层社会管理和公共服务岗位吸纳高校毕业生
　　　　就业 …………………………………………………… (121)
　　一　政府开发公益性岗位 ………………………………… (121)
　　二　公益性岗位优先安排困难家庭高校毕业生和就业困难
　　　　高校毕业生 …………………………………………… (123)
　　三　政府购买基层公共管理和社会服务岗位更多用于吸纳
　　　　高校毕业生就业 ……………………………………… (129)
第五节　引导高校毕业生到基层一线、艰苦边远地区就业 …… (131)
　　一　发展历程 ……………………………………………… (131)
　　二　实行面向基层就业的定向招生制度 ………………… (138)
第六节　创业和灵活就业政策 ………………………………… (146)
　　一　鼓励高校毕业生自立创业政策的形成 ……………… (147)
　　二　高校毕业生自主创业政策的进一步发展 …………… (148)
　　三　"双创"战略与引导大学生创新创业 ……………… (150)
　　四　高校毕业生创新创业政策的优化与完善 …………… (154)
第七节　应征入伍政策 ………………………………………… (156)
　　一　政策发展历程 ………………………………………… (156)
　　二　高校毕业生应征入伍服兵役享受的优惠政策 ……… (161)

第三章　高校毕业生就业能力提升政策 …………………… (166)

第一节　就业指导 ……………………………………………… (166)
　　一　高校毕业生思想教育 ………………………………… (166)
　　二　建立高校毕业生就业指导中心 ……………………… (168)
　　三　加强就业服务与就业指导 …………………………… (174)
第二节　就业培训与见习 ……………………………………… (182)
　　一　早期对毕业生参加见习的要求 ……………………… (183)

二　高校毕业生见习制度的建立 …………………………………（184）
　　三　《"三年百万"高校毕业生就业见习计划》…………………（188）
　　四　离校未就业毕业生技能就业行动 …………………………（190）

第四章　高校毕业生就业信息服务政策 …………………………（193）
第一节　政策发展历程 …………………………………………（193）
　　一　就业信息服务的产生 ………………………………………（193）
　　二　就业信息服务的规范发展 …………………………………（199）
　　三　就业信息服务的丰富发展 …………………………………（202）
第二节　高校毕业生就业信息服务平台建设 …………………（209）

第五章　高校毕业生就业服务载体建设政策 ……………………（213）
第一节　大学生创业孵化基地 …………………………………（213）
　　一　大学生创业孵化基地发展历程 ……………………………（214）
　　二　大学生创业孵化基地发展现状及存在问题 ………………（221）
　　三　促进大学生创业孵化基地发展的政策建议 ………………（225）
第二节　高校毕业生就业见习基地 ……………………………（226）
　　一　就业见习基地政策发展历程 ………………………………（226）
　　二　就业见习基地发展现状及存在问题 ………………………（231）
　　三　国外就业见习制度 …………………………………………（234）
　　四　促进高校毕业生就业见习基地发展的政策建议 …………（237）

第六章　高校毕业生就业权益保护政策 …………………………（238）
第一节　高校毕业生就业权益保护政策的发展历程 …………（239）
　　一　政策萌芽 ……………………………………………………（239）
　　二　保障到中小企业和非公有制单位就业的高校毕业生
　　　　合法权益 ……………………………………………………（240）
　　三　相关政策法规的优化与完善 ………………………………（242）
　　四　加大高校毕业生的就业权益保护政策力度 ………………（245）
第二节　高校毕业生就业中的权益保护问题 …………………（249）
　　一　就业协议制度中的权益保护问题 …………………………（249）

二　见习期的权益保护问题 …………………………………（252）
　　三　女大学生就业权益保护 ………………………………（254）

第七章　高校毕业生就业困难援助政策 …………………………（261）
第一节　就业困难援助政策的发展历程 ……………………（262）
　　一　以贫困家庭毕业生为主要对象的就业援助 …………（262）
　　二　强化对困难高校毕业生的就业援助 …………………（264）
　　三　进一步扩大就业援助的范围 …………………………（271）
第二节　高校毕业生就业困难援助的内容 …………………（275）
　　一　贫困家庭毕业生就业援助 ……………………………（275）
　　二　残疾毕业生就业援助 …………………………………（278）
　　三　少数民族毕业生就业援助 ……………………………（282）

第八章　高校毕业生就业其他相关制度和政策 …………………（285）
第一节　高校毕业生工资制度 ………………………………（285）
　　一　早期的高校毕业生工资制度 …………………………（285）
　　二　见习期间的临时工资标准 ……………………………（288）
　　三　高校毕业生工资制度的挫折发展 ……………………（290）
　　四　高校毕业生工资制度的调整与优化 …………………（292）
　　五　高校毕业生特定项目的工资待遇 ……………………（295）
第二节　就业派遣报到与去向登记制度 ……………………（298）
　　一　就业派遣证 ……………………………………………（298）
　　二　就业报到证 ……………………………………………（300）
　　三　毕业去向登记制度 ……………………………………（302）
第三节　高校毕业生择业期政策 ……………………………（303）
　　一　政策发展历程 …………………………………………（303）
　　二　择业期内的相关政策 …………………………………（305）

第九章　高校毕业生就业制度变迁的特点与政策展望 …………（310）
第一节　高校毕业生就业制度变迁的特点 …………………（310）
　　一　就业管理从高度集中管控到提供服务保障 …………（311）

二　政策关注点从公平效率到促进高质量发展 …………（311）
　　三　政策发布从少数部门到多部门协同 ……………………（312）
　　四　政策对象范围从窄到宽 …………………………………（313）
　　五　政策内容从相对简单向多层次多维度发展 ……………（315）
　　六　政策目标从以国家利益为主到考虑多方利益 …………（316）
　第二节　高校毕业生就业形势的变化和特点 …………………（317）
　　一　高校毕业生身份：从"精英"到"大众" ………………（317）
　　二　高校毕业生就业方式：从统包统分到自主择业 ………（318）
　　三　高校毕业生就业市场特征：从"卖方市场"到
　　　　"买方市场" ………………………………………………（319）
　　四　高校毕业生就业心理：从"等就业""快就业"到
　　　　"慢就业""稳就业" ………………………………………（320）
　　五　高校毕业生就业分布：从"一二三"产业变为
　　　　"三二一"产业 ……………………………………………（320）
　第三节　高校毕业生就业政策未来展望 ………………………（322）
　　一　促进经济发展，强化就业优先政策 ……………………（322）
　　二　鼓励吸纳就业，拓宽高校毕业生就业渠道 ……………（323）
　　三　深化高教改革，促进就业能力提升 ……………………（324）
　　四　提高服务质量，优化完善公共就业服务 ………………（325）
　　五　积极宣传指导，引导毕业生调整就业心态 ……………（325）
　　六　注重政策评估，加强监督问责 …………………………（326）

参考文献 ………………………………………………………（328）

后　　记 ………………………………………………………（333）

中国人事科学研究院学术文库已出版书目 …………………（336）

前　言

就业是民生之本。党的二十大报告进一步对实施就业优先战略作出了新的全面部署，提出要完善重点群体就业支持体系，持续做好高校毕业生等青年就业工作。当前，高校毕业生就业形势十分严峻，促进高校毕业生就业成为社会关注的热点，也成为摆在就业相关部门面前的难题。在此背景下，本书通过对高校毕业生就业制度的历史演变和发展脉络进行系统梳理，厘清高校毕业生就业政策框架，对进一步优化完善相关就业政策具有重要意义。

一般说来，高校毕业生主要指普通高等学校毕业生，包括普通高等学校①有正式学籍的专科毕业生、本科毕业生、毕业研究生，科研单位培养的毕业研究生。在许多文献和政策文本中，表述为"高校毕业生""大学生""毕业生"。与其他就业群体相比，高校毕业生获得了较长时间的人力资本投资，具有较高的知识技能，更强的创造力和活力，虽然高校毕业生在就业总量中所占的比例不高，但其重要性十分突出。

本书研究从1949年中华人民共和国成立到2022年的高校毕业生就业制度与政策，主要指党和国家就业相关部门出台的高校毕业生就业分配办法或促进高校毕业生就业的法律法规、政策措施，既包括针对高校毕业生这一特定群体出台的就业政策，又包括适用于高校毕业生的普惠性就业政策。由于高校毕业生就业制度不是孤立存在的，还与特定时期国家发展战略选择以及当时的国际、国内环境紧密相关，受到政治、经济、文化、社会等各方面因素的影响，因此，要研究高校毕业生就业制度的变迁过程，

---

① 根据1998年全国人大通过并颁布的《中华人民共和国高等教育法》："高等学校是指大学、独立设置的学院、高等专科学校，其中包括高等职业学校和成人高等学校。"

必须把它放在大的历史背景下加以考察。本书一直秉持这一理念，在研究过程中，始终注重对相关历史时期就业制度、高等教育改革、经济发展状况等的分析和论述。

高校毕业生是宝贵的人才资源，促进高校毕业生分配对于经济社会发展具有重要意义。首先，高等学校从招生、培养到就业，形成了一个以高等学校为基地，由个人、家庭和社会共同进行人力资本投资，通过高等教育实现人力资本提升的过程，高校毕业生可以看作高等教育的产品，高校毕业生能否顺利进入生产领域实现就业，不但是检验高等学校教育水平的重要方式，还反映了人力资本投资的收益情况。如果高校毕业生难以就业，说明高等学校教育与社会需求不能有效匹配，高等教育有待进一步调整和改革，同时社会需要承担人力资本不断折旧造成的成本损失。其次，就业对高校毕业生个人的成长和发展具有重大意义，一般而言，就业是高校毕业生充分发挥其社会价值，为经济社会发展做出贡献的重要方式；如果高校毕业生不能及时就业，不但会造成人力资源的浪费，成为社会资源的重大损失，还会导致"读书无用论"等负面思想。最后，从世界各国的经验来看，历次国际经济危机、金融危机中，欧洲国家屡屡出现的社会动荡和骚乱，都与青年失业群体有关。因此，促进以高校毕业生为主的青年群体充分就业是社会稳定的重要保障。此外，日益严峻的人口老龄化趋势也对提升青年群体就业提出了要求。

有学者提出，促进高校毕业生就业的是政府的一项重要职责，因为从某种意义上来说，大学生是一种特殊的公共产品，不但大学生的培养和生产需要依靠政府公共财政机制进行干预，其就业除了要根据市场配置也需要政府积极介入。我国政府一直把促进高校毕业生就业放在重要地位。中华人民共和国成立以来，党和国家相关部门出台了大量促进高校毕业生分配与就业的政策。总体来看，随着就业制度的改革，我国高校毕业生分配与就业经历了从计划经济体制"统包统配"到市场经济体制"自主择业"的发展过程。

从中华人民共和国成立到20世纪80年代，我国实行的是计划经济，就业体制是统包统分、城乡分割，国家就业重点集中在城镇[①]，因此，在

---

① 邰风涛、张小建：《中国就业制度》，中国法制出版社2009年版，第22页。

较长的时间内，高校毕业生主要由国家集中统一分配。改革开放后，高校毕业生就业政策主要围绕分配方针和重点、分配原则和办法，为"统包统配"制度的顺利实施提供保障。随着市场经济转型，就业体制也开始逐渐改革，1980年国家提出了"三结合"的就业方针，突破了统包统分的就业制度框架，在国家统筹规划和指导下实行劳动部门介绍就业、自愿组织起来就业和自谋职业相结合，高校毕业生就业制度也开始向"双轨制"转变，改革的基本方向是在国家就业方针、原则的指导下，采取学生选报志愿、学校推荐、用人单位择优录用的"双向选择"的就业方式。20世纪90年代以后，随着市场经济的建立、私营经济的发展，我国开始实行市场化的就业政策，就业方式越来越灵活，就业渠道越来越多元化。高校毕业生就业制度也开始向市场化发展，逐步变为少数毕业生由国家安排就业、绝大多数自主择业的模式，最后完全实现自主择业。

从相关研究文献来看，20世纪80年代以前，对于高校毕业生就业制度的研究一直较少，公开发表的相关论著较为少见。究其原因，一是在高度集中统一的计划体制下，国家按计划统一招生，并按计划统一分配毕业生，有关就业制度问题的研究难有成长的土壤；二是沿袭了多年的计划分配、服从安排的就业观念根深蒂固，大一统的计划格局使得人们对任何"制度"问题的讨论都噤若寒蝉。1980年5月28日《解放日报》发表的《改革高校毕业生分配制度的一些设想》，是我国较早关于高校毕业生就业制度问题的研究文章。1980年12月，中国社会科学院成立了青少年研究所，该研究所由中国社会科学院和团中央双重领导，开展青少年相关研究，其中就包括高校毕业生就业研究。中国社会科学院青少年研究所组建了青少年劳动就业研究室，后来国家计委经济研究所、国家劳动人事部、教育部、北京大学、中国人民大学、北京师范大学、北京经济学院、华东师范大学、西安交通大学、上海社会科学院、河北社会科学院、四川社会科学院等长期从事劳动就业实际工作和专业理论研究人员先后加入到这支队伍中来，成为早期国内研究高校毕业生就业的主要力量。

20世纪80年代中期以后，随着高校毕业生就业制度的市场化发展和高校毕业生就业难问题的凸显，学术界关于高校毕业生就业制度的研究逐渐丰富，研究关注点主要集中在以下三个方面。一是有关高校毕业生就业制度发展阶段划分的研究。学术界普遍认为，中华人民共和国成立以来，我国高校毕业生就业制度经历了从统包统分到自主择业的发展过程。一些学者对制度的发展阶段进行了进一步细分，例如划分为三阶段，即统包统分阶段、由供需见面逐步向双向选择的过渡阶段、以市场为导向的自主择业阶段（周建民、陈令霞，2005）（莫荣等，2018）；四阶段，即"统包统分"、"供需见面"、一定范围内的"双向选择"、"双向选择、自主择业"（曾湘泉，2004）（李明璇，2018）。二是影响高校毕业生就业制度制定的因素研究。研究指出，影响高校毕业生就业制度制定的因素有：高等学校招生、培养、专业设置制度（李朝军，2007），经济结构、产业结构的调整和转型升级（黎大志、姜新生，2009）（高惠娟，2010）（崔玉平，2011），劳动力市场的结构特点（黄昌建，2004）（陈德良等，2012），经济政策与就业政策的协调联动机制（史高嫣，2021），财税政策（郭宇，2019）、劳动人事制度、户籍制度、社会保障制度、人口政策（郜风涛、张小建，2009）等。三是对其他国家促进高校毕业生就业政策的研究。例如丁建定（2009）研究了法国政府振兴青年就业的"未来合同法案"；张萌等（2015）分析了美国、德国、日本等发达国家在构建高校毕业生就业服务体系方面的做法；奚伟东、邵文娟（2017）介绍了美国、英国、日本等发达国家高校创业教育的经验；赵英华、刘伟（2014）对国内外采取的青年就业促进政策进行了归纳，并重点比较了珠海市和苏格兰政府在促进大学生就业方面出台的政策与措施。

总体来看，国内现有研究成果中，针对高校毕业生就业制度变迁的研究专著还较为不足，特别是系统性地梳理中华人民共和国成立至今高校毕业生就业制度变迁的研究十分缺乏。本书恰好填补了这一研究领域的不足。

本书主要从纵向和横向两个维度进行论述。从纵向的历史维度来看，第一章全面梳理从中华人民共和国成立到2022年我国高校毕业生就业制度的演变和发展过程，第二章到第八章分类讨论高校毕业生就业政策时也贯穿了历史的发展视角。从横向的维度来看，本书将高校毕业生就业政策划分为七大类，从第二章到第八章每一章围绕一类就业政策进行详细分析，搭建了高校毕业生就业政策框架。

本书的学术贡献和价值主要体现在以下两个方面：

1. 全面梳理了中华人民共和国成立到 2022 年我国高校毕业生就业制度的演变和发展过程，并进行了阶段划分。

本书对高校毕业生就业制度发展的阶段划分主要依据的原则：一是共识性原则，即国内外学者达成共识的阶段划分结果。二是关键事件原则，即阶段划分的当年发生了与高校毕业生就业制度改革相关的重大历史事件，或者发布了具有转折性质的政策文件。根据上述原则，本书将1949—2022 年我国高校毕业生就业制度的发展历程划分为六个阶段。

一是高校毕业生就业分配制度的建立阶段（1949—1958 年）。高校毕业生就业制度从国家统一介绍就业与自行就业相结合的"统筹分配"制度，逐渐发展为由国家强势管控的严格的"统一分配"制度。1949—1951 年，高校毕业生就业分配的重点主要是支援东北、西北两地区建设，充实党政机关。1951—1958 年，高校毕业生就业分配的重点是生产一线和教育科研领域。

二是高校毕业生就业分配制度的曲折发展阶段（1958—1985 年）。1958—1961 年为高等教育大发展时期，高校毕业生主要采取"分成分配"的制度。1961—1966 年为高等教育调整与精简时期，高校毕业生按照"适当集中、重点使用、充实基层、加强锻炼"的方针统一安排，主要支援国家"三线建设"，分配到国防工业、农业、轻工业等行业就业。1966—1979 年，高校毕业生就业分配制经历了挫折发展。在此期间，高校毕业生就业坚持"四个面向，一个结合"，对"工农兵学员"实行"社来社去""厂来厂去""哪来哪去"的分配原则。1979—1985 年，国家重新采取了"统包统分"的高校毕业生分配制度，由国家将高校毕业生安排到指定的岗位就业，试行"在国家统一计划下抽成调剂、分级安排"的办法，使分配工作重新转入正轨。

三是高校毕业生就业分配制度的市场化探索阶段（1985—1992 年）。根据 1985 年《中共中央关于改革教育体制的决定》，高校招生开始实施"双轨"制改革，对应于不同的招生方式，招收的大学生采取不同的就业分配办法。高校毕业生就业逐渐开始实施"双向选择"，高校毕业生就业制度走向自主择业、自谋出路的道路。

四是高校毕业生就业制度的市场化发展阶段（1992—2003 年）。1992年 10 月党的十四大召开，确定建立社会主义市场经济体制的经济发展目标。这一时期，高校招生实行"并轨"改革，国家任务招生计划的高校毕业生、毕业研究生，原则上仍由国家负责，在一定范围内安排就业，未实行招生"并轨"改革的高校毕业生，通过"供需见面"和一定范围内的"双向选择"落实就业单位；委托和定向培养的学生按合同就业；自费生"自主择业"。

五是高校毕业生就业制度的优化完善阶段（2003—2013年）。2003年之后，高校毕业生人数持续增加。我国以"市场导向、政府调控、学校推荐、学生与用人单位双向选择"的高校毕业生就业制度改革方向日益清晰，逐步形成了"党委统一领导、政府统筹协调、部门全力支持、社会共同努力"的高校毕业生就业工作体制。这一阶段的高校毕业生就业完全实现了市场化配置，在高等教育大众化和知识经济时代的背景下，形成了引导高校毕业生自主创业、多元化就业的政策。

六是高校毕业生就业促进政策的稳步发展阶段（2013—2022年）。2013年11月，中共中央颁发《关于全面深化改革若干重大问题的决定》，提出要促进以高校毕业生为重点的青年就业。此后，相关就业促进政策日益丰富和全面。2019年年底暴发的新冠疫情，使高校毕业生就业面临严峻挑战，国家把高校毕业生就业作为就业工作的重点，积极促进高校毕业生多渠道就业创业，提高高校毕业生就业质量。

2. 在系统梳理高校毕业生就业制度历史发展脉络的基础上，根据促进高校毕业生就业政策的内容和目标，对高校毕业生就业政策进行了分类，从而搭建了高校毕业生就业政策的框架。

本书将高校毕业生就业政策划分为七大类，第一类是就业岗位扩展政策，包括引导高校毕业生到农村基层服务项目，选调生政策，到中小企业和非公有制单位就业政策，开发基层社会管理和公共服务岗位政策吸纳高校毕业生就业，引导高校毕业生到基层一线、艰苦边远地区就业政策，创业和灵活就业政策，应征入伍政策等；第二类是就业能力提升政策，包括就业指导政策，就业培训与见习政策；第三类是就业信息服务政策；第四类是就业载体建设政策，包括大学生创业孵化基地建设和高校毕业生就业见习基地建设政策；第五类是就业权益保护政策；第六类是就业困难援助政策；第七类是其他相关制度和政策，包括高校毕业生工资制度、就业派遣报到与去向登记制度、择业期政策等。

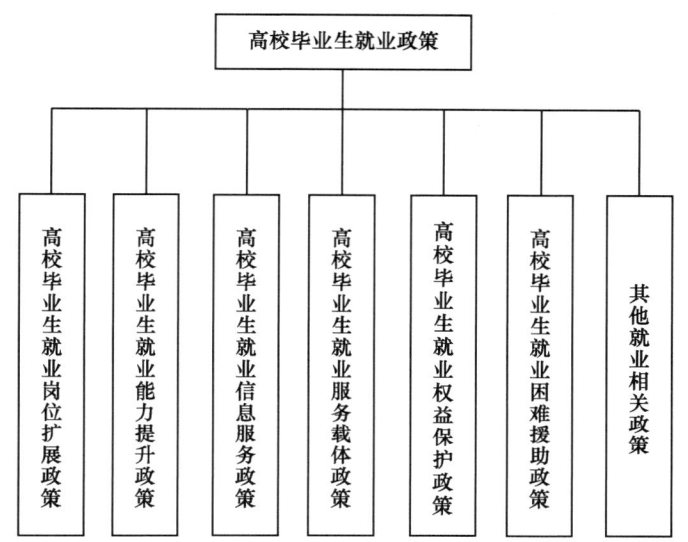

图 0-1 高校毕业生就业政策框架

当然,本书对于高校毕业生就业制度的历史梳理还存在一些局限和不足,政策分析框架的搭建还不尽完善,许多问题还有待未来进一步深入研究和探讨。

第 一 章

高校毕业生就业制度发展的基本历程

第一节 高校毕业生就业分配制度的建立（1949—1958 年）

中华人民共和国成立初期，国家面临的主要问题是经历多年战争后导致的经济衰退和恶性通货膨胀，以及由此引起的严重的失业问题。1949 年，我国人均国民收入只有亚洲国家平均值的三分之二，[①] 在 1949 年年底的财政预算中，文化、教育、卫生三项的支出之和仅占总开支预算的 4.1%，而实际也并未兑现。[②] 我国城镇登记失业人数为 474.2 万人，失业率达 23.6%。[③]

随着高校学制改革、院系调整和教学改革，我国的高等教育体系逐步建立起来，高校毕业生人数从 1949 年的 2.1 万人增加到 1957 年的 5.8 万人。尽管如此，由于经济建设需要大批人才，高校毕业生供不应求的情况仍十分突出。

这一时期，高校毕业生就业分配主要是满足国家建设和社会发展的需要。为了适应这种要求，高校毕业生就业制度从国家统一介绍就业与自行就业相结合的"统筹分配"制度，逐渐发展为由国家强势管控的严格的"统一分配"制度。

1949—1951 年，高校毕业生就业分配的重点主要是支援东北、西北

---

① 逄先知、金冲及主编：《毛泽东传（1949—1976）》，中央文献出版社 2004 年版，第 60 页。
② 逄先知、金冲及主编：《毛泽东传（1949—1976）》，中央文献出版社 2004 年版，第 70 页。
③ 国家统计局社会统计司编：《中国劳动工资统计资料 1949—1985》，中国统计出版社 1989 年版，第 109 页。

两地区建设，充实党政机关。1951—1958 年，高校毕业生就业分配的重点是生产一线和教育科研领域。

1951 年，政务院《关于改革学制的决定》出台后，国家加强了对毕业生、用人单位等分配主体的掌控，逐步确立了国家对高校毕业生统一分配中的绝对支配地位。

国家对高校毕业生统一分配的方针从 1952 年的"集中使用、重点配备"扩展到 1956 年的"集中使用、重点配备、照顾一般"。在对高校毕业生的统一分配工作中，国家强调学用一致、人尽其才的原则。

一 高校毕业生统筹分配制度（1949—1951 年）

中华人民共和国成立之初，实行的是政府统一介绍就业与劳动者自行就业相结合的就业政策。在这种情况下，高校毕业生就业制度以"统筹分配"为主。用人单位可以向中央教育部等相关部门备案后，直接到学校联系要人，学校也可以直接向各部门、各省市去推荐毕业生；国家主要是通过宣传鼓动来动员毕业生服从国家分配，为人民服务，个别不愿接受分配的毕业生要说明理由，但不强迫服从国家分配。

与 1951 年以后实行的"统一分配"制度相比，"统筹分配"制度"统"的力度相对较弱。这一时期的分配方针是政府统筹分配与地区调剂相结合。

（一）政府统筹分配与地区调剂相结合

中华人民共和国成立初期，国内特别是北京、上海、天津、武汉、南京、重庆等大城市出现严重的失业现象。产生失业的主要原因，一是帝国主义和国民党反动派的长期统治，二是新中国成立后对旧的经济结构进行的改组。[①] 据官方统计，1949 年，中国城镇待业人员为 474.2 万人，待业率高达 23.65%。[②] 而从现实情况来看，由于当时对于"失业"的概念并不清晰，没有形成规范的失业统计标准，只采用了"待业人员"的统计指标，实际失业人数和实际失业率被严重低估。如果再进一步考虑农村剩

---

① 袁伦渠：《新中国劳动经济史》，劳动人事出版社 1987 年版，第 2 页。
② 国家统计局社会统计司：《中国劳动工资统计资料（1949—1985）》，中国统计出版社 1987 年版，第 109 页。

余劳动力，可以发现，当时我国面临的失业问题比官方公布和文献记载的情况更加严重。当时的失业群体主要包括失业工人、旧政权职员和知识分子、失业的城乡贫民。① 在这种严峻的就业形势下，高校毕业生陷入"毕业即失业"的困境。②

为了解决高校毕业生"毕业即失业"的问题，1950年6月，中央人民政府政务院发出《关于分配全国公私立高等学校本年暑假毕业生工作的通令》，决定采取政府招聘和地区调剂的办法，统筹分配全国高等院校当年暑假毕业生。

为了贯彻巩固重点建设和开发东北大行政区的方针，政务院于1950年6月成立了"高等学校毕业生工作分配委员会"，负责全国高等学校暑期毕业生分配工作，同时，还制订了从全国各地向该地区输送一名毕业生支援东北地区建设的计划。为了实现这一目标，毕业生工作分配委员会组织三个招聘团。一个团赴华东区，负责招聘该区分往中央和支援东北的毕业生；另一个团负责毕业生分往中央各行政机关的工作；余下的一个团负责分往中央直属的五省二市及内蒙古自治区的毕业生工作。与此同时，接受各地支援的东北区也派人前往华东、中南和西南，招收当地的毕业生。各地毕业生前往东北所需的费用由中央和东北区负责解决。③ 此外，1950年寒假毕业的2400名学生，接近1400名分配到中央各行政机关工作，占毕业学生总数的一半以上。

1950年7月，北京高等学校毕业生分配工作动员大会召开，政务院总理周恩来发表讲话，勉励毕业生服从祖国分配，自强不息地为人民努力工作。④ 当年全国高等学校毕业生17539人，80%以上的学生按预定要求走上各项建设岗位。

为了适应国家重点建设的需要，随着形势的发展，特别是为适应抗美

---

① 程连升：《中国反失业政策研究》，社会科学文献出版社2002年版。
② 李朝军：《大学毕业生统一分配制度研究（1950—1965年——以上海为中心的历史考察）》，博士学位论文，复旦大学，2007年，第27页。
③ 《政务院统筹分配全国高等学校毕业生工作》，《新华月报》第二卷第五期，1950年9月，第1139页。
④ 金铁宽主编：《中华人民共和国教育大事记（第1—3卷）》，山东教育出版社1995年版，第40页。

援朝的需要，1951年，中央要求国家的各种工作都要在中央的统一领导下，有计划地进行。政务院指出，毕业生分配不应该放任自流、各自为政，而应该贯彻统筹兼顾的方针，统一分配计划，照顾各个方面的需要。《关于一九五一年暑期全国高等学校毕业学生统筹分配工作的指示》规定，对大学毕业生实行统筹分配，主要在地区进行调剂。调剂的原则是依据国家重点建设以及中央和地方各部门业务上的需要，并照顾个别毕业学生人数过少的地区，同时，强调纠正各地区、各部门存在的本位主义倾向，制止私自拉聘的不良现象。

1951年继续执行上一年的打破大行政区界限、支援特定地区的做法，从华北、华东、中南、西南各大行政区抽调一部分毕业生，补充加强东北、西北两地区及中央各机关。上一年仅有东北区受到支援，1951年增加了高等教育普及较晚的西北区。1951年暑假毕业生共17539人，从华北、华东、中南、西南各区抽调6000余人，分配往东北、西北地区及中央各业务部门。[①]

总体来看，中华人民共和国成立后的头两年，还没有全国严密的统一分配计划，用人单位可以向中央教育部等有关部门备案后，直接到学校联系来招聘大学毕业生；学校也可以直接向各部门、各省市推荐大学毕业生；个别不愿接受分配的毕业生要说明理由，但不强迫服从分配。初期高校毕业生就业分配的重点，一是支援东北建设；二是充实党政机关。

这一时期，国家对高校毕业生就业分配的管控还不太严格，实行组织分配和自愿相结合的原则。在具体的分配工作中，地方政府、用人单位、高等学校和毕业生等都具有一定的自主性。国家规定，一般应争取毕业生听从政府的分配，为人民服务；对愿意自找职业者，允许自谋出路。

以高校毕业生人数最多的上海为例，1950年上海在寒假毕业学生分配工作中规定："各校应按分配名额在自觉自愿的基础上，通过协商报名的方法（不得采用硬派或违反自愿原则等方式），由校方决定分配工作名单，如学生不愿听从分配或其他原因而无法满足我部规定之名额时，应首

---

① 中央教育科学研究所：《中华人民共和国教育大事记（1949—1982）》，教育科学出版社1984年版，第42页。

先争取完成分配给中央与军队名额，余下再分配给华东区及上海市。"①

（二）分配到生产第一线

在毕业生分配中，还强调将毕业生分配到生产第一线，"尽量分配到工厂、矿业等生产部门中工作，其次才补充机关工作干部。此外尚有小部分毕业生，由中央人民政府教育部与中国科学院分配担任全国高等学校的助教、研究生与科学院所属研究部门的研究实习员"。不仅如此，受到中国人民志愿军赴朝鲜参战的影响，还对医学专业的毕业生分配作了特殊的规定，即"医科毕业学生因适应国防需要，交由中央人民政府卫生部和人民革命军事委员会卫生部统一分配"。

从毕业生的分配去向来看，还与各类学校人才培养的定位和学科建设情况相关。比如，综合性大学的人才培养定位是培养在理论科学或基础科学（自然和社会）方面从事研究或教学工作的专门人才，因此综合性大学的毕业生就业去向主要是到研究机关担任科研工作，或者到高等学校和中等学校担任教师。

财经学院的人才培养定位是为国家培养掌握经济命脉的企业和财经管理人才，主要担负长期培养本科学生与短期轮训在职干部的双重任务，因此，财金类院校的本科毕业生主要担任工矿企业和计划、统计部门的干部，短期轮训的专修科毕业生主要是回到原单位所在的财政、银行、贸易、合作等部门担任干部。

各政法学院的本科生毕业后主要是担任法院、检察署的县（市）审判员、检察员和民政部门及其他国家机关的政法干部，还有部分毕业生成为律师、公证所及其他国家机关和企业部门的法律专门人才。

高等农林学校的毕业生基本上是到基层生产单位和指导合作社的国家技术机构中去服务，促进合作化，改进技术，提高生产。具体来看，学农的小部分到最先进的国营机械化的农业企业工作，大部分到区技术推广站、农业生产合作社和省、专、县农村工作；学林的主要是到森林经营所、林业调查队、造林站、造林技术指导站、生产合作社和森林工业工作，为发展国有林业和改造私有林业服务。②

---

① 《华东军政委员会教育部令》，上海市档案馆馆藏资料 B243 - 1 - 48（永久卷）。
② 参见 1954 年 11 月 12 日《杨秀峰在第二次全国高等农林教育会议上的总结报告》。

二 高校毕业生统一分配制度（1951—1958 年）

20 世纪 50 年代初开始，我国对高等院校进行了大规模调整，包括院校的合并、停办以及新院校的设立等。中国高等教育经历的一系列恢复、整顿和改革，使中国高等教育体系建立起来，从而带动了高等学校招生、培养、就业分配工作的发展，为高校毕业生统一分配制度的建立提供了基础。

这一时期，国家对高校毕业生统一分配的方针从 1952 年的"集中使用、重点配备"扩展到 1956 年的"集中使用、重点配备、照顾一般"。

（一）加强国家就业分配管控力度

1951 年 10 月政务院颁布的《关于改革学制的决定》中明确指出，高等学校毕业生由政府分配工作。《决定》颁布后，国家对高校毕业生统筹分配的制度在运作程序、方式、指导思想等方面都发生了变化。随着计划经济体制的确立和对社会控制的加强等多方面的原因，国家加强了对毕业生、用人单位等分配中的主体掌控，逐步确立了国家对大学毕业生的绝对的统一分配。

1952 年 7 月，政务院召开了劳动就业问题的专门会议，决定在中央、大行政区、省和大城市设立劳动就业委员会，建立专人负责的办事机构，统一办理执业人员的登记、训练、改造和就业工作。8 月 1 日，政务院发布了《关于劳动就业问题的决定》，指出："一切公私企业凡需招聘职工时，必须由当地政府劳动部门统一介绍，除在特殊情况下，统一介绍不能满足需求时，方可经劳动部门批准后，自行招聘，但事后必须到劳动部门备案。"[①]

（二）增加毕业生供应人数

经过一系列教育改革和院校调整，我国高等教育制度逐渐建立起来，高校毕业生人数也逐年增加。然而，第一个五年计划时期，由于国家进行大规模经济建设需要大量人才，高校毕业生出现了就业供不应求的情况。

[①] 中国社会科学院、中央档案馆：《1949—1952 中华人民共和国经济档案资料选编——劳动工资和职工福利卷》，中国社会科学出版社 1994 年版，第 202 页。

国家平均每年急需 10 万名大学毕业生，但实际供给情况远远不够。①1949—1952 年，全国高校毕业生接近 9 万人，1953 年为 4.8 万人，5 年培养的高校毕业生人数只够 1 年的人才需求。② 同时，有些工程建设如资源勘察、河港工程、有色金属冶炼、暖气通风等迫切需要人才，而高等学校培养人数太少，甚至有些尚未设置科系培养这方面人才。

为了解决人才不足的问题，第一次全国工学院院长会议决定：从 1952 年起，调整院系，增设专修科，增加招生名额。但尽管如此，大批学生最早要 1954 年才能毕业。为解决 1952 年、1953 年的急需问题，教育部决定将理、工两院若干系中原在 1953 年、1954 年暑假毕业的学生，提前一年毕业，并要求相关高校为提前毕业专业制订精简课程的计划草案。其中，工学院的水利、采矿、冶金等系的学生提前一年毕业，机械、电机、化工、土木、纺织、建筑、航空工程等系尽可能提前一年毕业；理学院的地质、数学、物理、化学、气象等系的学生提前一年毕业。提前毕业的学生由人事部统一分配，其政治待遇、物质待遇不变。③ 1952 年，除全国高等学校应届毕业生 19206 人外，有 8438 名三年级的理、工类学生提前毕业。④

1956 年 1 月 14 日，中共中央召开知识分子问题会议，周恩来总理在会议上作了《关于知识分子问题的报告》，指出要采取措施充分调动和发挥现有知识分子的力量，还要大规模地培养新生力量，扩大他们的队伍，集中最优秀的大学毕业生到科学研究方面，用极大的力量来加强中国科学院，使它成为领导全国提高科学水平、培养新生力量的火车头；要按照最急需的门类，最迅速派遣若干组专家、优秀的科学工作人员和优秀的大学毕业生到苏联和其他国家去做一年到两年实习，或者当研究生。

1956 年 2 月 24 日中央政治局会议通过的《中共中央关于知识分子问题的指示》，强调了知识分子对经济建设和文化建设的重要性，提出要大力培养知识分子的新生力量，指出："从现有的高级知识分子和已经分配

---

① 中共中央文献研究室编：《周恩来经济文选》，中央文献出版社 1993 年版，第 116 页。
② 《中国教育年鉴》编辑部编：《中国教育年鉴（1949—1981）》，中国大百科全书出版社 1984 年版，第 971 页。
③ 参见 1952 年 1 月 3 日《教育部关于理、工学院三年级学生提前毕业问题的几点指示》。
④ 参见《政务院关于一九五二年暑期全国高等学校毕业生统筹分配工作的指示》。

其他工作的高等学校毕业生中,调集一批优秀的力量,到科学研究方面来……""按计划增加高等学校学生的名额,扩大科学、技术力量的后备。""按照我们所最急需的门类,派遣若干组专家、优秀的科学工作人员和优秀的大学毕业生到苏联和其他国家去作适当时间的实习,或者当研究生,回国以后立即在科学院和政府各部分别建立发展这些科学和技术的基础……"

此外,为了解决香港、澳门高中毕业学生回内地参加全国高等学校考试并就读内地高等学校、师资不足的问题①,1956年8月1日,《国务院关于香港澳门学生回国升学问题的批复》指出,对于1956年额外录取的1500名香港澳门学生所需基础课教师,"除充分发挥各校现有教师潜力来解决一部分外,尚须至少补充100人,拟从广州各高等学校高年级学生中抽调较为优秀的学生,按任务分别分配到有关高等学校,担任港澳学生班次的教学工作"。

(三) 照顾重点部门用人需要

在国民经济迅速恢复和发展的基础上,1953年,我国开始执行发展国民经济的第一个五年计划,这一时期的基本任务是:集中全部力量发展重工业,建立国家工业化和国防现代化的初步基础。

为了满足国家经济发展的人才需求,这一时期高校毕业生就业分配的重点是:首先尽量满足国家基本建设的需要,把大量理、工、财经及部分农科的毕业生集中配备到新建、改建、扩建的厂矿、交通、水利事业单位,对一般厂矿和机关行政部门,除特殊情形外,不予配备;其次加强教育建设和科学研究工作,将一部分毕业生分配到高等学校当助教和研究生,到中国科学院当研究实习员,还有一部分分配到中等学校加强师资队伍。

1956年,我国补充了"统包统配"高等学校毕业生的基本方针,根据国家需要,在分配大学毕业生时优先满足高等学校师资、科学研究、工业生产的需要,对于有紧急需要的其他部门,进行适当的照顾,对于各省、市、自治区也给予一定的照顾。

---

① 参见1956年7月24日《高等教育部、教育部、华侨事务委员会关于做好华侨回国、港澳学生回内地报考高等学校工作的几点意见》。

根据集中使用、重点配备的方针，中央给新建和改建的156项重点建设项目①分配了相当数量的大学毕业生，对解决这些重点建设单位急需的人才，起了一定的保证作用。

同时，在"向科学进军"的号召下，我国制定了《1956—1967年科学发展远景规划》。1956年，国务院科学规划委员会成立并成为常设机构。苏联帮助我国建设功率为7000千瓦的重水型原子反应堆和能产生2500万电子伏的α粒子的回旋加速器。科学研究机构有了较大发展，形成了以中国科学院、高等学校、中央各产业部门的研究机构和地方研究机构为主要组成的科研阵地。科学工作者队伍也开始扩大，大批高等学校学生毕业，为我国的科学发展准备了雄厚的后备力量。②

随着交通、邮电、教育、文化、卫生等事业的快速发展，对高等学校毕业生的需求也大大增加。1958年，各部门、各地区提出需要毕业生的人数为全国毕业生总数的两倍；仅地方上提出需要的工科毕业生，就超过了工科毕业生的总数。为此，当年的分配方针确定为：尽最大可能支援地方工农业及其他社会主义建设事业"大跃进"的急需，同时也照顾中央各部某些方面的急需，既考虑各部门各省、区、市过去基础的强弱，同时也考虑各部门、各省、市当前任务的轻重缓急。在当年的毕业生分配中，工科毕业生分配到地方的人数占工科毕业生总数的68.2%，理科毕业生分配到地方的人数占理科毕业生总数的61.6%；农、林、医科、文科、师范艺术、体育等科毕业生几乎全部分配给地方。

在高校毕业生分配方面，为了切实有效地解决高等学校师资问题，要

---

① 156项重点工程，是中国第一个五年计划时期从苏联与东欧国家引进的156项重点工矿业基本建设项目，奠定了中国初步工业化的部门经济基础。以这些项目为核心，以900余个限额以上大中型项目配套为重点，初步建起了工业经济体系。"156项"的基础材料，没有系统地整理过，包括哪些项目，实际有多少项，有很多不同说法。国家计委基本建设综合局经过对国家计委、中央档案馆、国家经委的大量档案进行长期调查研究，第一次将"156项"的形成、变化和建设规模、建设进度等情况综合整理出来，1983年6月8日写成《"一五"156项建设情况（实际正式施工项目为150项）》，确定为150项。在1955年第一个五年计划颁布时确定的156项中，由于赣南电站改为成都电站、陕西422厂统计了两次，造成两项重复计算。因此实为154项。在154个项目中，有第二汽车制造厂、第二拖拉机制造厂因厂址未定，山西潞安一号立井、山西大同白土窑立井因地质问题未建，总共4个项目未建。实际正式施工的项目为150个。

② 参见1957年6月26日周恩来《教育改革和向科学进军问题》。

求"各个业务部门为培养干部的长远打算,在今后几年内,要忍痛一时,适当地少要些毕业生,为学校留下必要数量的助教和研究生,作为师资的后备力量"①。因此,在1956年和1957年制订大学毕业生的分配计划时,十分注重优先照顾科学研究、高等学校师资和工业部门(特别是国外设计项目)的需要,选择优秀毕业生,从质量上予以保证。1956年,国务院颁布《关于一九五六年暑期高等学校毕业生统筹分配工作的指示》,要求各用人部门和各省、自治区、直辖市人事部门针对高等学校毕业生的分配和使用建立常态化检查制度。如果发现有分配使用不合理、学非所用、任意让他们改行或降级使用等情况,各省、自治区、直辖市人民委员会有权向高等教育部门、有关用人部门或国务院提出重新调整的意见。毕业生本人如果认为分配、使用不当的,也同样可以向上述有关领导机关提出重新分配工作的意见。

(四) 强调学用一致的分配原则

这一时期,在对高校毕业生的统一分配工作中,国家强调学用一致、人尽其才的原则,对学用不一致的问题进行了检查和调整,并对高等师范学校毕业生供需匹配情况进行了优化。

1. 检查调整学用不一致的问题

20世纪50年代初,分配工作刚刚起步,缺乏经验,曾将一小部分高校毕业生改行使用,理、工、农、医各科系的毕业生有的被改行从事与其所学专业无关或者关系不大的工作,造成人才浪费。据当时华北地区的抽样调查,在分配的毕业生中,约有5%的毕业生分配工作学用不一致。②主要原因是:有的用人部门对毕业生所学专业的用途不了解,分配工作岗位与专业不符;有的用人单位片面强调本单位的工作需要,让一些毕业生改了行;有的用人单位因高等学校某些专业用途太窄,不适合当时的实际需要而让毕业生改了行。针对上述情况,1952年6月,政务院发布《关于调整高等学校毕业生工作中几个问题的指示》,强调指出,对在分配工

---

① 参见1956年9月26日林枫在中国共产党第八次代表大会上的书面发言《关于我们国家培养建设人才的问题》。

② 张志坚、苏玉堂主编:《当代中国的人事管理》(上册),当代中国出版社1994年版,第185页。

作中，由于某些单位的本位主义，片面强调工作需要，致使有一部分毕业生的工作，是学非所用、用非所学者，应进行必要的调整；其中属于理、工、农、医各科系的学生，尤应坚决地加以调整。

根据这一指示，各级人事部门和各业务部门，对于高等学校毕业生学用不一致的情形进行了检查和调整。当时负责统一分配毕业生工作的人事部，认真贯彻政务院的指示精神，提出了五条改进措施：

一是改进制订分配计划的办法。由国家按文史、政法、财经、理、工、农、医等大类别制订分配计划的办法，改为按科系、组别制订分配计划，并认真研究各部门的需要情况，使分配计划更能符合学用一致的原则。

二是吸收高等学校毕业生代表参加学校分配工作委员会的工作，并注意征求高等学校教师的意见。

三是用人部门提出的毕业生需求计划和配备计划，必须由主要负责人切实加以审查。用人部门可以直接与学校联系，使学校了解他们对毕业生的要求，减少学用不一致现象的产生。

四是用人部门在分配毕业生时，要认真细致地研究毕业生所学专业内容，并征求本部门专家和工程师的意见，以充分发挥毕业生的特长。

五是中央各部门对下属单位分配使用毕业生情况及时进行检查，及时调整用非所学者。

同时，人事部于1952年11月增设了专门负责高等学校毕业生来信来访及调整毕业生工作的机构。

省、自治区、直辖市也认真贯彻政务院的指示，组织人力对专业技术人员使用情况进行调查了解，召开会议部署对使用不合理的高等学校毕业生的调整工作。1952年，仅辽宁省就对114名用非所学、使用不当的毕业生进行了工作调整。

随后几年国家也十分重视毕业生分配的"学用一致"。1953年8月，政务院在《关于毕业生统筹分配工作的指示》中指出：各级人事部门及各业务部门，在分配高等学校毕业生时，应注意掌握在适应国家需要的基础上贯彻"学用一致"的原则，注意对毕业生的正确使用，切实研究毕业生的学科系的用途和可能担负的工作及业务需要，慎重地分配他们适当的工作。

2. 调整优化高等师范学校供需配置

在高等师范学校毕业生供需匹配方面，部分系科专业的设置数及学生数与中等学校需要师资的要求不相匹配。例如，1953年全国中等学校需要2.4万余名语文、俄语、数学、物理、化学、生物、历史、地理、体育及政治等系科的教师，而高等师范学校上述系科的毕业生只有3800余名，远远满足不了实际需要；全国师范学校需要的教育课教师不足100名，而高等师范学校教育系科的毕业生却有660余名；英语系的情况与体育类似，毕业生人数供过于求。因此，一直以来，教育、英语等系科的大部分毕业生，均不能按"学用一致"的原则分配工作。为此，1953年7月，教育部出台《关于高等师范学校教育、英语、体育、政治等系科的调整设置的决定》，提出了教育、英语、体育、政治等系科的调整办法。

一是根据实际需求，调整办学规模。例如，针对英语专业毕业生供过于求的情况，减少高等师范学校英语系的设置。只保留华东师范大学英语系，负责培养全国的中学英语师资。其他各院校的英语系，一律停办。同时，发展高等师范学校政治系科，将天津师范学院和华中师范学院的政治短训班，改设为政治科；因缺乏教师，停办河南师范学院政治短训班，西安师范学院政治系暂停招生；在北京师范大学、华南师范学院设置政治系。

二是鼓励部分专业在校学生转专业。例如，除华东师范大学外，其他各院校英语系一、二年级（秋季开学二、三年级）学生，可以转入本大区内的高师俄语系科学习俄语。

三是整合相关院系。对于学生过少的班级，以大行政区为单位进行适当的调整合并。例如，贵阳师范学院体育科由于条件较差，将40名学生、5名教师并入昆明师范学院。

到1953年年底，我国共有高等师范学校31所，1949—1953年共毕业学生2万余名，为中等学校提供了大量师资，然而，中等学校师资不足的问题仍然十分突出。1953年11月26日，政务院第195次政务会议通过了《政务院关于改进和发展高等师范教育的指示》，指出："为了求得中等学校师资供求的平衡，除按照现行高等师范学校学制、继续办理年制本科、二年制专修科和二年制师范专科学校外，在保证一定质量的原则下，还必须着重采取多种临时过渡的办法，如本科生提前一年毕业，选拔一部分专修科毕业生充任高级中等学校教师，选调初中教师、小学教师予以短期训练培养成为高中和初中教师，等等。""综合大学有培养一部分中等学校师资的任务，其具体办法由高等教育部、教育部与人事部共同研究确定，送中央文委批准后执行。体育学院和艺术学院亦有培养一定数量的中等学校体育、音乐和美术师资的任务，由体育运动委员会、文化部、高等教育部、教育部与人事部共同研究确定，送中央文委批准后执行。此外，在中央与地方各机关、团体进行精简机构中，应由中央人事部和各级人事部门负责调配一批具有适当条件的人员，到中等学校担任教学工作。"

（五）确立以教学科研为主的毕业研究生分配方向

中华人民共和国成立后，中央政府立即着手发展研究生教育，1949年当年就招收了242名研究生，成为中华人民共和国招收的第一批研究生。[1]

20世纪50年代初，中苏形成友好联盟，我国也开始学习苏联的研究生教育培养模式。1951年6月，中国科学院和各大高校开始招收研究实习员和研究生共500人，其中，中国科学院招收研究实习员100人，中国人民大学招收研究生200人，北京大学、清华大学、浙江大学、南京大学等14所高校共招收研究生200人。[2]

根据1951年《中央人民政府政务院关于改革学制的决定》，研究生教育的主要目的是培养高等学校的师资和科学研究人才，因此，对于毕业研究生的就业分配，也主要是以高等学校和科研院所为主。

随着"以培养工业建设干部和师资为重点，发展专门学院和专科学校，整顿和加强综合大学"高等教育方针的确立，国家开始对全国高校进行调整，研究生教育也纳入调整范围之内。1952年5月9日，教育部在《高等学校研究生部的现状及其调整的意见》中宣布停止1952年暑假高等学校研究生部的招生。当年即将毕业的682名研究生，由教育部统一进行分配。

1953年11月，高教部发布《高等学校培养研究生暂行办法（草

---

[1] 苏渭昌：《中国教育制度通史》，山东教育出版社2000年版，第425页。
[2] 中央教育科学研究所：《中华人民共和国教育大事记（1949—1982）》，教育科学出版社1984年版，第41页。

案)》，规定研究生学习年限2—3年，研究生毕业后应能讲授所学专业的一两门课程并具有一定的科学研究能力。

1955年，国务院通过了《中国科学院研究生暂行条例》。这是我国第一部有关培养高级科学人才的条例，此后包括中国科学院、社会科学院等在内的国家和各省、自治区、直辖市的科研机构，以及国务院各部委开始了研究生教育的实践活动。该条例对研究生的招收、培养、待遇、工作分配等进行了规定，还效仿苏联的副博士学位教育制度，开始招收四年制的"副博士研究生"[①]。

由于高等学校存在教师不足、师资分布不均衡的问题，一些学校的课程难以开课。以农林院校为例，根据高等农林学校专业教学计划和招生任务计算，1955—1957年全国高等农林学校共缺少教师2613人，其中，缺公共课教师396人，缺基础课教师1118人，缺专业教师1099人。为此，高等教育部拟定了五年师资培养计划，大力培养新师资。具体措施有：逐年有计划地从优秀的毕业生中留助教、研究生，并逐步从农林生产部门选拔高等农林学校毕业已有相当实际生产经验的干部作研究生，研究生由苏联专家或中国专家培养，助教由教研组指定专人负责培养；按照教学和科研工作的需要，有计划地派遣留学生；统一计划适当地增聘苏联专家等。

（六）少数民族毕业生的就业分配

国家对于少数民族毕业生的就业分配也十分重视，出台了指导意见。1952年11月《政务院关于少数民族毕业生分配工作的指示》明确："今后除继续有计划地动员必要数量的汉族干部和毕业学生做少数民族工作外，应注意对少数民族毕业生作合理的分配，今后对大学、专门学院、中等技术学校、师范学校和普通中学的少数民族毕业生（继续升学者除外）工作分配问题，应由各地区人事部门、教育部门和民族事务机构共同研究（无民族事务机构的地区由民政部门负责），根据每个毕业生的具体条件，

---

① 副博士学位是苏联颁授给研究生的学位，级别比硕士学位高，低于苏联式学制的全博士学位（相当于博士后）。1956年，高等教育部颁发《1956年高等学校招收副博士研究生暂行办法》，部分高等学校从当年开始招收副博士研究生。然而，副博士学位制度只经历了短暂的尝试，1957年6月20日，国务院《关于今年招收四年制研究生问题的批复》，终止了副博士学位制度。

照顾学用一致的原则，提出意见，经大行政区人民政府（军政委员会）分配少数民族毕业学生到少数民族地区工作或有关民族事务的业务部门工作。"

第二节 高校毕业生就业分配制度的曲折发展（1958—1985 年）

从 20 世纪 50 年代末到 80 年代中期，我国高校毕业生就业分配制度经历了曲折的发展。1958—1960 年，高等学校数量和高校毕业生人数急剧增加。从 1961 年开始，中央在认真总结经验教训的基础上，提出了"调整、巩固、充实、提高"的方针，对高等学校的数量、办学规模进行了精简与调整。在经历一段挫折发展后，20 世纪 70 年代末，随着党的十一届三中全会的召开，高校毕业生就业制度开始恢复和调整。

一 高等教育大发展时期的统一分配制度（1958—1961 年）

20 世纪 50 年代末，社会主义建设事业各方面都迫切需要配备和补充大量的专门人才。据不完全统计，1959 年，中央各部门和各省、市、自治区提出需要高校毕业生共 37 万多人，是当年暑期全国高等学校毕业生总数 6 万多人的 6 倍，其中需要工科毕业生约为工科毕业生总人数的 14 倍。[①]

为了满足国家对人才的需求，1958—1961 年，我国教育进行了大发展，高等学校数量急剧增加，1958 年高等学校数量比 1957 年的 229 所翻了两番，增加到 791 所，1960 年达到 1289 所。高校毕业生规模也显著增大，从 1957 年的 10.6 万人增加到 1960 年的 32.3 万人，超过了当年的高中毕业生人数。

然而，由于教育具有滞后性，培养的大学生要在 4 年后才能进入劳动力市场。因此，这一时期劳动力供不应求的矛盾并不能被及时解决，教育事业大发展期间所培养的大学生涌入就业市场，反而使 60 年代的高校毕

---

① 参见 1959 年 6 月 5 日，教育部、共青团中央、国务院人事局《关于 1959 年暑期高等学校毕业生思想教育工作的通知》。

业生就业压力增大。

（一）实施分成分配制度

中共中央于 1959 年 6 月 2 日批转国家计委党组《关于高等学校毕业生暂行分配办法》，决定从 1959 年起试行分成分配的毕业生分配制度。这种分成分配办法，是根据不同类型的学校划分的。教育部和国务院其他部门直接领导的高等学校的毕业生仍由国家统一分配，对学校所在地需要的专业毕业生可适当照顾分配名额。各省、自治区、直辖市领导的高等学校的毕业生，采取原则上由地方留成和中央提成的分配办法，其中中央提成分配的毕业生，其提成比例按专业的分布和供需情况确定。有的专业仍由中央统一分配，一般的专业中央的提成比例为 30%—70%，有的专业中央不提成或少提成。分成分配办法比完全由国家统一分配有所改进，使各部门、各地区对干部的来源心中有数，便于安排自己所需人才的培养，有利于发挥各部门和地方办学的积极性，有利于促进教育事业的发展。

之后两年，中央又在分成分配办法的基础上作了一些调整：教育部直属的高等学校毕业生由中央统一分配；国务院各部门和地方一般高等学校的毕业生实行分成分配；国务院各部门和地方专科学校的毕业生由主管部门和地方自行分配。教育部所属高等学校的毕业生虽然统一分配，也给学校所在地区留成，其留成比例与地方商定。

1960 年，我国发布《关于 1960 年至 1962 年高等学校理工科毕业生分配问题的报告》，指出国家统一分配重点高等学校的毕业生，部门主管的一般高等学校毕业生和地方院校的毕业生，中央抽四成左右进行调剂，专科学校毕业生及专署、县办的高等学校毕业生，全部由地方分配。

直到 1965 年我国都使用这样的分配方法，只是每年抽成、留成比例略有不同。

（二）重点满足高等学校和科技尖端部门的人才需求

这一时期高校毕业生分配的一个重点方向是高等学校。为了解决学校的师资问题，国家要求中央各部门，各省、市、自治区，各学校，都要争取一切可能争取的教师，"为无产阶级的教育事业服务"。文件规定：1959 年全日制高等学校需要补充师资 1.7 万多人，主要通过高等学校毕业生分配来解决，留学回国的研究生，凡是学校为培养师资而选派的，应该分配回原校工作；留学回国的大学生在分配时也应当照顾高等学校的需要；特别是重点学校和尖端专业应补充质量较好、数量较多的师资，以提高质量。①

高校毕业生分配的另一个重点方向是科技尖端部门。由于中苏关系恶化，苏方撤回全部在华专家给中国社会主义建设事业造成了巨大的困难和损失。中共中央指示，1960年毕业生的分配方针，必须坚持"压缩一般需要，保证重点，自力更生，攻克科技尖端"。1960年3月，内务部在北京召开了第六次全国民政会议，大会强调要认真执行高等学校毕业生的调配计划，做好52万名大学毕业生的分配工作。因此，当年毕业生分配的重点，首先是尽最大可能优先保证科技尖端部门的需要，共分配给解放军总政治部、第二机械工业部、第一机械工业部和中国科学院4个主要担负科技尖端任务的部门1万余人，占留成后由国家统一分配的毕业生4.8万人的25%。其次，分配到重点高等学校作师资的毕业生占14.9%。然后，才分别照顾了一般高等学校师资、科学研究和生产建设中的薄弱环节。②

（三）抽调在校生补充师资力量

1. 从本科学校中抽调学生充当师资

1959年11月文教书记会议以后，根据中央关于大搞尖端、大办理科及无线电专业的指示，有很多高等学校新设了很多尖端、理科和无线电专业。在这些新设的专业中，有很大一部分都是从高年级办起，从其他专业的高年级学生中抽调出一部分学生转学这些新设的专业。但这些新办专业师资普遍缺乏，除已从其他专业抽转一部分教师并可在1960年毕业生中分配一部分作为这些新设专业的师资以外，由于在数量和质量上都远不能满足实际需要，各地方和各有关部门以及有关高等学校都要求从高年级学生中抽出一小部分学生作为师资培养。教育部经研究后认为，为了使各科各类高等学校新办的尖端、理科和无线电专业尽快地为国家输送干部，以适应工业、国防、科学研究和高等学校师资的需要，应允许学校从高年级学生中抽出一小部分学生，按照所设专业的需要进行培养，以解决师资的

---

① 参见1959年5月17日《中共中央关于印发教育工作的十个文件的通知》的附件一：《教育部党组关于1959年教育事业发展规划的意见》。

② 张志坚、苏玉堂主编：《当代中国的人事管理》（上册），当代中国出版社1994年版，第169页。

迫切需要。1960年7月，国务院批转了教育部《关于抽调学生培养师资的报告》，同意抽调在校学生用于培养师资。

上述文件要求主要从本科相关专业的二、三、四年级学生中抽调在校学生，用于培养尖端、理科和无线电专业的师资，其中学习年限为四年制的学校，只能从相关专业的二、三年级中抽调。抽调的学生数原则上一般不超过该专业、该年级学生总数的6%—8%。一般不抽调尖端专业和薄弱环节，如无线电、热工、精密机械仪器、光学仪器、农机、塑料及合成橡胶等专业的学生。

全国重点高等学校抽调学生培养师资的工作，由教育部统一计划、统一抽调、统一培养，毕业后纳入国家分配计划，在全国重点高等学校范围内分配。各省、自治区、直辖市和各部门即不再从全国重点高等学校中抽调。

文件要求全国重点高等学校以外的其他各校抽调学生培养师资，应报主管单位审查批准。中央各部门、各省、自治区、直辖市可根据本部门、本地方所属学校（全国重点高等学校除外）报送的抽调学生培养师资的计划及可能抽调的学生人数进行汇总平衡，确定和批准抽调计划，并将转出转入的年级、专业和人数抄报教育部备查。各校抽调培养师资的学生，到毕业时仍应纳入国家的统一分配计划，留本校工作的人数应扣抵该校当年应补充的师资数。

中央各部门从全国重点高等学校以外的直属学校抽调学生培养师资，应尽可能地在本部门所属学校培养，本部门所属学校没有相关专业培养须送中央其他有关部门所属学校培养的，可直接向各学校主管单位联系，不必经过教育部转批。各省、自治区、直辖市从全国重点高等学校以外的直属学校抽调学生培养师资，应尽可能在本地方所属学校培养；本地方所属学校没有相关专业，须送本协作区内有关省、自治区、直辖市所属学校培养的，可直接向有关学校主管单位联系，不必经过教育部转批。本协作区内有关学校不能培养，需要送入中央有关部门或其他协作区有关学校培养的，要将所需代培师资的专业及人数报送教育部，由教育部汇总平衡，根据可能条件统一安排。

2. 抽调在校研究生返校教学

1960年，部分高等学校要求将1959年选派到各高等学校作研究生培养的原在职教师调回原校工作。各校提出的理由，主要是强调当前工作需要，如增设新专业、增加招生任务等，个别是由于选送的在职教师培养专业方向不大切合原校当前发展的需要。

关于抽调高等学校在校研究生参加工作问题，教育部曾在 1959 年 7 月 29 日《关于高等学校抽调在校研究生参加工作问题的处理意见》中规定："今后高等学校的研究生，除因确实没有条件继续培养的，须报教育部批准另行处理外，一律不得中途抽调改作其他工作。"然而 1960 年 8 月 10 日，教育部又颁布了《关于不得中途抽调高等学校研究生参加工作问题的通知》，指出：虽然各校任务比较繁重，师资比较紧张，但为了迅速提高高等学校的教育质量和科学水平，有计划地从在职教师中抽出一部分人脱产作研究生培养，仍十分必要。所以，有些学校对当前师资缺乏的困难，要采取其他办法来解决，不应该把已选送作研究生的原在职教师抽调回来。如原定培养方向需要改变，可直接征得培养校的同意，作适当改变。如改变后培养校继续培养有困难，可由培养校提出意见，经原选派校所属的省、市、自治区高教（教育）厅（局）或中央管业务部门同意后，可调回原校另行工作安排，并报教育部备查。①

二　高等教育精简时期的统一分配制度（1961—1966 年）

1961 年，中央提出了"调整、巩固、充实、提高"的教育方针，对高等学校的数量、办学规模进行了精简与调整。国家对高校毕业生分配，实行"集中使用、保证重点、加强薄弱环节、行政机关原则上不分配"。根据中共中央提出的以农业为基础，以工业为主导发展国民经济和自力更生、奋发图强、艰苦奋斗、勤俭建国的方针，毕业生分配按照"适当集中、重点使用，充实基层，加强锻炼"的原则进行统一安排。随着国家"三线建设"的开展，1965 年毕业生分配的原则是"从全局出发，集中使用，压缩一般需要，保证重点"，首先保证国防工业、三线建设基础工业的需要，适当兼顾农业、轻工业以及一、二线必须补充的技术力量。

---

① 参见 1960 年 8 月 10 日《教育部关于不得中途抽调高等学校研究生参加工作问题的通知》。

（一）重点分配到农业和国防尖端部门

这一时期高校毕业生分配的重点是农业和国防尖端部门。凡是与农业生产和农村建设有关的各专业毕业生，都优先考虑农业的需要。支援农业的毕业生，分配到县以下的基层单位。绝大多数农科毕业生和大多数医科毕业生分配到县、社、农场和垦区[①]；一部分毕业生在保证质量的条件下分配到国防尖端部门。

以1964年高校毕业生分配计划为例，按照上述原则，在计划草案中，首先尽量保证农田水利建设、农业科学技术部门、化学、化纤及农业机械工业的需要。在国防新技术方面，着重加强原子能工业和电子工业，适当照顾常规武器工业专业配套的需要。对于某些专业毕业生暂时多余的情况，除少数留校储备外，大部分由各有关部门归口储备。

对于不同科类和专业的毕业生，国家根据培养目标和使用方向，分别采取了不同的分配重点。工科毕业生，主要用于加强中央部门和若干省、市重点科研、设计、新产品试制的技术力量。机械类中通用机械、精密机械和仪器仪表等专业的毕业生，主要加强提供关键设备的机械制造工业部门和主要工业基地的技术力量。建筑类中工业与民用建筑等专业的毕业生，主要加强有关国防工程、援外和地方的设计力量。农田水利专业毕业生重点加强稳产、高产农田的建设。文科毕业生主要加强政治理论工作队伍。农科毕业生，主要加强农业科学技术的研究、推广和生产第一线的技术力量。医科毕业生，继续重点加强农村和工矿企业的医疗力量。

根据毛泽东主席和中共中央对于第三个五年计划的方针、任务和当时形势的指示，本着立足于可能发生战争、加强国防的精神，1965年6月，中共中央转发高等教育部党委《关于分配一批高等文科毕业生到县以下基层单位工作的请示报告》，报告指出，根据中共中央关于积极培养提拔新生力量及革命事业接班人的指示精神和国家主席刘少奇的建议，从高等学校应届毕业生中挑选出1万余名思想好、学习好、有工作能力的大学毕业生，分配到县以下基层单位，由领导干部带队，有计划地进行培养和锻

[①] 1961年6月，中共中央同意国家计划委员会党组《关于一九六一年高等学校毕业生分配计划的报告》。

炼，以便使他们较快地成长为领导骨干，并决定以后每年都要有计划地分配一些大学毕业生到基层单位和农村去。

中央要求，所有分配到基层工作的大学毕业生和回乡知识青年，都不许留在机关内当秘书或办事员。毕业生分配到基层以后，首先对其进行短期集训，做好思想工作，然后组织他们参加"四清"运动①。在参加"四清"运动期间，由"四清"工作团指定对知识分子比较熟悉的干部开展思想政治教育。经过两年的锻炼，根据他们的思想表现和工作能力，有计划、有重点地分配到县以下的基层单位，担任党政和文教、财贸等方面的实际工作。

1965 年、1966 年，中央共抽出高校毕业生 1 万余人，分配到县以下的基层单位。其中 1965 年抽出 5800 余人，1966 年抽出 4400 余人。

同时，对于某些专业的毕业生（包括毕业研究生）出现相对多余的现象，也被安排到基层，安排在农村、工厂或学校参加"四清"、劳动或基层工作，作为人才储备。这部分储备的毕业生由高教部负责调配，委托地方、工厂或学校代为管理，在实际工作中进行培养。一旦工作急需，可以随时将他们调往工作岗位，从而起到调剂余缺的作用。

（二）贯彻理论联系实际的原则

1961 年 9 月，中共中央印发《教育部直属高等学校暂行工作条例》，强调各专业的学生一般都要参加生产劳动，其目的是培养学生劳动习惯，使其向工农群众学习，同工农群众密切结合，纠正轻视体力劳动和轻视体力劳动者的错误观点，并通过生产劳动，更好地贯彻理论联系实际的原则。

为增强毕业生的劳动观点、阶级观点、群众观点、辩证唯物主义观点，锻炼他们实际工作的能力，为使国家能够合理选拔和使用专门人才，从 1963 年起，高校毕业生在毕业后将先参加一段时间的劳动和基层实习锻炼，然后正式分配工作。1963 年 8 月，国务院《关于一九六三年高等学校毕业生劳动实习试点工作的通知》指出，为了进一步贯彻执行"教

---

① "四清"运动是指 1963 年至 1966 年上半年，中共中央在全国城乡开展的社会主义教育运动。运动的内容，前期在农村中是"清工分，清账目，清仓库和清财物"，后期在城乡中表现为"清思想，清政治，清组织和清经济"。

育为无产阶级政治服务，教育与生产劳动相结合"的方针，将毕业生见习一年的制度逐渐改为先参加劳动实习一年，然后再见习一年的制度，并决定先在工科、农科毕业生中试点。其他科类的毕业生也可以少量试点，外语毕业生不参加试点。毕业生在劳动实习期间，以参加体力劳动为主，并安排一定时间（约占劳动实习时期的五分之一），学习专业知识，以免荒疏学业。关于试点场所，工科毕业生安排在工矿企业；农科和林科毕业生安排在农场、林场、牧场、人民公社。为了加强对此项工作的领导和管理，当时在中央成立了全国高等学校毕业生劳动实习试点工作领导小组，在各省、自治区、直辖市也相应成立了毕业生劳动实习试点工作领导小组。

各地方、各学校提前对毕业生进行宣传教育，使他们了解毕业后先参加一段劳动和基层实习锻炼的意义，要他们做好这方面的思想准备，以便能够比较顺利地贯彻执行国务院的有关规定。

1963年6月5日，《人民日报》社论《坚持不懈地好好组织学生参加生产劳动》指出："组织学生参加生产劳动，是我们教育工作中一项长期的根本的任务。认真坚持做好这方面的工作，对于贯彻执行教育为无产阶级政治服务、教育与生产劳动相结合的方针，具有重大的意义。事实证明，只有坚持不懈地做好组织学生参加生产劳动的工作，才能使学生在受教育的过程中，通过实际的生产劳动的锻炼，逐步培养成为毛泽东同志所要求的'有社会主义觉悟的有文化的劳动者'。"

根据国务院指示精神和全国毕业生劳动实习领导小组关于1963年高等学校毕业生劳动实习试点办法的规定，全国有27个中央部门和25个省、市、自治区在所属708个基层单位中进行了试点工作，试点人数共21611人，占毕业生总数的10.5%。其中：工科13882人，占64.2%；农科3000人，占13.9%；理科1885人，占8.7%；师范1858人，占8.6%；医药165人，占0.8%；其他（文史、政法、艺术等）821人，占3.8%。在708个基层试点单位中，有工矿企业526个，占70.3%；农、林、牧、渔场71个，占10%；农村人民公社111个，占15.7%。

1964年6月，高等教育部在沈阳召开了毕业生劳动实习试点工作座谈会，会议认为，毕业生参加劳动实习是进一步贯彻党的"教育为无产阶级政治服务，教育与生产劳动相结合"的方针，促使青年知识分子劳动化、革命化，防止修正主义和教条主义的一项重大措施。高等教育部提交给国务院的《关于高等学校毕业生劳动实习试点情况和今后工作意见的报告》指出，逐步建立高等学校毕业生劳动实习制度是十分正确的，已经取得了初步成效。

毕业生通过参加劳动实习，进一步克服了轻视体力劳动和劳动人民的错误观点，树立了热爱劳动和劳动人民的新风尚。许多毕业生过去害怕劳动，通过实践他们体会到："劳动并不可怕，可怕的是资产阶级思想。"有些毕业生起初对劳动人民总是抱有偏见，认为他们"穿的不干不净，干活粗手粗脚，说话粗声粗气"。与工农同吃同住同劳动以后，他们的看法改变了，体会到："他们脏在身上，美在心里。"有的毕业生歌颂："过去大粪臭死人，现在见了大粪亲，不是大粪变了质，而是劳动育新人。"他们开始认识到劳动人民的优秀品质值得学习。

1964年7月，中共中央、国务院批转国家计委、高教部、内务部党组《关于一九六四年高等学校毕业生分配问题的报告》，要求对刚毕业的学生，应当首先安排到基层参加劳动实习，有计划地组织他们参加社会主义教育和"四清"运动。8月，中共中央、国务院《关于发布高等学校毕业生劳动实习试行条例的通知》，同时下发了《高等学校毕业生劳动实习试行条例》和高等教育部全国高等学校毕业生劳动实习领导小组《关于高等学校毕业生实习试点情况和今后工作意见的报告》。

《关于发布高等学校毕业生劳动实习试行条例的通知》指出，高等学校毕业生的劳动实习制度是促使青年知识分子劳动化、革命化、提高社会主义觉悟的一项重大措施。高等学校本科、专科毕业生、毕业研究生和毕业回国留学生，在分配工作后，都应参加劳动实习；毕业生在劳动实习期满后，写出劳动实习报告；劳动实习单位对毕业生作出劳动实习鉴定。从1963年起，要认真连续抓三年，把这项制度建立并巩固下来。1964年的试点面应该扩大到占毕业生总数的50%左右，并应注意安排较多的毕业生到农村参加劳动实习。高等学校毕业生的劳动实习必须以体力劳动为主，适当组织他们就地参加"四清""五反"社会主义教育运动，并且妥善安排他们的专业学习，不要中途抽调他们搞其他工作。在劳动实习过程中，要加强思想政治工作，注意劳逸结合和安全生产，关心他们的生活和身体健康。

(三) 预先分配

为了更好地完成毕业生分配工作，中央还提出了提前 1 年预分配的办法。1965 年 7 月 10 日，中共中央、国务院批转了国家计委《关于一九六五年高等学校毕业生分配和一九六六年毕业生预分配问题的报告》。《报告》提出："高等学校毕业生提前一年预分配，是培养部门和使用部门的一致要求。""这样做的主要好处是：第一，学校可以根据用人单位的要求，安排教学、生产实习和毕业设计，有利于提高教学质量；第二，用人单位可以及早了解能够补充的专业人才的情况，便于更好地安排他们的工作，同时，对不足的专业人才，可以及早采取其他措施，寻求解决办法；第三，培养部门可以根据预分配的情况，对一些相对多余的专业进行调整，改学相近的急需的专业，或增加必要的专业课程，使人才的培养尽可能适应实际需要。"

20 世纪 60 年代初期，由于国际形势发展很快，外事翻译人员的需求量急剧增加，国内社会主义建设新形势正在形成，科学研究等方面也需要相当数量的外语人才，外语专业毕业生出现供不应求的情况。从表 1-1 中可以看到，根据高等外语院系在校三、四、五年级人数预计的 1964—1966 年毕业人数，与社会各方面外语人才需求相比，除了俄语人才相对过剩，其他外语人才都严重不足，到 1966 年，英语人才将缺 5245 人，日语人才缺 1177 人，法语人才缺 714 人，德语人才缺 392 人，西班牙语人才缺 228 人。

表 1-1　　　　1964—1966 年主要语种的供求情况　　　　（单位：人）

语种	1964—1966 年各方面需求	1964—1966 年预计毕业生数	余缺额
英语	11625	6380	-5245
德语	842	450	-392
法语	1264	550	-714
西班牙语	658	430	-228
日语	1242	65	-1177
俄语	3701	7590	+3889

资料来源：1964 年 3 月 12 日中共中央批转《国务院外事办公室、高等教育部党组关于解决当前外语干部严重不足问题应急措施的报告》。

针对外语人才不足的情况，教育部规定：对高等外语院系在校学生，根据外事和师资等方面的需要，预先制订分配方案。其中四、五年级学生仍按原定学习年限毕业；一、二、三年级学生在学满3年之后，如有紧急需要可以经国家计委和高等教育部同意，按预分配方案，抽出70%—80%提前分配工作，留20%—30%继续在校学习。为了适应这种需要，外语学院和综合大学外语系的教学计划，应该分为前三年和后两年两个阶段，前一阶段主要学习政治理论课和基础外语，把《文学概论》《语言学概论》等课程移到后一阶段去学；同时要大力改进外语课的教学工作，密切结合毕业后的工作需要，使学满3年的学生确能打下较好的基础，基本上能从事外语工作。此外，还作出大量派遣留学生的计划。3年内计划派遣1750名，包括大学生1550名，进修生200名。其中学习法语的520名，学习西班牙语的300名，学习德语的120名。这些学生在国外学习期限定为2—3年，以应国内急需；其他语种在国外的学习期限都按4年计划，遇有紧急需要时，也可提前调回。学习法语的，拟派往法国、阿尔及利亚、瑞士、摩洛哥、突尼斯、比利时等国；学习西班牙语的，拟派往古巴、智利、乌拉圭、墨西哥等国；学习德语的拟集中派往民主德国，如遇困难时拟派一部分到奥地利和瑞士等国。学生来源，学习东欧和朝、越、蒙各国语言的，拟从俄语专业四、五年级学生和毕业生中选调；学习其他语言的，都从外语中学毕业生和普通高中毕业生中选拔。高中毕业生出国留学，一般需要先在国内集训一年，为此，拟在上海外语学院设立留学生预备部。

派进修生的目的，是培养高级师资和高级翻译；进修生的来源主要从高等学校外语教师和在职翻译干部中选拔。

此外，还决定普查外语人才，将过去外语院系毕业生中因分配不当用非所学的，重新进行工作调整。

按照中央关于在高等学校和有关省市建立一批研究外国问题机构的指示，1964年2月20—24日，高等教育部和中国科学院哲学社会科学部联合召开了高等学校和省市研究单位研究外国问题的工作会议。1964年3月23日，教育部提交了《关于高等学校建立研究外国问题机构的报告》，对在高等学校建立研究外国问题机构的任务、方针、原则、条件等进行了汇报，并拟定了机构名单和重点研究方向。例如，拟在北京大学设外国哲学研究所，研究范围以现代西方哲学流派（新康德主义、实用主义、逻辑实证主义、新黑格尔主义、新托马斯主义、存在主义)、西方哲学史、自然哲学等为主；设亚非研究所，分设亚洲、阿拉伯地区和非洲三个研究组；设世界近现代史研究室，研究范围以民族解放运动为主。中国人民大学设马克思列宁主义发展史研究所，按马克思主义的三个组成部分分设政治思想史、经济思想史、哲学发展史三个研究室；苏联东欧研究所，设苏联政法研究室、苏联经济研究室、波兰研究室、南斯拉夫研究室（其他东欧国家先指定专人研究），研究范围以政治经济现状为主；设帝国主义国家经济研究室，研究范围以美国、英国为主，着重研究当代资产阶级经济学说、美国经济周期、英镑和美元的斗争。厦门大学设南洋研究所，以研究印度尼西亚、菲律宾、马来西亚三国为主，兼及东南亚其他国家。

1964年11月14日，中共中央、国务院批转了《国务院外事办公室、国务院文教办公室、国家计委、高教部、教育部关于外语教育七年规划纲要》，指出外语教育规划的方针是：专业外语教育和共同外语教育并重；学校外语教育和业余外语教育并举；在学校教育中确定英语为第一外语；在大力发展数量、调整语种比例的同时，注意保证质量。规划纲要提出了7年内外语教育事业的发展指标，规划要求：从1964年到1970年计划招生8.4万人，平均每年招生1.17万人；预计毕业生5.4万人。分语种的招生和毕业生计划数如表1-2：

表1-2　　　　　　　　　外语招生规划计划数

语种	平均每年招生人数	1970年前预计毕业生人数
英语	6950	29226
法语	1015	3493
西班牙语	687	2106
俄语	700	10390
德语	450	1702
阿拉伯语	220	817
日语	817	2743
其他语种	910	3524
共计	11749	54001

资料来源：1964年11月14日，《国务院外事办公室、国务院文教办公室、国家计委、高教部、教育部关于外语教育七年规划纲要》。

规划要求,各部门和各地方主管的外语院(校)系的毕业生,都实行国家统一分配制度。中央各部门主管的院校的毕业生,在统一分配的原则下,首先尽量满足学校所服务的部门的需要,例如,外交部主管的北京外语学院,主要为外交部、中央联络部(包括工会、青年团、妇联和大单位)服务;新建外交学院分院,由中央调查部主管,并为其服务;北京外贸学院外语系,主要为外贸系统、对外经贸委等有经济援外任务等部门服务;北京第二外语学院,由对外文委主管,主要为对外文委、广播局、外文出版局、新华社、国际旅行社等部门服务。地方所属以培养中学师资为主的院(校)系的毕业生,优先照顾学校所在省、市、自治区的需要。科学技术、援外和其他部门所需的外事翻译,由国家统一分配。

为了解决外语干部的急需,在近几年内对所有高等外语院系的在校学生,实行预先分配的办法,要求做到学生毕业前二、三年制定分配方案,经中央和国务院批准后下达各部门、各地方。

在解决中学外语师资方面,《规划纲要》建议:高等师范院校外语系和其他地方外语院系毕业生90%保证分配到中学;高等教育部直属外语院系毕业生的分配,应该把高等学校和外国语学校外语师资的补充摆在优先地位,保证质量。同时,各高等学校可以根据自己的需要和教学力量,经高等教育部批准,举办临时性的外语班,从本校学生人数供过于求的专业中动员一些外语程度较好的学生转学外语,毕业后充任共同外语课师资。

(四)选拔毕业生任高等学校政治工作干部

为了改进和加强高等学校的思想政治工作,促进高等教育事业的革命化,培养又红又专的人才,中央决定高等教育部和高等学校必须有步骤地建立政治工作机构,充实和加强政治工作干部队伍。1964年6月10日,中共中央批转了高等教育部党组《关于加强高等学校政治工作和建立政治工作机构试点问题的报告》。中央同意高等教育部试行改党组为党委制,并同意全国高等学校平均每100个学生配备一名政治工作干部。教育部直属的高等学校中,确定了北京大学和清华大学作为试点学校,外地直属学校由省市委确定试点学校。

文件要求全国高等学校,不论是否进行政治部的试点工作,都要积极地充实和加强政治工作干部队伍。过去各高等学校的政治工作干部偏少，特别是班级、教研室等基层单位政治工作干部量少质差，这是学校思想政治工作薄弱的重要原因之一。为了尽快改变这种状况，1964年以后，除校、系两级专职政治工作人员以外，平均每100个学生至少要配备1个专职政治工作干部的编制。所需增加的政治工作干部的来源，除一小部分通过校内调剂解决外，主要从高校毕业生中选留解决，在两三年内配齐人员。

（五）挑选应届毕业生重点培养

从1959年起，国家就要求各省从应届高校毕业生中，选留政治、业务水平较高的学生分配到有条件的高等学校，对其进行研究生培养，1959年开始每年挑选1000名应届高校毕业生作为培养对象。

1964年，中央组织部也开始指定从15个省、市选拔优秀应届毕业生重点培养①。选拔的应届毕业生要求具备的基本条件是："工农家庭出身、政治思想好、历史清楚、学习成绩优良、身体健康而有培养前途的优秀党员。"同时，还要善于联系群众，经过一定党、团组织和学生组织的工作锻炼。

这部分应届毕业生主要被分配从事党组织工作，具体安排是：先由中央组织部组织他们到农村基层参加一年社会主义教育运动，进行劳动锻炼和基层工作锻炼，然后再分配他们做党的工作、政权工作、厂矿企业中党的工作或行政工作。

以1964年中央组织部重点选拔的60名毕业生为例，挑选出来的毕业生，先携带省市委组织部的介绍信、党员组织关系介绍信、户口转移证明等到中央党校报到，经过3个月的短期学习，之后组成3个工作队分别到山西、江苏、湖南3省参加社会主义教育运动，进行劳动锻炼和基层工作锻炼。山西、江苏、湖南3省各选调1名县委书记或副书记，分别带领这批毕业生进行学习，并在学习后带领他们参加社会主义教育运动。

从1964年起，一些省、市也开始挑选一部分应届毕业生，作为本省、市重点培养提高的对象。

为了维持中央和地方选人用人方面的平衡，1964年6月23日，高等

---

① 具体分配名额是：北京8名，四川、江苏各5名，黑龙江、辽宁、河北、上海、湖北、广东各4名，吉林、山东、福建、河南、湖南、陕西各3名。

教育部与国家计委发布了《关于挑选高等学校应届毕业生进行重点培养提高的问题的通知》，要求："在需要与可能结合的条件下，做到重点和一般兼顾，以保证重点为主；军用和民用兼顾，以保证军用为主；中央和地方兼顾，以保证中央为主的原则。在调配毕业生的时候，应首先保证调给中央的毕业生质量。"

凡是省、市挑选的高等学校应届毕业生，可以在中央统一分配给本省、市的分配计划名额内进行挑选，主要是从省、市主管的高等学校挑选。如要从全国重点高等学校或中央业务部门主管的高等学校中挑选，则可以在不影响调配给中央国防机要部门的毕业生质量情况下，少数人可在学校按照统一分配计划调给本省、市的毕业生名单范围内挑选。

凡是经中央批准事先到学校挑选的单位（如中央马列主义研究院、红旗杂志编辑部、反修历史组、中央宣传部，等等）已经选定的毕业生，以及选拔作外语留学生、外语留学生政治辅导员、培养出国教师的毕业生，省、市不再从中挑选。

（六）照顾毕业生的工作志愿和特殊困难

1963年《高等学校毕业生调配、派遣暂行办法》规定：高等学校毕业生的分配，在首先服从国家需要的前提下，对毕业生的工作志愿、特殊困难及华侨学生、少数民族学生的特殊情况等，应当在调配计划范围内给予适当照顾，以发挥他们的专长，调动他们的积极性。

学校应根据调配计划和毕业生的具体情况，指导毕业生从国家需要出发，按照调配计划的分配单位，实事求是地填写工作志愿，每一个毕业生可以填写3—5个志愿，学校在进行毕业生调配时，要适当照顾毕业生的工作志愿。

《办法》要求必须区分情况对有困难的毕业生进行适当照顾。要做好毕业生的思想工作，对于那些强调困难、挑拣地区的毕业生，应该教育他们以正确的态度对待国家需要、服从国家分配。对不顾国家需要，坚持个人无理要求的，应该进行严肃的批评，不应迁就。

对华侨毕业生和家在香港、澳门的毕业生，应该首先注意加强对他们的爱国主义教育，使他们热爱祖国社会主义建设、服从国家分配。对少数情况特殊的，应该根据他们的生活习惯，在工作志愿和工作地区上给予适当照顾。个别华侨毕业生坚决要求出国或去香港、澳门的，应该按照有关规定，经过有关部门批准，可以允许出国或去香港、澳门。

对少数民族毕业生，应当根据所学专业、民族和籍贯，尽可能分配到本民族地区、民族事务机关或民族学校工作。

此外，对于极个别毕业生由于情况很特殊必须照顾而调配计划又没有照顾名额的，学校在宣布调配计划以前，学生可以提出意见，经地方主管调配部门同意，酌情变动调配计划，予以照顾。

（七）毕业研究生的分配

在毕业研究生分配方面，1959—1963年主要根据《关于高等学校培养研究生工作的几点意见》（1959）和《高等学校培养研究生工作暂行条例（草案）》（1963）中的规定进行分配。

研究生按计划完成学业后，由学校发给毕业证书。毕业研究生中，原由高等学校本科毕业生直接考试录取的，与本科毕业生一起由国家统一分配，培养学校可以按国家计划选留一部分作为师资或专职科学研究人员。原由在职人员中考试录取的，原则上回原单位，但要优先考虑研究生所在院校补充师资的需要。

在工资待遇方面，脱产研究生按教育部统一规定的标准，享有研究生助学金。在职研究生在学习期间（包括脱产从事毕业论文期间），工资照发，不发助学金。脱产研究生等待毕业论文答辩期间，助学金照发。研究生在利用实验室、资料室和图书馆，以及参加教学研究室的学术活动等方面，享有与教师同样的便利条件。

1964—1966年，国家开始单独制订全国毕业研究生统一分配计划。分配计划以教育部为主，国务院科技干部局协助，按每名毕业研究生拟订分配计划草案，经国家计委审定后，报国务院批准下达执行，分配的方针与重点基本上与本科毕业生相同。

（八）毕业生就业分配的其他问题

1. 清理抽调毕业生提前分配工作的情况

1958年以来，由于师资紧缺，中国科学院各研究所及各省、市、自治区分院和部分高等院校从本单位抽调了一些在校学生提前分配工作，到高校当教师。然而，这些单位后来又进行调整精简，而提前毕业分配的学生多数学业知识较差、不能适应学校的工作要求。

1961年7月4日，《教育部关于彻底清理抽调全国重点高等学校在校学生的通知》，要求凡是抽调学生培养师资的人数，超过该专业该年级6%—8%的（不是按全系或全校计算）；抽调一年级学生的；抽调国防尖端和薄弱专业的学生，培养作一般专业或基础课师资的，必须一律退回学校学习。无论全国重点高等学校或校外单位，凡是未经中央批准而抽调全国重点高等学校未毕业学生分配工作的，原则上都应送回继续学习。如个别因工作急需不能送回（全国重点高等学校仅限于作政治工作的），应该开具名单，说明情况，报教育部会商国家计委审批。对于按规定抽调培养师资的学生，不能作专职教师使用，仍要继续学习，一律按照助学金待遇，毕业生纳入国家统一分配计划，留本校作师资的人数在当年应补充的师资名额中抵扣。对于不符合规定应该退回的学生，要妥善安排他们的学习，如因原学专业已经调整合并或送回原班学习确有困难的，则应根据他们的实际情况，安排在相近专业适当班级学习，并要注意作好思想工作。凡将抽调的学生送至外校培养作师资的，在规定比例以内的仍继续进行培养，由原选送学校发给助学金；如超出规定比例的，则按转学处理，其待遇改由培养学校负责。任何单位不得抽调未毕业的学生分配工作。如因特殊需要，必须抽调未毕业的学生分配工作时，属于全国重点高等学校的学生，应该开具人数名单并报经教育部商得国家计委同意和批准。一次抽调未毕业学生在10人以上时，均须报教育部核报中央批准。同年8月，教育部还专门颁布了《关于提前抽调高等学校学生复学问题的通知》，让1958年以来从高等院校本科提前抽调的学生回高校复学。

2. 精减后留下来的毕业生转正定级

1962年2月，中央在关于减少城镇人口的决定中规定："精减后留下来的学习期满的学徒和学习期满的大学、中等专业学校和技工学校的毕业生，可以进行转正和定级。"有些地区和部门在贯彻执行这一规定中遇到了一些问题，为此，1962年9月20日，劳动部发布《关于高等学校、中等专业学校、技工学校毕业生和学徒的转正、定级等问题的通知》。《通知》要求实习期（见习期）已满的高等学校、中等专业学校的毕业生，其定级工作，即可按照国务院1957年颁发的《关于高等学校和中等专业学校毕业生在见习期间的临时工资待遇的规定》中有关见习期满后评定正式工资的规定进行，但新定的工资标准一律从批准之月起执行。

实习期已满的技工学校的毕业生和学习期已满的学徒，其转正、定级工作，应该在其所在单位已经完成精简任务、本人确定留在本单位定员以内或者调整到其他单位定员以内时才可以进行，并且从转正、定级之月起按新定工资标准执行。在评定他们的工资等级的时候，要切实掌握与过去同类人员所定等级的平衡关系。

1962年毕业的高等学校、中等专业学校的毕业生，无论是分配到国营企业（包括国营农场）、公私合营企业、事业单位和国家机关工作的，还是分配到上述单位当干部或者是当工人的，其临时工资待遇，仍按照国务院1957年颁发的《关于高等学校和中等专业学校毕业生在见习期间的临时工资待遇的规定》执行，一年以后再根据所担任的工作和所在单位执行的工资制度，评定其工资等级；对于分配到集体所有制单位工作的，其工资待遇应该在不高于国务院规定的高等学校、中等专业学校毕业生临时工资待遇的原则下，由各省、市、自治区人民委员会研究确定。

关于高等学校、中等专业学校毕业生中的调干毕业生的工资待遇问题，仍按照国务院1957年《关于高等学校和中等专业学校毕业生在见习期间的临时工资待遇的规定》。

高等学校和中等专业学校的肄业生分配工作的，其工资待遇应该在低于国务院规定的高等学校、中等专业学校毕业生临时工资待遇的原则下，由各省、市、自治区人民委员会研究确定。

1957年以前入厂的学徒，在1958年《国务院关于国营、公私合营、合作社营、个体经营的企业和事业单位的学徒的学习期限和生活补贴的暂行规定》发布以前就已经转正而1962年仍为一级工的，其工资级别，可以在进行学徒转正、定级工作的同时提高一级。

3. 取消学籍和退学的研究生就业分配

1962年9月20日，教育部发布《关于加强在校研究生的培养和调整工作的通知》规定："凡经过批准同意退学的研究生，原系在职干部，调回原单位工作；原系大学毕业生，应由学校列入明年应届大学毕业生报表，上报国家计委，请国家计委一并与明年应届大学毕业生统一分配，如学校和主管部门有需要，也可以尽先由学校和主管部门分配工作。对退学等待分配工作的研究生，学校应该根据具体情况组织他们学习，或参加适当工作，其生活待遇仍和正式研究生一样，不要改变。"

为了从多方面保证完成国家培养干部的计划和提高研究生的质量，妥善处理研究生的学籍问题，教育部于1963年10月21日进一步发布了《关于高等学校研究生学籍处理问题的几项暂行规定》，对高等学校研究生转专业、转学校、改换导师、休学、延长学习期限、取消学籍和退学等问题做了规定。

其中，关于取消学籍和退学后研究生的就业问题，《规定》指出："经批准取消学籍或退学的研究生，如原系从在职人员中考取的，仍回原单位工作；原系从每年应届大学毕业生中考取的，由学校列入第二年应届大学毕业生报表，上报国家计委，统一分配工作。在国家统一分配之前，如学校或校外部门需要，亦可由学校报经主管部门同意后分配工作。取消学籍或退学的研究生在等待分配工作期间，学校要妥善安排他们的工作或学习，其生活待遇仍和正式研究生一样，不得改变。"

4. 外侨学生毕业不包分配

为了加强对进入我国高等学校学习的外侨学生（包括外国专家的子女，不包括留学生）的管理，1964年1月13日，教育部、公安部发布的《关于外侨学生进入我国高等学校学习的暂行规定》指出：外侨学生毕业后，不由国家统一分配他们的工作。如果外侨学生愿意在中国工作的，学校可以商请当地公安、人事部门研究后介绍适当工作。

5. 对不服从分配的毕业生的处理

1963年，教育部《高等学校毕业生调配、派遣暂行办法》规定，对不顾国家需要、无理坚持个人要求、经过多次教育不改、拒不服从分配的毕业生，自学校宣布分配名单时起，超过3个月仍然不接受分配的，经地方主管调配部门批准，由学校负责人向其宣布国家不予分配工作，限期离校；属于机、绝密专业的毕业生，学校应收回所发教材、实习报告等资料，并由地方主管调配部门通知当地政府和有关单位不得录用。宣布不予分配工作后如果在3个月之内有所悔悟，愿意服从分配的，在给予适当批评后，仍然可以按原计划分配工作，学校并将其情况通知用人单位，在工作中继续加强教育。凡宣布不予分配工作后，超过3个月如要求工作的，即作一般劳动就业问题由当地劳动部门处理。

三 高校毕业生就业分配制度的挫折发展（1966—1979年）

1966年，正当我国开始进入国民经济发展的第三个五年计划之际，高校毕业生就业制度的发展却出现了挫折。

1966—1969 年，高校处于停止招生的状况，在此期间毕业的大学生，其就业分配由国家统一分配改为统一由学校所在地的省和自治区革命委员会负责进行。

这一时期，国家宣传鼓励高校毕业生"与工农相结合，全心全意为人民服务，自觉地服从祖国分配，到最艰苦、最需要的地方去"。高校毕业生的分配方向，主要是面向农村、面向边疆、面向工矿、面向基层。1970 年，高校开始采取"推荐制"招收两到三年学制的"工农兵学员"，这些"工农兵学员"毕业后大多返回原单位、原地区工作，即"社来社去""厂来厂去""哪来哪去"，只有一部分符合特殊需要的毕业生由国家统一分配。

1977 年，恢复高考，不再招收"工农兵学员"。

1979 年，最后一届工农兵学员毕业。①

（一）高校延迟就业分配时间

根据 1967 年 9 月 7 日《中共中央关于 1966 年大专院校毕业生分配问题的通知》，"1965 年的大专院校毕业生，尚留在学校没有分配的，由主管部门和省、市、自治区随同 1966 年毕业生一起分配。原定在 1967 年毕业的学生，不要提前到 1966 年毕业。1967 年大专院校毕业生，在今年 12 月间，进行分配。现在在校的研究生，随同 1966 年大专院毕业生一起分配。"因此，1965 年没有分配的毕业生与本应该在 1966 年分配的 66 届大学毕业生都延期到 1967 年 5 月分配。

1968 年 6 月 2 日，中共中央发出《关于 1967 年大专院校毕业生分配问题的通知》，决定 1967 年大专院校毕业生推迟到 1968 年 6 月开始进行分配。同月，中央还发布通知，要求分配一部分大专院校毕业生到解放军农场去锻炼。

根据《中共中央关于 1969 年、1970 年、1971 年大专院校毕业生分配的通知》，大专院校 1969 年、1970 年、1971 年的应届毕业生，从 1970 年 7 月

---

① 1980 年，时任教育部部长蒋南翔宣布以后不再使用工农兵学员这个称呼，工农兵学员的学历被定为大专，而第一批工农兵学员中的短训学员，学历不被承认。1993 年，国家教育委员会和人事部联合下发文件，明确规定 1970—1976 年选拔入学的高等院校毕业生，即工农兵学员的学历，国家承认为大学普通班，简称"大普"，结业或肄业的均需注明"大普结业"或"大普肄业"。

开始分配，7月底前分配完毕。《通过》要求"毕业生的分配，走与工农兵相结合的道路，服从革命需要，到农村去，到边疆去，到工矿去，到基层去，接受工农兵的'再教育'，在'三大革命'的第一线作出新贡献"。《通知》还规定，毕业生分配办法、工资待遇等，均按1968年分配毕业生时中央的有关规定执行。已经外迁的院校，原则上应就地分配，不要再回到北京和其他大城市。此外，毕业生的档案（包括1968年以前毕业生现存学校的档案），一律转送给接收毕业生的工作单位，转送地点由接收部门通知学校。

（二）"三结合"与贯彻群众路线的分配原则

这一时期高校毕业生分配在组织管理上，采取"三结合"的原则，即各院校、系、班的毕业生分配小组，由领导干部、教师、学生代表三方面群体组成，派有解放军的院校，还有解放军参加领导。领导干部和教师是"三结合"分配小组的骨干力量，学生的代表是"三结合"分配小组的基础。

中央要求各地在高校毕业生分配中贯彻群众路线，让毕业生了解毕业分配情况，并充分听取毕业生的意见。

（三）"四个面向""一个结合"的分配方向

这一时期，毕业生的分配方向是"四个面向""一个结合"：面向农村、面向工矿、面向基层、面向边疆，与工农群众相结合。

1966年、1967年大专院校毕业生（包括研究生），一般都必须先当普通农民、当普通工人。根据国家需要，分配当中小学教员和担任医疗工作的毕业生，也必须一面工作，一面劳动。

对于分配到解放军农场去锻炼的大专院校毕业生要求解放军，要求解放军农场组织毕业生一面学习，一面生产，一律实行军事管理，过战士生活，按部队组织形式单独编成连队。

（四）"社来社去"的分配原则

根据1972年全国教育会议纪要决定的原则，"工农兵学员"毕业后大多返回原单位、原地区工作，一部分符合特殊需要的毕业生则由国家统一分配。1973年、1974年均未制订全国统一分配计划，毕业生分配全部是"社来社去""厂来厂去""哪来哪去"。特殊专业（如原子能专业）由选送单位提请中央有关归口部门协助安排，分配时按原招生培养计划返回原单位原地区；特殊需要的，由国家统一分配回原单位、原地区；用非所学，而其他部门、地区又有需要的，由省、区、市和有关部门负责调整；对招生时已确定"社来社去"（"社"指人民公社）的①，仍按原规定回人民公社；对毕业生自愿当农民、工人的给予支持，经过有关部门批准后到县以上人事（组织）部门报到后，由同级的知识青年上山下乡办公室、劳动部门具体安排；当农民的纳入知识青年上山下乡统一管理。

1978年国家计划委员会召开全国毕业生分配工作会议，确定仍在原制订的培养计划的基础上，国家按照需要进行调剂分配。除"社来社去"的毕业生外，培养方向面向省、区、市学校的毕业生，一般由省、区、市分配；面向全国又面向地方学校的毕业生，按照原培养计划分配，国家根据需要进行必要的调剂。分配的方针是：首先考虑全面需要，保证重点，集中使用，把政治思想好、业务上比较优秀的毕业生分配到国家最需要的地方去。在分配毕业生时，对国家重点科研项目、大型重点工业建设和支农建设项目、引进新技术项目选拔研究生和重点高等学校基础课师资等方面的需要，作了优先安排；对技术力量比较薄弱的边疆地区、少数民族地区，给予了适当照顾。与此同时，继续坚持面向农村、面向工矿、面向基层的方针，对少数结合专业分配工作有困难的毕业生，尽可能安排与他们所学专业相近的工作，或者根据需要在工作中学习"第二专业"。对县以上党政机关要求分配毕业生的，要从严控制。确实需要补充少量毕业生的，要经省（自治区、直辖市）党委或部门党组批准，但一般不分配理工科中新技术专业和短线专业的毕业生。高等学校选留师资原则上从本部门或本省（自治区、直辖市）培养的毕业生中选拔，选留师资的人数不超过本专业毕业生的5%。②

按照上述分配方针，1978年毕业生16.6万余人的分配结果是：分配到中央部门的23030人，占毕业生总数的13.8%，其中工科14400多人，占工科毕业生的24.8%；分配到地方的143000多人，占毕业生总数的86.2%，其中工科43600多人，占工科毕业生的75.2%。同时，为了保证重点，照顾一些部门和地区提出的特殊需求，在全国共调剂了5400多

---

① 入学后进入的班级称为"社来社去班"。
② 国家人事局：《人事工作文件选编Ⅱ》，中国人事出版社1990年版，第166—167页。

人，占当年毕业生总数的3%。从专业来看，主要是工科中的通用机械、仪器仪表、自动控制、电子计算机等专业的毕业生。根据部门和地方承担重点项目的任务和原培养的毕业生人数等情况，主要抽调地方的名额分配给科研、原料、燃料、动力、国防等部门。①

对于1979年毕业的最后一届工农兵学员，全国普通高校共有16.2万余人（包括延期到1980年毕业的人数），仍同1978年一样，国家按照需要在原培养计划的基础上对其进行调剂分配。这一年毕业生供不应求的情况十分突出，各部门和各省（自治区、直辖市）除了自己培养的毕业生外，还需要国家调剂分配7万多人，其中以工科中的新技术专业和通用专业毕业生供不应求的情况最明显。例如电子计算机和与之配套的计算机软件、精密机械、仪器仪表、自动控制等专业，要求调剂1万多人，而毕业生只有3000多人，远不能满足各方面的需求。在通用专业方面，如机械制造、无线电技术、工程地质与水文地质、工业电气自动化、工业与民用建筑，以及英语、法语、德语、日语和会计、统计、经济管理等专业，要求调剂分配数为毕业生人数的1—2倍。此外，也有少数专业毕业生人数超过当时的需要，不能完全做到学用一致，不得不改做与其专业相近的工作。② 这反映出高等教育对人才的培养在科类比例和专业设置上与国民经济发展的要求还有些不相适应。因此，当年毕业生的分配，仍采取适当集中、重点配备、保证特殊急需、兼顾一般需要的方针和注意专业配套与贯彻学用一致的原则，进行统筹安排。分配的重点，在农业方面主要是加强农业科学研究和支农重点项目的需求；针对国家重点建设工程和引进新技术成套设备的需求，重点补充所需的新技术专业、缺门短线和配套专业人才；针对国防工业和军事部门，加强战备和国防尖端研制任务急需的专业分配；针对科学研究和高等学校师资的需求，优先分配少数优秀的毕业生。

（五）毕业研究生的分配

1966年开始，全国停止招收研究生，1966—1977年的12年间，研究生招生一直处于停滞阶段。因此，这一时期的毕业研究生，主要是1966

---

① 国家人事局：《人事工作文件选编Ⅱ》，中国人事出版社1990年版，第167—168页。
② 国家人事局：《人事工作文件选编Ⅱ》，中国人事出版社1990年版，第174页。

年之前入学的研究生，陆续在 1966—1968 年毕业。虽然这几年毕业的研究生大部分没有来得及做完毕业论文或毕业设计，但仍然列入当年大学毕业生分配计划陆续进行了分配，同样遵循"四个面向""一个结合"的分配原则。

四 高校毕业生就业分配制度的恢复调整（1979—1985 年）

党的十一届三中全会以后，中国社会进入全新的改革开放时期，改革首先在经济领域展开，旧的计划经济体制逐渐向计划经济与社会主义市场经济共存的双轨制经济体制过渡，其后，就业制度也逐渐向双轨制发展。

为了解决城镇待业青年就业问题，中央政府对"统包统配"的就业政策进行了改革，把"统一包揽，统一分配"调整为"统筹兼顾，各得其所"，由政府主导，对不同部门、不同所有制、不同地区实行综合平衡；发挥企业、社会、学校、青年各方的积极性，使青年就业得到妥善安排。中央也总结了三十多年来劳动管理体制和方针政策方面的经验教训，于 1980 年 8 月明确提出了"三结合"的劳动就业新方针，即"在国家统筹规划和指导下，实行劳动部门介绍就业，自愿组织起来就业和自谋职业相结合"，旨在改变根深蒂固的"统包统配"思想；引导地方各级政府牢固树立发展生产扩大就业的思想，把调整国民经济结构和所有制结构作为解决城镇青年就业的根本途径。

同时，随着高校管理制度的恢复和调整，学位制度开始建立起来。1977 年，全国统一的高考制度得以恢复。1977 年 10 月，国务院批转了教育部《关于 1977 年高等学校招生工作的意见》，《意见》规定了高等学校新的招生政策，即废除推荐制度，恢复文化考试，择优录取。同时，重新确立了"统包统分"的高校毕业生分配制度，并一直持续到 20 世纪 80 年代中期。

为进一步合理配置人才，把人才的分配和培养紧密结合起来，促进教育事业及其他各项事业的发展，1981 年国务院批转了国家计委、教育部、国家人事局《关于改进 1981 年普通高等学校毕业生分配工作的报告》，确定在国家统一计划下，对毕业生的分配实行"抽成调剂、分级安排"的办法。

这一时期的大学生属于"稀缺资源"，国家有能力也有意愿对其"统包统分"。"我是革命的一块砖，哪里需要哪里搬"成为当时高校毕业生就业分配的流行语。

（一）抽成调剂，分级安排

1980年的大学毕业生是1977年改革招生制度后第一批毕业生，全国共有7.6万余人。在毕业生人数极少的情况下，基本上由主管学校的部门和地方自行分配毕业生。考虑到某些部门和地方的需要，以及支援西藏建设的需要等情况，1980年仅从部门和地方学校的毕业生中抽调了983人进行调剂。

为适应新时期总任务的要求，进一步合理配置人才，把人才的分配和培养紧密结合起来，促进教育及其他各项事业的发展，1981年2月，国务院批转了国家计委、教育部、国家人事局《关于改进一九八一年普通高等学校毕业生分配工作的报告》，确立了"在国家统一计划下，按照一定比例进行调配和安排"，"抽成调剂，分级安排"的毕业生分配方针，即根据国民经济调整的需要统筹安排，合理分配，加强重点，照顾薄弱部门，充实学校师资和厂矿企业的技术力量，重点加强轻纺、能源、交通运输部门和新建部门以及专业人才比较薄弱的部门的人才配置。当年理工科毕业生分配到厂矿企业的约占60%，分配到科研和设计单位的约占20%，分配到高等学校作师资的约占10%，从而改变了过去对基层单位分配毕业生较少的情况。这种分配办法一直延续到1984年。

根据1981年《关于改进一九八一年普通高等学校毕业生分配工作的报告》，高校毕业生就业分配的办法如下：

第一，教育部的直属院校，主要面向全国培养人才，毕业生由国家统一分配，并对学校所在地区需要的专业毕业生给予适当留成，留成比例一般为所需专业毕业生人数的15%—20%。

第二，中央业务部门主管的院校，主要是为本系统、本行业培养人才，毕业生原则上由主管部门分配，同时实行国家抽成分配，抽成比例一般不超过毕业生人数的10%—20%。国家抽成的毕业生，由主管部门本着兼顾直属单位和地方归口行业的原则进行分配，并对学校所在地区给予一定留成，留成比例一般占所需专业毕业生人数的15%—20%。

第三，省、自治区、直辖市主管的院校，毕业生原则上由地方自行分配。国家根据需要对某些专业毕业生也可适当抽调，但最多不超过这些专业毕业生人数的 10%。其中面向全国或大区的专业毕业生，国家可适当增加抽调人数。

1981 年 10 月，教育部、国家人事局、国家计划委员会印发《关于高等学校毕业生调配派遣办法》，《办法》要求：学校根据毕业生调配计划，按照学用一致的原则，参照用人单位的要求和毕业生的具体情况，合理确定分配名单。在确定分配名单前，要征求教师及有关方面（包括毕业生本人）的意见。对毕业生的工作志愿和实际困难，要根据国家需要和学用一致的原则，在调配计划范围内考虑照顾。分配名单要由学校系一级组织提出，经学校审查通过，报地方调配部门批准。少数民族毕业生，凡能够在本民族地区结合所学专业分配工作的，原则上分配回本民族地区。对于修业期满，未取得毕业资格的结业生，由入学前所在地方计划、调配部门在本地区范围内安排适当工作，其工资待遇应比国家规定的毕业生工资标准低一级。根据有关规定补考及格换发毕业证书的，要及时转正定级，按毕业生对待。

《办法》强调要择优分配，要把品学兼优的毕业生分配到国家急需并能发挥其专长的岗位上，在学校的调配计划内，可以采取学生自愿报名、学校推荐和用人单位考核相结合的办法，试行择优分配。地方调配部门可根据实际情况选择个别学校进行试点。

对特别优秀的毕业生，可让本人在调配计划范围内选择工作单位，或上报主管部门单独分配。特别优秀的毕业生是指：（1）拥护中国共产党的领导，热爱社会主义祖国，思想进步，品行优良。（2）主要课程的成绩优秀，基础理论扎实，有较强的分析问题和解决问题的能力，毕业论文（设计）有较高的水平。（3）积极参加文体活动，身体健康，能适应本专业工作。

特别优秀的毕业生一般在"三好学生"中选拔，要由政治辅导员、专业课教师和教研室推荐，经系一级组织初审，学校核定，报地方教育部门批准。

（二）实行就业见习

1981 年，教育部、国家计委以及人事部联合发布《高等学校毕业生调配派遣办法》规定：毕业生到达工作岗位后，实行一年见习的制度。

见习期间和见习期满转正后的工资待遇，按国务院有关规定执行。毕业生在见习期间，发生疾病不能坚持工作的，按在职人员病假期间的有关规定处理。病事假累计超过 1 个月的，见习期顺延。见习期满，要及时办理转正手续，按期为其评定专业技术职务的任职资格，聘任相应工作职务，确定工作岗位。对达不到见习要求的，经所在单位讨论，报主管部门批准，延长见习期半年至 1 年，并将延长的期限和理由通知本人。延长期结束时仍达不到要求的，不再延长见习期，另行安排工作，工资待遇按毕业生转正工资标准低定一级。对表现特别不好的，经所在单位领导批准，报主管部门审核同意后，可以辞退。

（三）试点实行"供需见面"

1983 年，国家为更好地培养、分配与使用人才，决定实行学校与用人单位直接见面的就业办法。同年，国务院批转国家计委、国家教育部、劳动人事部《关于 1983 年全国毕业研究生和高等学校毕业生分配的报告》试点实行"供需见面"。

1. 提前一年编制分配计划

国家要求从 1983 年起，每年都提前一年编制下年度的毕业生分配计划。学校与用人单位要按照预分计划草案加强联系，实行"供需见面"，使培养、分配和使用更好地结合起来。考虑到一年以后情况会有一些变化，拟在学生毕业前，根据新的情况再作一次调整，必要时对具体政策可作出补充规定，由国家计委下达调整计划。

2. 先行试点

先行试点实行"供需见面"的单位有清华大学、上海交通大学、西安交通大学、山东海洋学院 4 所高校。具体做法是：在国家分配计划范围内，学校直接与用人单位联系，介绍专业内容及使用方向，了解用人单位的急需和使用意图，按照分配方针、原则和重点，结合毕业生专业特长和工作志愿，提出分配建议计划，经教育部纳入总的调配计划。1984 年试点单位增加了四川大学，国家对试点办法也作了适当改进，即划出一定的比例数国家先不下计划，完全由学校与用人单位直接联系提出分配计划。一些部委和省、市、自治区的学校也先后实行"供需见面"办法[①]。

[①] 《中国教育年鉴》编辑部：《中国教育年鉴（1949—1981）》，中国大百科全书出版社 1984 年版，第 147 页。

1983年，国家计委在制订当年高校毕业生分配计划时，发现各部委和各地方对一些专业毕业生的需求量很少，如果按计划分配可能造成用非所学。于是，教育部决定在北京大学等10所院校的12个专业采取供需见面的办法。当时教育部一位干部称，凡是通过"供需见面"方式落实分配计划者就业报到率几乎达到100%。时任清华大学分配办王筱颖老师的体验是："当时的就业，学生尚未参与，仍是'父母包办'，不过双方'亲家'能面谈了。"1985年，上海交通大学和清华大学约3000名毕业生，试行"招聘、推荐与考核录用相结合"的办法。

3. 实行有偿分配

随着国家招生与就业政策的调整，一些地方还在毕业生就业分配中试行了有偿分配。如1985年，江西工学院和江西第二电机厂达成协定：江西工学院向江西第二电机厂提供10名优秀的应届毕业生，其中，铸造、工民建、自动化、电子技术、发配电专业各1名，电机专业3名，机制专业2名，毕业生尽量是工厂所在地宜春地区人；同时，江西第二电机厂向江西工学院提供10万元培训经费，于年内分两期付清。其背景在于江西工学院的工民建等几个专业毕业生供不应求，社会需求远超毕业生规模的几倍甚至十几倍。

有些学校在以供需见面的形式同用人单位联系分配毕业生时，公开或变相向用人单位收费，或索取设备、物资，少则每名毕业生七八千元，多则一两万元。这种将毕业生"商品化"的做法在社会上引起了强烈反响，国家也对此有所警觉。1985年，教育部发出了《关于教育部部属高校一律不试行"有偿分配"的通知》，要求1986年不再扩大有偿分配的试点范围。"有偿分配"毕业生的做法最终被取消。

4. 上下结合编制计划

这段时期的供需见面，仍然属于"父母包办"，由用人单位的主管部门与学校的主管部门在纸面上落实分配计划。由于各自主管部门对基层的实际需要以及对学生的情况都不十分清楚，难免出现分配计划与实际需要脱节的现象。

1985年，教育部直属院校毕业生采取上下结合的办法编制分配计划和调配计划。具体做法是：一部分毕业生（20%左右）由国家计委和教育部先提出分配计划草案和调配计划草案，主要考虑能源、交通、军工等部门的意见及需要,通过"供需见面"进行调整、落实;一部分毕业生(80%左右)在国家分配政策指导下,先由学校与用人单位直接联系并提出分配建议计划,国家计委会同教育部在此基础上综合平衡之后编制分配、调配计划。另有一些部委和省、市、自治区在自己所属院校中也划出一定比例(少的10%,多的70%)让学校提出分配建议或由学校分配。

(四) 预分配制度

一些高校对毕业生实行了提前分配制度,通过优化毕业实习促进毕业生就业的供需匹配。

在毕业生分配工作中,有专家指出毕业生分配计划的制订缺乏科学性、合理性、真实性,不能统筹兼顾,由于供需不见面,学生不能按自己的特长来选择工作,用人单位也无法按自身需求和学生的志愿、表现和特长来选拔人才。用人单位只能被动地接收人员,无权挑选所需要的人才,造成专业不对口、大材小用、专才通用、人不尽其才的情况。同时,分配计划中间环节太多,供需双方脱节,毕业生从离开校门到实际工作岗位,要经过许多环节,有的甚至要进行二至四次再分配。而再次分配通常十分草率,毕业生往往到"木已成舟"时才把毕业分配寄托在父母和走后门、拉关系上。[1]

一些部属高校由于专业的特殊性,将预分配与毕业前的实习结合起来。例如,大连海运学院于1982年年初向交通部提出了试行预分配制度的设想:航海类专业毕业生提前半年分配;用人单位提前半年接收学生并安排毕业实习,同时负责解决学生的实习经费。这一设想得到了交通部及有关部门的大力支持。1983年1月,交通部召开了有关企业、港监部门和海运院校参加的协商会,在上述方案的基础上制定了《交通部海运院校航海类专业毕业班学生实行预分配试行办法》,并从1983年开始试行。1986年10月,交通部颁发了《交通部高等学校水上运输类专业毕业班学生分配办法》。至此,这一预分配制度得到了正式规范实施。[2]

---

[1] 王德杰:《关于对普通高校毕业生试行预分配制度的探讨》,《辽宁高等教育研究》1988年第2期,第95—96页。

[2] 洪声振、郭禹、殷佩海:《实行预分配制度 改革毕业实习》,《辽宁高等教育研究》1990年第3期,第40页。

预分配制度在实践上具有重要意义。首先，在分配制度上寻求了一种供用人单位全面考察，实行双向选择的分配方式；其次，在实践教学上探索了一条开拓实习领域，解决毕业实习困难，提高人才质量的可行之路；最后，在办学形式上采取校企联合培养，开拓了办学经费来源。

（五）毕业研究生的分配

自1978年恢复研究生招生以来，研究生教育蓬勃发展，研究生人数持续攀升。1978—1988年10年间，我国在校研究生总人数从1万余人增长至10万余人。尤其是在1983—1985年，高等教育高速增长，在校研究生人数分别为37166人、57566人、78806人，年均增长56%。这一时期，毕业研究生就业分配工作任务的压力也逐渐加大。

恢复招收研究生后的首届毕业生于1980年毕业。这批毕业生属于二年制研究生，数量为2073名。他们中的大多数是过去成绩比较优秀的大专毕业生，但多数年龄偏大，一般都在35岁上下，已婚的占80%以上，许多人已有子女。国家对他们进行分配时，注意到了这些情况，1981年1月3日国务院批转的国家计委、教育部、国务院科技干部局《关于一九八〇年度全国毕业研究生分配问题的请示报告》中要求，对这批研究生的分配，在服从国家需要和贯彻学用一致的前提下，要适当考虑本人志愿，尽可能照顾他们的实际困难，重点分配到高等学校和承担国家重点任务的科研单位，同时兼顾其他方面的特殊需要，还适当照顾培养部门和毕业生的来源地区及学校所在地区的需要。《报告》还指出，要加强对毕业研究生分配工作的领导，做好思想政治工作。对无理坚持个人要求，经耐心说服教育，拒不服从分配，自公布名单之日起，超过3个月不报到的，即予取消分配资格，转回原单位。

1981年1月9日，教育部颁发《关于做好一九八〇年毕业研究生派遣和接受工作的通知》，对调配、派遣的政策作了具体规定：（1）高等学校毕业研究生的派遣工作由省、市、自治区教育（高教）厅（局）负责。报到证暂用高等学校毕业生报到证，并在备注栏内注明为二年制研究生。（2）调遣费暂参照《高等学校毕业生统一分配工作调遣费开支的规定》执行。（3）地方所属院校和科研机构培养的毕业研究生，除按计划调剂部分外，由有关省、市、自治区和中央主管部门下达分配名单。（4）在派遣过程中，如发现专业不对口，或确有特殊原因，需要调整的，由学校与有关用人单位协商做必要的调整。

1981年全国共有毕业研究生1.1万多人，达到中华人民共和国成立以来毕业研究生数量的新高。1981年9月19日，国务院批转国家计委等有关部门《关于一九八一年度全国毕业研究生和大专毕业生分配问题的报告》，10月10日颁布了《关于做好一九八一年度毕业研究生调配派遣工作的通知》。上述两个文件对1981年毕业研究生的就业分配进行了规定，文件指出，"分配计划编制的原则，是在根据国家需要和贯彻学用一致的前提下，着重加强高等院校师资和科研、生产、设计单位以及其他方面的特殊需要，适当照顾毕业生来源地区、学校所在地区和培养部门的需要。对省、市、自治区培养的研究生，一般留给地方自行分配，在地区之间进行调剂。中央业务部门培养的研究生，主要考虑本系统的需要，兼顾其他部门和地方的需要。教育部直属院校培养的研究生，面向全国分配。"

制订和执行计划的程序和分工与本科毕业生分配大体相同。其区别是：（1）教育部除负责提供全国毕业研究生的专业、人数外，还要将学校报来的，包括每个毕业研究生所学专业、研究方向、姓名、性别、年龄、表现情况、配偶情况、学校分配建议等内容的名册，汇总整理出来，供拟制全国分配计划时使用。（2）教育部除直接负责编制其直属院校的毕业研究生统一分配计划草案外，还负责拟订全国毕业研究生调配、派遣工作中的有关具体政策规定。（3）研究生培养单位可在编制全国毕业研究生统一分配计划之前，根据研究生所学专业、培养目标和本人具体情况，逐个对分配使用方向提出意见。（4）主管部门汇总研究生培养单位的建议，提出初步方案。（5）国家计委经过汇总平衡，拟制全国毕业研究生统一分配计划草案，报经国务院批准下达执行。

从1982年开始，我国自主招收培养博士生，培养层次从以硕士为主体转变为硕士、博士并行培养。培养层次的多元化，扩大了研究生的招生规模，毕业研究生数量也逐年增加。

根据《国务院学位委员会关于审定学位授予单位的原则和办法》，国务院学位委员会分别于1981年和1983年进行了两次学位授权审核工作，共批准硕士学位授予单位425个、博士学位授予单位196个，研究生培养能力快速增强。1981年招收研究生9363人，随后几年快速增长，到1985

年，研究生招生数达 46871 人，是 1980 年招生数的 12 倍多。

从毕业研究生的就业分配情况来看，1982 年全国有毕业研究生 6200 余人，当年各方面要求分配数约 2 万人，供需矛盾很大。因此毕业研究生的分配重点仍是加强高等学校师资和承担重点科研任务的单位，兼顾设计、生产和其他方面的人才需求，重点安排到能源、轻纺、交通、建材、财贸、政法等系统，以及能发挥其专长的生产单位中就业，使生产单位能够逐年增加水平较高的科技人员。

1983 年全国毕业研究生仅有 3000 余人，其中由教育部直属院校培养的 1500 多人，中央各业务部门所属院校、科研单位培养的 1000 人，地方院校、科研单位培养的 500 人。1983 年毕业生少，只能着重考虑高等学校与国民经济战略重点密切相关的科研攻关、设计、生产等单位的需要，适当照顾其他方面的急需。根据这一原则，经培养单位征求指导教师和有关方面的意见，提出分配建议，主管部门审核汇总，拟订初步分配草案，并在此基础上进行综合平衡，最终分配给中央部门和所属单位 2100 多人（其中农业、能源、交通、轻纺、科学、教育等 10 个部门近 1200 人），分配给省、市、自治区 800 多人。

1984 年有毕业研究生 11000 多人，其中，约有 70% 被充实到高等学校的师资队伍中，其次是到科研、中央党政机关和一些经济工作领导部门和管理单位。

第三节　高校毕业生就业分配制度的市场化探索（1985—1992 年）

随着改革开放的深化，我国高等教育改革也进一步向纵深推进。1985 年《中共中央关于教育体制改革的决定》指出，高等教育改革的关键，就是改革政府对高等学校统得过死的管理体制，在国家统一的教育方针和政策的指导下，扩大高等学校的办学自主权，加强高等学校同生产、科研和社会其他各方面的联系，使高等学校具有主动适应经济和社会发展需要的积极性和能力。

在这一背景下，我国高校毕业生就业分配制度开始探索市场化发展的道路。为了使高校毕业生分配工作适应经济建设和社会发展的需要，充分调动学校、学生和用人单位的积极性，促进人才向基层一线流动，高校毕业生分配由过去的统招统分，逐步走向多种分配办法并举的改革试点阶段。采取的办法主要有："供需见面"、"双向选择"、切块计划分配、完全由学校计划分配，以及在计划范围内招聘、推荐与考核录用等。

1981—1984 年，用人单位可以和学校坐在一起协商毕业生就业分配方案，相互增加了解；从 1985 年开始，学校参与到编制计划的全过程，学校与用人单位的供需见面从被动参与转变到主动参与，学校在计划编制中的主动权逐步扩大。80 年代末，学校与用人单位之间通过"供需见面"进行"包办婚姻"开始向毕业生与用人单位"双向选择"实现"自由恋爱"的实质性过渡。

1992 年 10 月，党的十四大召开，确定了建立社会主义市场经济体制的改革目标。此后，高校毕业生就业制度不断向市场化发展。

一 "供需见面"

在多方推动下，1983 年，部分院校开始试行高校毕业生就业"供需见面"。对于原有的统包统配的高校毕业生分配制度而言，这种尝试颇具实验性、探索性和改革性。

所谓"供"指的是学校和培养单位，"需"指的是用人单位。"供需见面"就是让学校和培养单位与用人单位直接见面，学校和培养单位向用人单位介绍毕业生的专业、使用方向和毕业生的具体情况，用人单位向学校和培养单位介绍其所需的专业、人数、使用意图和具体要求，"供""需"双方在国家关于毕业生分配方针、原则的指导下，经过协商落实毕业生分配计划。

1985 年 5 月，《中共中央关于改革教育体制的决定》正式提出了改革大学招生的计划制度和毕业生分配制度的要求。该文件规定高校毕业生的毕业分配实行在国家计划指导下，由本人选报志愿、学校推荐、用人单位择优录用的制度，最终形成以"供需见面"为主要形式、以"双向选择"为指导目标的就业政策。

1985 年 7 月，国务院批转国家计委、国家教委《关于一九八五年全国高等学校毕业生分配问题的报告》，提出改进毕业生分配办法，采取由学校与用人单位"供需见面"的办法落实分配方案。

《报告》提出扩大办学部门、地方和学校分配毕业生的自主权,缩小国家计划分配的范围,实行多渠道分配的办法。对于地方院校的毕业生,国家不再抽成调剂,全部由地方制订计划分配,主要用于地方;对于国务院各部门所属院校的毕业生,仍实行中央抽成调剂,国家根据需要对部分专业毕业生抽调20%,主要用于加强能源、交通、军工和轻纺、建材、农林等部门;对于教育部直属院校毕业生,仍由国家分配,即先由国家计委和教育部根据国民经济和社会发展需要,向学校提出对毕业生分配使用的方针、原则、重点和供需情况,然后提出部分毕业生的分配计划草案,征求有关部门意见,通过"供需见面"后进行调整落实,学校按照有关规定与用人单位直接联系,提出分配建议计划,经有关部门同意后,报送国家计委和教育部。[①]

根据上述规定,1985年,在全国27.5万名大学毕业生中,教育部部属的4万名毕业生,除了考研究生和保证国家几个重点建设部门用人外,绝大部分采取"供需见面"的办法,在国家计划指导下,用人单位和大学直接联系,学生和用人单位互相选择,最后合理确定分配方案。[②]

从地方就业相关部门的具体工作来看,这一时期,各级领导、院校、人事、计划、教育部门都把高校毕业生分配列入重要的议事日程,采取了相应的措施。例如,1989年甘肃省人事局针对可能出现的"分配难",率先开办人才智力市场,拓宽用人渠道,广泛征集用人信息、疏通分配渠道,向中央部委争取短线毕业生,由省财政、冶金、建材、化工、有色、机械、水利、电子、轻纺、国防科工办、医药、气象等厅局派出人事干部,对口参加中央有关部委院校的供需见面会,落实分配计划。为防止分配不合理,要求各院校、各用人单位实行"五公开",即公开分配方针、政策、原则、分配方案、学生个人联系的工作单位。此外,还公开办事程序、办事结果,实行群众监督,增加分配工作的透明度,抵制不正之风。坚持优才优用,对个别表现差而找上好单位的毕业生,授权学校可以不予推荐。针对女大学生择业难的问题,实行学校分配工作责任制,学校积极

---

① 曹志主编:《中华人民共和国人事制度概要》,北京大学出版社1986年版,第43页。
② 曹志主编:《中华人民共和国人事制度概要》,北京大学出版社1986年版,第44页。

帮助女大学生联系工作单位，并在必要时采取行政干预手段加以安排。同时，甘肃省人事局着眼人才长远储备和培养，规定非经省人事局批准，不准直接向外省院校退毕业生。①

"供需见面"的就业方式取得了较好的成效。"供需见面"打破了我国三十多年一贯制僵化的分配制度，改变了高校毕业生就业中间环节过多、供需相互脱节的状况，加强高校、学生和用人单位之间的联系架起了一座桥梁，使用人单位有机会了解学校和学生，学生和学校有机会了解用人单位，增强了学校适应社会需要的主动性和积极性，使毕业生分配计划更切合实际，克服了分配工作中的盲目性，有利于人尽其才、才尽其用。它兼顾了国家、用人单位和学校、学生的利益，保证了国家的需要，调动了各方的积极性。"供需见面"初步改变了政府包得过多、管得太死的弊端，扩大了学校、学生和用人单位的权力，开启了在国家计划指导下，由学生选报志愿，学校推荐、用人单位择优录用的毕业生分配制度先河。②

"供需见面"在实践中也存在一些不足。首先，"供需见面"是由学校和用人单位见面，高校毕业生本人并没有直接参与，其权利由学校或学校的就业主管部门所代表，而用人单位的权利也是由其主管部门所代表。学校对学生的实际情况缺乏了解，用人单位的主管部门对基层的实际需求也不是很了解，因此，这种高层次的"供需见面"仍然存在分配计划与实际需要相脱节的现象。其次，"供需见面"在落实分配计划时主要通过会议的形式来完成，一年两次的全国协调会，会议规模和时间存在局限，很难在短短几天内通过会议圆满解决几十万高校毕业生就业的复杂问题，从而使分配计划的形成较为仓促。"供需见面"存在的这些问题也促进了"双向选择"的形成。

二 "双向选择"的探索发展

在市场化改革的推动下，高校毕业生就业分配制度改革的步伐进一步加大。1988年1月，李鹏在全国高教工作会议上指出：在毕业生分配制

---

① 程有清：《大学毕业生分配形势面面观》，《党的建设》1989年第5期，第13页。
② 潘阳、胡守律：《从"供需见面"到"双向选择"》，《中国高教研究》1992年第12期，第55页。

度中，要为用人单位和学生创造一定范围内互相选择的机会，要逐步建立学生选择职业，用人单位择优录用的"双向选择"制度。① 同年9月，国家教委提出了中期改革方案，进一步探索从"统包统分"过渡到"双向选择"的分配办法，其目标模式可以概括为：上学交费、不包分配、平等竞争、"双选"就业。②

具体思路是：首先，对毕业生逐步推广招聘、考核择优录用的办法，对学习成绩、道德品质差，经过推荐没有单位录用的，国家不再包就业；其次，从1989年入学的新生开始，国家对招生制度进行改革，将招生计划分为指令性计划和调节性计划两部分，同时，改革高等教育经费的拨付办法，逐步建立部分收费制度。师范和某些艰苦行业、边远地区定向招生的学生，在一定范围内实行择优录用，非定向生国家不包就业，根据社会需求信息，实行学生选报志愿、学校推荐、用人单位择优录用的"双向选择"制度。最后，随着经济、政治体制改革的深化，特别是劳动人事制度和工资制度逐步改革，以及毕业生供需矛盾的变化，逐步减少以至取消定向招生，使全体毕业生通过平等竞争，双向选择，自由就业。

（一）高校招生"双轨制"改革

一直以来，我国普通高等学校都实行统招统分、不缴纳学费的政策，并采取单一的国家计划形式招生。为了进一步挖掘高校办学潜力，满足社会多方面的用人需求，提高高等学校的办学效益，从20世纪80年代中期开始，我国开始实行国家任务计划和调节性计划（含委培和自费）两种计划形式并存的招生方式，在录取时也采取不同的录取分数线，同时实行不同的收费标准。

根据1985年《中共中央关于改革教育体制的决定》精神，我国开始改革大学招生的计划制度，高等学校开始实行三种招生办法：国家计划招生、用人单位委托招生和国家计划外招收少量自费生。对应于不同的招生方式，采取不同的就业分配办法。

---

① 李鹏：《振奋精神，深化改革，把高等教育工作推向前进——在全国高等教育工作会议上的讲话》，《中国高等教育》1988年第4期。

② 《高校毕业生分配制度改革目标模式》，《中国林业教育》1988年第5期，第26页。转摘自1988年4月22日《信息日报》。

1. 国家计划招生。这部分学生是按照原有的高考招生方式，根据高考成绩分数线来招收的学生。这部分学生的毕业分配，实行在国家计划指导下，由本人选报志愿、学校推荐、用人单位择优录用的制度。其中，国家计划是指由高校主管部门和高校联合编制分配计划，并通过供需见面来落实。

同时，为了保证边远地区及工作环境比较艰苦的行业能分配到一定数量的毕业生，还按国家招生计划的一定比例实行定向招生，到这些地方工作的毕业生待遇从优。此外，为了保证国防的需要，还为解放军培养一定数量的毕业生。

2. 用人单位委托招生。为了适应社会主义现代化建设的需要，加速发展高等教育，培养数量较多、质量较高、多种规格的各类专门人才，用人单位委托学校培养学生的制度，在这一时期得到了推行和扩大，成为国家计划招生的重要补充。

1984年，教育部颁布的《高等学校接受委托培养学生的试行办法》提出，按照现有的管理体制，高等学校在保证完成国家下达的指令性招生计划的前提下，试行委托培养学生的办法。

省、自治区、直辖市，中央、国务院部门，全民所有制和城乡集体所有制企事业单位及个体户，均可通过协商，签订合同，委托高等学校培养本、专科学生和研究生。委托培养的本、专科学生和研究生，必须参加全国统一招生考试，德、智、体全面考核，择优录取。其中，省、自治区、直辖市和中央、国务院部门及全民所有制企事业单位委托高等学校培养的学生，必须从统一招生中录取新生；农业、石油、地质、煤炭等全民所有制企事业单位和山区、边疆、少数民族聚居区及城乡集体所有制企事业单位、个体户委托培养的学生，可由委托单位推荐学生参加全国统考，报考的学生必须达到录取标准才能录取。

委托培养本、专科学生和研究生，一般应在承担委托培养学生任务的学校的现有专业中进行。有些专业可以适当放宽专业的业务范围，培养与本专业相近的专门人才，以适应委托单位对专门人才的实际需要。如果委托设置新的专业，应按现行专业审批手续连同委托合同报批后方可实施。地方院校中一直面向全国和大区招生的专业，中央、国务院部门所属院校中一直对口其他部门的专业，各地区、各部门在保证不削减原订招生规模的基础上,可适当接受一定数量的委托培养学生的任务。地区之间、部门之间、地区和部门之间原有的协作、支援(包括支援"老、少、边"地区)关系保持不变。

委托培养学生一律采用合同制的办法。委托培养学生的合同,要明确规定学校及专业、年度招生数、在校学生达到的规模、招生来源、毕业生的分配、合同有效期限、经常费用和基本建设投资的安排、双方各应承担的责任等情况。委托培养学生的合同,必须经学校的主管部门批准才能生效。

凡经批准的委托培养的招生指标,均由承担委托培养任务的学校单独编制招生计划,报送学校主管部门审核批准。学校主管部门负责汇总所属学校的委托培养招生计划,报教育部、国家计委,经审核后纳入高等学校年度委托培养招生计划下达执行。

从招考方式来看,按照《普通高等学校招生规定》,从统一招生中招收委托培养学生的,按教育部、财政部1980年规定的标准收费,即每录取一名学生在30元范围内,由省、自治区、直辖市高教或(教育)、财政厅(局)确定收费标准。由委托单位推荐学生的,于每年5月底前由委托单位集体到考生所在省、自治区、直辖市招生委员会办公室报名,确定委托培养名额,学生高考成绩通过要求后择优录用。规定委托培养方式招生的录取分数不低于招生学校在当地的最低录取分数线。农业、石油、地质、煤炭等全民所有制企事业单位和山区、边疆、少数民族聚居地区的考生,录取分数线可适当降低。

根据规定,委托单位要按议定的合同向学校缴纳一定数量的培养费。委托培养学生所需的经费,既可由委托培养学生的双方协商确定具体标准,也可由委托单位按一定标准拨给承担委托培养学生任务的学校。本专科学生每人每年培养经费的具体标准是:工科、医药、艺术院校1000—1300元,农林、理科(含师范院校理科)、体育科类900—1200元,文科(含师范院校文科)、财经、政法科类700—1000元。此外,学生按规定享受的人民助学金和奖学金由委托单位拨付。

委托培养的本、专科学生和研究生,毕业后一律由委托单位负责分配使用。

3. 自费生。1985年《中共中央关于教育体制改革的决定》指出,招收自费生计划是国家招生计划的一部分。国家在核定的各地区、各部门招生总额中确定招收自费生的比例，由高等学校按照国家编制年度招生计划的要求单独编列，报送主管部门汇总平衡，纳入年度招生计划和生源计划，经批准后执行。各部门、地区、高等学校可以根据具体情况少招或不招，但未经国家教委、国家计委批准均不得在国家核定的招生总额之外擅自增加自费生招生数。地方院校不得跨地区招收自费生。

自费生由本人缴纳培养费、学杂费，自费生毕业后可以由学校推荐就业，也可以自谋职业。

（二）"双向选择"的试点与实施

自1986年，上海交通大学和清华大学等少数学校开始试行在国家分配方针政策指导下，由毕业生选择工作志愿、学校推荐、用人单位考核录用的"双向选择"，打破了原来由上级部门和学校包揽分配毕业生的旧模式。对通过考核招聘，未被录用的毕业生，由学校分配就业；对成绩差、表现不好的毕业生，经学校推荐仍找不到接收单位的，国家不再负责分配工作。[1]

1988年，我国开始试行新的高校毕业生分配办法，即让学校在本地区或全国范围内联系接收单位，自下而上提出分配建议计划，然后由国家教委统一汇总平衡并上报国务院，经国务院批准后下达分配计划。

国家教委于1988年1月14日在北京召开高校毕业生分配制度改革研讨会，会上对高校毕业生分配引入竞争机制，缩小或取消公费，不包分配，端掉铁饭碗，实行毕业生自由选择职业等问题进行了热烈讨论。[2] 会议总结了上海交大和清华大学的试点经验，提出进一步试行"双向选择"。

国务院于1989年3月2日批转了国家教委《关于改革高等学校毕业生分配制度的报告》（中期改革方案），决定"逐步将大学生计划分配就业制度改为社会选择就业制度"，提出高等学校毕业生分配制度改革的目标是：在国家就业方针政策指导下，逐步实行毕业生自主择业，用人单位

---

[1] 国家高级教育行政学院：《中国高等教育体制改革世纪报告》，人民教育出版社2001年版，第173页。

[2] 《中国教育事典（高等教育卷）》，河北教育出版社1994年版，第169页。

择优录用的"双向选择"制度。对经推荐未被录用的毕业生,由本人自谋职业。①

在压缩、控制社会总需求的情况下,社会对毕业生的需求也大幅度下降,出现了供过于求的局面。对此,中共中央和地方各级党政领导十分重视。1989年6月,国务院办公厅转发国家教委《关于当前高等学校毕业生分配几个问题的请示》,要求各用人部门顾全大局,正确对待青年学生,把安排接收毕业生作为一项任务来完成。这一年毕业生的分配仍贯彻"统筹安排,合理使用,加强重点,面向基层"的方针,分配给地方的毕业生比往年有所增加,大部分直接分配到基层企事业单位。各级人事部门还采取了相应措施进行毕业生安置,例如,江苏省采取疏散分流、适当搭配、合理储备、调剂余缺、任务包干等做法,使一些长线专业和女毕业生的工作得到妥善安置;甘肃省从科技兴省和为今后经济起飞积蓄力量的战略眼光出发,利用沿海、内地省市接收大学生势头减弱的时期,敞开大门争取多接收毕业生,面向全国接收了4520名高校毕业生、5782名中专毕业生。

1990年12月,国务院办公厅转发国家教委《关于一九九一年高等学校毕业生和毕业研究生分配问题报告的通知》,对已纳入国家统一招生计划的高等学校本、专科学生,凡是取得毕业资格,服从国家需要的,国家都给予安排工作。属国家分配的毕业生,实行按计划为主的办法分配工作;计划内招收的自费、电大、函授等普通专科班毕业生的就业,按照国家教委等部门《关于发布普通高等学校招收自费生暂行规定的通知》中

---

① 由于当时人才(劳务)市场还没有完全形成,毕业生主要还不是靠自己找职业,而是以学校为中介向社会推荐就业,在一定范围内"双向选择"。对经推荐未被录用的少数毕业生,则由本人自谋职业。同时,考虑到地区、行业的不平衡性,为解决某些边远地区和工作条件比较艰苦的行业及重点单位的需要,在国家任务的招生计划中安排一定比例,实行定向招生、定向就业。

毕业生的就业范围除有特殊规定外,一般仍按学校的隶属关系在本行业、本地区选择职业,并通过一些政策措施,促进部门和地方之间的横向交流。

此外,为了改变办学单一靠国家财政拨款的状况,学生培养费按国家任务招生和社会调节性招生两种不同计划,分别由有关方面承担。文件规定,毕业生若被经营性单位录用,经主管部门同意,学校可以接受录用单位的适当资助。学生上学除特殊规定外,一般要缴纳学杂费。考虑到一般学生家庭目前的经济收入水平和实际承受能力,开始时收取学杂费的数额一般在每学年100元—300元。

有关规定办理。毕业生的分配在国家统一政策管理下，实行分级负责、相互调剂的办法。全国毕业生分配由国家教委归口管理；国家教委直属学校毕业生，由国家教委负责面向全国分配；国务院有关部委所属学校毕业生，由有关部委负责面向本系统、本行业分配；各省、自治区、直辖市所属学校的毕业生，由省、自治区、直辖市负责面向本地区分配；部门间、地区间、部门与地区间可根据需要进行调剂。

1991年12月5日，《关于做好1992年全国普通高等学校毕业生和毕业研究生分配工作的通知》指出，1992年毕业生分配继续贯彻执行近两年中共中央、国务院有关毕业生分配工作的规定，"坚持改革方向，稳定现行政策，加强宏观管理，完善分配办法。"

学校"双向选择"的主要做法有：通过公开的招聘会当场考核录用，由学校通过书面形式推荐考核录用，学生上门自荐等。一些学校还为毕业生提供了配套的就业服务，例如，深圳大学成立了"毕业生就业指导中心"，该中心除了广泛了解社会对人才的需求情况、用人单位的反馈信息，对毕业生进行就业指导外，还出版刊物《就业指导》，向全校师生传递就业信息。学校还将每个毕业生的情况输入电脑，给每人录制一分钟的自我介绍录像。[①]

许多学生通过"招聘会""供需见面""双向选择"的形式，或由学校推荐，或毛遂自荐找到了自己的工作单位。

在双选会上，学校主要是依据德智体考核情况排名向用人单位推荐学生。德智体全面考核是当时高校招生和毕业评价的重要方式，其中"德"主要指学生的政治思想品德，根据《德育教学大纲》的要求，一般是定性和定量相结合，通过辅导员评、班组评和自评的结果来反映；"智"主要包括知识和能力，通常用各学科的考试成绩来反映；"体"主要是学生的身体健康状况，通过体检和体育课成绩来反映。

在"双向选择"工作开始前，学校对毕业生在四年中的德、智、体三方面进行综合评分，然后按分数高低，结合毕业生的工作志愿进行推荐录用，学校在推荐、用人单位在考核录用时，优先满足高分的毕业生。同

---

① 刘荣暄：《高等学校面临的新课题——毕业生就业竞争》，《教育与职业》1989年第2期，第10页。

时，学校对综合评分前5%的毕业生授予"优秀毕业生"称号，允许其可以不受地区限制、优先选择就业单位；对结业生和学习成绩差或思想道德品质表现不好、经过推荐没有被单位录用的，学校不包分配，毕业时退回家庭所在地自谋职业。①

总体来看，通过德智体考核来进行"双向选择"的制度，体现了国家的教育方针和学校对学生的基本要求，培养了学生的竞争意识，激发了学生的内在学习动机，能够促进学生自我约束、自我完善。一般而言，学生在校四年累计所得的考核分数，能够在一定程度上反映其在校期间的表现情况和素质。但是，如果仅凭德智体考核成绩来衡量一个学生的优劣也是不全面的，学校教育生活环境比较简单，而工作的环境更为复杂，不能完全用在校期间的表现来预期学生毕业到工作岗位以后的情况。因此，当时也有许多学者指出，要辩证地认识和运用德智体考核结果，使其更好地发挥培养学生和指导就业的作用。②

由于"双向选择"还处在试行时期，在人员管理、相关的配套措施和舆论宣传等方面一时还跟不上，人才市场和竞争机制还没有真正形成，因此，"双向选择"在实施过程也遇到了一些问题。

第一，在实施双向选择后，逐渐出现了高校毕业生"分配难"现象。1982—1986年，高校毕业生还存在供不应求的情况，基本上是用人单位"抢"大学生，但是从1987年、1988年开始，对大学生的需求急剧减少，同时，指令性计划分配规模进一步缩小，高校毕业生就业难问题逐渐显现。③

从重点产业发展对专业的需求来看，工科类的毕业生供不应求，而文史和某些理科专业的毕业生难以找到工作，例如理科中的地质、核物理等专业毕业的大学生很难就业，甚至有的名牌大学的少数专业也出现无人问津的现象。④ 同时，由于多年来高校一直按照固定的模式招生办学，存在培养和使用脱节的情况，一些高校毕业生不能适应经济发展的需要，有些

---

① 袁伟：《高校毕业生分配实行"双向选择"的再探讨》，《社会科学》1988年第12期。
② 辛希贤：《对当前毕业生分配就业中几个问题的探讨》，《石油教育》1997年第9期。
③ 李庭华、杨立新、陆昌祥：《我国高校毕业生分配制度的沿革及改革趋势》，《上海高教研究》1991年第3期，第62页。
④ 《光明日报》1987年11月28日。

专业面过窄，毕业生难以选择到理想的工作单位。"要人的地方没人去，想去的地方不要人"的现象普遍存在。① 38 名高级工商管理硕士在《中国青年报》上呼吁说："为培养我们，国家耗资百万，我们历尽千辛，然而，培养与使用完全脱节。……虽然年纪轻轻，却无用武之地。"② 为了优先解决本地大学生就业问题，一些较为发达的省（市），如北京、辽宁、广东、福建、江苏等，采取地方性保护政策，一般不接收外省（市）毕业生。

第二，高校毕业生就业在地域选择上趋向于京津沪和沿海开放城市，在单位选择上趋向于三资企业，造成人才流向的不均衡。"双向选择"中，学生择业的顺序是：一合资，二科研，三高校，四基层，五乡镇。对于这一情况存在争议，一部分人认为"人往高处走，水往低处流"，由市场决定人才流向是正常而合理的，工资收入高、待遇优、工作环境好的单位必然能吸引更多的人才；另一部分人认为，这种选择方式容易造成"马太效应"，即流向发达地区、沿海地区、合资企业和大企业的人才越来越多，流向基层艰苦边远地区和小企业的人才越来越少，不利于国家的"四个现代化"建设，因此不能完全靠市场决定人才流向，仍然需要由相关部门实施调控来引导毕业生流向。

第三，存在"走后门"的现象。"双向选择"中，需要学生和家长自己联系就业单位，导致找关系、"走后门"等情况时有发生，"学好数理化，不如有个好爸爸"的说法又流行起来。

第四，女大学生分配难问题显现。"双向选择"过程中一些用人单位基于对于女性要承担较多养育孩子和家务劳动的传统认知，对女生存在顾虑，加上一些单位在承包经营后有编制限制，因此，从自身经济效益的角度考虑，不欢迎女生应聘或者不愿意招收女毕业生。

第五，"双向选择"对毕业生的学习态度产生影响。一些选不到合适单位的学生、因成绩差等原因在招聘中未被录用的学生，离校前容易由于情绪问题而影响毕业设计和论文撰写；一些在"双向选择"中顺利落实

---

① 程有清：《大学毕业生分配形势面面观》，《党的建设》1989 年第 5 期，第 13 页。
② 刘荣暄：《高等学校面临的新深题——毕业生就业竞争》，《教育与职业》1989 年第 2 期，第 8 页。

单位的学生，也往往在学习方面懈怠下来。针对这些情况，一些院校认为，应该把毕业论文、毕业设计成绩作为择优推荐分配的一个考核要素，或者邀请用人单位来参加应聘学生的毕业答辩，以加强学生做好毕业论文或毕业设计的责任心。一些院校认为，要提前做好毕业生预分配，使学生早定单位早安心，可以在最后一个学期集中精力做好毕业论文，并促使用人单位共同承担毕业生专业学习阶段的培养与考察。[①]

总体来看，这一时期的"双向选择"制度还处在试行阶段，由于各种原因不成熟不完善，实施过程中还存在一些问题，这种"双向选择"是在国家毕业生分配方针、政策指导下的"双向选择"，与后来自由择业时期的双向选择还存在较大差异。但是，"双向选择"是"供需见面"发展的必然趋势，是对"供需见面"进一步的深化和完善。

第四节　高校毕业生就业制度的市场化发展（1992—2003 年）

高校毕业生就业工作是高等教育管理系统的重要组成部分，就业制度的改革必须与整个系统的改革相配套。这一时期，高校招生制度改革对高校毕业生就业制度产生了重大影响。为了进一步推进"双向选择"，推广"自主择业"，国家改革了高校招生原有的"双轨"制度，实施"并轨"，即逐步减少指令性计划招生（公费生），增加调节性计划招生（自费生），直至取消指令性计划招生，实行完全的自费就读、自主择业。通过建立收费制度，改变学生上大学由国家包下来、毕业时国家包安排就业的做法。同时，建立相应的奖学金、贷学金制度，鼓励学生努力学习，引导学生毕业后参与劳动力市场的竞争，国家不再以行政分配而是以方针政策指导、奖学金制度和社会就业需求信息来引导毕业生自主择业。

由于仍然处于政策发展变革时期，这一时期高校毕业生就业制度也在不断调整。总体来看，这一时期高校毕业就业的基本情况是：国家任务招生计划的高校毕业生、毕业研究生，原则上仍由国家负责，在一定范围内

---

① 袁伟：《高校毕业生分配实行"双向选择"的再探讨》，《社会科学》1988 年第 12 期，第 47 页。

安排就业，未实行招生"并轨"改革的高校毕业生，通过"供需见面"和一定范围内的"双向选择"落实就业单位；委托和定向培养的学生按合同就业；自费生"自主择业"。毕业研究生原则上要在服务范围内就业。少数实行招生"并轨"改革高校的毕业生，在国家就业方针、政策指导下在一定范围内"自主择业"。

在促进就业的政策措施方面，就业指导成为高校毕业生就业分配制度改革的客观要求。随着就业竞争压力的不断增大，为了对大学生进行有效引导，指导其以积极的心态面对就业竞争，就业相关部门开展了对毕业生的就业指导。

一　全方位的"双向选择"

一开始，许多人对于开放高校毕业生就业市场，实行全方位的"双向选择"还存在一些担心。一是担心德智体考核不再起作用，好学生会吃亏；二是担心为有门路的人开了方便之门，使平时表现不太好的学生占便宜；三是担心分配到西部的毕业生数量和质量难以保证；四是担心一些学生，特别是女学生落实不了工作单位。[①]

"双向选择"给学校就业管理工作和学生的就业选择带来了挑战。首先，实行全方位的"双向选择"使学校就业管理工作难度加大。过去统包统配时，除了在毕业前要组织思想动员工作外，基本是下达计划后"一周内动员，一天内定音"。而全方位的"双向选择"后，学校和相关部门不但要做认真细致的思想教育工作，分析就业中的各种问题，制定相应的政策，对毕业生就业流向做必要的导向控制，规范学生的就业行为，就业工作的内容更加复杂，就业工作的周期也更冗长。

其次，"上山"还是"下海"成为学生难以做出的选择。20世纪90年代的中国，"下海"成为一种时尚。在商品大潮的冲击下，"自己动手，丰衣足食"成为大学生们口中的时髦词，一些高校学生在校期间"下海"赚钱，活跃于校内外的"跳蚤市场"和星期天市场，甚至走出校门经商。大学生究竟应该在校踏踏实实读书深造，还是"下海"？或者二者兼而有

---

① 辛希贤：《对当前毕业生分配就业中几个问题的探讨》，《石油教育》1997年第9期，第19页。

之，成为社会争论的热点。

一些人认为，改革开放进入新时代，以往那种满腹经纶但社会实践经验能力低的大学生已不能适应社会的要求，所以大学生有必要"下海"。[①]同时，"下海"能培养学生自强自立的精神，减轻家庭负担。随着高校改革的加速，公费吃"皇家粮"的大学生越来越少，越来越多的大学生要自费上学，家庭负担加重，因此大学期间做家教、打工挣钱，能够在一定程度上解决这一问题。随着全方位的"双向选择"就业，大学生有必要充分锻炼自己的实际能力，而"下海"就是一个好的实践机会。然而，也有许多人认为大学生在校期间不宜"下海"。大学生"下海"是急功近利，带有很大的盲从性，"下海"会浪费宝贵的时间和精力，影响学习。[②]大学生"下海"，容易染上社会陋习，同时由于缺乏必要的知识和自我保护能力，盲目走入社会难免吃亏，成为廉价劳动力。[③] 有人指出，大学生要"下海"，应该先下书海，先认真读书，增强自身素质，毕业后再为国家做贡献。[④] 江泽民同志在海南大学对青年大学生发表讲话，告诫大学生他们的任务就是学习，鼓励他们要珍惜时光，好好读书。[⑤]

在学校、教育主管部门以及社会的呼吁和引导下，大学生"下海"的现象得到了一定缓解，大学生的学习热情得到了恢复和提升。

根据1994年北京社会心理研究所对北京12所高校1000名大学生的问卷调查结果，有93.8%的学生上课出勤率保持在70%以上，63.3%保持了全勤，从事经商、打工、家教等课余创收活动的只占被调查者的6.6%。73.7%的学生每天平均自习时间在3小时以上，其中有31.1%的大学生自学其他学科专业的课程。[⑥]

从实践来看，采取"双向选择"深化高校毕业生就业制度改革，在

---

① 张香臻：《何妨下下海——大学生侃下海》，《山东青少年研究》1993年第7期，第35页。
② 晓理：《大学生不宜"下海"》，《中国高等教育》1993年第8期，第46页。
③ 陆军、陈兴华：《正视诱惑——对大学生下海热的浅析》，《江西农业大学学报》1993年第12期，第51页。
④ 李春秀：《在市场经济中的大学生读书与"下海"》，《山西财经学院学报》1993年第12期，第82页。
⑤ 晓理：《大学生不宜"下海"》，《中国高等教育》1993年第8期，第46页。
⑥ 《大学生新动向："先上山后下海"》，《出国与就业》1994年第6期，第42页。

给用人单位、学校和毕业生带来挑战的同时,也带来了新的机遇。

全方位的"双向选择"给了用人单位更大的自主权,减少了过去计划分配"压"任务的做法,可以根据自己发展的情况,决定所需专业和人数,避免了人才浪费;用人单位还可以直接同毕业生见面,了解学生的能力和特长,更有利于人尽其才。毕业生可以充分考虑自己的专业特长、理想、家庭等因素,在一定范围内选择自己理想的工作单位,做到专业对口,学有所用;减少了硬性计划分配时按德智体考核排队,根据名次和计划简单对号而造成的诸多问题,大大增加了学生的满意度。对于学校来说,人才市场为办学方向提供了市场需求信息,学校更加重视对往届毕业生质量的跟踪调查和分析,更加注重根据人才市场需求信息合理设置专业,调整教学内容,培养学生的应用能力和竞争意识。

1995年3月28日,国家教委出台《关于1995年深入进行普通高等学校招生和毕业生就业制度改革的意见》,要求中央部门所属普通高校"并轨"后所招学生毕业时,原则上在本系统、本行业范围内自主择业,在条件成熟后逐步过渡到大多数毕业生自主择业,并在2000年基本实现毕业生就业制度的新旧体制转轨。

1995年11月13日,国家教委发布《关于做好1996年全国普通高等学校毕业生就业工作的意见》规定,"已实行招生'并轨'改革的高校,'并轨'后招收的学生毕业时,主管部门可根据自己的实际情况,要求毕业生在国家就业方针、政策指导下,在一定范围内自主择业;已落实工作单位的,由国家负责派遣;未落实工作单位的,转回其家庭所在地,由当地毕业生就业指导机构推荐其就业。其他未实行招生'并轨'改革的高校,学生毕业时原则上仍由国家负责,在一定范围内安排就业,通过'供需见面'和一定范围内'双向选择'的办法,落实毕业生就业方案;师范类毕业生原则上在教育系统内就业;委托和定向培养的学生应按合同就业;自费生'自主择业'"。

这一阶段出台的政策,一方面为转变以往的"统包统分"进一步统一了思想,另一方面对全面执行"双向选择、自主择业"予以了保障。自此,社会、高校及大学生不仅在认识上逐步认同并接受了"双向选择、自主择业"的政策,还在行动上积极响应,为全面执行新时期就业制度积累了经验。随着就业制度的发展和完善,"双向选择、自主择业"的政策不仅深入人心，还在全国范围内建成了比较完备的政策体系加以保障。国家层面制定的一系列鼓励"双向选择、自主择业"的措施取得明显效果，高校层面则逐步建立起了符合本单位实际的就业服务体系，帮助大学生从进校就围绕就业这一目标而努力。

1996年1月，人事部发布《国家不包分配大专以上毕业生择业暂行办法》的通知，进一步指出国家不包分配，大专以上毕业生要通过人才市场在多种所有制范围内自主择业，并规定了毕业生择业的程序及档案管理办法。根据招生并轨工作的进展情况，计划于1997年全面完成并轨工作。

1997年1月21日，《国家教委关于做好1997年全国普通高等学校毕业生就业工作的通知》指出，"1997年高校毕业生实行在国家就业方针、政策的指导下，在一定范围内自主择业的就业方式。国家教委所属院校毕业生根据国家需要面向全国就业，中央部委所属院校毕业生可以根据本行业和本系统的实际需要，在本行业或本系统范围内自主择业，各省、自治区、直辖市所属院校毕业生，是否限于在本省（自治区、直辖市）范围内自主择业，可由各省（自治区、直辖市）自行决定。在规定时间内落实工作单位的毕业生，国家负责派遣；未落实工作单位的毕业生，学校将其档案和户粮关系转回家庭所在地，由当地毕业生就业指导机构帮助推荐就业。"

1997年3月24日，国家教委颁发《普通高等学校毕业生就业工作暂行规定》，明确了各级主管毕业生就业部门、高等学校和用人单位在双向选择中的主要职责。该《规定》的颁发进一步加快了我国高校毕业生就业制度的市场化进程，为毕业生就业走向充分自主择业的市场化关键阶段奠定了政策基石。1997年以后缴费上大学的大学生毕业后国家一般不再统一分配。少数毕业生由国家安排在一定范围内定向就业，大多数毕业生在国家方针政策指导下，通过人才市场，采取自主择业的就业办法。国家采取措施鼓励、引导学生到边远地区、艰苦行业和其他国家急需人才的地方去工作，继续进行毕业生就业制度配套的综合改革，如人事制度、户籍制度改革[①]。

---

① 国家高级教育行政学院：《中国高等教育体制改革世纪报告》，人民教育出版社2001年版，第187页。

1997年5月17日颁布的《国务院关于做好1998年普通高等学校毕业生就业工作的通知》和12月15日《国家教育委员会关于做好1998年普通高等学校毕业生就业工作的通知》明确规定：毕业生应在国家就业方针政策指导下，依据《普通高等学校毕业生就业工作暂行规定》就业。

1999年1月17日，教育部颁布《关于做好1999年普通高等学校毕业生就业工作的通知》，1999年5月31日，《国务院办公厅转发教育等部门关于进一步做好1999年普通高等学校毕业生就业工作的意见的通知》指出，"充分发挥国家的宏观调控作用和以学校为基础的毕业生就业市场的调节作用，建立学校和各级政府推荐、学生和用人单位双向选择的毕业生就业制度"。

2000年1月18日，《教育部关于做好2000年全国普通高等学校毕业生就业工作的通知》指出：2000年高校毕业生就业工作继续贯彻执行国务院办公厅转发教育部等部门《关于进一步做好1999年普通高等学校毕业生就业工作意见的通知》和教育部《关于做好1999年普通高等学校毕业生就业工作的通知》的精神和有关政策，"下大力气更加着力于研究如何进一步深化高校毕业生就业制度改革，力争在一两年内建立起比较完善的毕业生就业制度和就业指导服务体系，完善'国家宏观调控、各级政府和学校推荐、学生和用人单位双向选择'的就业模式，尽快建立'不包分配、竞争上岗、择优录用'的机制"。

2001年1月15日，《教育部关于做好2001年全国普通高校毕业生就业工作的通知》指出，"我国高校管理体制改革取得了历史性突破，基本形成了中央和地方两级管理，以地方管理为主的新格局。建立集教育、管理、指导和服务等功能于一体的毕业生就业指导和服务体系"。

二 普及推广自主择业

（一）高校招生"并轨"

20世纪80年代中期的高等学校招生制度改革，形成了招生的"双轨"运行制。在"双轨"招生制度下，高校招生分为两种方式，一种是国家任务计划招生，一种是调节性计划招生。在录取工作上，两种方式有不同的录取分数线，前者高于后者；在收费标准上，前者是公费，后者是自费；在录取批次上，前者也早于后者。

20世纪90年代初期，随着我国经济体制改革的不断深入，社会主义市场经济体制建立起来，社会对大学生的需求量不断增大。为了适应经济社会对人才的巨大需求，高等学校招生计划总数不断扩大，调节性计划比例也不断提高。到1993年，招收的调节性计划（委培生和自费生）占招生总数的比例从开始的不到10%增加到了40%左右，个别地方和部分甚至增加到了50%以上。不同计划形式招生录取的分数线差距，超出了开始时规定的20分以内，个别地方扩大到100分以上，学校向自费生收取的费用，也由开始的数百元增加到数千元。"双轨"招生制度的弊端逐渐显现。

国家计划和调节性计划的录取分数线不同，而随着两种招生形式录取分数线之间的差距不断加大，给高等学校招生、教学、管理带来了很大困难，严重影响了教育质量的提高，新生质量参差不齐，甚至导致学校无法组织教学。一些高考分数较低的考生自费上了大学，而一些高考分数较高的学生却因经济原因上不了大学，这种降低选拔标准来完成调节性计划的方式，有悖于高考中公平竞争的原则。对按照国家任务计划招收的学生实行包培养、包就业，不仅国家财政难以承担，也违背了市场经济体制下资源配置的原则。①

在此状况下，国家教委提出了"并轨"设想：不再分国家任务招生和委培、自费招生，而统一为收费生；不再有两种分数线，实行一个计划形式，一条分数线在同一批里同时录取。

1994年7月3日，《国务院关于〈中国教育改革和发展纲要〉的实施意见》指出："积极推进高等学校就业制度改革，逐步实行学生缴费上学、大多数毕业生自主择业的制度，1997年大多数学校按新制度运作，2000年基本实现新旧体制转轨。"

1993年，上海外国语大学和东南大学率先进行了"并轨"试点。1994年，以国家教委所属高等学校为主体的招生并轨改革正式拉开了序幕，有近50所高校参与了改革，试点高校招生人数约占全国招生总人数的10%。1995年共有247所高校实行并轨，1996年这一数量增加到660所，其中，本科院校有510多所，专科院校140多所；中央部门直属高校

---

① 刘士平：《高校招生工作如何适应毕业生分配制度的改革》，《淮北煤师院学报》（社会科学版）1995年第3期，第80—83页。

260多所，地方院校400多所。①

90年代初，国家教委对高考进行了改革。原来高校招生分文、理两大类考试，文科考6科，不考高中课程的物理、化学、生物；理科考7科，不考高中课程的历史、地理。高校录取新生按文科或理科的考试总分录取。1985年，上海进行了改革试点：在普通高中阶段实行全市统一全面会考的基础上，减少高考科目设置；根据高校不同学科类别进行相关科目的选拔考试。经过几年的实践，国家教委决定，从1994年全面实行高中毕业会考，高考科目设置为5门（即"3+2"）。高考分数的计分方法习惯采用原始分（卷面得分），高校以原始总分的高低来择优录取，后来又采取了标准分（在卷面分的基础上进行转换）的计分方法，高校以标准分的高低来录取学生，同时缩小指令性计划与调节性计划录取分数线的差距，调整录取时间，让第一批录取的学校其自费生的录取也在第一批进行，从而避免出现上公费的大专生分数比较高、重点大学的自费生分数反而比较低的情况。

"并轨"后的高校招生制度可以概括为如下内容：（1）招生计划的并轨。将原来的国家指令性计划（含定向计划）与调节性计划（含委托培养、自费）合并为一种计划，即国家计划；（2）录取分数线的并轨。在录取时不再按照国家任务和调节性两种计划形式划定分数线，而是实行统一录取分数线标准；（3）收费标准的并轨。改变过去"分不够、钱来凑"的状况，对所招学生入学时都要缴纳部分培养费用，学生毕业后自主择业。

高校在参与招生"并轨"改革的过程中采取的形式主要有三种：一是所有专业全部实行"并轨"；二是本科专业先"并轨"，专科专业暂时不"并轨"；三是一部分专业先"并轨"，其他专业暂不"并轨"。

为了保证高校招生"并轨"改革的顺利进行，国家还制定了一些配套措施，逐步建立了以奖学金、学生贷款、勤工助学基金、特殊困难补助和学生减免为主体的资助政策体系。

1994年4月7日，国家教委发布《关于进一步改革普通高等学校招

---

① 高文荣、郭玉宾、段虹：《对招生并轨中几个问题的思考》，《华北水利水电学院学报》（社会科学版）1997年第3期，第34页。

生和毕业生就业制度的意见》，提出："从招生开始，通过建立收费制度，改变学生上大学由国家包下来、毕业时国家包安排职业的做法。同时，建立相应的奖学金、贷学金制度，鼓励学生努力学习，引导学生毕业后参与劳动力市场的竞争，国家不再以行政分配而是以方针政策指导、奖学金制度和社会就业需求信息来引导毕业生自主择业。"

1999年，国务院办公厅批转了中国人民银行、教育部、财政部等部门《关于国家助学贷款管理的暂行规定（试行）》，从1999年9月1日起，在全国部分城市的普通高等学校中开始新的国家助学贷款制度试点。第一批试点城市包括北京、上海、天津、重庆、武汉、沈阳、西安、南京。国家助学贷款，是为解决经济困难的家庭子女在接受高等教育时无力支付学费和生活费问题而发放的财政贴息贷款，在国家确定的贷款额度内，学生可以向银行提出贷款申请。对于家庭经济特别困难而又无法提供担保的学生，还可以申请特困生贷款，学生毕业4年内还清贷款本息，同时国家对贷款学生承担的利息给予50%的贴息。

各地、各高校积极推进相关政策的实施，例如，河南省规定"并轨"后学校要将所收学费的20%—40%作为奖、贷学金返还给学生，且奖、贷学金的享受比例在40%以上。一些学校建立了以"奖学金、勤工助学、困难补助"为主体的资助体系。

（二）自主择业

为了继续深化改革，尽快建立与社会主义市场经济体制相适应的招生和就业制度，1993年2月13日，中共中央、国务院颁布《中国教育改革和发展纲要》，明确规定了毕业生就业政策的改革目标，即"改革高校毕业生'统包统分'和'包当干部'的就业制度，实行少数毕业生由国家安排就业，多数毕业生'自主择业'的就业制度。除少数享受国家奖学金、专项奖学金、单位奖学金的学生，实行在一定范围内就业外，大部分学生在国家方针、政策指导下通过毕业生就业市场'自主择业'"。这是"自主择业"就业模式的政策依据。

《纲要》强调当前"统包统分"的就业制度已非常不适应当下经济发展，必须对其进行调整改革，实行多数大学生"自主择业"的就业制度。《纲要》提出要改革大学生上大学由国家完全包下来的做法，逐步实行收费制度，这为以后的招生并轨和大学生就业制度的进一步改革埋下了伏笔。1994年7月，国务院针对《纲要》发布的实施意见，进一步指出："在全面实行缴费制度后，除国家及单位定向培养的学生按合同就业外，其余学生须在国家整体调控下进入劳动力市场自主择业。"

按照《中国教育改革和发展纲要》的规定，国家任务招生计划的毕业生，原则上仍由国家负责在一定范围内安排就业，实行"供需见面"和一定范围内的"双向选择"；委托和定向培养的学生按合同就业；自费生"自主择业"。从改革的目标来看，随着招生"并轨"，国家任务招生计划规模逐渐下降，最终实行"自主择业"。

2000年，全国高校全面停止了毕业生包分配制度[①]。2000年1月18日，《教育部关于做好2000年全国普通高等学校毕业生就业工作的通知》指出，2000年高校毕业生就业工作继续贯彻执行国务院办公厅转发教育部等部门《关于进一步做好1999年普通高等学校毕业生就业工作意见的通知》和教育部《关于做好1999年普通高等学校毕业生就业工作的通知》的精神和有关政策，"下大力气更加着力于研究如何进一步深化高校毕业生就业制度改革，力争在一两年内建立起比较完善的毕业生就业制度和就业指导服务体系，完善'国家宏观调控、各级政府和学校推荐、学生和用人单位双向选择'的就业模式，尽快建立'不包分配、竞争上岗、择优录用'的机制"。

（三）毕业研究生就业

恢复研究生招生、建立研究生学位制度以来，研究生教育的主要目的是为高等学校或科研机构培养高水平的教职人员与科研人员，偏重于对学生科研能力与理论知识的培养与考察，属于"学术型学位"。然而，到20世纪80年代中后期，越来越多行业和部门，如财经、医疗卫生、工矿企业等出现了对高层次人才的需求，社会需求的结构和毕业研究生的就业流向发生了根本性的变化。因此，国家开始思考解决研究生教育"生源单一""类型单一"，研究生就业"流向单一"的问题。我国研究生教育"立足市场，服务需求"的改革被提上日程。

为适应市场的需求，我国在90年代逐渐完善了研究生学位授权审核点、调整了研究生学科专业目录，创立了专业学位，建立了省级学位委员

[①] 西藏从2007年起本科及以上毕业生不再计划分配。

会。同时，国家对毕业研究生逐渐实行"双向选择"。

90年代初，主要按照国家教委每年发布的全国普通高等学校毕业生和毕业研究生分配工作的通知进行就业分配，即"对已纳入国家统一招生计划的本专科学生和研究生，凡是取得毕业资格，服从国家需要，国家都负责分配工作"。毕业研究生由国家安排工作，并在一定范围和时间内与用人单位通过"双向选择"的方式落实工作单位。

1996年1月，人事部印发《国家不包分配大专以上毕业生择业暂行办法》，明确提出由毕业研究生自己联系就业单位。

第五节　高校毕业生就业制度的优化完善（2003—2013年）

1999年高校开始扩招，2003年是高校扩招后学生毕业的第一年，达到212万人，2004年高校毕业生人数继续增加，为280万人，其后各年高校毕业生人数持续增加。与此同时，非典疫情的暴发，对经济产生了巨大影响。就业的总量矛盾和结构性矛盾日益突出，高校毕业生就业成为继城镇职工下岗再就业和农村劳动力进城就业之后出现的一个新问题，引起了社会各界的广泛关注。2004年，我国建立了由教育部牵头的高校毕业生就业工作部际联席会议制度，负责进一步优化高校毕业生就业工作管理体制和工作机制，完善政策和服务体系，指导和推动高校毕业生就业工作。[1] 鼓励高校毕业生到基层就业成为一项重要的就业促进措施。

2008年国际金融危机爆发，国内劳动力市场无法提供足够多岗位，高校毕业生面临巨大的就业压力，促进高校毕业生成为就业工作中的重点。中央密集出台了一系列文件，促进高校毕业生多渠道就业。

2003—2013年，随着一系列高校毕业生就业政策的密集出台，例如《国务院办公厅关于做好2003年普通高等学校毕业生就业工作的通知》《教育部、人事部、劳动保障部关于进一步深化普通高等学校毕业生就业制度改革有关问题的意见》《共青团中央、教育部、全国学联关于进一步

---

[1] 国务院《关于同意建立高校毕业生就业工作部际联席会议制度的批复》，http://www.gov.cn/zwgk/2005-08/25/content_25964.htm，2005-08-25。

做好促进高校毕业生就业工作的意见》等，我国以"市场导向、政府调控、学校推荐、学生与用人单位双向选择"的高校毕业生就业制度改革方向日益清晰，逐步形成了"党委统一领导、政府统筹协调、部门全力支持、社会共同努力"的高校毕业生就业工作机制。

一 高校扩招初期的高校毕业生就业政策（2003—2009年）

进入21世纪，我国出现了就业流向不均衡的现象，政府机关、事业单位、大型企业仍然是大学生就业的首选，愿意并实际到基层就业的大学生远未达到基层需求。随着经济体制改革的深化和经济结构的战略性调整，一方面高校毕业生就业面临困难和问题，另一方面广大基层特别是农村还存在人才匮乏的状况。因此，如何更加均衡、合理地使用大学生人才，如何引导和鼓励高校毕业生面向基层就业，成为进入21世纪以来国家、社会、高校乃至大学生本人需要面对的问题。

2003年是高校扩招后毕业生就业的第一年，做好高校毕业生就业工作尤为重要。2003年高校毕业生人数达212万人，比2002年增加67万人，增幅达46.2%。在毕业生总量大幅增加和非典疫情严重的双重影响下，高校毕业生就业形势十分严峻。2003年1月，人事部发布《关于做好2003年全国普通高等学校毕业生就业接收工作的通知》，5月28日，国务院常务会议对高校毕业生就业工作进行研究并作出重要决策后，6月3日，国务院又召开"2003年全国高校毕业生就业工作电视电话会议"，对毕业生就业工作进行部署，并在《国务院办公厅关于做好2003年普通高等学校毕业生就业工作的通知》中提出了全面促进高校毕业生就业的一系列政策措施。其中一项重要的政策就是鼓励高校毕业生到基层就业。

2003年4月，《教育部关于进一步深化教育改革，促进高校毕业生就业工作的若干意见》指出，地方和高校要把毕业生就业状况作为确定高等教育事业发展规模的重要依据，把毕业生就业率作为评议高校设置的主要依据和参数。对毕业生就业率低的地区，控制新增高校的数量。从2003年开始，对连续3年本专科7月毕业生就业率低于本地区平均就业率的高校，控制其专业总数，每增设一个新专业的同时撤销一个旧专业，引导学校进行专业结构调整。随后，劳动和社会保障部发布通知①，将高校毕业生就业和失业情况纳入就业和失业的统计体系。

2005年6月，中共中央办公厅、国务院办公厅印发《〈关于引导和鼓励高校毕业生面向基层就业的意见〉的通知》，对做好引导和鼓励高校毕业生面向基层就业工作提出了指导意见。"到西部去，到祖国和人民最需要的地方去"成为当时国家重点支持的高校毕业生就业方式。

2009年，国务院办公厅下发《关于加强普通高等学校毕业生就业工作的通知》，明确要求"围绕基层面向群众的社会管理、公共服务、生产服务、生活服务、救助服务等领域，大力开发适合高校毕业生就业的基层社会管理和公共服务岗位，引导高校毕业生到基层就业"。

二　金融危机时期的高校毕业生就业政策（2009—2013年）

2009年，全国高校毕业生达到611万人，加上之前两年未就业的毕业生，数量巨大。受国际金融危机的影响，国内劳动力市场无法提供足够多岗位吸纳就业，高校毕业生面临的就业压力高于往年。

在党的十七届三中全会和中央经济工作会议精神的指导下，2009年，我国提出将就业摆在更加突出的重要位置，把确保就业局势稳定作为首要任务，实行扩大就业与稳定就业并举，实施更加积极的就业政策，重点关注就业岗位、重点人群和政策落实，统筹做好高校毕业生就业、就业困难人员再就业、农民工流动就业等工作，强化公共就业服务和职业培训，全方位促进就业增长。

中央密集出台了一系列文件，促进高校毕业生多渠道就业。2009年，《国务院办公厅关于加强普通高等学校毕业生就业工作的通知》要求，把高校毕业生就业摆在就业工作的首位，充分发挥政府有关部门、社会各方面的力量，帮助离校未就业的高校毕业生通过就业见习提升就业能力，尽快实现就业。教育部对高校毕业生就业工作的重视程度也逐渐增强，对高等学校评估时，将毕业生就业率作为重要的考核指标之一，极大促进了高等学校对毕业生就业工作的重视程度，在校期间对学生的就业指导工作也

---

① 2004年4月，《劳动和社会保障部关于进一步做好2004年高校毕业生就业有关工作的通知》。

逐步加强。2010年，中央政府要求各高等学校党委书记、校长作为本校毕业生就业工作的第一责任人，进一步完善促进毕业生就业的政策，努力形成长效机制。

2011年5月，《国务院关于进一步做好普通高等学校毕业生就业工作的通知》指出，要继续把高校毕业生就业摆在就业工作的首位，进一步加大工作力度，多渠道开发就业岗位，完善相关政策措施，切实加强就业服务，千方百计促进高校毕业生就业。适应加快转变经济发展方式和调整经济结构的进程，积极拓展高校毕业生就业领域；鼓励引导高校毕业生面向城乡基层、中西部地区以及民族地区、贫困地区和艰苦边远地区就业；鼓励支持高校毕业生自主创业，稳定灵活就业；支持高校毕业生参加就业见习和技能培训，鼓励科研项目单位吸纳高校毕业生就业；大力加强就业指导、就业服务和就业援助。

第六节　高校毕业生就业促进政策的稳步发展（2013—2022年）

我国高校实施扩招政策以来，高校毕业生人数逐年增加，高校毕业生的年均增长速度（12.9%）远高于城市就业岗位的年均增长速度（6.7%）[①]，高校毕业生就业压力不断增大。高校毕业生在就业群体中的重要性日益突出，高校毕业生就业工作也越来越成为就业工作的重点，2013年11月，中共中央颁发《关于全面深化改革若干重大问题的决定》，提出要促进以高校毕业生为重点的青年就业。此后，相关就业促进政策日益丰富和全面，形成了以创业引领和基层成长两大方向为主的高校毕业生就业促进政策体系。

一　高校毕业生就业政策的丰富发展（2013—2016年）

每年国务院都要发布做好全国普通高等学校毕业生就业工作的通知，该文件成为当年各地必须重点贯彻落实的促进高校毕业生就业的重要综合

[①] 蒋承、张思思：《大学生基层就业的趋势分析：2003—2017》，《华东师范大学学报》（教育科学版）2018年第5期，第60—70页。

性政策文件。

2013年5月,国务院办公厅发布《关于做好2013年全国普通高等学校毕业生就业工作的通知》,对各地进一步做好高校毕业生就业工作提出了八项要求:一是深入落实高校毕业生就业政策;二是拓宽高校毕业生就业渠道;三是鼓励高校毕业生自主创业;四是加强高校毕业生就业服务;五是开展就业帮扶和就业援助;六是大力促进就业公平;七是推动高等教育更好地适应经济社会发展需要;八是加强高校毕业生就业工作组织领导。

2014年,全国高校毕业生数量继续增加,就业工作任务十分艰巨。对此,党中央、国务院高度重视,党的十八届三中全会、中央经济工作会议对做好当前和今后一段时期高校毕业生就业创业工作提出明确要求,国务院对做好高校毕业生就业创业工作作出新的部署。2014年5月,国务院办公厅发布《关于做好2014年全国普通高等学校毕业生就业工作的通知》,要求高度重视高校毕业生就业创业工作,继续把高校毕业生就业创业摆在就业工作的首要位置和整个经济社会发展的重要位置。鼓励高校毕业生到城乡基层就业,鼓励小型微型企业吸纳高校毕业生就业,实施大学生创业引领计划,深入实施离校未就业高校毕业生就业促进计划,加强就业指导、就业服务和就业援助,进一步创造公平的就业环境,推动创新高校人才培养机制。

为了贯彻落实党中央、国务院关于全面深化改革战略部署和促进高校毕业生就业创业工作要求,引导和支持更多的大学生创业,2014年,人力资源社会保障部、国家发展改革委员会、教育部、科学技术部、工业和信息化部、财政部、中国人民银行、国家工商行政管理总局、共青团中央九部门联合发布《关于实施大学生创业引领计划的通知》,制定了2014—2017年引领80万大学生创业的目标,并提出了普及创业教育、加强创业培训、提供工商登记和银行开户便利、提供多渠道资金支持、提供创业经营场所支持、加强创业公共服务等政策措施。

这一时期各部门也出台了大量促进就业创业的文件,2014年,国家税务总局、财政部、人力资源和社会保障部、教育部、民政部《关于支持和促进重点群体创业就业有关税收政策具体实施问题的公告》、中国银监会《关于完善和创新小微企业贷款服务提高小微企业金融服务水平的通知》、科技部、财政部《关于印发〈国家科技成果转化引导基金设立创业投资子基金管理暂行办法〉的通知》、国家税务总局《关于进一步加强小微企业税收优惠政策落实工作的通知》，等等。

2015年，宏观就业形势面临多重压力，高校毕业生规模进一步加大，结构性矛盾依然比较突出，就业创业工作任务十分艰巨。为全力做好2015年高校毕业生就业创业工作，教育部发布《关于做好2015年全国普通高等学校毕业生就业创业工作的通知》，要求全面推进创新创业教育和自主创业工作，大力引导高校毕业生到基层就业，强化就业指导服务，同时进一步加强思想教育和政策宣传，推动高等教育更好适应经济社会发展需要。

人力资源和社会保障部《关于做好2015年全国高校毕业生就业创业工作的通知》，强调要抓好高校毕业生就业创业政策落实，保证"最后一公里"的畅通，让符合条件的高校毕业生和用人单位都能享受到政策扶持。把就业促进计划作为帮扶离校未就业高校毕业生就业的重要手段，精心组织实施，力争使每一名有就业意愿的未就业高校毕业生都能在毕业半年内实现就业或参加到就业准备活动中。深入实施大学生创业引领计划，帮助扶持有志创业的高校毕业生成功创业，以创业兴业带动就业。加强公共就业人才服务能力建设，主动适应高校毕业生就业需要，为毕业生就业提供更具针对性、更加专业化的就业指导和就业服务。加强高校毕业生就业宣传工作，树立正确的舆论导向。《通知》还要求各地要坚持把促进高校毕业生就业创业作为就业第一位的工作，切实加强组织领导，推动将高校毕业生就业工作纳入政府政绩考核内容，进一步健全目标责任制，落实好政府促进就业的责任。结合本地区"十三五"规划编制工作，认真分析当前及今后一个时期高校毕业生就业形势，研究未来五年促进高校毕业生就业创业的思路和举措。

2015年是实施第二轮高校毕业生"三支一扶"（支教、支农、支医和扶贫）计划的收官之年。为了贯彻落实十八届三中全会提出的"健全鼓励高校毕业生到基层工作的服务保障机制"改革任务，扎实做好2015年"三支一扶"计划的组织实施工作，2015年4月，中共中央组织部、人力资源和社会保障部等九部门发布《关于做好2015年高校毕业生"三支一扶"计划实施工作的通知》，强调要科学安排招募计划，严格规范组织选拔招募工作；立足岗位，扎实抓好"三支一扶"大学生培养使用和管理服务工作；加大各项保障措施落实力度，不断提高保障水平；多措并举，全力促进服务期满"三支一扶"大学生就业。

随着我国经济发展进入新常态，党中央、国务院坚持把稳定和扩大就业作为宏观调控的重要目标，大力实施就业优先战略。面对就业压力加大形势，中央提出着力培育大众创业、万众创新的新引擎，实施更加积极的就业政策，把创业和就业结合起来，以创业创新带动就业，催生经济社会发展新动力，为促进民生改善、经济结构调整和社会和谐稳定提供新动能。

2015年4月，国务院颁布《关于进一步做好新形势下就业创业工作的意见》，对做好新时期就业创业工作作出了全面部署。《意见》提出统筹推进高校毕业生等重点群体就业，鼓励高校毕业生多渠道就业，把高校毕业生就业摆在就业工作首位。完善工资待遇进一步向基层倾斜的办法，健全高校毕业生到基层工作的服务保障机制，鼓励毕业生到乡镇特别是困难乡镇机关事业单位工作。对高校毕业生到中西部地区、艰苦边远地区和老工业基地县以下基层单位就业、履行一定服务期限的，按规定给予学费补偿和国家助学贷款代偿。结合政府购买服务工作的推进，在基层特别是街道（乡镇）、社区（村）购买一批公共管理和社会服务岗位，优先用于吸纳高校毕业生就业。对小微企业新招用毕业年度高校毕业生，签订1年以上劳动合同并缴纳社会保险费的，给予1年社会保险补贴。落实完善见习补贴政策，对见习期满留用率达到50%以上的见习单位，适当提高见习补贴标准。将求职补贴调整为求职创业补贴，对象范围扩展到已获得国家助学贷款的毕业年度高校毕业生。深入实施大学生创业引领计划、离校未就业高校毕业生就业促进计划，整合发展高校毕业生就业创业基金，完善管理体制和市场化运行机制，实现基金滚动使用，为高校毕业生就业创业提供支持。积极支持和鼓励高校毕业生投身现代农业建设。对高校毕业生申报从事灵活就业的，按规定纳入各项社会保险，各级公共就业人才服务机构要提供人事、劳动保障代理服务。技师学院高级工班、预备技师班和特殊教育院校职业教育类毕业生可参照高校毕业生享受相关就业补贴政策。

国务院出台的上述文件，是新形势下指导就业创业工作的纲领性文件。针对经济新常态下就业面临的新形势、新变化，《意见》提出把创业和就业结合起来，以创业创新带动就业，以就业创业带动经济发展，明确了一系列促进就业创业的政策措施，是对积极就业政策体系的完善和发展，也是对加快培育大众创业、万众创新新引擎，催生经济发展新动力的重大政策创新。

2015年5月4日，人力资源和社会保障部出台了《关于贯彻落实〈国务院关于进一步做好新形势下就业创业工作的意见〉的通知》，提出要抓紧完善各项政策的具体操作办法，突出抓好高校毕业生就业工作。运用税收、金融、资金补贴等各类政策，鼓励引导毕业生到城乡基层、中西部地区、艰苦边远地区和中小微企业就业，支持灵活就业和网络创业，扩大求职创业补贴发放范围并拓展功能，加强对困难毕业生就业创业的帮扶，深入实施离校未就业高校毕业生就业促进计划和大学生创业引领计划，精心开展系列专项服务活动。

2015年11月，教育部出台《关于做好2016届全国普通高等学校毕业生就业创业工作的通知》，提出要着力加强创新创业教育和自主创业工作，积极拓宽重点领域就业渠道，大力提高就业指导服务能力，推动高等教育更好适应经济社会发展需要，进一步加强就业创业工作组织领导。

2016年2月，人力资源和社会保障部《关于做好2016年全国高校毕业生就业创业工作的通知》，提出要完善落实就业创业政策，积极促进高校毕业生多渠道就业；完善精准帮扶措施，精心实施离校未就业高校毕业生就业促进计划；调动各方力量，深入实施大学生创业引领计划；加强组织领导，健全高校毕业生就业创业工作推动机制。

二 高校毕业生就业政策的进一步完善（2016—2019年）

2016年3月，中共中央颁布了《关于深化人才发展体制机制改革的意见》，进一步促进了高校毕业生就业制度的完善发展。

为贯彻《关于深化人才发展体制机制改革的意见》提出允许部分无工作经历的优秀外籍高校毕业生[①]在华就业的意见，2017年1月，人力资

---

① 外籍高校毕业生包括在中国境内高校取得硕士及以上学位且毕业1年以内的外国留学生，以及在境外知名高校取得硕士及以上学位且毕业1年以内的外籍毕业生。

源和社会保障部、外交部、教育部发布了《关于允许优秀外籍高校毕业生在华就业有关事项的通知》。

为进一步引导和鼓励高校毕业生到基层工作，发挥高校毕业生在促进基层经济社会发展中的作用，2017年1月，中共中央办公厅、国务院办公厅印发《关于进一步引导和鼓励高校毕业生到基层工作的意见》，提出要进一步创新体制机制，完善政策措施，健全服务体系，加快构建引导和鼓励高校毕业生到基层工作长效机制。提出要多渠道开发基层岗位，为高校毕业生到基层工作搭建平台；健全保障措施，为高校毕业生在基层成长成才创造良好条件；实施高校毕业生基层项目，发挥项目示范引领作用；畅通流动渠道，为在基层工作的高校毕业生职业发展提供支持。

2017年全国高校毕业生总量达到795万人的历史新高，促进高校毕业生就业的任务更为繁重。2017年2月，人力资源和社会保障部发布《关于做好2017年全国高校毕业生就业创业工作的通知》，提出要落实完善就业创业政策，进一步拓宽高校毕业生就业渠道；引领高校毕业生自主创业，促进以创业带动就业；实施高校毕业生就业创业促进计划，强化有针对性的就业服务；加强组织领导和部门联动，协同各方共同做好高校毕业生就业创业工作。

为贯彻《国务院关于印发"十三五"促进就业规划的通知》（2017）、《国务院关于做好当前和今后一段时期就业创业工作的意见》（2017），加强高校毕业生职业培训，提升高校毕业生就业创业能力，2017年9月，人力资源和社会保障部办公厅发布《关于持续开展离校未就业高校毕业生技能就业行动的通知》，决定自2017年起持续开展离校未就业高校毕业生技能就业行动。

同时，为贯彻落实党的十九大精神，按照《中共中央办公厅国务院办公厅印发〈关于进一步引导和鼓励高校毕业生到基层工作的意见〉的通知》和《国务院关于做好当前和今后一段时期就业创业工作的意见》关于实施高校毕业生基层成长计划的有关要求，2017年11月，中央组织部、人力资源和社会保障部、教育部、财政部、共青团中央制订了《高校毕业生基层成长计划》。

2018届全国高校毕业生人数达到820万人，2018年3月，人力资源和社会保障部发布《关于做好2018年全国高校毕业生就业创业工作的通知》，强调要着力抓好就业创业政策落实，着力强化就业服务保障，着力推动创业带动就业，着力加大就业权益保护。

2019年，高校毕业生人数再创新高，促进就业任务更加艰巨。7月，人力资源和社会保障部、教育部、公安部、财政部、中国人民银行联合发布《关于做好当前形势下高校毕业生就业创业工作的通知》，要求深入实施高校毕业生就业创业促进计划和基层成长计划，拓渠道、优服务、强保障，确保就业水平总体稳定、就业局势基本平稳。提出要积极拓宽就业领域，大力加强就业服务，强化就业权益保护，全力做好兜底保障。

2019年9月，教育部高校学生司发布了《关于改革完善高校毕业生就业统计工作的通知》，对高校就业统计指标进行了规范，在就业去向的统计方面，规定已就业的情况包括"签订就业协议、签订劳动合同、科研助理、应征义务兵、国家基层项目、地方基层项目、自主创业、自由职业、其他录用形式等"。将未就业的毕业生按照待就业（指有就业意愿尚未就业）和暂不就业（指不就业拟升学或其他暂不就业）两种情况分类统计，对深造的毕业生按照升学和出国（出境）两种情况分类统计。

三 新冠疫情时期的高校毕业生就业促进政策（2019—2022年）

2019年年底新冠疫情暴发，国内外经济遭受重创。疫情叠加中国经济转型，国内经济复苏缓慢。经济增长放缓、消费萎缩，导致就业需求萎缩。与此同时，高校毕业生规模逐年攀升，2019年高校毕业生达到834万人，2020年增加到874万人，2021年909万人，2022年突破1000万人，达到1076万人，2023年预计将达到1158万人。高校毕业生就业市场需求不足与供给增加共存的情况下，毕业生就业形势日趋严峻。

党中央、国务院高度重视就业工作，把稳就业保就业放在"六稳""六保"之首。党的十九届五中全会强调，要"强化就业优先政策，千方百计稳定和扩大就业，实现更加充分更高质量就业"，明确要求"把解决人民群众就业问题放到更加突出的位置，努力创造更多就业岗位，突出做好高校毕业生、退役军人、农民工和城镇困难人员等重点群体就业工作"，"把高校毕业生就业作为重中之重"。

为贯彻落实党中央、国务院"稳就业""保就业"决策部署，2020年11月，教育部发布《关于做好2021届全国普通高校毕业生就业创业工作的通知》，决定实施"2021届全国普通高校毕业生就业创业促进行动"，进一步完善高校毕业生就业支持体系，全力促进高校毕业生更加充分更高质量就业，服务加快构建以国内大循环为主体、国内国际双循环相互促进的新发展格局。

2021年3月，人力资源和社会保障部发布《关于做好2021年全国高校毕业生就业创业工作的通知》，提出要落实政策拓宽渠道，引导扶持创业创新，强化精准招聘服务，加大职业技能培训，加快跟进实名服务，积极拓展就业见习。2021年8月，国务院发布《"十四五"就业促进规划》，明确要求持续做好高校毕业生就业工作。

2022届普通高校毕业生规模、增量创历史新高，就业形势复杂严峻。2021年11月，教育部发布《关于做好2022届全国普通高校毕业生就业创业工作的通知》，提出要完善市场化社会化就业促进机制，充分发挥政策性岗位吸纳作用，强化就业指导服务，开展重点群体就业帮扶，完善就业统计发布机制，持续深化高等教育改革。2022年5月，国务院下发《关于进一步做好高校毕业生等青年就业创业工作的通知》，强调要认真贯彻落实党中央决策部署，关注青年群体就业，把高校毕业生作为重中之重，重点帮助困难高校毕业生就业，同时做好青年群体的就业创业工作。教育部决定实施"2022届全国普通高校毕业生就业创业促进行动"，健全就业创业促进机制，推动就业创业工作提质增效，促进高校毕业生更加充分更高质量就业。

党的二十大明确指出，人才是第一资源，实施就业优先战略，强化就业优先政策，健全就业促进机制，促进高质量充分就业。高校毕业生是国家宝贵的人才资源，是促进就业的重要群体。为深入学习贯彻党的二十大精神，全面落实党中央、国务院对高校毕业生就业创业工作的决策部署，2022年11月，教育部发布《关于做好2023届全国普通高校毕业生就业创业工作的通知》，决定实施"2023届全国普通高校毕业生就业创业促进行动"，要求各地各高校创新思路举措，千方百计促进高校毕业生多渠道就业创业，奋力开创高校毕业生就业创业工作新局面。

总体来看，这一时期促进高校毕业生就业的政策措施主要集中在以下方面。

（一）增加机关事业单位国企招收应届高校毕业生的比例

2020年以来，为了扩展高校毕业生就业岗位，国家要求机关、事业单位、国企加大招收高校毕业生的力度。例如，自2020年起在国家公务员考试公告中规定"市（地）级及以下直属机构主要招录高校应届毕业生"，部分岗位只能由应届毕业生报考。这里的"应届毕业生"指的是当年毕业学生和离校两年未就业的毕业生。从近三年中央及地方公务员招录情况来看，2020年专门针对应届高校毕业生的岗位招收高校毕业生9.8万人，占全国录用公务员人数的44.34%，2021年这一比例增加到51.17%，2022年增加到53.46%。

2020年，中央组织部办公厅、人力资源和社会保障部办公厅发布《关于应对新冠肺炎疫情影响做好事业单位公开招聘高校毕业生工作的通知》，明确规定："要加大事业单位面向高校毕业生的公开招聘力度，今明两年事业单位空缺岗位主要用于专项招聘高校毕业生（含择业期内未落实工作单位的高校毕业生）。"2020年、2021年地方事业单位统考中，各地大幅增加应届生招录人数，同时出台相关政策，对招录毕业生比例作出明确规定。比如，2020年湖北省政府办公厅印发《关于应对新冠肺炎疫情影响全力以赴做好稳就业工作的若干措施》，明确"各级事业单位2020年和2021年空缺岗位主要用于专项招聘高校毕业生（含择业期内未落实工作单位的高校毕业生）"。2020年7月北京市人社局、教委、财政局联合出台《关于应对新冠肺炎疫情影响促进高校毕业生就业工作的若干措施》，明确"事业单位今明两年空缺岗位主要用于招聘北京市高校毕业生，将2020年招聘高校毕业生岗位比例提高至80%"，上海、江苏、山东等地规定"今明两年事业单位招聘应届毕业生比例不低于70%"。2022年5月，国务院办公厅发布《关于进一步做好高校毕业生等青年就业创业工作的通知》，要求"今明两年要继续稳定机关事业单位招录（聘）高校毕业生的规模"。

2020年国务院办公厅发布《关于应对新冠肺炎疫情影响强化稳就业举措的实施意见》，要求"国有企业今明两年连续扩大高校毕业生招聘规模，不得随意毁约，不得将本单位实习期限作为招聘入职的前提条件"。以2022年企业招聘为例，中铁建设集团、中煤集团、中核集团、中国融通集团等企业规定招聘一定比例毕业时间在2021年9月至2022年8月的应届生；中国诚通、中国联通、中国电信等单位在招聘公告中明确，招聘"2022届应届毕业生和2021届离校未就业的毕业生"。

（二）加强就业服务

就业相关部门积极组织线上线下招聘。2020年，人力资源和社会保障部推出了"就业在线"平台，针对高校毕业生群体，2020年9月，"就业在线"联合中国平安、阿里巴巴、腾讯公司、新希望、三一重工等大型企业，开展了"毕业进大厂，就业总在线"的高校毕业生就业服务专场活动，定期连续推出知名企业专场招聘。2020年12月以来，"就业在线"平台配合人社部"职通云端，就业圆梦"高校毕业生就业云服务活动，组织推出了多场直播带岗活动。2021年6月，人力资源和社会保障部运用该平台还开展了"地方特色+行业专场"百日千万网络招聘专项行动，推出了9个专场，包括河南高校毕业生网络专场招聘会、湖北制造业直播招聘专场、湖南医疗卫生专场招聘、广东"全省联动国有企业专场网络招聘会"、广西"优质民企招聘高校毕业生网络招聘会"，此外，还针对快递物流、新基建、保险、医药卫生4个行业召开了专场招聘会，有近4000家用人单位参加，提供了6.7万余个就业岗位。

2020年年底，我国经济运行逐步恢复常态，但新冠疫情和外部环境仍存在诸多不确定性，稳就业、保就业压力加大。为充分发挥国有企业稳岗扩就业示范带动作用，积极做好2021届普通高校毕业生等重点群体就业工作，12月，教育部办公厅等五部门发布《关于联合开展2021年度高校毕业生等重点群体促就业"国聘行动"的通知》，决定从2020年12月至2021年8月，以2021届普通高校毕业生、2020届离校未就业毕业生等重点就业群体为对象，开展"春华秋实·国聘行动"。按照党中央、国务院关于稳就业保就业决策部署，切实履行主体责任，梳理分析已出台政策举措执行情况，进一步明确目标任务，细化工作措施，千方百计稳定现有就业岗位，积极增加新的就业岗位，集中发布招聘信息，集中举办招聘宣讲。

人力资源和社会保障部启动"全国高校毕业生精准招聘"平台，开展有针对性的集中服务，并于2022年3—6月组织了"公共就业服务进校园"活动，开展高校毕业生就业政策宣传，提供招聘服务、就业指导、创业服务、职业培训等。

为促进"三区三州"地区高校毕业生就业，人力资源和社会保障部、国务院国资委、教育部于 2021 年 11 月至 2022 年 6 月组织开展了第 11 届中央企业面向西藏青海新疆高校毕业生专场招聘活动。

除了招聘活动，为了促进高校毕业生更充分更高质量就业，2020 年 9 月教育部发布《关于开展高校毕业生就业状况跟踪调查的通知》，分别以高校毕业生和用人单位为对象，开展高校毕业生就业状况跟踪调查工作。其中，高校毕业生调查主要关注高校毕业生职业发展成长度，采用全样本通讯调查方式，了解毕业生对毕业院校总体情况、培养效果以及自身就业状况、职业发展与成长等方面的评价情况。用人单位调查主要关注用人单位满意度，面向高校毕业生就业用人单位的招聘主管和毕业生业务主管开展，采用抽样通讯调查等方式，了解用人单位对高校毕业生政治思想与道德品质、职业素养、专业水平、职业能力、发挥作用等方面的评价情况。依托毕业生就业状况跟踪调查，教育部还将探索建立相关高校、学科及专业的就业状况大数据库，以适当方式发布《普通高校毕业生就业状况大规模跟踪调查白皮书》。全国高等学校学生信息咨询与就业指导中心（以下简称教育部就业中心）将依托大数据库开展深度数据挖掘，为政府、高校提供多元化的就业状况跟踪调查分析研究报告，为深化高校教育教学改革、促进高校毕业生更充分更高质量就业提供服务。

（三）支持高校毕业生创新创业

2021 年 10 月，国务院办公厅印发《关于进一步支持大学生创新创业的指导意见》，对高校深化创新创业教育改革，优化人才培养模式提出了新要求。同时，文件还指出要进一步加强大学生创新创业服务平台建设，为大学生创业提供包括财税和金融在内的各项政策支持，持续优化高校毕业生创新创业环境。

2022 年 5 月，国务院办公厅发布《关于进一步做好高校毕业生等青年就业创业工作的通知》，支持高校毕业生自主创业和灵活就业。落实大众创业、万众创新相关政策，深化高校创新创业教育改革，健全教育体系和培养机制，汇集优质创新创业培训资源，对高校毕业生开展针对性培训，按规定给予职业培训补贴。支持高校毕业生自主创业，按规定给予一次性创业补贴、创业担保贷款及贴息、税费减免等，政府投资开发的创业载体要安排 30% 左右的场地免费向高校毕业生创业者提供。支持高校毕业生发挥专业所长从事灵活就业，对毕业年度和离校 2 年内未就业高校毕业生实现灵活就业的，按规定给予社会保险补贴。

（四）开展就业培训

2020 年 7 月，人力资源和社会保障部、教育部、财政部、商务部、国务院国资委、共青团中央、全国工商联七部委印发《关于进一步加强就业见习工作的通知》，确保 2020 年、2021 年见习规模持续扩大，最大程度发挥就业见习稳定就业、促进就业的作用。2021 年 5 月，人力资源和社会保障部、财政部、教育部共同印发《关于扩大院校毕业年度毕业生参加职业技能培训有关政策范围的通知》，指出要持续做好院校应届毕业生职业技能培训工作。2022 年 3 月，人力资源和社会保障部、教育部、科技部等十部门启动实施"百万就业见习岗位募集计划"，进一步促进就业见习，帮助青年提高就业能力。

2021 年 9 月，教育部办公厅发布《关于开展全国高校毕业生就业能力培训基地遴选工作的通知》，决定在全国高校中遴选一批"全国高校毕业生就业能力培训基地"。

（五）促进高校毕业生到基层就业

各地各高校会同有关部门，继续组织实施"西部计划""三支一扶""大学生村官""特岗教师计划"等大学生基层项目，促进实施乡村振兴战略、服务乡村建设行动，引导毕业生围绕城乡基层社区各类服务需求就业创业。

2020 年 2 月，人力资源和社会保障部办公厅发布《关于切实做好新型冠状病毒感染的肺炎疫情防控期间高校毕业生"三支一扶"计划有关工作的通知》，5 月，人力资源社会保障部办公厅、财政部办公厅发布《关于做好 2020 年高校毕业生"三支一扶"计划实施工作的通知》。为深入贯彻习近平总书记关于引导高校毕业生到基层工作的重要指示精神，落实党中央、国务院做好高校毕业生就业创业工作的决策部署，2021 年 5 月，中央组织部、人力资源社会保障部、教育部、财政部、水利部、农业农村部、国家卫生健康委、国家乡村振兴局、国家林草局、共青团中央等十部门联合发布《关于实施第四轮高校毕业生"三支一扶"计划的通知》，决定实施第四轮（2021—2025 年）高校毕业生"三支一扶"（支教、支农、支医和帮扶乡村振兴）计划。每年选派 3.2 万名左右，累计选派16万名，并结合就业形势和"三支一扶"事业发展需要，适时合理调整"三支一扶"计划补助名额。用5年时间，为基层输送和培养一批急需紧缺的管理人才、专业人才和创新创业人才，着力构建"下得去、留得住、干得好、流得动"的长效机制。

为推动拓宽高校毕业生就业渠道、提升城乡社区治理和服务水平互促共进，引导和鼓励高校毕业生到城乡社区就业创业，2020年6月，中共中央组织部、人力资源和社会保障部、民政部、中央文明办、教育部、财政部、国家卫生健康委联合发布《关于引导和鼓励高校毕业生到城乡社区就业创业的通知》。2022年6月，民政部、教育部、财政部、人力资源和社会保障部联合印发《关于做好2022年普通高校毕业生到城乡社区就业工作的通知》，引导毕业生扎根基层，鼓励具备条件的行政村积极吸纳高校毕业生到村担任村务工作者。高校毕业生在城乡社区服务领域创业的，按规定落实税费优惠、一次性创业补贴、创业担保贷款等政策。

服务外包产业是知识密集型现代服务业，是吸纳就业特别是高校毕业生就业的重要领域。2022年7月，商务部办公厅、教育部办公厅、人力资源和社会保障部办公厅发布《关于积极做好服务外包产业吸纳应届高校毕业生就业有关工作的通知》，助推服务外包企业加大引才育才力度，吸纳更多应届高校毕业生就业。

（六）促进未就业高校毕业生就业

2020年《政府工作报告》明确要求高校和属地政府都要提供不断线的就业服务。为贯彻落实党中央、国务院决策部署，通过精准的政策帮扶和不断线的就业服务，帮助2020届离校未就业毕业生尽早实现就业，2020年7月，教育部办公厅发布《关于为2020届离校未就业高校毕业生提供不断线就业服务的通知》。中共中央组织部、人力资源和社会保障部、教育部、科技部、民政部、财政部、共青团中央七部委，于2020年9—12月，针对2020届未就业高校毕业生和往届未就业高校毕业生，实施高校毕业生就业创业推进行动。

按照《国务院办公厅关于进一步做好高校毕业生等青年就业创业工作的通知》要求，为进一步做好离校未就业高校毕业生就业促进工作，2022年6月，人力资源和社会保障部办公厅发布《关于开展2022年离校未就业高校毕业生服务攻坚行动的通知》，决定2022年7—12月在全国集中开展离校未就业高校毕业生服务攻坚行动。

（七）加强对贫困大学生就业援助

2020年是决战决胜脱贫攻坚和全面建成小康社会的收官之年，促进贫困家庭高校毕业生尽早就业，是稳就业保民生的重要内容。受新冠疫情影响，一些贫困家庭高校毕业生求职面临更多困难。

2020年6月，教育部办公厅、人力资源和社会保障部办公厅、国务院扶贫办综合司《关于做好52个未摘帽贫困县建档立卡贫困家庭高校毕业生就业精准帮扶工作的通知》，提出了促进贫困家庭毕业生就业的措施，如实施"建档立卡贫困家庭毕业生专升本专项计划"，安排适量专升本招生增量计划，专项招收本地高职（专科）应届贫困家庭毕业生、将大学生基层服务项目向贫困家庭毕业生倾斜，在"24365校园招聘服务"和"百日千万"活动中设立"52个未摘帽贫困县毕业生就业专区"，建立高校领导干部与贫困家庭毕业生"一帮一"结对帮扶机制，通过东西扶贫协作、对口支援等为贫困家庭毕业生争取更多就业机会。

为进一步加强对贫困家庭高校毕业生的就业帮扶工作，2020年7月，人力资源和社会保障部、教育部、国务院扶贫办发布了《关于进一步加强贫困家庭高校毕业生就业帮扶工作的通知》，提出加强零就业家庭、低收入家庭和残疾人毕业生的就业援助，加强就业促进，开展心理咨询，对困难毕业生及时发放求职创业补贴。

为贯彻落实党中央、国务院"稳就业""保就业"决策部署，促进高校毕业生更加充分更高质量就业，教育部还通过中央专项彩票公益金支持，实施"宏志助航计划——全国低收入家庭高校毕业生就业帮扶项目"，缓解低收入家庭高校毕业生后顾之忧，帮助他们学有所成、业有所就。

第二章

高校毕业生就业岗位扩展政策

第一节 引导高校毕业生到农村基层服务项目

随着1999年高校扩招后毕业生人数的逐年增加,引导高校毕业生下农村基层成为促进高校毕业生就业的重要政策选择。为此,中央各有关部门陆续组织实施了引导高校毕业生到农村基层服务的专门项目(以下简称"基层服务项目"),包括:"大学生志愿服务西部计划"(以下简称"西部计划")、"三支一扶"(支教、支农、支医和扶贫)计划、"农村义务教育阶段学校教师特设岗位计划"(以下简称"特岗教师计划")、"选聘高校毕业生到村任职工作"(以下简称"大学生村官")、基层农技推广特设岗位计划。

严格意义上来说,参加"大学生志愿服务西部计划"、"三支一扶"计划、"特岗教师计划"、"大学生村官"项目并非"就业",而只是"服务",学生在1—3年的服务期结束后,还要再次面临就业的问题。只有基层农技推广特设岗位计划采用的是聘用形式,属于就业,特岗农技人员主要来源为全国普通高校应届或近年内往届毕业生、高校毕业后到农村从事"三支一扶"工作人员、高校毕业后到村组织任职人员等。

从2003年到2013年,四个基层服务项目即"志愿服务西部计划"、"三支一扶"项目、"大学生村官"项目、"特岗教师计划",共选派了117.4万名大学生到基层服务。

一 基层服务项目相关政策的发展历程

（一）基层服务项目的提出

1998 年，《国务院关于做好 1998 年普通高等学校毕业生就业工作的通知》提出"要有计划地吸收一部分品学兼优的高校毕业生充实到基层机关和重要岗位。有条件的地方，也可以试行预备公务员制度，录用应届高校毕业生先安排到基层支教、支农、扶贫或到企业锻炼"。随着高校扩招，引导高校毕业生下基层成为促进高校毕业生就业的一项重要措施。1999 年开始，根据国办发〔1999〕50 号文件及中组部、人事部、中编办、财政部《关于选拔高校毕业生到农村基层工作有关问题的通知》，全国组织开展了选拔高校毕业生到农村基层支教、支农、支医、扶贫或到企业锻炼的工作。

（二）基层服务项目的实施

随着 2003 年共青团中央牵头的"西部计划"①的实施，人事、教育、组织等部门陆续启动了高校毕业生基层服务项目。2006 年 2 月，人事部牵头启动了"三支一扶"计划；2006 年 5 月，教育部牵头启动了"特岗教师计划"；2008 年 4 月，中组部牵头启动了"大学生村官"项目。

由于这四个基层服务项目由不同部门牵头负责，因此不可避免地在管理模式、待遇水平、服务时间、享受的优惠政策等方面存在差异。比如，"大学生志愿服务西部计划"的服务时间是 1—2 年，"三支一扶"和"大学生村官"的服务时间是 2—3 年。

表 2-1　　　　　　　　四个基层服务项目的基本情况

	西部计划	"三支一扶"	特岗教师	大学生村官
牵头部门	共青团中央	人事部	教育部	中组部
开始启动时间	2003 年	2006 年	2006 年	2008 年

---

① 2003 年 6 月，共青团中央、教育部、财政部、人事部《关于实施大学生志愿服务西部计划的通知》。

续表

	西部计划	"三支一扶"	特岗教师	大学生村官
服务时间（年）	1—2	2—3	3	2—3
服务内容和岗位	到西部贫困县的乡镇从事教育、卫生、农技、扶贫以及青年中心建设和管理等方面的工作	到农村基层从事支教、支农、支医和扶贫工作	到西部"两基"①攻坚县县以下农村义务教育阶段学校任教	到农村担任村党支部书记助理、村委会主任助理或团支部书记、副书记等职务
生活补贴	600元（在西藏服务的每月800元补贴），交通补贴每年1000元（在西藏、新疆服务的，按国家有关规定另行确定）		工资性年收入人均1.5万元	
享受的优惠政策	1. 服务期间，中央财政给予必要的生活补贴（含交通补贴和人身意外伤害、住院医疗保险）。 2. 服务期间，计算工龄，党团关系转至服务单位。本人要求户口和档案保留在学校的，按规定保留两年，在此期间，档案管理机构对保管其档案免收服务费用；本人要求将户口转回入学前户籍所在地的，公安机关按照	原服务单位有职位空缺需补充人员时，应优先考虑接收服务期满考核合格的"三支一扶"大学生。县、乡各类事业单位有职位空缺需补充人员时，也应拿出一定职位专门吸纳这部分毕业生。服务期满自主创业的，可享受行政事业性收费减免、小额贷款担保和贴息等有关政策。应届毕业生自愿到国家需要的	1. 享受《中共中央办公厅国务院办公厅印发的通知》（中办发〔2005〕18号）和人事部等部门《关于组织开展高校毕业生到农村基层从事支教、支农、支医和扶贫工作的通知》（国人部发〔2006〕16号）规定的各项优惠政策。相关省（自治区、直辖市）负责制定具体落实政策和措施。 2. "计划"的实施	1. 比照本地乡镇从高校毕业生中新录用公务员试用期满后工资水平确定工作、生活补贴标准，在艰苦边远地区工作的，按规定发放艰苦边远地区津贴，补贴、津贴按月发放；参加养老社会保险。 2. 在村任职期间，办理医疗、人身意外伤害商业保险。 3. 符合国家助学贷款代偿政策规

① "两基"指基本实现普及九年义务教育，基本扫除青壮年文盲。

续表

	西部计划	"三支一扶"	特岗教师	大学生村官
享受的优惠政策	规定为其办理落户手续，人事、教育部门所属人才交流机构负责办理相关手续，人事部门所属人才交流服务机构免费提供人事代理服务。服务期满落实工作单位后，公安机关按有关规定办理户口迁移手续。 3. 服务期间，可兼职或专职担任所在乡镇团委副书记、学校及其他服务单位的管理职务。 4. 服务期满考核合格的、报考研究生给予加分，在同等条件下，优先录取，具体规定在当年的研究生招生政策中予以明确。 5. 服务期满考核合格报考党政机关公务员的，可适当加分，同等条件下应优先录用，具体规定由省级公务员考试录用主管机关在当年招考中予以明确	艰苦地区、艰苦行业基层工作，服务达到国家规定年限并符合相应条件的，可享受国家助学贷款代偿政策，具体办法另行制定。 服务期满考核合格的"三支一扶"大学生，报考党政机关公务员的，可以通过适当增加分数以及其他政策优先录用。到西部地区和艰苦边远地区服务2年以上，服务期满后3年内报考硕士研究生的，初试总分加10分，同等条件下优先录取。对于已被录取为研究生的应届高校毕业生参加"三支一扶"项目的，学校应为其保留学籍。 服务期满考核合格的"三支一扶"大学生，根据本人意愿可以回到原籍或到其他地区工作，凡落实了接收	可与"农村学校教育硕士师资培养计划"相结合。符合相应条件要求的特设岗位教师，可按规定推荐免试攻读教育硕士。特设岗位教师3年聘期视同"农村学校教育硕士师资培养计划"要求的3年基层教学实践。 3. 特设岗位教师在聘期内，由地方教育行政部门对其进行跟踪评估。对成绩突出、表现优秀的给予表彰；对不按合同要求履行义务的，要及时进行批评教育，督促改正；对不适合继续在教师岗位工作的，应及时将其调整出教师队伍并相应取消其享受的相关政策优惠。 4. 相关省（自治区、直辖市）要研究制定政策措施，鼓励特设岗位教师在3年聘期结束后继续扎根基层从事	定、聘期考核合格的，其在校期间的国家助学贷款本息由国家代为偿还。 4. 在村任职2年以上，具备"选调生"条件和资格的，经组织推荐，可参加选调生统一招考。 5. 在村任职2年后报考党政机关公务员的，享受放宽报名条件、增加分数等优惠政策，同等条件下优先录用。县乡机关公务员应重点从选聘到村任职的高校毕业生中招录。 6. 聘期工作表现良好、考核合格的，报考研究生享受增加分数等优惠政策，在同等条件下优先录取。 7. 被党政机关或企事业单位正式录用（聘用）后，在村任职工作时

续表

	西部计划	"三支一扶"	特岗教师	大学生村官
享受的优惠政策	6. 服务期满，对志愿者作出鉴定，存入本人档案；考核合格的颁发证书，作为志愿者服务经历和就业、创业的证明。 7. 服务单位应向志愿者提供住宿等必要的生活条件；在录用党政机关公务员和新增国有企事业单位专业技术人员、管理人员时优先录用、招聘志愿者。 8. 服务期为1年、服务期满考核合格的，授予中国青年志愿服务铜奖奖章。服务期为2年、服务期满考核合格的，授予中国青年志愿服务银奖奖章，表现优秀的授予中国青年志愿服务金奖奖章，表现特别优秀的推荐参加中国青年五四奖章、中国十大杰出青年、中国十大杰出青年志愿者、国际青少年消除贫困奖等评选	单位的，接收单位所在地区应准予落户。进入国有企事业单位的，由接收单位按照所任职务比照同等条件人员确定其职务工资标准；其服务期限计算为工龄。在今后晋升中高级职称时，同等条件下优先评定	农村教育事业。对自愿留在本地学校的，要负责落实工作岗位，将其工资发放纳入当地财政统发范围，保证其享受当地教师同等待遇。实施"计划"的地区要进一步创新教师补充机制，今后城市、县镇学校教师岗位空缺需补充人员时，应优先聘用特设岗位教师。对重新择业的，各地要为其重新选择工作岗位提供方便条件和必要的帮助。西部地区相关省（自治区、直辖市）在实施"计划"的同时，要研究制定具体可行办法，将"计划"的实施与大力推进城镇教师支援农村教育、积极稳妥地处理好代课人员问题等工作有机结合起来	间可计算工龄、社会保险缴费年限。 8. 到西部和艰苦地区农村任职的，户口可留在现户籍所在地

(三) 基层服务项目的统筹发展

从 2009 年开始，鼓励高校毕业生到基层就业的政策数量迅速增加，2009—2014 年出台的相关政策超过 20 项，从具体年份来看，2009 年和 2010 年出台鼓励高校毕业生到基层就业的政策数量最多，均达到 6 项。从政策对象来看，针对"大学生村官"的专门政策最多，达到 5 项。

这一时期，我国对"大学生村官"计划、"特岗教师计划"、"三支一扶"计划、"西部计划"等基层服务项目进行了统筹，在招募派遣、待遇保障、就业政策等方面加强协调。

2009 年 4 月，中共中央组织部、人力资源和社会保障部、教育部、财政部、共青团中央等部门联合发布了《关于统筹实施引导高校毕业生到农村基层服务项目工作的通知》，随后还建立了工作部际协调机制[1]。各相关部门在就业工作部际联席会框架下建立引导和鼓励高校毕业生面向基层就业部际协调机制。办事机构设在人力资源和社会保障部，负责在研究确定计划、组织报名选聘、安排工作岗位、出台优惠政策等方面进行沟通协调。各省、自治区、直辖市在就业工作联席会框架下相应建立由组织、人力资源和社会保障、教育、财政、团委等部门组成的部门协调机制，并明确相关职责，在组织、人力资源和社会保障部门指导下统筹组织实施工作。根据上述文件，参加上述基层服务项目服务期满的毕业生，享受以下优惠政策。

一是公务员招录优惠。每年拿出公务员考录计划的一定比例，专门用于定向招录服务期满且考核称职（合格）的服务基层项目人员。服务基层项目人员也可报考其他职位。

二是事业单位招聘优惠。鼓励在项目结束后留在当地就业，参加各基层就业项目相对应的自然减员空岗，全部聘用服务期满的高校毕业生。从 2009 年起，到乡镇事业单位服务的高校毕业生服务满 1 年后，在现岗位空缺情况下，经考核合格，即可与所在单位签订不少于 3 年的聘用合同。

---

[1] 2009 年 10 月，《中央组织部办公厅、人力资源和社会保障部办公厅、教育部办公厅、财政部办公厅、共青团中央办公厅关于印发统筹实施引导高校毕业生到农村基层服务项目工作部际协调机制工作方案及议事规则的通知》。

同时，各省（区、市）县及县以上相关的事业单位公开招聘工作人员，应拿出不低于40%的比例，聘用各专门项目服务期满考核合格的高校毕业生。

三是考学升学优惠。服务期满后3年内报考硕士研究生初试总分加10分；同等条件下优先录取；高职（高专）学生可免试入读成人本科。

四是国家补偿学费和代偿助学贷款政策。参加各基层就业项目的毕业生，符合规定条件的，可享受相应的学费补偿和助学贷款代偿政策。

五是自主创业的优惠。服务期满自主创业的，可享受税收优惠、行政事业性收费减免、小额贷款担保和贴息等有关政策。

其他优惠。比如各基层就业项目服务年限计算工龄；服务期满到企业就业的，按照规定转接社会保险关系。

（四）基层服务项目的优化完善

2013年，党的十八届三中全会通过的《中共中央关于全面深化改革若干重大问题的决定》对鼓励人才到基层就业提出了改革要求。高校毕业生是重要的人才资源，引导其到基层就业成为中央政府政策关注的重点。

2017年1月，中共中央办公厅、国务院办公厅印发《关于进一步引导和鼓励高校毕业生到基层工作的意见》，提出要发挥高校毕业生基层项目的示范引领作用。

一是继续组织实施大学生村官、农村教师特岗计划、"三支一扶"计划、志愿服务西部计划和农技特岗计划等专门项目，每年选派一批高校毕业生到基层服务。规范项目组织管理，加强人员培养使用，强化日常考核监督，切实发挥项目示范引领作用。进一步加大服务基层项目统筹实施力度，促进项目间政策协调平衡，有条件的地区可探索基层服务项目统一征集岗位、统一发布公告、统一组织考试、统一服务管理。

二是完善基层服务项目政策措施。适时提高基层服务项目人员工作生活补贴标准，落实社会保险、人员培训等相关政策。基层服务项目人员服务满1年且考核合格后，可按规定参加职称评定。参加基层服务项目前无工作经历的人员服务期满且考核合格后2年内，在参加机关事业单位考录（招聘）、各类企业吸纳就业、自主创业、落户、升学等方面可同等享受应届高校毕业生的相关政策。落实机关事业单位定向考录（招聘）、升学扶持等政策，组织开展专场招聘，加强职业指导和职业介绍，促进服务期满人员就业。

三是实施高校毕业生基层成长计划。将在基层重点领域就业创业的优秀高校毕业生作为后备人才，实行导师制培养模式，由用人单位负责同志或业务带头人进行"一对一"传帮带，原则上放在校长助理、所长助理、专家助理、总经理助理等重要岗位上进行锻炼培养，促进高校毕业生扎根基层、在基层成长成才。各地区各有关部门和用人单位要积极创造条件，加大对后备人才支持力度，为其在基层工作生活提供便利。上级机关事业单位选拔干部人才、同级单位岗位职务（等级）晋升和评聘专业技术职务（岗位），应当将纳入后备人才的优秀高校毕业生作为重点人选对象。

据有关部门统计，2022 年"三支一扶"计划招募高校毕业生 3.4 万名，"特岗计划"招募 6.7 万名，"西部计划"招募 3.67 万名。

二 "大学生志愿服务西部计划"

为了促进西部贫困地区社会事业的发展，拓宽大学生就业、创业渠道，培养造就一大批既有现代科学文化知识、又有基层工作经验和强烈社会责任感的优秀人才。2003 年 6 月 10 日，共青团中央、教育部联合启动大学生志愿服务西部计划。计划从 2003 年开始，按照公开招募、自愿报名、组织选拔、集中派遣的方式，每年招募一定数量的普通高等院校应届毕业生，以志愿服务的方式到西部贫困县的乡镇从事为期 1—2 年的教育、卫生、农技、扶贫以及青年中心建设和管理等方面的工作。志愿服务期满后，鼓励其扎根西部就业，也可以自主择业或流动就业。①

团中央、教育部为此联合成立了领导小组和项目管理办公室，各省区市团委、教育厅和各高校、志愿服务所在地也成立领导小组和项目管理办公室，负责组织、协调工作和志愿者的日常管理。

大学生志愿服务西部计划启动后，各地高校反响强烈，立即行动起来，通过各种方式宣传西部计划，动员应届大学毕业生参与。北京大学组织毕业生收看了新闻发布会录像，并举行座谈会；北京师范大学成立了由

---

① 丁伟：《大学生志愿服务西部计划启动》，《人民日报》2003 年 6 月 11 日。

校党委副书记为主任,研究生院、学生处、团委主要负责同志为成员的领导小组;中国政法大学、中国青年政治学院组织收看新闻发布会录像,张贴宣传画,设立报名赴西部同学光荣榜等;西北农林科技大学进行了广泛的宣传动员;湖北团省委举行大学生志愿服务西部计划招募宣传活动,当场有多名学生报名。①

大学生志愿服务西部计划得到了毕业大学生的支持,到西部、到祖国和人民最需要的地方建功立业,成为当时高校毕业生的心声。有的学生放弃已经签订的工作聘用合同,有的推掉留京工作机会,有的改变到其他地区就业的想法,主动报名服务西部。②

7月16日,首批大学生志愿服务西部计划确定人员名单,最终从全国43763名报名者中选拔出了6000名大学生志愿者,在8月底参加培训后,奔赴西部地区182个服务县,开展1—2年的志愿服务。

选拔志愿者的标准是:政治素质过硬、学习成绩良好、吃苦耐劳、身体健康状况符合要求。在同等情况下优先考虑:本科以上学历的毕业生,西部地区急需的农业、林业、水利、医学、师范等专业和哲学社会科学类专业学生,东、中部省市入学前户籍所在地在西部的学生和服务期意向为2年的学生。

在首批志愿者中,本科以上学历的4766名(其中硕士13名),占79.4%;少数民族902名,占15%;女生1566名,占26.1%;入学前户籍所在地在西部地区的2879名,占48%;党员1209名,占20.2%;申请服务2年的志愿者有3828名,占63.8%;申请从事教育服务的2381名,从事卫生服务的534名,从事农技服务的419名,从事扶贫的481名,从事青年工作的1821名,从事其他服务的364名。③

大学生志愿服务西部计划在2003年之后持续增温,2004年、2005

---

① 丁伟:《各地高校积极行动 大学生纷纷报名服务西部》,《人民日报》2003年6月13日。
② 张炳升:《到西部去,首都高校在行动》,《光明日报》2003年6月16日。
③ 吕诺:《6000名大学生将赴西部182个县开展志愿服务》,《新华每日电讯》2003年7月17日。

年、2006年西部计划的报名人数分别为49615人、51994人和55347人①，2009年有96785名应届高校毕业生报名参加②。对志愿者的要求也不断提高，2007年对于招收的7000名志愿者，要求本科生比例超过85%。③

为了更好地保障大学生志愿服务西部计划的顺利实施，财政部、人事部等部门对志愿者给予一系列政策、资金支持。④

一是服务期内的待遇。在服务期间，中央财政给予必要的生活补贴（含交通补贴和人身意外伤害、住院医疗保险）。2003年，国家给予志愿者的生活补贴每月600元（在西藏服务的每月补贴800元），交通补贴每年1000元（在西藏、新疆服务的，按国家有关规定另行确定）。2009年，这一补贴标准有所提高，生活补贴增加到每人每月1000元，同时根据所在服务地享受艰苦边远地区津贴（按照人事部、财政部《完善艰苦边远地区津贴制度实施方案》，全国有984个县、市、区纳入实施艰苦边远地区津贴范围，每月津贴标准分别为：一类区120元，二类区210元，三类区350元，四类区515元，五类区900元，六类区1490元），按月发放。服务单位为志愿者提供住宿等必要的生活条件。此外，西部计划志愿者在服务期间，志愿者保险由全国项目办统保，保费为每人350元，险种为大学生志愿服务西部计划志愿者综合保障险。

服务期间计算工龄，党团关系转至服务单位。本人要求户口和档案保留在学校的，按规定保留两年，在此期间，档案管理机构对保管期档案免收服务费用。本人要求将户口转回入学前户籍所在地的，公安机关按照规定为其办理落户手续，人事、教育部门所属人才交流机构负责办理相关手

---

① 中华人民共和国中央人民政府网：《大学生志愿服务西部计划报名参与人数逐年上升》，http://www.gov.cn/govweb/jrzg/2007-05/16/content_616663.htm。

② 李海秀、王逸吟：《9万多名大学生报名参加志愿服务本部计划》，《光明日报》2009年5月12日，https://epaper.gmw.cn/gmrb/html/2009-05/12/nw.D110000gmrb_20090512_11-03.htm?div=-1。

③ 赵健：《2007西部计划将招7000志愿者本科比例85%以上》，《中国新闻网》2007年4月24日，http://news.sohu.com/20070424/n249655135.shtml。

④ 参见《关于实施大学生志愿服务西部计划的通知》（中青联发〔2003〕26号）、《关于做好2004年大学生志愿服务西部计划工作的通知》（中青联发〔2004〕16号），中办、国办《关于引导和鼓励高校毕业生面向基层就业的意见》（中办发〔2005〕18号）和国务院办公厅《关于加强普通高等学校毕业生就业工作的通知》（国办发〔2009〕3号）。

续，人事部门所属人才交流服务机构免费提供人事代理服务。服务期满落实工作单位后，公安机关按有关规定办理户口迁移手续。

服务期间可以兼职或专职担任所在乡镇团委副书记、学校及其他服务单位的管理职务。

二是服务期满后的就业政策。服务期满后，志愿者主要有两种选择，一是就业，二是继续读书深造。根据相关调查，在服务期满后的出路和打算方面，志愿者选择继续读书深造的最多，其次是留在西部继续发展，再次是离开西部另寻发展。在持就业意愿的志愿者中，事业单位和党政机关是首选，占比分别为29.3%和26.5%。[①] 可见，继续深造和考公务员是大学生在服务期满后的主要选择。因此，相关部门在制定相关优惠政策和为志愿者考虑期满后的去向时，也针对志愿者的上述需求提供了优惠政策。例如，2003年政策规定，服务期满考核合格、报考研究生和党政机关公务员的，给予加分，在同等条件下优先录取[②]；在新增国有企事业单位专业技术人员、管理人员时优先录用、招聘志愿者。2009年政策规定，志愿者服务期至少满1年且考核合格的，可以应届高校毕业生身份报考公务员。报考公务员的，同等条件下优先录取。志愿者服务期未满1年的，可以社会在职人员身份报考公务员，但不享受相关优惠政策。志愿者服务期满2年考核合格的，3年内报考研究生初试总分加10分，同等条件下优先录取。

此外，对于服务期满考核合格的还根据情况授予奖章和荣誉称号。根据2003年政策文件，对服务期为1年，服务期满考核合格的授予中国青年志愿服务铜奖奖章；服务期为2年，服务期满考核合格的授予中国青年志愿服务银奖奖章，表现优秀的授予中国青年志愿服务金奖奖章，表现特别优秀的推荐参加中国青年五四奖章、中国十大杰出青年、中国十大杰出青年志愿者、国际青少年消除贫困奖等评选。

一些省市有关部门和高校积极支持大学生志愿服务西部计划。上海、江苏等地对参加"大学生志愿服务西部计划"的学生给予经费补贴、考研优惠、跟踪服务等鼓励措施。重庆市教委出台"三个优先、两个服务"

---

① 邓希泉、曹凯：《大学生志愿服务西部计划调研报告》，《中国青年研究》2004年第9期。
② 参见2004年10月《教育部办公厅关于"大学生志愿服务西部计划"志愿者报考硕士研究生享受优惠政策的通知》。

的激励政策①；黑龙江省对参加志愿服务西部计划的大学生，除享受国家规定的优惠政策外，还出台了七项特殊优惠政策②。上海交通大学规定，对服务期满1年、考核合格的志愿者，在参加专升本、考研时总分加20分录取；服务期满2年、考核合格者在参加升学考试时总分加30分录取。同济大学对获得中国青年志愿服务铜奖的志愿者考研加15分，获得中国青年志愿服务银奖的志愿者考研加30分，允许获得金奖的志愿者直升研究生。上海师范大学、上海电力学院等高校对服务期满2年、表现优秀的志愿者，本人愿意到学校工作的，优先考虑录用。上海第二医科大学对已经签约本系统附属单位的，可以停薪留职，服务期满后上岗工作。③ 南京农业大学规定，服务期满考核合格，报考南京农业大学全国统招硕士研究生者，给予适当加分，或参加南京农业大学研究生单独招生考试，同等条件下优先录取，已经免试保送或考取南京农业大学研究生的毕业生志愿参加服务的，可保留学籍至服务期满；已经与用人单位签订协议的毕业生，在征得用人单位同意的情况下，学校支持其参加志愿服务；每位参加西部计划的志愿者在服务期间，学校将给予补助；学校将利用科技成果全力支持毕业生服务所在地的经济发展和社会进步。④

大学生志愿服务西部计划适应了我国经济社会发展需要，服务了人才强国和西部大开发战略，为当代青年报效祖国、施展才华提供了广阔的发展舞台。一大批优秀大学生在西部进行志愿服务，可以促进人力资源的合

---

① "三个优先"即对服务期满、考核合格的优先推荐就业、报考公务员和研究生优先录取、愿意留在当地从事教育工作的优先录用；"两个服务"即做好志愿者们的跟踪服务和做好志愿者户口、档案关系及粮食手续的免费托管服务。

② 黑龙江出台的七项特殊优惠政策包括：在服务期间，除享受国家规定的生活补贴外，各高校可给予一次性适当补贴；在符合基本条件的情况下，可优先评为省优秀毕业生，学校给予一定奖励；在符合免试直升研究生基本条件的情况下，可优先考虑，并保留学籍，待服务期满后，回学校攻读研究生学位；表现特别优秀的推荐参加全省五四奖章、全省十大杰出青年、省杰出青年志愿者等评选；借贷国家助学贷款的特困学生，高校可考虑给予奖励助息，并帮助其办理延期还贷手续；对于欠缴学费的优秀特困毕业生志愿者，高校可适当减免其缴纳学费；各高校将关注志愿者在西部期间的工作和生活，派专人与他们保持密切联系，跟踪他们在服务期间的工作、生活和思想状况，进行及时和必要的帮助和指导。

③ 《各地出台配套措施　鼓励毕业大学生志愿服务西部》，《山区开发》2003年第6期。

④ 刘万永：《我们为什么选择西部——大学生志愿服务西部计划引发的热潮》，《时事报告（大学生版）》2003年第2期，第31页。

理配置，为西部大开发注入新的力量，同时还能影响、带动当地人才的成长与发展，促进当地人才观念的转变和人才工作的发展，形成东西部人才的良性互动。①

到 2022 年，大学生志愿服务西部计划已累计选派 46.5 万余名高校毕业生和在读研究生，深入基层开展为期 1—3 年的志愿服务。2022 年，大学生志愿服务西部计划纳入"共青团促进大学生就业行动"，各级共青团组织积极争取各方支持，合理扩大就业岗位供给，西部计划总实施规模扩大到 5.5 万人。

三 "三支一扶"计划

为贯彻落实 2005 年中共中央办公厅、国务院办公厅《关于引导和鼓励高校毕业生面向基层就业的意见》精神，2006 年 2 月 25 日，中央组织部、人事部、教育部、财政部、农业部、卫生部、国务院扶贫开发领导小组、共青团中央八部门联合发布了《关于组织开展高校毕业生到农村基层从事支教、支农、支医和扶贫工作的通知》，决定从 2006 年开始连续 5 年，每年招募 2 万名高校毕业生，到农村基层从事支教、支农、支医和扶贫工作，服务期限一般为 2—3 年。

人事部联合教育部、财政部、农业部、卫生部、国务院扶贫办、共青团中央成立全国"三支一扶"工作领导小组和工作协调管理办公室，负责这项工作的总体规划、协调和指导工作。各省（自治区、直辖市）也相应成立由人事、教育、财政、农业、卫生、扶贫、团委等部门组成的工作领导小组和工作协调管理办公室，研究制定具体的实施办法，落实本地区基层服务岗位，负责组织报名、招募、审核、体检、培训、派遣及相关材料的上报等工作。招募工作坚持"公开、平等、竞争、择优"的原则，并留有一定比例的名额招募家庭经济困难的学生。

《通知》要求每年 4 月底前，省级工作协调管理办公室要收集、汇总乡镇一级教育、农业、卫生、扶贫等基层岗位需求信息，并上报全国"三支一扶"工作协调管理办公室，同时面向社会公开发布；每年 5 月底前，各

---

① 丁伟：《大学生志愿服务西部计划与人才强国座谈会召开》，《人民日报》2003 年 6 月 20 日。

地根据下达的招募计划和实际情况,采取考核或考试的方式进行招募;经审核、体检确定人选后,省级工作协调管理办公室组织"三支一扶"大学生签署《高校毕业生"三支一扶"计划申请书》,并于每年6月底前将"三支一扶"大学生名单上报全国"三支一扶"工作协调管理办公室备案;各地要组织"三支一扶"大学生进行上岗前的集中培训,培训内容主要是党和国家有关基层工作特别是农业、教育、卫生、扶贫方面的方针政策、本地区基层工作的现状、拟服务单位和岗位的基本情况、乡镇共青团有关工作业务等。每年7月底前派遣"三支一扶"大学生到服务单位报到。

"三支一扶"服务期间,在档案管理方面,"三支一扶"大学生户口统一由省级工作协调管理办公室指定的有关机构管理,也可根据本人意愿将户口转回入学前户籍所在地,公安机关应按规定为其办理落户手续。人事档案原则上统一转至服务单位所在地的县级政府人事部门,党团组织关系转至服务单位。对服务期间积极要求入党的,由乡镇一级党组织按规定程序办理。在日常管理方面,服务单位要负责为"三支一扶"大学生安排工作岗位,提供必要的生活条件,承担其日常管理工作,并根据工作需要积极为其提供业务培训机会。团县委要在每个接收"三支一扶"大学生的乡镇择优选拔1—2名条件适宜的大学生兼任乡镇团委副书记,并负责协调落实相关任职程序。领导小组成员单位及协调管理办公室要引导并教育"三支一扶"大学生遵纪守法,服从分配,虚心学习,联系群众,自觉遵守服务单位的各项规章制度,接受服务单位的管理,充分运用掌握的知识和技能为基层群众服务。在考核管理方面,县级政府人事部门负责"三支一扶"大学生年度考核和服务期满考核工作,凡兼任乡镇团委副书记的大学生,由团县委会同乡镇党委负责考核其担任团干部期间的工作情况,并将考核材料汇总报送县级政府人事部门,考核情况存入本人档案,并报省级工作协调管理办公室备案。服务期满考核合格的,经省级工作协调管理办公室审核,颁发由人事部统一印制的《高校毕业生到农村基层服务证书》,作为服务期满后享受相关就业优惠政策的依据。"三支一扶"大学生应按照规定期限完成服务工作,由于身体状况等特殊原因不能继续服务的,须经省级工作协调管理办公室批准,并履行有关手续。在经费保障方面,由地方财政安排专项经费负担"三支一扶"工作期间的生活、交通补贴,统一办理人身意外伤害保险和住院医疗保险。中央财政将通过不断加大转移支付力度予以支持。

《通知》要求，各地各部门积极制定优惠政策，鼓励服务期满的"三支一扶"大学生扎根基层。比如，原服务单位有职位空缺需补充人员时，应优先考虑接收服务期满考核合格的"三支一扶"大学生。县、乡各类事业单位，有职位空缺需补充人员时，也应拿出一定职位专门吸纳这部分毕业生。服务期满自主创业的，可享受行政事业性收费减免、小额贷款担保和贴息等有关政策。应届毕业生自愿到国家需要的艰苦地区、艰苦行业基层工作，服务达到国家规定年限并符合相应条件的，可享受国家助学贷款代偿政策。服务期满考核合格的"三支一扶"大学生，报考党政机关公务员的，可以通过适当增加分数以及其他优惠政策优先录用。到西部地区和艰苦边远地区服务2年以上，服务期满后3年内报考硕士研究生的，初试总分加10分，同等条件下优先录取。对于已被录取为研究生的应届高校毕业生参加"三支一扶"项目的，学校应为其保留学籍。各级人事、教育、农业、卫生、扶贫等部门要制定切实有效措施，采取多种手段，充分挖掘本系统就业岗位，积极吸纳"三支一扶"大学生进入本系统工作。各级人事部门要为"三支一扶"大学生建立专门的人才库，广泛收集各类用人单位的岗位需求信息，动员各类用人单位接收"三支一扶"大学生，有针对性地提供就业指导和推荐，帮助其落实就业单位。服务期满考核合格的"三支一扶"大学生，根据本人意愿可以回到原籍或到其他地区工作，凡落实了接收单位的，接收单位所在地区应准予落户。进入国有企事业单位的，由接收单位按照所任职务比照同等条件人员确定其职务工资标准，其服务期限计算为工龄。在今后晋升中高级职称时，同等条件下优先评定。

按照《通知》要求，各地纷纷开始启动"三支一扶"计划，并获得了毕业生的积极响应。湖北省决定从2007年开始，连续4年实施"三支一扶"计划，每年招募3000名高校毕业生；2006年山东确定了1462个基层需求岗位，而报名学生达到4985人，其中到经济欠发达县报名数3210人，本科以上学历报名人数2348人，通过考核、体检最终确定了972人。[①]

[①] 济南时报：《2006年山东省"三支一扶"活动在济启动千名大学生奔走农村基层》2006年8月29日，http://www.qlshx.sdnu.edu.cn/info/10434/91581.htm。

从服务期可享受的待遇来看，各地根据自身情况制定了不同的标准。例如，广东由省财政厅统一支付参加"三支一扶"高校毕业生每人每月600元生活补贴，每人每年2000元交通补贴、医疗费补贴和人身意外伤害、住院医疗保险等。吉林由省"三支一扶"办指定保险公司统一为大学生办理住院医疗保险和意外伤害保险，每项保险的标准为每人每年100元，所需资金由省财政承担；其交通补贴标准按"三支一扶"毕业生家庭所在地与服务地距离确定，每年享受一次探亲待遇，往返交通费由服务单位所在县（市、区）当地财政承担，并由县（市、区）指定相关部门予以报销。[①]

为了使毕业生能尽快适应熟悉基层生活环境和工作方式，青岛市率先在"三支一扶"毕业生中推行了"导师制"，为每个新到岗的"三支一扶"大学生指定一名政治素质高、业务水平精、经验丰富的同志对他们进行工作帮教，使大学生尽快进入工作角色，安心工作，锻炼成长。[②] 广西南宁举办了"三支一扶"高校毕业生岗前培训，培训的主要内容包含乡镇农业、卫生、扶贫、计生等工作的管理政策和法律法规，现代农业生产技术的推广应用，招商引资的理论及实务等。[③]

各地及有关部门为做好服务期满"三支一扶"大学生的就业工作，采取多种形式，实施就业优惠，开辟多种渠道，积极为其就业创造条件。

广东规定服务期满考核合格的"三支一扶"大学生，报考党政机关公务员的，可以通过适当增加分数以及其他优惠政策优先录用。到艰苦边远地区服务2年以上，服务期满后3年内报考硕士研究生的，初试总分加10分，同等条件下优先录取。此外，原服务单位及广东省地、县、乡（镇）事业单位面向社会公开招聘人员时，同等条件下优先招聘服务期满考核合格的"三支一扶"大学生。对服务期满自主创业的，可享受行政事业性收费减免、小额贷款担保和贴息。应届毕业生自愿到艰苦地区、艰苦行业基层工作，服务达到规定年限的可享受国家助学贷款代偿政策。[④]

[①] 参见《吉林省2006年高校毕业生"三支一扶"计划实施方案》。
[②] 杨晓冬：《青岛试行"三支一扶"毕业生导师制》，《中国人事报》2006年12月29日。
[③] 韦燕：《广西："三支一扶"高校毕业生实行岗前培训》，《中国人事报》2007年7月6日。
[④] 南方日报：《广东启动2006年高校毕业生"三支一扶"服务期满考一公务员可加分》2006年8月8日，https://news.sina.com.cn/o/2006-08-08/09269686036s.shtml。

青海规定服务期满考核合格的"三支一扶"大学生,报考党政机关公务员或事业单位工作人员的,在笔试总成绩中加5分;服务期满后3年内报考省内院校硕士研究生的,在初试总分中加10分,同等条件下优先录取。原服务单位职位空缺需补充人员时,应通过考试的方式优先从"三支一扶"大学生中选拔。[①]

2011年4月,人力资源和社会保障部下发《关于继续做好高校毕业生三支一扶计划实施工作的通知》,启动了第二轮"三支一扶"计划,从2011年起,每年继续选拔2万名,五年内选拔10万名高校毕业生到基层从事"三支一扶"服务。

2017年5月,人力资源和社会保障部与财政部联合印发《关于做好2017年高校毕业生"三支一扶"计划实施工作的通知》,正式启动第三轮"三支一扶"计划,提出2017年将继续选拔招募2.5万名高校毕业生到基层从事"三支一扶"工作。

2018年6月,人力资源和社会保障部、财政部联合印发通知,对2018年"三支一扶"人员能力提升专项计划进行部署,中央财政支持各地举办55个培训班,培训5200名"三支一扶"人员。

2021年5月,开始实施第四轮(2021—2025年)高校毕业生"三支一扶"(支教、支农、支医和帮扶乡村振兴)计划[②]。

四 农村教师特设岗位计划

为贯彻落实党的十六届五中全会精神,更好地解决"三农"问题,进一步加强农村教师队伍建设,促进义务教育均衡发展,根据《中共中央 国务院关于推进社会主义新农村建设的若干意见》(2006)和《中共中央办公厅 国务院办公厅印发〈关于引导和鼓励高校毕业生面向基层就业的意见〉的通知》(2005)精神,2006年5月15日,教育部、财政部、人事部、中央编办印发《关于实施农村义务教育阶段学校教师特设

[①] 毛翠香、肖顺琮:《青海出台优惠政策鼓励高校毕业生下基层》,《青海日报》2006年8月10日,http://www.gov.cn/govweb/fwxx/sh/2006-08/10/content_359453.htm。

[②] 参见2021年5月《中共中央组织部、人力资源社会保障部等十部门关于实施第四轮高校毕业生"三支一扶"计划的通知》。

岗位计划的通知》，通过公开招募高校毕业生到西部"两基"① 攻坚县县以下农村义务教育阶段学校任教，引导和鼓励高校毕业生从事农村教育工作，逐步解决农村师资总量不足和结构不合理等问题，提高农村教师队伍的整体素质，并促进地方逐步建立起农村教师补充的新机制。"特岗计划"从 2006 年起，用 5 年的时间实施。

2006—2008 年"特岗教师"的实施范围以国家西部地区"两基"攻坚县为主（含新疆生产建设兵团的部分团场），包括纳入国家西部开发计划的部分中部省份的少数民族自治州，适当兼顾西部地区一些有特殊困难的边境县、少数民族自治县和少小民族县。2009 年，"特岗教师"的实施范围由原来 12 个省区和新疆建设兵团的"两基"攻坚县扩大到中西部 22 个省区的 880 多个国家级扶贫开发重点县（见表 2-2），招聘规模由每年 2 万人增加到每年 5 万人。

表 2-2　　　　　2006—2011 年"特岗教师"政策实施范围

年份	"特岗计划"政策实施范围
2006	内蒙古、湖北、广西、海南、重庆、四川、贵州、云南、陕西、甘肃、宁夏、新疆、青海，新疆生产建设兵团
2007	湖北、广西、海南、重庆、四川、贵州、云南、陕西、甘肃、宁夏、新疆、青海，新疆生产建设兵团
2008	湖北、广西、海南、重庆、四川、贵州、云南、陕西、甘肃、青海、宁夏、新疆，新疆生产建设兵团
2009	山西、内蒙古、安徽、江西、河南、湖北、湖南、广西、海南、重庆、四川、贵州、云南、陕西、甘肃、宁夏、新疆、青海，新疆生产建设兵团
2010	河北、山西、内蒙古、吉林、黑龙江、安徽、江西、河南、湖北、湖南、广西、海南、重庆、四川、贵州、云南、陕西、甘肃、宁夏、青海、新疆，新疆生产建设兵团
2011	河北、山西、内蒙古、吉林、黑龙江、安徽、江西、河南、湖北、湖南、广西、海南、重庆、四川、贵州、云南、陕西、甘肃、宁夏、青海，新疆生产建设兵团

资料来源：宋朝：《我国"特岗计划"政策的实施研究》，硕士学位论文，山东师范大学，2012 年，第 17 页。

---

① "两基"指基本实现普及九年义务教育，基本扫除青壮年文盲。

中央财政设立专项资金，用于"特岗"教师的工资性支出。"特岗"教师在聘任期间，执行国家统一的工资制度和标准，其他津贴补贴由各地根据当地同等条件公办教师年收入水平和中央补助水平综合确定。省级财政负责统筹落实资金，用于解决"特岗"教师的地方性补贴、必要的交通补助、体检费和按规定纳入当地社会保障体系，享受相应的社会保障待遇（政府不安排商业保险）应缴纳的相关费用，以及"特岗"教师岗前集中培训和招聘的相关工作等费用。2006 年，中央补助"特岗"教师的工资标准是人均每年 1.5 万元，2007 年调整为 18960 元，2009 年继续提高到 20540 元。①

"特岗"教师在中小学现有编制内，实行公开招聘的方式，择优录用，并按照合同进行管理。招聘工作由省级教育、人力资源和社会保障、财政、编办等相关部门共同负责，遵循"公开、公平、自愿、择优"和"三定"（定县、定校、定岗）原则，在各地公布需求、毕业生自愿报名后，通过资格审查、考试考核、集中培训、资格认定等环节，正式签订合同、上岗任教。"特岗"教师一般聘期 3 年。

招聘对象除了少量应届师范类专业专科毕业生，主要招聘高等师范院校和其他全日制普通高校应届本科毕业生，此外还包括：已取得教师资格，具有一定教育教学实践经验，年龄在 30 岁以下的全日制普通高校往届本科毕业生。同时，参加过"大学生志愿服务西部计划"、有从教经历的志愿者和参加过半年以上实习支教的师范院校毕业生同等条件下优先录取。报名者必须同时符合教师资格条件要求和招聘岗位要求。

根据《关于实施农村义务教育阶段学校教师特设岗位计划的通知》（2006）和《关于继续组织实施"农村义务教育阶段学校教师特设岗位计划"的通知》（2009），"特岗"教师享受《中共中央办公厅国务院办公厅印发〈关于引导和鼓励高校毕业生面向基层就业的意见〉的通知》和人事部等部门《关于组织开展高校毕业生到农村基层从事支教、支农、支医和扶贫工作的通知》规定的各项优惠政策。"特岗计划"的实施可与"农村学校教育硕士师资培养计划"相结合。符合相应条件要求的特设岗位教师，可按规定推荐免试攻读教育硕士。特设岗位教师 3 年聘期视同

---

① 《中央补助农村特岗教师工资标准提高至 20540 元》，《农村财政与财务》2010 年第 1 期。

"农村学校教育硕士师资培养计划"要求的3年基层教学实践。

各地在实施"特岗计划"时,制定了具体办法和支持性措施。例如,河南于2009年1月1日起实施教师绩效工资制,并突出了向农村学校教师倾斜的特点,一些市县还制定了到农村任教给予100—200元的月生活补贴等政策①。

随着中央"特岗计划"的深入开展,一些地方也主动参照中央的模式,探索实施地方的"特岗计划"。2008年贵州提出实施国家、省、地、县四级农村"特岗计划",通过省、地两级财政,为师资缺口大、财政困难县提供中小学教师工资性收入来源保障。其中,国家和省级"特岗计划"面向全国招聘,地、县级"特岗计划"招聘范围由各地、县自行确定。②河南、河北、新建、吉林、湖北等地省政府也拿出大笔资金搞地方"特岗计划",招录大批优秀大学生到农村任教。③

一些省份有较高比例的"特岗"教师服务期满自愿选择在当地留任。例如云南2006年招聘并在岗的4163名特岗教师中,服务期满自愿选择在当地留任的有4038人,占特岗教师总数的近97%④;广西首届服务期满的"特岗教师"中,有99.7%选择留下继续从事农村教育事业⑤;河南有72.5%的"特岗"教师表示任教期满后会考虑留在服务地任教。⑥

"特岗计划"为高校毕业生提供了进入教师队伍的机会,为解决大学生就业难问题开辟了新渠道。自2000年全国范围内师范生不再包分配后,一些地方为了减轻县级财政教育支出负担,开始压缩编制,使得一些边远贫困地区的学校长期师资缺乏。同时,由于与城市相比,农村环境条件差、待遇低,过去高校毕业生也不愿意到边远贫困的西部农村地区就业。在高校毕业生就业难越来越突出的形势下,许多毕业生想到农村施展才华

---

① 陈强:《河南政策待遇向农村教师倾斜》,《中国教育报》2010年9月24日。
② 朱梦聪:《贵州四级特岗计划补充农村教师》,《中国教育报》2008年6月25日。
③ 魏建徽:《农村义务教育教师特岗计划的回顾与展望》,《现代教育论丛》2010年第9期。
④ 欧阳柳:《关于我国"特岗教师计划"的教育政策分析》,《商业文化》2011年第3期。
⑤ 宋潇潇:《广西首届特岗教师99.7%继续留教农村 今年重点加强农村小学幼儿园紧缺师资培养》,《教育发展研究》2010年第6期。
⑥ 杨凤勇、王铿、池溢:《来自特岗计划教师的调查报告——以2009年河南省首批特岗计划教师为例》,《教育与职业》2010年第1期,第49页。

却苦无没有机会。"特岗计划"的实施使农村地区学校有了空缺岗位，为有意愿的高校毕业生提供了就业机会。

"特岗计划"吸引了一大批优秀高校毕业生。2006—2009 年，全国共招聘"特岗"教师十万多人。高校毕业生踊跃报名，大部分省（区、市）拟招聘人数与报名人数的比例超过 1∶3，新疆超过 1∶10。① 招聘人员学历不断提升，本科以上高校毕业生比例由 2006 年的 39.0% 提高到 2007 年的 68.4%，其中有很多硕士和博士也纷纷参加"特岗计划"。如新疆 2007 年有 224 名博士和 20 名硕士争当"特岗计划"教师。②

"特岗计划"在执行中也出现了一些问题，例如"特岗"教师工资不能及时到位的问题；"特岗"教师聘期结束后的去留问题；"特岗"教师被县城中小学"截留"，到不了农村的问题；"特岗"教师到岗后"教非所学"的问题等。③ 但是总体来看，"特岗计划"是中央政府针对中西部贫困地区义务教育师资问题出台的重大举措，引导了高校毕业生面向基层就业，对逐步解决农村学校师资总量不足和结构不合理问题、提高农村教师队伍的整体素质、促进城乡教育均衡发展起了重要作用。"特岗计划"自 2006 年启动以后，通过不断扩大实施范围，提高工资性补助标准，有力促进了农村教师队伍建设；以中央财政"购买"教师岗位的方式，开创了"先进后出"的新机制；通过将教师招聘的权限由县级层面上移到省级层面，由人事部门牵头改为教育部门牵头，创新了农村教师补充机制；以公开招聘的方式，增强了选人用人的公正性，从入口保证了农村教师的质量。

《国家中长期教育改革和发展规划纲要（2010—2020 年）》提出将"特岗教师计划"列为"重大项目和改革试点"。温家宝总理 2011 年 8 月 28 日在河北省张北县农村教师大会上指出，"教师是学校和乡村的灵魂"，要在完善"特岗教师计划"的同时，采取多种措施，为农村学校补充大批高校毕业生，"切实提高师资，特别是农村师资水平"。④

---

① 魏建徽：《农村义务教育教师特岗计划的回顾与展望》，《现代教育论丛》2010 年第 9 期。
② 袁桂林、许林：《解读"特岗计划"》，《中国大学生就业》2009 年第 5 期。
③ 周晔：《"特岗教师"政策的现实困境与出路》，《教育发展研究》2009 年第 11 期。
④ 《温家宝谈教育》编辑组：《温家宝谈教育》，人民教育出版社 2013 年版。

五　选聘高校毕业生到农村任职

选聘高校毕业生到农村任职工作，是党中央作出的一项战略决策，是贯彻党的十七大精神、深入贯彻落实科学发展观的一项重要举措。做好这项工作，对于加快推进社会主义新农村建设，培养有知识、有文化的新农村建设带头人，培养造就经过基层实践锻炼、对人民群众有深厚感情的党政干部后备人才具有重要作用。

2008年4月，中共中央组织部、教育部、财政部、人力资源和社会保障部《关于印发〈关于选聘高校毕业生到村任职工作的意见（试行）〉的通知》，计划用5年时间选聘10万名高校毕业生到农村担任村党支部书记助理、村委会主任助理或团支部书记、副书记等职务。从2010年开始，扩大选聘规模，逐步实现"一村一名大学生村官"计划的目标。选聘的高校毕业生在村工作期限一般为2—3年。

2009年1月，《中共中央国务院关于2009年促进农业稳定发展农民持续增收的若干意见》中正式提出了"一村一名大学生"计划，要求不断完善大学生到农村任职的长效机制和政策措施。

2010年7月，国家公务员局印发《关于开展从大学生村官等服务基层项目人员中考试录用公务员工作的通知》，提出要制订专门计划定向考录大学生到农村任职等服务基层项目人员。各省区市每年应拿出公务员考录计划的10%—15%，面向大学生到农村任职等服务基层项目人员定向考录。大学生到农村任职等服务基层项目人员较少的地方可适当降低比例，但考录数量不少于当年服务期满人员数的10%。2010年后，大学生到农村任职等服务基层项目人员报考公务员，既可报考定向考录的职位，也可报考其他职位，不再实行加分等优惠政策。

2012年7月，中共中央组织部、中央机构编制委员会办公室、教育部、财政部、人力资源和社会保障部、国家公务员局联合印发《关于进一步加强大学生村官工作的意见》，提出到2015年，全国有一半左右的行政村配备大学生村干部。经过3—5年努力，平均每个乡镇有2名左右大学生村干部担任村"两委"正职尤其是村党组织书记；每个乡镇至少有1名党政领导班子成员有大学生村干部工作经历，每个县（市、区）至少有3—5名部门领导班子成员有大学生村干部工作经历。拓宽大学生"村官"发展渠道，鼓励和支持自主创业或继续学习深造，积极向国有企事业单位、非公有制经济组织、社会组织等各行各业输送优秀人才，形成大学生"村官"有序流动、多样发展的职业发展机制。

一是大学生到农村任职选聘对象的要求方面，2008年的政策要求选聘30岁以下应届和往届毕业的全日制普通高校专科以上学历的毕业生，重点是应届毕业和毕业1—2年的本科生、研究生，原则上为中共党员（含预备党员），也可以选聘非中共党员的优秀团干部、优秀学生干部。招聘的基本条件是：①思想政治素质好，作风踏实，吃苦耐劳，组织纪律观念强。②学习成绩良好，具备一定的组织协调能力。③自愿到农村基层工作。④身体健康。此外，参加人力资源和社会保障部、团中央等部门组织的到农村基层服务的"三支一扶""志愿服务西部计划"等活动期满的高校毕业生，本人自愿且具备选聘条件的，经组织推荐可作为选聘对象。2012年《关于进一步加强大学生村官工作的意见》强调选聘中要坚持中共党员、优秀学生干部和回原籍优先的原则，注重从重点院校以及基层急需专业的毕业生中选聘大学生到农村任职。

二是选聘工作坚持公开、平等、竞争、择优和德才兼备的原则，一般通过个人报名、资格审查、组织考察、体检、公示、决定聘用、培训上岗等程序进行。2012年《关于进一步加强大学生村官工作的意见》要求创新选聘方法，探索采取学校推荐、双向选择、驻村见习以及面向重点院校定向选聘等方式，增强选聘工作的针对性、实效性，提高选聘质量。探索与公务员录用、事业单位工作人员招聘相衔接的选聘考试方式，吸引更多优秀高校毕业生到农村特别是中西部地区和贫困、边远地区任职。

截至2013年年底，已经实现离岗流动的大学生村干部有19万人（不包括留任的村干部），其中，进入公务员队伍6.9万人，进入事业单位5.4万人，分别占36.3%和28.4%，共有7.4万多名大学生村干部进入村"两委"班子，4300多人担任了乡科级以上领导干部，有2300多人当选各级"两代表/委员"，其中4人当选党的十八大代表、11人当选全国人大代表，有11400多名大学生村干部被列入党政后备干部队伍。[①] 有2.9万多名大学生村干部创业，共创办创业项目2万多个，领办或合办专业合

---

① 《大学生村官（选聘高校毕业生到村任职）政策解读》（http://cunguan.yjbys.com/）。

作社 5200 多个，为农民群众提供就业岗位 26 万多个。

到 2018 年底，全国累计选聘了超过 50 万名大学生村干部，并有超过 20 万正在农村任职，覆盖全国三分之一的行政村。

六　基层农技推广特设岗位计划

为贯彻落实中央有关要求，强化现代农业发展的科技支撑，加强农业技术推广队伍建设，促进高校涉农专业毕业生到基层就业，2011 年，农业部、教育部出台了《关于实施基层农技推广特设岗位计划的意见》，计划利用 2 年时间试点，选用 3 万名特岗农技人员到基层服务；力争通过 5—10 年的努力，实现每个乡镇区域内拥有 5 名左右特岗农技人员。通过农技推广特岗计划实施，壮大基层农业技术推广服务队伍，扩大农业技术推广服务覆盖面，加快农业科技成果转化与推广应用，为现代农业发展提供强有力的科技支撑。

特岗农技人员主要来源为全国普通高校应届或近年内往届毕业生、高校毕业后到农村从事"三支一扶"工作人员、高校毕业后到村组织任职人员等。原则上要求具有全日制普通高校涉农专业专科以上学历，具备从事基层农业技术推广工作必需的政治、业务和身体素质。农技推广特岗计划采取"政府引导、个人自愿、单位聘用、部门认定"的人员管理机制。

高校涉农专业毕业生发扬学农、爱农、干农的优良作风，坚持到农业和农村一线服务的人生追求，根据自己的专业和特长，自愿与基层农技推广机构、农民专业合作社、涉农企业、农业专业服务组织等基层单位进行双向选择，确定劳动工作关系，开展农业技术推广服务工作，实现就业和创业。

为贯彻落实 2012 年《中共中央国务院关于加快推进农业科技创新持续增强农产品供给保障能力的若干意见》和《国务院办公厅关于做好 2013 年全国普通高等学校毕业生就业工作的通知》精神，引导鼓励高校毕业生到基层从事农业技术推广服务工作，强化现代农业发展的科技与人才支撑，2013 年农业部、人力资源和社会保障部、教育部、科技部联合发布《关于实施农业技术推广服务特设岗位计划的意见》，进一步优化完善了农业技术推广服务特设岗位计划。

《意见》要求统筹规划，分级实施，明确要求农业部、人力资源和社会保障部、财政部、教育部、科技部牵头制定总体规划和政策，做好综合协调和工作督导。2013 年，各省（自治区、直辖市）根据本地实际情况，选择机构改革到位、人员紧缺、工作基础好、积极性高的县（市、区）进行农技特岗计划试点。2014—2015 年，各省（自治区、直辖市）在总结试点工作经验的基础上，逐步扩大农技特岗计划的实施范围。各省（自治区、直辖市）根据当前农业技术推广服务工作需求，结合乡镇或区域性农业技术推广机构编制和人员变动情况，科学测算农技特岗计划实施规模，优先选择现有或今后 3 年内将出现空缺编制的县（市、区）落实，逐步吸纳符合条件的特岗农技人员进入常设岗位，建立基层农技推广队伍人员更新长效机制。

特岗农技人员根据《中共中央关于推进农村改革发展若干重大问题的决定》（2008）、《国务院关于进一步做好普通高等学校毕业生就业工作的通知》（2011）、人力资源和社会保障部等部门《关于统筹实施引导高校毕业生到农村基层服务项目工作的通知》（2009）和人力资源和社会保障部《关于开展从大学生村官等服务基层项目人员中考试录用公务员工作的通知》（2010）的规定，享受引导高校毕业生到基层服务项目的相关优惠政策。

一是特岗农技人员在服务期间，按照其所从事的岗位，参照本地乡镇事业单位从高校毕业生中新聘用工作人员试用期满后工资收入水平确定工作、生活补贴标准，按月发放；按当地规定参加相应社会保险；在艰苦边远地区工作的，按规定享受艰苦边远地区津贴。

二是特岗农技人员在服务期间，在评聘专业技术职称、申报有关科技成果、评奖评优等方面，与当地在编农技人员享有同等权利。各地有关部门要积极创造条件予以鼓励与支持，在同等条件下给予优先评定。

三是特岗农技人员服务期满后，享受国家助学贷款代偿和学费补偿、研究生招录和事业单位公开招聘优先、公务员定向考录等各项优惠政策。鼓励特岗农技人员继续学习深造，对符合相关条件需要继续攻读农业推广硕士专业学位的优秀特岗农技人员，相关部门和农业高等院校及其他相关招生单位要制定优惠政策，在同等条件下优先录取。

四是县级以上农业技术推广机构相应岗位空缺时，可优先从特岗农技人员中择优聘用。农技特岗计划实施期间，乡镇或区域性农业技术推广机构相应岗位空缺时，应优先从符合条件的特岗农技人员中聘用，除招聘其他基层项目服务期满符合条件的人员外，各地乡镇或区域性农业技术推广机构以其他方式补充新进农技人员的，需经省（自治区、直辖市）人力资源和社会保障、农业部门核准。

五是鼓励特岗农技人员在服务期满后继续在农村就业、创业。支持符合条件的特岗农技人员实施有关农业项目，领办、创办和协办农业试验示范基地、农民合作社、农业专业服务组织和涉农企业等，提高特岗农技人员的为农服务本领，满足农民发展现代农业的服务需求。

第二节 选调生政策

选调生政策是一项具有中国特色的后备干部培养政策，选调生政策通过选调的方式选拔年轻干部、在基层培养和储备干部，从而强化干部队伍建设，是党和国家培养选拔优秀年轻干部的"源头工程"。自 20 世纪 60 年代至今，选调生政策的实施为我国各级党政机关培养了大批后备干部力量，促进了干部队伍的素质和队伍结构的优化，为国家的发展建设做出了重要贡献。

选调生政策是指组织部门针对选调生管理所做的一系列制度安排及长效培育、流动、任用、生活保障、考核评估等各项机制的总称[①]，包括选调生的招录、选派、培养、使用、管理等一系列工作。

一 早期的选调生政策

选调生政策可以追溯到 20 世纪 60 年代初期，中央组织部挑选应届毕业生重点培养的计划。

到了 1965 年 6 月，高等教育部党委接受刘少奇的建议向中央请示，递交了《关于分配一批高等学校文科毕业生到县以下基层单位工作的请示报告》，提出分配一批高等文科毕业生到农村，实现知识分子同工农群众相结合，培养革命事业接班人。党中央非常重视，批转了高等教育部党

---

① 任倩、赵爽：《关于新时期选调生政策实施的认识与思考》，《经济研究导刊》2016 年第 3 期，第 157—159 页。

委起草的报告，选调生工作由此开始。党中央认为，每年都要有计划地分配一些大学毕业生到基层工作，是加强基层建设的一项重要措施。虽然"选调生"这一概念还没被提出，但学术界许多学者认为，这是选调生政策的雏形。① 在1965年和1966年两年的时间里，各地以试点为主，选调生由城市走向农村，一共安排1万余名大学毕业生到基层工作，充实了基层干部队伍，成为推动基层发展建设的主力军。20世纪60年代中后期到70年代中期，干部队伍建设工作遭到极大破坏，选调生政策被迫中断。

二 选调生政策的恢复和发展

党的十一届三中全会之后，邓小平提出了培养干部的"四化"② 方针，为改革开放和中国特色社会主义事业建设提供了强大的人才支持。

1980年，中央组织部发布了《关于抓紧选拔优秀中青年干部工作的意见》，指出省、市、自治区党委和国家机关部委每年要选拔一批应届毕业生放到基层锻炼，条件成熟时择优提拔到领导岗位。随着恢复高考后的本科生毕业，选调生的人数逐渐增加。

1983年8月，中央组织部下发了《关于选调应届优秀大学毕业生到基层培养锻炼的通知》指出选调应届优秀高校毕业生到基层培养锻炼，应作为培养干部的制度坚持下去，并进一步明确了开展选调生工作的目的、选拔的对象和管理的要求，规定选调的对象主要是应届大学本科毕业生，优先考虑担任过学生干部的党团员和三好学生。在管理方面，《通知》提出组织部要安排选调生集中学习、学习马克思主义的思想方法和

---

① 萧鸣政、卢亮、王延涛：《选调生政策及其实施效果》，《北京大学教育评论》2015年第13卷第2期，第18—30、187—188页；陈华珍：《新时代选调生政策及其落实研究》，硕士学位论文，长春理工大学，2022年。

② 干部"四化"是干部队伍的革命化、年轻化、知识化、专业化的简称，是中国共产党新时期干部队伍建设的根本方针。十一届三中全会以前关于干部队伍的建设方针问题的提法是"德才兼备、又红又专"；十一届三中全会以后，在原来的基础上有很大的发展。1980年1月16日，邓小平在《目前的形势和任务》的讲话中指出："要有一支坚持社会主义道路的、具有专业知识和能力的干部队伍"，"现在特别要注意从40岁左右的人中间选拔"干部。同年8月18日，他在《党和国家领导制度的改革》的讲话中进一步指出："我们选干部，要注意德才兼备。所谓德，最主要的，就是坚持社会主义道路和党的领导。在这个前提下，干部队伍要年轻化、知识化、专业化。"从而明确地提出了"干部四化"的新方针。1982年9月党的十二大把这个新方针正式写进《中国共产党章程》中，为我国干部队伍的建设指明了方向。

工作方法、学习党的建设和现代管理的基础知识等具体要求，使选调生受到党政工作的基础训练，树立全心全意为人民服务的思想；在选调生的锻炼时间内，基层单位要指定专人对选调生给予帮助，关心选调生的思想、工作和生活；地、县委组织部每年要对选调生进行一次全面考察了解。这一文件标志着选调生政策的重新复苏，成为国家培养干部人才的重要途径，并推动了全国范围内的选调生工作的开展。

1984年4月，中央出台《关于改变中央和国家机关直接从应届大专毕业生中吸收干部的办法的通知》，决定从1985年起，中央和国家机关原则上不再直接从应届大专院校毕业生中吸收干部，并强调了选调生要具备基层工作经验。

随着高等学校招生和毕业生分配制度的改革，选调生政策进入了调整改革阶段。1986年9月，中央组织部召开选调生工作会议，会议对知识分子到基层锻炼、走与群众相结合的道路进行了充分肯定，认为选调生政策在培养基层干部方面取得了经验，培养了许多领导干部人才，但选调生政策在实施中出现的"预定人选"问题，已不能适应当时的经济发展的状况，因此，中央对选调生政策进行了调整，并在这次会议之后暂停了选调生工作。1989年7月，中共中央、国务院发布《关于省级以上党政机关不直接从高等学校应届毕业生中吸收干部的通知》，但这一规定的执行效果一直不是很理想，在以后中央所发的文件中还被多次强调。1991年9月，中央在《关于抓紧培养教育青年干部的决定》指出，要有计划地组织青年干部到基层锻炼，对青年领导干部进行交流轮换，使青年干部在工作实践中提升自身能力，培养出新一代可靠的接班人。

进入20世纪90年代，党中央根据当时国际和国内形势的变化，结合干部队伍建设的需要，更加重视青年干部的培养。1992年4月，中央组织部发布了《中共中央关于抓紧培养教育青年干部的决定》的实施意见，提出认真做好选调生的选拔培养工作（这是中央组织部首次使用"选调生"这一概念），要每年从高校应届毕业生中挑选一批品学兼优的毕业生，分配到基层工作进行两年以上的锻炼，通过考核补充到地级以上党政机关干部队伍中，这是对选调生工作的重新部署。1994年10月，中央组织部、人事部和公安部发出《关于从全国高等学校选拔部分优秀应届毕业生到基层公安机关锻炼培养的通知》，部署选调高校毕业生进入公安系统，旨在充实和优化公安干部队伍，加强公安机关领导班子后备队伍建设。1995年，中央发布了《关于抓紧培养选拔优秀年轻干部的通知》，指出培养选拔优秀年轻干部的重要性，实现领导班子合理配备，加强和改进后备干部工作，为培养优秀的后备干部提供了条件。1999年10月，中央组织部召开全国选调生工作座谈会议，开始全面恢复全选调生工作，指出每年从高等院校应届毕业生中挑选一批品学兼优的毕业生进行重点培养，选调生工作得到全面恢复。

这一时期，中央重新对选调生工作进行了审视，基本明确了党政机关将重点吸收基层选调生的导向，选调生政策的调整在一定程度上激发了选调生投入基层工作的积极性。

三 选调生工作的规范发展

这一时期，逐渐明确了选调生政策的培养定位，选调生工作进入了规范化发展的阶段，选调生的规模开始进一步扩大。

2000年1月，中央组织部出台了《关于进一步做好选调应届优秀大学毕业生到基层培养锻炼工作的通知》，指出选调生工作的重点是培养党政领导干部后备人选，同时为县级以上党政机关培养高素质的工作人员。文件对新的时期如何进一步加强选调生工作做出了明确规定，规范了选调生的定义、范围和培养目标。

2002年5月，中央组织部联合中央党校举办了全国第一期选调生培训班，中央组织部部长曾庆红强调要抓紧抓好选调生工作，坚持、改进、提高选调生工作。

为了贯彻落实中央精神，拓宽毕业生就业渠道，为西部地区培养一批优秀团干部和青年干部，2003年7月11日，中央组织部、人事部、团中央、中编办和教育部五部门联合发出《关于选拔高校毕业生到西部基层工作的通知》，要求从全国普通高校特别是西部地区高校中，选拔600名已通过公务员录用考试的应届优秀高校毕业生到西部基层工作。11月，中央组织部、人事部、团中央、中央编办、教育部、财政部等部门联合召开高校毕业生到西部基层工作座谈会。中共中央政治局委员、中央书记处书记、中组部部长贺国强强调，高校毕业生要把个人的远大理想与祖国的命运紧紧相连，听从党和国家的召唤，胸怀报效祖国、服务人民的崇高志向，到西部去、到基层去、到祖国和人民最需要的地方去，锻炼成才、建功立业。①

选拔高校毕业生到西部基层工作与大学生志愿服务西部计划，都是开发青年人力资源、服务西部大开发战略的重要举措。虽然参加这两项工作的大学生都在西部基层服务，但是他们的身份和工作时限是有区别的，被选拔到西部基层工作的高校毕业生将作为乡镇机关国家工作人员，长期扎根西部；入选西部计划的大学生是青年志愿者，他们在完成1—2年的志愿服务任务后，要重新开始升学、就业或创业。

选拔出来的高校毕业生主要是到西部的内蒙古、广西、四川、重庆、贵州、云南、西藏、陕西、甘肃、青海、宁夏、新疆12个省区市，以及湖北省恩施自治州、湖南省湘西自治州、吉林省延边自治州的乡镇，其中西部12个省区市各接收50名左右，湖北恩施、湖南湘西、吉林延边3个自治州各接收15名。这些毕业生主要从事共青团及其他工作。

达到2003年中央、国家机关录用机关工作人员和国家公务员笔试合格线的应届毕业生，可免予笔试，直接进入面试、考核程序，而且无论生源地，可自愿选择招收地报名；达到西部12省区市和湖北、湖南、吉林3省录用机关工作人员和国家公务员笔试合格线的，不论生源地，只能参加其公务员考试报考地的选拔。2003年未组织过公务员录用考试的西部省区市将单独组织招考。对其中优秀的人才，将按照干部队伍"四化"的方针和德才兼备的原则，根据工作需要选拔到各级共青团的领导岗位。团中央将利用各地团校对他们进行培训，在各级团干部选任时优先考虑。

2005年，中共中央办公厅、国务院办公厅印发《〈关于引导和鼓励高校毕业生面向基层就业的意见〉的通知》，提出要进一步扩大选调生的规模，加大选调应届优秀高校毕业生到基层锻炼的工作力度。要求各省、自治区、直辖市每年选拔一定数量的应届优秀高校毕业生到基层工作，主要充实到农村乡镇和城市街道等基层单位。选调生在基层工作2—3年后，按照干部队伍"四化"方针和德才兼备的原则，按照有关规定，结合岗位需求，从中择优选拔部分人员任用到乡镇、街道领导岗位。县级以上党

---

① 《贺国强在高校毕业生到本部基层工作座谈会上强调　鼓励高校毕业生到本部高层锻炼成才建功立业》，《光明日报》2003年11月6日。

政机关补充公务员，应优先从选调生中选用。

2006年，中央组织部、中央机构编制委员会办公室、最高人民法院、最高人民检察院《关于缓解西部及贫困地区基层人民法院、人民检察院法官、检察官短缺问题的意见》指出：进一步做好选调生工作，充实法官、检察官后备人才。省（区、市）党委组织部门将为基层人民法院、人民检察院选调法律专业人才纳入选调生计划，会同高级人民法院、省级人民检察院每年有计划地选调一批优秀应届高等院校法律专业毕业生，安排到基层院工作。西部各省（区、市）每年选调的人数一般不少于20名。各级党委组织部门和人民法院、人民检察院要按照选调生工作的有关政策，安排好选调生的工作和生活，保证选调生安心基层，尽早成才。

2008年2月，习近平在全国组织工作会议上强调"要坚持和完善选调生制度，精心挑选优秀大学生到基层艰苦岗位和复杂环境去锻炼"。[①] 2008年，中组部下发《选调优秀高校毕业生到基层培养锻炼工作暂行规定》。

四 选调生政策的进一步完善

2009年，随着中央组织部等12部委《关于建立选聘高校毕业生到村任职工作长效机制的意见》（以下简称《意见》）的出台，选调生政策作了重要调整，将由原来的完全从高校应届毕业生中招考，转变为"主要从具有2年以上基层工作经历的大学生村官及其他到基层工作的高校毕业生中招考"。选调生招考政策的变化彰显了中央从基层一线培养选拔干部的用人导向，同时也释放出了一个强烈的信号：高校毕业生面向基层就业、用人单位从基层一线培养人才的新机制将逐步建立和完善。

2009年，重庆市与清华大学开创定向选调工作，当年清华大学向重庆输送了37名毕业生作为选调生到重庆基层党政部门工作，这是清华大学与省市建立全面战略合作的第一批定向选调生。截至2016年3月，已有广西、四川、贵州、甘肃、重庆、新疆和河北等24个省（区、市，含新疆生产建设兵团）与清华大学开展定向选调合作。

---

① 《习近平在全国组织工作会议上强调　在新动起点上开创党的建设和组织工作新局面　为夺取全面建设小康社会新胜利提供坚强保证》，《人民日报》2008年2月20日第1版。

定向选调生一般向部分一流大学建设高校（个别一流学科建设高校）选调，例如2018年湖南省定向国内20所重点高校、国（境）外部分知名大学和省属一本高校选拔513名选调生。2019年，吉林省针对一流大学建设高校选拔定向选调生，单列"吉林省委组织部高层次选调生专项编"，编制和职务由省委组织部单独管理。博士选调生1年试用期满后，经考核合格，具有2年以上工作经历的任职定级为副处级干部，2年锻炼期满后，安排挂职或担任县（市、区）政府副职；不足2年工作经历的定为正科级干部，2年锻炼期满后晋升为副处级干部，安排挂职或担任县（市、区）政府副职。

关于定向选调生的岗位，部分省份为选调生提供的全部是省直单位比较受欢迎的工作岗位。一些省份对未录用的选调生，还规定可根据本人意愿择优调剂到市州。

选调生招录由省委组织部统一组织。如齐齐哈尔市，分定向选调和集中选调，定向选调面向清华大学、北京大学等一流大学建设高校重点院校招录，安排到省市直机关公务员岗位；集中选调生面向省内外高校招录，安排到乡镇（街道）公务员岗位。定向选调生在1年试用期间，直接执行定级工资标准；1年试用期满考核合格后，经上级组织部门批准，优先任命硕士研究生为副主任科员，博士研究生为主任科员；任职满1年的本科生，可破格提任乡科级副职；任副科级职务满1年的硕士研究生，可破格提任乡科级正职；任正科级职务满2年的博士研究生，可破格提任县处级副职。

中央机关定向选调生招录更为严格，面向的学校更少，仅面向北京大学、清华大学、人民大学等个别一流大学建设高校招考。

2010年5月，中央组织部部长李源潮对选调生工作提出了要求，指出在制订和实施干部培养计划方面要有战略眼光，立足于未来国家事业对领导人才的需要，改革和完善选调生工作的相关制度，做好选聘高校毕业生到村任职工作，引导有志从政的大学生到基层农村、社区、企业接受实践锻炼，建立基层党政领导干部培养选拔链。

2012年7月，中央组织部发布《关于进一步加强大学生村官工作的意见》，统筹选调生与大学生村官工作，要求在一到两年后，面向大学生村官录用选调生的比例应达到该年度选调生录用计划的七成以上，推动大学生村官工作与选调生工作的并轨。

2013年6月，习近平总书记在全国组织工作会议上强调，要加强和改进后备干部工作，着眼党和国家事业5—10年乃至更长远的发展，要认真落实党政领导班子后备干部队伍建设规划，抓紧建立各级领导班子后备干部队伍。①

党的十九大报告指出"大力发现储备年轻干部，注重在基层一线和艰难困苦地方培养锻炼年轻干部，源源不断选拔使用经过实践考验的优秀年轻干部"②。

2018年5月，中共中央组织部印发了《关于进一步加强和改进选调生工作的意见》，对基层锻炼提出了明确要求。在加强改进选调生工作方面，要进一步提高思想认识，加强选调生教育培训，建立健全选调生激励、考核、评价机制，完善选调生实际工作制度。同年5月，中央组织部在北京召开加强改进选调生工作座谈会，强调加强改进选调生工作，提出要突出政治标准，进一步严格对选调生的教育管理工作，为新时代的选调生工作指明了方向。

选调生政策的实施优化了基层干部队伍的学历结构。本科及以上学历的应届毕业生占了较大比例，重庆市某区选调生队伍的学历结构中，大学本科学历的选调生占71%，研究生学历的选调生占24%。③

选调生政策的实施也为高校毕业生提供了向上发展的途径。截至2021年，济南市乡镇、街道办领导班子中共有选调生118人，其中，镇街党政正职有40多人，进入乡镇领导班子的年轻选调生有13人；该市8名省"百名优秀选调生"中有6人予以重用提拔，其中3人担任乡镇党政正职。截至2021年，济南市厅局级干部的选调生有18人，副局级的选调生有64人，县处级的选调生有773人④。天津市2021年乡镇党委换届

---

① 新华社：《习近平在全国组织工作会议上强调　建设一支宏大高素质干部队伍确保党始终成为坚强领导核心》，《党建》2013年第8期。
② 《党的十九大报告辅导读本》，人民出版社2017年版，第63页。
③ 任晓楠，彭海：《优化基层选调生培养体系　为党的干部队伍注入新生力量——以重庆市万盛经开区为例》，《重庆行政》2022年第23卷第1期，第87—89页。
④ 数据来源：《全省2021年选调生工作典型做法选编（一）》，《党员干部之友》2022年第3期，第30页。

和村"两委"换届中,有33名选调生被选拔进入乡镇领导班子①。

选调生政策的实施也在一定程度上缓解了高校毕业生的就业压力,为优秀的高校毕业生增加了一条在基层就业的道路。2018年出台的《关于进一步加强和改进选调生工作意见》,要求各地每年选拔的高校优秀应届毕业生一般应占本年度公务员招考比例的10%左右。《意见》实施以来,各省(区、市)选调生选拔招录人数比以往有所增加。目前,按照全国每年公务员选拔招录人数为15万—20万来计算,选调生一年招录的数量将达1.2万—2万人②,这为大学毕业生提供了更多服务基层的就业机会。

第三节 鼓励高校毕业生到中小企业和非公有制单位就业

1978年改革开放后,中小企业和非公有制单位逐渐发展起来,成为国民经济的重要组成部分。各类中小企业和非公有制单位是高校毕业生就业的重要渠道。为了促进高校毕业生到中小企业和非公有制单位就业,国家出台了相关政策,并积极为到非公有制单位就业的毕业生在户口、专业技术职务任职资格申报评审、社会保险金缴纳等方面提供便利。

一 对到中小企业和非公有制单位就业的高校毕业生给予支持

2002年2月,中央颁布了《国务院办公厅转发教育部等部门关于进一步深化普通高等学校毕业生就业制度改革有关问题意见的通知》。指出对于到非公有制单位就业的高校毕业生,公安机关要积极放宽为其建立集体户口的审批条件,及时、便捷地办理落户手续。

2005年,中共中央办公厅、国务院办公厅印发《〈关于引导和鼓励高校毕业生面向基层就业的意见〉的通知》,大力支持各类中小企业和非公

---

① 喻云林:《源源不断培养选拔德才兼备、忠诚干净担当的高素质专业化干部》,《中国党政干部论坛》2022年第2期,第23—27页。

② 杨娜、刘锐:《精准供给:高校培养高质量选调生的路径选择》,《北京教育(德育)》2021年第10期,第38—41页。

有制单位聘用高校毕业生。《通知》要求，各级党委和政府要为高校毕业生到这些企业和单位就业营造氛围、疏通渠道、创造条件。对非公有制单位聘用非本地生源的高校毕业生，省会及省会以下城市要取消落户限制。对到中小企业和非公有制单位就业的高校毕业生，在专业技术职称评定方面，要与国有企业员工一视同仁；对他们当中从事科技工作的，在按规定程序申请国家和地方科研项目和经费、申报有关科研成果或荣誉称号时，要根据情况给予重视和支持。要规范人才、劳动力市场秩序，加强人事、劳动保障执法监察力度，通过法律、经济、行政等手段，规范高校毕业生和用人单位的"双向选择"行为。依法加强对各类企业签订劳动合同、兑现劳动报酬和缴纳社会保险情况的监督检查，维护到中小企业和非公有制单位就业的高校毕业生的合法权益。到非公有制单位就业的高校毕业生，参加了基本养老保险的，考录或招聘到国家机关、事业单位工作，其缴费年限可合并计算为工龄。

2005年7月，中共中央组织部、人事部、教育部发布《关于贯彻落实中共中央办公厅、国务院办公厅〈关于引导和鼓励高校毕业生面向基层就业的意见〉的通知》。2005年7月，劳动和社会保障部发布《关于贯彻落实中共中央办公厅国务院办公厅引导鼓励高校毕业生面向基层就业意见的通知》，提出切实保障到各类中小企业和非公有制单位就业的高校毕业生合法权益。

2006年全国普通高校毕业生规模达到413万人，比上年增加75万人。为全面贯彻落实中共中央办公厅、国务院办公厅《关于引导和鼓励高校毕业生面向基层就业的意见》，中央组织部等14部门《关于切实做好2006年普通高等学校毕业生就业工作的通知》，提出进一步鼓励各类中小企业和非公有制单位聘用高校毕业生。要落实企业用人自主权的规定，鼓励各类企业根据实际需要多招聘高校毕业生。对到中小企业和非公有制单位就业的高校毕业生，在专业技术职称评定方面，要与国有企业员工一视同仁；公安机关要放宽建立集体户口的审批条件。要加大力度监督落实企业用工和劳动保障制度，加强对中小企业和非公有制单位在签订劳动合同、兑现劳动报酬，特别是缴纳社会保险等方面的监督检查，切实维护毕业生到中小企业和非公有制单位就业的合法权益。要加快建立并完善技术技能岗位准入制度，扩大高校毕业生就业空间，进一步推动全社会劳动分工结构的优化。

二 对招收高校毕业生的中小企业和非公有制单位给予优惠

为了鼓励更多高校毕业生到中小企业和非公有制单位就业，我国政府采取的鼓励性政策措施力度进一步加大。除了对到中小企业和非公有制单位就业的高校毕业生给予支持，还对招收高校毕业生的中小企业和非公有制单位给予优惠。[①]

对于吸纳高校毕业生就业的企业，国家出台了更多激励性措施。例如对招收高校毕业生达到一定数量的中小企业，地方财政除了优先考虑安排扶持中小企业发展资金，还要优先提供技术改造贷款贴息[②]。科技型小型微型企业招收毕业年度高校毕业生达到一定比例的，可申请最高不超过200万元的小额担保贷款，并享受财政贴息（国办发〔2014〕22号）[③]。落实社保补贴、培训补贴等扶持政策[④]（国办发〔2013〕35号），对小型微型企业新招用毕业年度高校毕业生，签订1年以上劳动合同并按时足额缴纳社会保险费的，给予1年的社会保险补贴[⑤]（国发〔2012〕14号，[⑥]国办发〔2014〕22号）。对小型微型企业新招用高校毕业生按规定开展岗前培训的，各地要根据当地物价水平提高培训费补贴标准[⑦]（国发〔2012〕14号，[⑧]国办发〔2014〕22号）。

教育部《关于做好2016届全国普通高等学校毕业生就业创业工作的通知》，提出中小微企业是增加就业的主体，各地各高校要会同有关部门完善落实中小微企业吸纳毕业生的社保补贴、培训补贴、税费减免等优惠政策。要针对中小微企业特点，主动组织中小微企业集中开展校园招聘活

---

① 2011年5月30日，《国务院关于进一步做好普通高等学校毕业生就业工作的通知》。
② 2011年5月30日，《国务院关于进一步做好普通高等学校毕业生就业工作的通知》。
③ 2014年5月9日，《国务院办公厅关于做好2014年全国普通高等学校毕业生就业创业工作的通知》。
④ 2013年5月16日，《国务院办公厅关于做好2013年全国普通高等学校毕业生就业工作的通知》。
⑤ 2012年4月19日，《国务院关于进一步支持小型微型企业健康发展的意见》。
⑥ 2011年5月30日，《国务院关于进一步做好普通高等学校毕业生就业工作的通知》。
⑦ 2012年4月19日，《国务院关于进一步支持小型微型企业健康发展的意见》。
⑧ 2011年5月30日，《国务院关于进一步做好普通高等学校毕业生就业工作的通知》。

动，引导毕业生到中小微企业就业。要持续关心到中小微企业等基层就业毕业生的成长和发展，通过跟踪服务、定期回访等方式，帮助解决工作和学习上的困难和问题，让他们切实感受到组织的温暖和关心。

三 鼓励企业扩大招聘高校毕业生规模

2020年，国务院办公厅发布《关于应对新冠肺炎疫情影响强化稳就业举措的实施意见》，要求"国有企业今明两年连续扩大高校毕业生招聘规模，不得随意毁约，不得将本单位实习期限作为招聘入职的前提条件"，一些中小微企业也在招聘时要求部分岗位面向应届毕业生。以2022年企业招聘为例，中铁建设集团、中煤集团、中核集团、中国融通集团以及字节跳动、百度、腾讯等企业规定招聘一定比例毕业时间在2021年9月—2022年8月的应届生；中国诚通、中国联通、中国电信等单位在招聘公告中明确，招聘"2022届应届毕业生和2021届离校未就业的毕业生"。

第四节 开发基层社会管理和公共服务岗位吸纳高校毕业生就业

公益性岗位政策从属于国家就业援助制度，公益性岗位作为一项就业援助制度，其制度目标是帮扶安置就业困难群体，属于兜底性的政策。然而从总体来看，高校毕业生并不属于就业弱势群体，因此政府为吸纳高校毕业生就业而购买的基层公共管理和社会服务岗位与为安置就业困难群体的公益岗位有所区别。

总体来看，开发适合高校毕业生就业的基层社会管理和公共服务岗位政策经历了如下发展历程。

一 政府开发公益性岗位

20世纪80至90年代，我国城镇国有和集体企业展开了全面改革。随着企业普遍实行结构调整、减员增效以及企业改制，产生了规模庞大的下岗失业群体。2002年3月，朱镕基总理代表国务院向九届全国人大第五次会议所作的《政府工作报告》中首次使用"弱势群体"形容下岗失业人员，强调要"对弱势群体给予特殊的就业援助"。2002年，中央政府下发了《中共中央、国务院关于进一步做好下岗失业人员再就业工作的通知》（以下简称中央12号文件），提出"重点开发面向社区居民生活服务、机关企事业单位后勤保障和社区公共管理的就业岗位以及清洁、绿化、社区保安、公共设施养护等公益性岗位"。为切实贯彻落实中央12号文件精神，劳动保障部、中央宣传部、国家计委、国家经贸委、监察部、财政部、建设部、国土资源部、中国人民银行、国家税务总局、国家工商总局、中央编办、全国总工会等部门相继制定出台了下岗失业人员享受再就业扶持政策的配套办法。2002年11月25日，劳动保障部会同国家计委、国家经贸委、监察部、财政部、工商总局等11个部门共同下发了《关于贯彻落实中共中央国务院关于进一步做好下岗失业人员再就业工作的通知若干问题的意见》，提出"由各级政府投资开发的公益性岗位，要优先安排适合岗位要求的大龄就业困难对象"。劳动保障部在《关于开展下岗失业人员再就业统计的通知》（2003）中对公益性岗位的解释为："主要由政府出资扶持或社会筹集资金开发的，符合公共利益的管理和服务类岗位。"

上海从1988年就开始政府购买就业岗位的实践。2006年，上海发布的《上海市促进就业若干规定》"推行青年职业见习制度，政府通过提供职业见习补贴等措施，鼓励符合条件的用人单位为青年提供职业见习岗位"。"各级人民政府扶持、组建的公益性劳动组织，开发的公益性岗位，应当主要安排就业愿望迫切但难以通过市场实现就业的本市就业困难人员，并予以必要的就业保障。"2006年，《上海市人民政府关于进一步加强本市促进就业工作的通知》提出以政府补贴的方式购买公益性岗位，安置难以实现市场就业的困难人员。《上海市劳动和社会保障局关于贯彻落实市政府关于进一步加强本市促进就业工作的通知》若干问题的意见（2006）提出通过政府购买的公益性岗位安置就业。2008年，《上海市劳动和社会保障局、上海市财政局关于调整本市万人就业项目等公益性岗位从业人员收入标准的通知》规定"适当提高本市公益性岗位从业人员月收入标准，对实行全日制的万人就业项目从业人员，在现有收入标准基础上每人每月增加100元，千、百人就业项目和社区'四保'公益性岗位从业人员的收入标准随最低工资标准的调整作相应调整"。2009年，《上海市人力资源和社会保障局关于加强就业援助稳定就业局势若干意见》规定：2009年内，各区县在控制公益性岗位现有规模不扩大的前提下，可根据当前就业状况，合理调整公益性岗位结构，适度开发社区公共服务类的公益岗位，作为阶段性、临时性的就业安置渠道，拓宽"就业困难人员"的就业门路。各区县开发的社区公共服务类岗位，纳入公益性岗位的管理范围，并确保项目资金的有效落实。凡公益性岗位吸纳新认定的"就业困难人员"，失业保险基金按月给予岗位补贴、社会保险费补贴，标准仍按原规定执行。《上海市教育委员会、上海市人力资源和社会保障局关于做好2009年上海高校毕业生就业工作的通知》规定，探索将见习基地延伸到可以提供社区公共管理服务见习岗位的街道（乡镇）、居委会（村委会）等基层社会公共服务部门。2009年，上海市各社会事业部门推出了"郊区镇校教师计划""人才储备计划"来招揽大学生从事基层服务。

在开发公益性岗位促进高校毕业生就业方面，2009年，《吉林省人民政府关于印发促进高校毕业生就业若干政策的通知》，确定了27项促进高校毕业生就业的政策措施，开始在全省全面启动大学生面向基层就业计划。一是实施"基层司法矫正公益性岗位配备"项目，为高校毕业生开发基层司法矫正公益性岗位。二是实施"大学生充实社区服务"项目，为高校毕业生开发社区工作者公益性岗位，社区工作者的主要职责为协助社区居委会办理本社区居民的公共事务和公益事业、代理代办政府在社区的公共服务等。规定社区工作者劳动报酬不低于当地最低工资标准，比照就业困难人员享受社会保险补贴政策。服务期限为2年。

二 公益性岗位优先安排困难家庭高校毕业生和就业困难高校毕业生

2009年3月5日，温家宝总理在十一届全国人大二次会议的政府工作报告中指出要帮助城镇就业困难人员、零就业家庭和灾区劳动力就业，进一步开辟公益性就业岗位。

随着高校毕业生就业问题的突出，我国政府开始大力开发公益性岗位促进高校毕业生就业。2009年1月19日，《国务院办公厅关于加强普通高等学校毕业生就业工作的通知》提出把高校毕业生就业摆在当前就业工作的首位，"鼓励和引导高校毕业生到城乡基层就业。鼓励高校毕业生积极参加社会主义新农村建设、城市社区建设和应征入伍。围绕基层面向群众的社会管理、公共服务、生产服务、生活服务、救助服务等领域，大力开发适合高校毕业生就业的基层社会管理和公共服务岗位，引导高校毕业生到基层就业"。

《国家促进普通高校毕业生就业政策百问》（2009）将高校毕业生公益性岗位定义为：由政府出资开发的，优先安排困难家庭高校毕业生和就业困难高校毕业生的，以满足社区及居民公共利益为目的的管理和服务岗位。

2009年5月5日，人力资源和社会保障部下发《关于公布第一批基层社会管理和公共服务岗位目录的通知》，向社会公布第一批基层社会管理和公共服务岗位目录（见表2-3），以指导各地做好鼓励和引导高校毕业生到基层就业的工作。这批发布的岗位目录共分为基层人力资源和社会保障管理、基层农业服务、基层医疗卫生、基层文化科技服务、基层法律服务、基层民政（托老托幼）助残服务、基层市政管理、基层公共环境与设施管理维护以及其他9大类领域，包括在街道（乡镇）、社区（村）等基层单位从事公共就业服务、社会保障、劳动关系协调、劳动监察、农业、扶贫开发、医疗、卫生、保健、防疫、文化、科技、体育、普法宣传、民事调解、托老、养老、托幼、助残、公共设施设备管理养护等相关事务管理服务工作的50种岗位。到这些岗位就业的高校毕业生可以享受国家相应的补贴政策。

表2-3　　　　第一批基层社会管理和公共服务岗位目录

序号	工作领域	主要工作内容描述	主要岗位名称
1	基层人力资源和社会保障管理	在街道（乡镇）、社区（村）从事公共就业服务、社会保障、劳动关系协调、劳动监察及相关事务等管理服务工作	如劳动保障协理、人力资源开发协管、劳动关系协调协理、劳动监察协理等
2	基层农业服务	在农村基层从事农业、扶贫开发等公共服务工作	如村支书（主任）助理、新农村建设指导、农技推广服务、农业信息咨询、乡村科普服务、农业技术指导、乡村扶贫开发等

续表

序号	工作领域	主要工作内容描述	主要岗位名称
3	基层医疗卫生服务	在乡镇、村（社区）医疗卫生服务机构、卫生防疫机构、计划生育服务机构等从事医疗、卫生、保健、防疫等辅助性服务工作	如乡村医疗卫生辅助服务、基层计划生育服务协管、乡村卫生院护理服务、乡村（社区）公共卫生监督协管、乡村（社区）卫生防疫协管、乡村（社区）妇幼保健、社区护士、社区卫生服务等
4	基层文化科技服务	在乡镇（街道）、村（社区）为居民提供文化、科技、体育等公益服务	如乡村（社区）文化服务、乡村（社区）文化室管理、乡村（社区）文化宣传、乡村（社区）科技服务、乡村（社区）体育服务等
5	基层法律服务	在乡镇（街道）、村（社区）为居民提供从事普法宣传、民事调解等服务工作	如司法协理、普法宣传、民事调解协理等
6	基层民政、托老托幼、助残服务	在乡镇（街道）、村（社区）从事政府资助的为居民提供社会工作助理、托老、养老、托幼、助残等服务工作	如民政助理、社区托（助）老服务、社区托幼服务、社区居家养老服务、社区助残服务等
7	基层市政管理	在乡镇（街道）、村（社区）从事政府加强城市公共事业、公共事务管理等辅助性管理工作	如道路交通协管、消防安全协管、环境保护协管、城市规划协管、市场协管、流动人口协管、治安维护协管等
8	基层公共环境与设施管理维护	在乡镇（街道）、村（社区）从事公共设施设备管理、养护、清洁、绿化等工作	如乡村道路维护、乡村水利设施维护、廉租房配套设施维护、社区（村）公共环境绿化、社区公共设施维护、社区（村）公共卫生保洁等
9	其他	各地开发的其他基层社会管理和公共服务岗位	如社区主任助理、低保协管、残疾工作协管、社区矫正协管等，以及基层机关企事业单位的后勤服务等岗位

2009年2月17日，共青团山东省委书记王磊在山东省"两会"上率先提出采取政府购买服务岗位，并委托专业的社会非营利机构聘请大学生承办具体事务，为城市的社区配备一定数量的专职社会工作者等方式促进高校毕业生就业的建议。

这一时期，在国家政策框架内，各地从自身实际情况出发，不同程度地进行了政府购买基层公益性岗位更多用于高校毕业生就业的实践探索。2009年，江苏、辽宁、浙江、上海等地政府制定了政府购买公共服务岗位以促进高校毕业生就业的政策。

2009年，南京市政府面向高校毕业生公开招募了1000名社区工作者，1500名教育和卫生工作者。2009年2月，辽宁省政府花钱在全省高校购买200个公益性岗位，岗位工资为1.5万元/年（含五险），用于安置贫困生，主要负责毕业生就业信息采集、就业工作推荐等相关服务工作，同时在全省普通大中专院校设置1000个大学生公共服务岗位，用于充实就业服务队伍力量，提升公共服务能力，解决就业工作部门人员不足等问题。2009年3月28日，浙江省政府制定了《关于加强普通高校毕业生就业工作的意见》，大力开拓基层岗位，以政府购买服务的方式，鼓励和引导高校毕业生"上山下乡"，到城乡社区和基层公共服务保证领域就业。其后，江西省九江市、四川宜宾、大连市等政府也相继结合当地情况出台了相关政策，通过政府购买服务岗位的办法促进高校毕业生顺利就业。

2011年，江苏出台了"购买岗位计划"，规定购买基层公共服务公益性岗位工作从2011年开始，连续3年，每年购买5000个岗位，用于重点帮扶困难家庭和就业困难高校毕业生就业。规定购买的岗位主要包括劳动就业和社会保障管理、民政、公共卫生三大类。其中，2011年重点购买基层劳动就业和社会保障管理公共服务公益性岗位，2012年重点购买基层民政公共服务公益性岗位，2013年重点购买基层公共卫生公共服务公益性岗位。江苏在购买公益性岗位用于高校毕业生就业方面有如下特点：

一是注重政策支持。为进一步完善就业援助体系，拓展高校毕业生到城乡基层就业渠道，促进高校毕业生实现更加充分、更高质量的就业，江苏省出台了实施政府购买基层公共服务岗位的政策，并由江苏省人力资源和社会保障厅等五部门联合下发《关于购买基层公共服务公益性岗位重点帮扶困难家庭和就业困难高校毕业生就业的意见》（苏人社发〔2011〕138号）。江苏省人社厅同省财政厅联合下发了《关于下达2011年购买基层劳动就业和社会保障管理公共服务公益性岗位任务指导性计划的通知》，明确各市、县（市、区）购买基层公共服务公益性岗位任务，提出时间节点和具体要求。此后，出台的政策有《省政府关于进一步加强普通高等学校毕业生就业工作的通知》（2011）、《省政府办公厅关于进一步加强普通高等学校毕业生就业工作的通知》（2013）。具体来看，江苏省鼓励高校毕业生到基层岗位就业的主要优惠政策有：

（1）对到农村基层和城市社区从事社会管理和公共服务工作的高校毕业生，符合公益性岗位就业条件并在公益性岗位就业的，按照国家和省现行促进就业政策的规定，给予社会保险补贴和公益性岗位补贴。

（2）对到农村基层和城市社区其他社会管理和公共服务岗位就业的，给予薪酬或生活补贴，同时按规定参加有关社会保险。

（3）对到中西部地区和苏北县以下（不含县政府驻地）基层单位就业，服务期达3年以上（含3年）的全日制普通高校毕业生，分别享受国家和省出台的学费代偿政策。

（4）对具有2年以上基层工作经历的高校毕业生，报考硕士研究生时初试总分加10分，并在同等条件下优先录取。

（5）对到艰苦边远地区或国家扶贫开发工作重点县就业的高校毕业生，按照有关规定，在机关工作的，试用期工资可直接按试用期满后工资确定，试用期满后级别工资高定1—2档；在事业单位工作的，可提前转正定级，转正定级时薪级工资高定1—2级。

（6）加大从到乡村工作的高校毕业生中招录乡镇（街道）公务员的力度，乡镇机关要拿出一定职位，专门招录选聘到村任职期满且考核合格的高校毕业生；县以上党政机关每年要拿出不低于30%招录公务员的职位招录具有2年以上基层工作经历的高校毕业生，并逐年加大比例；省级机关录用公务员，除部分特殊职位外，均应从具有2年以上基层工作经历的人员中招录。

二是注重组织保障。购买基层公共服务公益性岗位重点帮扶困难家庭和就业困难高校毕业生就业工作，由江苏省政府省就业工作领导小组统一领导，省人力资源和社会保障厅牵头负责。政府购买基层公共服务公益性岗位计划不仅被列入保障和改善民生十件实事之首，而且还被纳入对各地的年度就业工作目标任务考核。

三是强化资金保障。江苏省购买基层公共服务公益性岗位的资金，由地方参照当地公益性岗位补贴标准，在各级政府就业专项资金中统筹安排，对苏北、苏中经济薄弱地区3000个公益性岗位，按照实际购买岗位资金在省级就业专项资金中给予50%的补助。无锡市、常州市明确被聘用到社区基层公共服务公益性岗位的高校毕业生，享受与当地社区工作者同等待遇，被聘用到村级基层公共服务公益性岗位的，其工资待遇在当地社区工作者待遇基础上适当上浮；镇江市专门邀请市财政局相关领导共同调研村级平台工作建设情况，将购买专职协理员的公益性岗位资金纳入财政预算，明确市区按最低工资标准从市本级就业专项资金中给予专职协理员2/3的岗位补贴和社会保险补贴，并随最低工资标准调整和缴费基数的增加而调整，工资收入与岗位补贴的1/3差额部分由各区政府安排解决。

四是注重信息发布。将公益性岗位开发计划、聘用对象、招录程序、资金保障等向社会公开发布，力争确保每一名需要帮助的困难家庭和就业困难高校毕业生都能及时得到有力援助。为帮助每一位有就业意愿的未就业高校毕业生能够及时深入地了解这项保障和改善民生的好政策，江苏省人力资源和社会保障有关领导先后走进省政府门户网站"中国江苏网"、江苏政风热线，对国家和省里出台的相关文件进行深度解读，现场回答高校毕业生提出的各类问题，提高群众对政策的知晓度，扩大购岗招聘活动的社会影响力。考生报名期间，江苏省各级人力资源保障部门专门开通了咨询电话，答复考生咨询，近10万人次点击相关网站了解招聘资讯。同时，江苏省人社厅专门向社会发布公益性岗位招聘公告，及时就招聘数量、报考条件、招聘程序、报名及考试、政策待遇等有关事项作出说明。

五是注重岗位供求。在工作中，重点摸清"两个底数"。一是摸清"需求数"。江苏省在全省范围内部署开展针对困难家庭和就业困难高校毕业生情况的专项调查，通过加强失业登记、建立基础数据台账等手段，摸清困难家庭和就业困难高校毕业生的数量、结构、家庭经济状况，以及就业意向和培训需求等基本信息，对这部分有需求的群体逐一进行登记造册，使帮扶工作有的放矢，最大限度地帮助这些毕业生实现充分就业。二是摸清"岗位数"。依据国家、省、市对基层劳动就业和社会保障管理规范性建设发展的刚性要求，摸清全省各地基层公共服务公益性岗位人员配备现状、开展服务、资金保障等情况，了解在就业和社会保障管理等方面的公益性岗位需求，充分挖掘基层公共服务公益性岗位，力求达到岗位合理设置、人员充分安置、工作统筹安排的工作效果，为推动基层公共管理服务工作提供有力保障。

此后，《国务院办公厅关于鼓励服务外包产业加快发展问题的复函》（2010）、《国务院关于进一步做好普通高等学校毕业生就业工作的通知》（2011）等文件也鼓励政府购买公共服务岗位吸纳大学生就业。

在可以享受的政策优惠方面，《国务院关于进一步做好普通高等学校毕业生就业工作的通知》（2011）等文件规定，对到农村基层和城市社区从事社会管理和公共服务工作的高校毕业生，符合公益性岗位就业条件并在公益性岗位就业的，按照国家现行促进就业政策的规定，给予社会保险补贴和公益性岗位补贴。对到农村基层和城市社区其他社会管理和公共服务岗位就业的，给予薪酬或生活补贴，同时按规定参加有关社会保险。

同时，教育部门将开发基层社会管理和公共服务岗位作为促进高校毕业生就业困难群体就业帮扶的一项重要措施。教育部《关于做好 2011 年全国普通高等学校毕业生就业工作的通知》提出要"把高校毕业生就业困难群体纳入政府公共就业服务、困难群体帮扶体系"。

三　政府购买基层公共管理和社会服务岗位更多用于吸纳高校毕业生就业

2013 年，国务院办公厅《关于做好 2013 年全国普通高等学校毕业生就业工作的通知》指出："探索通过政府购买服务的方式，开发城乡基层特别是城市社区和农村公共管理及社会服务工作岗位，引导高校毕业生到基层就业。"党的十八届三中全会《中共中央关于全面深化改革若干重大问题的决定》对开发高校毕业生就业岗位和鼓励高校毕业生到基层就业提出了新要求，进一步明确提出"政府购买基层公共管理和社会服务岗位更多用于吸纳高校毕业生就业"。

2020 年 6 月，中共中央组织部、人力资源和社会保障部、民政部、中央文明办、教育部、财政部、国家卫生健康委员会联合发布《关于引导和鼓励高校毕业生到城乡社区就业创业的通知》，明确要加快城乡社区工作者队伍建设吸纳更多高校毕业生。各地要大力推进城乡社区工作者职业体系建设，把社区（村）党组织、基层群众性自治组织成员以及其他社区（村）专职工作人员纳入城乡社区工作者队伍统筹管理，建立健全培养、评价、选拔、使用、激励机制，引导高校毕业生等青年人才向城乡社区治理和服务领域流动。城乡社区工作者队伍出现空缺岗位要优先招用高校毕业生，或拿出一定数量岗位专门招用高校毕业生（含择业期内未落实工作单位的高校毕业生）。

《通知》要求加强社区、社会组织、社会工作联动机制建设，创造更多就业机会。各地要完善政府购买社区服务政策措施，推进由"养人"到"办事"的转变，重点围绕纠纷调解、健康养老、儿童福利、教育培训、公益慈善、防灾减灾、文体娱乐、邻里互助、居民融入及农村生产技术服务等领域，培育发展各类城乡社区社会组织和社会工作服务机构，通过服务供给增加带动高校毕业生就业创业，进一步支持各地探索整合利用现有资源推进乡镇社会工作站建设。

2013年，安徽省出台了《关于组织开展高校毕业生服务基层公益性岗位工作的通知》《安徽省人民政府办公厅关于切实做好2013年全省普通高等学校毕业生就业工作的通知》《关于印发2013年高校毕业生服务基层公益性岗位计划实施方案的通知》等文件提出2013年开发公益性岗位4000个，主要用于基层劳动就业和社会保障管理、民政、计生、司法、工会公共服务岗位，其中，各市基层劳动就业和社会保障管理岗位不得超过计划分配总额的30%，其余70%以上的岗位计划用于民政、司法、计生、工会等基层岗位，由各市人社部门牵头，会同相关部门确定相应岗位计划分配指标。

为做好基层公益性岗位与基层特定岗位的有效衔接，安徽省人力资源和社会保障厅、省财政厅发布了《关于做好2014年高校毕业生基层特定岗位工作的通知》，对仍在岗的高校毕业生公益性岗位人员进行转岗，计划2014年继续购买4000个街道（乡镇）、社区等基层公共管理和社会服务岗位，主要用于吸纳高校毕业生就业。同时，还印发《安徽省购买公共就业服务实施办法》，制定了职业介绍、职业技能培训、创业培训、困难人员公益性岗位、高校毕业生就业见习、高校毕业生基层特定岗位6项购买公共就业服务的实施办法。此外，安徽省人社厅每年定期发布《安徽省基层公益性岗位招聘高校毕业生公告》，对招聘的对象、聘用方式、招聘岗位及数量、招聘程序、报名方式、招考方式等具体情况进行发布。

第五节 引导高校毕业生到基层一线、艰苦边远地区就业

人才不足、质量不高一直是制约基层一线、艰苦边远地区乃至我国经济社会发展的重要问题。支持基层一线、艰苦边远地区发展，人才是关键。鼓励引导人才向基层一线、艰苦边远地区就业，是扩大基层一线、艰苦边远地区人才保有量，提高基层一线、艰苦边远地区人才质量的重要举措，是优化人才结构布局、促进人才成长、创新人才发展体制机制的重要任务，是提高基层一线、艰苦边远地区公共服务供给质量，转换基层一线、艰苦边远地区发展动能的必然选择，对于促进区域协调发展、决胜全面建成小康社会、全面建设社会主义现代化国家具有重要意义。

鼓励引导高校毕业生到基层一线、艰苦边远地区就业是党和国家长期以来的政策安排，与不同发展时期国家的发展战略布局联系紧密。

一 发展历程

（一）鼓励高校毕业生到基层一线、艰苦边远地区就业政策的形成

从中华人民共和国成立到20世纪80年代初的一段时间，在统包统配的就业分配制度下，高校毕业生的就业主要是按照国家基本建设的需要来进行统一分配。

20世纪50年代，为了贯彻巩固重点建设和开发东北大行政区的方针，强调将毕业生分配到生产第一线，支援东北建设。60年代初期，我国周边地区东西南北四面都不太平。从20世纪60年代中期开始到70年代末，处于战备的考量，我国开展了轰轰烈烈的"三线建设"。1964年11月，根据高等教育部《关于调整第一线和集中力量建设第三线的报告》，一批院校搬迁到三线地区支援三线建设。由原校迁出部分专业到三

线地区建立分校的有七所高校：北京大学、清华大学、南京大学、华东化工学院、北京航空学院、北京工业学院、甘肃工业大学。迁往内地的科研机构主要是与国防科研关系密切的兵器、航空、航天、电子、核物理等院所。与此同时，一大批高校毕业生也被输送到三线建设基地，在三线的研究院所、新建的企业就业。

六七十年代，我国鼓励高校毕业生按照"四个面向"的就业分配方针，面向农村、面向工矿、面向基层、面向边疆就业，要求毕业生走出学校，去边疆到工矿下农村的基层接受工人阶级贫下中农的再教育，到阶级斗争的大风大浪中经风雨见世面锻炼成长。对于工农兵学员，则倡导"社来社去"，毕业后奔赴三大革命第一线，许多工农兵学员毕业后主动去农村当农民，建设社会主义新农村。

（二）定向招收、选择推荐毕业生到基层一线、艰苦边远地区就业

1985 年 5 月，《中共中央关于教育体制改革的决定》明确指出，"为了保证边远地区及工作环境比较艰苦的行业能分配到一定数量的毕业生，应按国家招生计划的一定比例实行定向招生"。这一阶段，涌现出定向招收内地西藏高中班毕业生（1992）、国防定向生（1998）、非西藏生源定向西藏就业生（2002）、内地新疆高中班毕业生（2003）等多种针对艰苦边远地区的招生政策。

《关于一九八五年全国高等学校毕业生分配问题的报告》建议毕业生实行定期服务制度，毕业生分配到单位，连续服务 5 年后，则允许合理流动；去青海、西藏两省区工作的毕业生，服务满 8 年后，可由其家庭及配偶所在人事部门安排工作；对不服从国家分配的毕业生，实行赔偿制度和缴纳培养费制度。

国务院于 1986 年 3 月 15 日批转了国家教委《关于改进 1986 年高等学校毕业生分配工作的报告》指出："1986 年的毕业生分配工作本着既要坚持改革方向，又要慎重稳妥，既要加强宏观控制，又要有利于微观搞活的原则，坚持统筹安排，合理使用，加强重点，兼顾一般的方针，对能源、交通、通信、农林、教育、轻纺、原材料部门及军工、国防方面的重点建设的需要，将继续充实和加强……对来源于边远地区的毕业生，只要所学专业是边远地区需要的，原则上都要分配回去。要贯彻学用一致、人尽其才的原则，充分调动学校、用人单位和学生的积极性，促进各方面尊

重知识、尊重人才、把为数有限的毕业生分配到最急需、最能发挥作用的岗位上去。"1990年前后，都将高校毕业生就业的方针定为"统筹安排、合理使用、加强重点、面向基层、加强充实生产第一线"。鼓励大学生和研究生到基层企事业单位去，到生产建设第一线去，同实际相结合，同工农相结合。

1997年高校毕业生就业分配制度改革，要求大多数学校要按"缴费上学，自主择业"的新制度运作。毕业生情况复杂，数量大，就业任务艰巨。2月，《人事部关于做好1997年全国高校毕业生接收工作的通知》，要求省级以上行政机关录用的应届高校毕业生，没有基层工作经历的，要安排到基层工作锻炼1—2年。要结合县、乡两级行政机关机构改革、人员过渡，按照公务员队伍建设的基本要求，选拔部分思想好、能力强、表现突出的毕业生，补充到县、乡机关工作。

1998年，《国务院关于做好1998年普通高等学校毕业生就业工作的通知》提出"要有计划地吸收一部分品学兼优的高校毕业生充实到基层机关和重要岗位。有条件的地方，也可以试行预备公务员制度，录用应届高校毕业生先安排到基层支教、支农、扶贫或到企业锻炼"。1999年国办转发教育部、中央组织部、人事部、中央机构编制委员会办公室、财政部《关于进一步做好1999年普通高等学校毕业生就业工作意见的通知》，对鼓励高校毕业生到基层工作做出总体安排。根据该文件及中央组织部、人事部、中编办、财政部《关于选拔高校毕业生到农村基层工作有关问题的通知》，全国组织开展了选拔高校毕业生到农村基层支教、支农、支医、扶贫或到企业锻炼的工作。

2000年，《中央组织部关于进一步做好选调应届优秀大学毕业生到基层培养锻炼工作的通知》正式下达。

（三）加大鼓励高校毕业生到基层一体、艰苦边远地区就业的政策力度

2003年是高校扩招后毕业生就业的第一年，2003年1月，《人事部关于做好2003年全国普通高等高校毕业生就业接收工作的通知》明确要求加强宏观调控，促进高校毕业生面向基层，面向国家重点加强和发展的部门及地区就业。要按照《关于做好选拔到农村基层工作的高校毕业生管理使用工作有关问题的通知》（2002）要求，结合实际情况，继续做好选拔高校毕业生到农村基层锻炼工作，并切实做好到农村基层锻炼毕业生的

管理和使用工作。有条件的地区，还可参照选拔高校毕业生到农村基层工作的做法，引导和组织高校毕业生到社区、街道工作，以适应城市社区发展的需要。要深入开展调查研究，了解国家重点加强和优先发展产（行）业的状况，掌握其对高校毕业生的需求情况，做好国家重点工程、项目的宣传和需求信息的发布工作。要依托国家重点工程、项目，制定优惠政策，把市场配置和组织选派有机结合起来，采取灵活的方式，积极引进和吸纳所需的高校毕业生。

2005年，中共中央办公厅、国务院办公厅印发《〈关于引导和鼓励高校毕业生面向基层就业的意见〉的通知》，这一文件对做好引导和鼓励高校毕业生面向基层就业工作提出了指导意见。

一是高定工资标准。到艰苦边远地区和国家扶贫开发工作重点县就业的，可提前执行转正定级工资，高定1—2档工资标准。

二是代偿国家助学贷款。2005年《通知》提出，对毕业后自愿到艰苦地区、艰苦行业工作，服务达到一定年限的学生，其在校期间的国家助学贷款本息由国家代为偿还。2009年3月，财政部、教育部专门出台了《高等学校毕业生学费和国家助学贷款代偿暂行办法》，决定从2009年起，对中央部门所属全日制普通高等学校应届毕业生，自愿到中西部地区和艰苦边远地区县以下基层单位工作、服务期达到3年以上（含3年）的学生，实施相应的学费和助学贷款代偿。

三是户籍政策。对到西部县以下基层单位和艰苦边远地区就业的高校毕业生，实行来去自由的政策，户口可留在原籍或根据本人意愿迁往西部地区和艰苦边远地区。工作满5年以上的，根据本人意愿可以流动到原籍或除直辖市以外的其他地区工作，凡落实了接收单位的，接收单位所在地区应准予落户；需要人事代理服务的，由有关机构提供全面的免费代理服务。

四是考录公务员优惠政策。逐步实行省级以上党政机关从具有2年以上基层工作经历的高校毕业生中考录公务员的办法。省级以上党政机关在贯彻执行党和国家的路线方针政策、指导各地区各部门开展工作方面负有十分重要的职责，需要拥有一支德才兼备、熟悉基层的高素质干部队伍。从2006年开始，省级以上党政机关考录公务员，考录具有2年以上基层工作经历的高校毕业生（包括报考特种专业岗位）的比例不得低于三分之一，以后逐年提高。对招录到省级以上党政机关、没有基层工作经历的高校毕业生，应有计划地安排到县以下基层单位工作1—2年。副省级城市党政机关考录公务员参照以上办法执行。今后在选拔县处级以上党政领导干部时，要注意从有基层工作经历的高校毕业生中选拔。

五是其他保障政策。（1）为西部地区和艰苦边远地区基层单位适当增加周转编制。为缓解西部地区和艰苦边远地区基层单位急需人才与编制紧缺的矛盾，在严格控制总体编制的前提下，从2006年起连续3年采取先进后出的办法，由组织人事部门会同编制部门每年给西部地区和艰苦边远地区的乡镇下达一部分周转编制，用于接收应后或往后高校毕业生。（2）加大财政支持高校毕业生面向基层就业的力度。引导和鼓励高校毕业生面向基层就业，一方面要以基层经济社会全面协调可持续发展为长远基础，另一方面要加大财政支持的力度。地方财政可根据当地实际情况和发展需要安排专门经费，用于引导和鼓励高校毕业生面向基层就业。中央财政将通过不断加大转移支付力度予以支持。

《关于统筹实施引导高校毕业生到农村基层服务项目工作的通知》（2009）提道：各专门项目毕业生到农村基层服务2年以上，服务期满后3年内报考硕士研究生的，初试总分加10分，同等条件下优先录取。此荐优惠政策保证了毕业生基层服务期满后有优先获得学历学习的机会，能满足专技人才继续求学提升等的需求。

"实施引导人才向农村基层和艰苦边远地区流动政策"是《国家中长期人才发展规划纲要（2010—2020）》的一项重要部署，明确了引导人才向贫困地区流动各项政策的总体要求，此后相关具体引导政策陆续出台并逐步得以落实。从引导专业技术人才向贫困地区流动角度看，总体谋划不断强化的态势日益清晰。

《中共中央关于深化人才发展体制机制改革的意见》（2016）提出促进人才向艰苦边远地区和基层一线流动，研究制定鼓励和引导人才向艰苦边远地区和基层一线流动的意见，提高艰苦边远地区和基层一线人才保障水平，使他们在政治上受重视、社会上受尊重、经济上得实惠。重大人才工程项目适当向艰苦边远地区倾斜，边远贫困和民族地区县以下单位招录人才，可适当放宽条件、降低门槛。鼓励西部地区、东北地区、边远地区、民族地区、革命老区设立人才开发基金。完善东、中部地区对口支持西部地区人才开发机制。

2016年,人力资源和社会保障公布《关于加强基层专业技术人才队伍建设的意见》,从在岗基层专业技术人才和引导非基层专业技术人才到基层工作两个维度全面系统地部署谋划了贫困地区聚集专业技术人才的政策安排。

这一时期的政策措施力度逐步加大。以艰苦边远地区津贴提高标准为例,2009年后,我国分别于2012年和2017年两次调整艰苦边远地区津贴,除了普遍提高标准外,进一步加大了向高类区倾斜的力度。①

国家还对用人单位予以补贴支持,《关于进一步引导和鼓励高校毕业生到基层工作的意见》(中办发〔2016〕79号)指出,"引导新兴业态与传统行业融合发展,支持发展就业新模式、新形态。综合运用财政、金融等政策,加大对中小微企业支持力度。对小微企业新招用毕业年度高校毕业生,按规定给予社会保险补贴和职业培训补贴"。

各地及时回应中共中央、国务院或相关职能部门制定的总体政策,出台相关落实政策。比如,2016年,人社部出台《关于加强基层专业技术人才队伍建设的意见》后,各地纷纷出台落实文件;中组部和人社部联合出台《关于进一步做好艰苦边远地区县乡事业单位公开招聘工作的通知》后,各地积极行动,制定符合本地实情的倾斜政策。同时,有关地区及时落实"定向评价、定向使用"政策精神,四川、云南、甘肃、青海、西藏、新疆等省(区)以及新疆生产建设兵团均相继出台了实施方案。

另一方面,各地结合自身实际,强化改革意识,加大力度落实中央和主管部门的有关要求。比如,关于加强人才扶贫工作,云南人才工作领导

---

① 根据《人力资源社会保障部 财政部关于调整艰苦边远地区津贴标准的通知》(人社部规〔2018〕1号),从2017年1月1日起,调整艰苦边远地区津贴一至六类区标准。各类区在职人员津贴标准分别调整为:一类区月人均210元,二类区月人均350元,三类区月人均580元,四类区月人均1050元,五类区月人均1950元,六类区月人均3200元。在各类区平均标准内,不同职务(岗位)人员适当拉开差距。其中,一类区每月185元至370元,二类区每月320元至585元,三类区每月545元至1020元,四类区每月1000元至1880元,五类区每月1870元至2630元,六类区每月3120元至4160元。

小组 2015 年印发《云南省人才扶贫行动计划》；甘肃人社厅 2018 年印发《关于开展人事人才扶贫工作指导意见的通知》；四川省委办公厅、省政府办公厅 2017 年印发《关于实施深度贫困县人才振兴工程的意见》。

2017 年 1 月中共中央办公厅、国务院办公厅印发《关于进一步引导和鼓励高校毕业生到基层工作的意见》，提出要多渠道开发基层岗位，为高校毕业生到基层工作搭建平台。包括结合政府购买基层公共管理和社会服务开发就业岗位，引导高校毕业生投身扶贫开发和农业现代化建设，引导高校毕业生到中西部地区、东北地区和艰苦边远地区工作，鼓励高校毕业生到基层机关事业单位工作，鼓励大学生参军入伍，鼓励高校毕业生到中小微企业就业，支持高校毕业生到基层创新创业。

2017 年 2 月，人力资源和社会保障部发布《关于做好 2017 年全国高校毕业生就业创业工作的通知》，提出要认真贯彻落实国务院印发的《关于进一步做好新形势下就业创业工作的意见》和中共中央办公厅、国务院办公厅印发的《关于进一步引导和鼓励高校毕业生到基层工作的意见》，落实完善学费补偿、高定工资档次、税收优惠、社保补贴、创业担保贷款等政策，结合政府购买基层公共管理和社会服务开发就业岗位，统筹实施"三支一扶"计划等基层服务项目，鼓励毕业生到城乡基层、中西部地区、艰苦边远地区、中小微企业就业和创业。要进一步简化政策审批办理流程，推行一个窗口受理、一站式办理、在线办理，指导帮助毕业生和用人单位做好政策申请、手续申报，加快审批和资金拨付，确保政策兑现。运用报纸、电视、互联网等各类媒体广泛开展政策宣传解读，深入高校和用人单位组织政策宣讲、咨询等活动，提高政策知晓度和覆盖面。要积极推进国有企业招聘应届高校毕业生信息公开，健全毕业生到基层工作的服务保障机制，做好社会保险转移接续、人事档案管理服务等工作，畅通毕业生跨区域、跨不同单位主体就业的渠道。发挥市场在人力资源配置中的决定性作用，健全统一规范的人力资源市场，加强人力资源市场监管，依法清理整顿人力资源市场秩序，严厉打击招聘过程中的欺诈行为，及时纠正各类就业歧视，保护毕业生就业权益。

党的十九大报告明确提出，要"鼓励引导人才向边远贫困地区、边疆民族地区、革命老区和基层一线流动"。2019 年 1 月 23 日，中共中央总书记、国家主席、中央军委主席习近平主持召开中央全面深化改革委员会第六次会议，审议通过了《关于鼓励引导人才向艰苦边远地区和基层一线流动的意见》。《意见》指出，支持艰苦边远地区和基层加快发展，人才是关键。要进一步完善人才培养吸引流动和激励保障机制，鼓励引导更多优秀人才到艰苦边远地区和基层一线贡献才智、建功立业。

2020年7月，习近平总书记在给中国石油大学（北京）克拉玛依校区118名留疆工作的毕业生的回信中肯定了他们到边疆基层工作的选择，并对广大高校毕业生提出了殷切希望。

二 实行面向基层就业的定向招生制度

定向招生又称"定向就业招生"，指在高考录取时就确定学生毕业后就业单位、区域、行业的招生录取方式。通过实行定向招生政策，可以为基层一线、艰苦边远地区培养人才。与"定向招生"相对应的"定向分配"也成为高校毕业生就业分配制度的一项重要内容。

（一）定向分配

中华人民共和国成立到20世纪70年代末，我国高校毕业生定向招生、定向分配制度主要反映在干部培养、公费师范生培养和工农兵学员培养方面。干部接受高等教育毕业后一般回到原来的单位或部门工作，师范生在学业完成之后也必须回到其生源所在地工作，工农兵学员毕业后则是"社来社去"。

1952年，高校招生出现考生人数不足的情况，中央从机关和部队调派具有高中文化水平的干部17000人到高校补习高中课程，经过短期补习之后，由补习学校组织考试，大行政区根据全国高校招生委员会的计划调配合格者，优先分配到有关高校学习。在接下来的几年里，也用同样的办法来解决考生不足的问题。

从1953年开始，全国高校统一招生工作中加入了政治因素的考量。1953年7月，高等教育部《关于高等学校学生的政治审查的通知》，要求高校招生须保证新生的政治合格，指示对于报考学生作适当的政治审查，这一年录取新生的顺序调整为"先工农青年、革命干部，后一般学生"，录取时主要考虑"政治质量、健康条件、文化程度"三方面因素。

20世纪50年代末，高考招生重点强调"政治挂帅"，采取保送入学、优先录用的方式招收了大量工农干部、参加革命时间久的干部。这些干部在高校毕业后大多都被分配回原单位工作。

中华人民共和国成立后，我国教育制度得到了迅速恢复，面临教师严重不足的问题，随着《师范学校暂行规程草案》《关于高等师范学校的规定草案》《关于大量短期培养初等及中等教育师资的决定》等文件的陆续出台，我国师范教育体系得到了重新规范和调整。在师范生的培养方面，高等师范院校的学生可以享受更加优厚的待遇，与此同时也要履行相应的义务。例如在《师范学校暂行规程》明确规定：师范学校的学生在校期间均可以获得人民助学金，同时在毕业后要按照规定服务教育工作至少3年。①

70年代，我国高校采取推荐的方式招收"工农兵学员"，并以"社来社去""哪来哪去"的方式就业，这也是一种定向招生、定向分配的方式。

（二）特定行业和部门的定向招生与定向分配

1977年恢复高考后，教育部《关于一九七七年高等学校招生工作的意见》指出，高等学校招生要以"德、智、体全面衡量，择优录取"为原则，同时要求"医学院校要注意招收表现好的赤脚医生，师范院校要注意招收表现好的民办教师，农业院校要注意招收表现好的农业科技积极分子"，并规定学生毕业后除"社来社去"外由国家统一分配。②

为发展民族教育事业，教育部发布《关于一九八〇年在部分全国重点高等学校试办民族班的通知》，在北京大学、清华大学等5所教育部所属的重点院校面向内蒙古、新疆、广西、云南、贵州、四川6个省区招收少数民族预科班学生150人，规定高考录取时可享受最多30分的照顾分数，所有民族班学员大学毕业后一般回本地区工作。③

1981年，全国高等教育和中等专业教育座谈会提出，"定向招生"是一个需要研究、需要实践的新课题。根据会议精神，沈阳医学专科学校等多所高校开始调研并试点定向招生。④

---

① 郝显露：《我国师范生招生制度70年：演进、反思与展望》，硕士学位论文，湖南科技大学，2021年，第14—17页。
② 杨学为：《高考文献（下）》，高等教育出版社2003年版，第71—72页。
③ 杨学为：《高考文献（下）》，高等教育出版社2003年版，第130—131页。
④ 沈阳医学专科学校调研组：《关于试行定向招生的调查报告》，《医学教育》1982年第4期，第12—14页。

通过试点，定向招生逐步成为国家统筹高等教育资源配置和满足基层用人单位需求，引导高校毕业生向农村基层、边远地区和艰苦行业的重要政策工具。

1983年3月，教育部发布《一九八三年全日制高等学校招考新生的规定》，正式推行"定向招生，定向分配"的举措，规定中央部门所属农、林、医、师范院校试行大部分定向招生，必要时可以适当降低分数要求、择优录取。学生毕业后一般回本地区、本部门工作。

1983年4月，国务院批转人事部、国家民委《关于加强边远地区科技队伍建设若干政策问题的报告的通知》，鼓励大学毕业生和中专毕业生支援边远地区建设①。《通知》要求，国家在制订毕业生分配计划时，要照顾对边远地区的用人需要。对从边远地区招收的毕业生，除原属内地支援边远地区的职工子女，根据实际情况酌情考虑外，原则上应当返回原地区工作。内地有条件的大专院校要尽可能多办边疆班，采取定向招生、定向分配的办法。对分配到边远地区工作的大中专毕业生，自报到之日起，即按转正定级的工资待遇。对去西藏、青海高原地区的毕业生，工资向上浮动一级，连续工作满8年后，不再取消这一级工资。8年后还愿意留在当地的，进一步提高工资待遇。上述大中专毕业生到农村第一线工作的，可同时享受有关文件规定的工资福利待遇。

国家每年规定一定数量的师范、卫生及某些边远地区急需专业的毕业生到边远地区短期工作，由沿海内地有关省市、中央有关部门根据国家计划安排，从分配来的毕业生中抽调，对口支援。他们在边远地区工作3—5年后返回原单位，在此期间，不转户口粮食关系，享受当地规定的工资福利待遇。从沿海内地省市、中央部门分配、调往西藏、青海高原地区的大中专毕业生、科技人员（不包括按协议支援的人），工作满8年后，除自愿留下者外，可以调回沿海、内地。按国家计划分配的大中专毕业生，可由其父母或配偶所在地区安排工作；其他人员由原工作地区或部门负责安排。对已在西藏、青海高原地区工作满20年，要求回沿海内地的科技

---

① 这里所说的边远地区，包括西藏的全部，新疆、青海、内蒙古、宁夏、甘肃、云南、广西、贵州、四川、黑龙江、吉林等省、自治区内的边疆国境地区、少数民族自治地区、高原地区及生活特别艰苦的地区，共600多个县、市。

人员，可以有计划地将他们分期分批调回原派出单位或地区，也可以调回原籍或配偶、子女所在地区工作。

根据中央军委领导同志关于国防高等院校对国防科技工业三线和边远艰苦地区实行定向招生、定向分配等方面的意见，1983 年 10 月，国务院、中央军委批转国防科工委、教育部《关于解决国防科技工业三线和边远艰苦地区教育工作若干问题的报告的通知》，国防科技工业系统共有厂办职工大学 75 所，具有一定的师资力量和物质基础。对这些职工大学在逐个进行整顿和考核后，分期分批改为工业专科学校。学制 2—3 年，每年招生计划由各国防工业部和国防科工委汇总后，报教育部、国家计委列入国家招生计划，从全国统考中招收学生。一般国防高等院校（包括第二项所讲的工业专科学校），应在保证质量的前提下，以招收定向的学生为主，以利实行定向分配。重点国防高等院校的主要任务，是培养高质量的本科生、研究生，满足重点科研、试验、生产单位的需要，这些院校实行部分定向招生、定向分配。定向是指国防高等院校和中等专业学校面向国防科技工业三线和边远艰苦地区的基地、研究院（所）、企业招收学生，招生对象包括企事业单位的职工及其子女以及所在县的社会青年。

（三）定向招生与定向分配的推广

1984 年 11 月，教育部发出《关于改革教育部属高等学校招生来源计划的意见》，指出高校首先应根据为部门、地区培养学生计划，结合毕业生去向，安排招生来源计划。从急需人才且教育基础较差的地区定向招生，并适当降低分数线。

1985 年 5 月，《中共中央关于教育体制改革的决定》明确指出，"为了保证边远地区及工作环境比较艰苦的行业能分配到一定数量的毕业生，应按国家招生计划的一定比例实行定向招生"，"要扩大高等学校的办学自主权"。此后，定向招生成为教育部历年普通高等学校招生规定的重要内容，定向招生规模逐渐扩大，管理趋于规范化。

一是政府与高校的招生职责关系明晰化。1986 年 6 月，国家教委发出《关于普通高等学校录取新生体制与方法的实施细则的通知》，明确了"学校负责、招办监督"的录取体制，较细致地界定了政府和高校在录取工作中的权利与责任。1987 年 4 月，国家教委发出《普通高等学校招生暂行条例》，对中央部门和地方所属学校"定向招生、定向分配"的适用情形、计划比例进行了原则性规定。1987年10月，国家教委发布《普通高等学校招生来源计划编制工作暂行规定》指出，国家教委负责确定"定向招生、定向分配"的范围、比例，中央其他部门负责编制本部门所属高等学校"定向招生、定向分配"招生来源和计划建议。

二是形成了专门针对高校定向招生、定向就业的管理规定。1988年11月，国家教委发布《普通高等学校定向招生、定向就业暂行规定》对定向招生定向就业的具体情况即计划编制原则和程序、定向培养生在校期间的待遇、管理及就业政策等进行了细化规定。例如，国家教委和中央其他部门所属高等学校定向比例一般不超过年度国家任务招生计划总数的5%；定向生毕业后，依据招生时确定的地区或部门范围实行"双向选择"就业，定向生服务期限一般不应超过6年（含见习期1年）等。该文件成为我国首个专门针对高校定向招生定向就业工作的管理规定。

三是优惠政策与违约责任趋于规范化。优惠政策是定向招生政策中的重要内容之一。在教育部印发的《一九八四年普通高等学校招生规定》中，对定向招生政策的适用范围、降分录取适用情形与幅度、定向计划调剂办法有专门阐述。其中，"可在分数线下20分以内降分录取"最早出现在该规定中。1998年，教育部发布《普通高等学校定向招生、定向就业暂行规定》明确要求，"定向生免缴学杂费""还根据学习成绩和表现享受定向奖学金"。此后，中央部委、各省（自治区、直辖市）负责毕业生就业的部门开始在高校专门设立引导培养本行业或边远地区所需紧缺人才的国家定向奖学金或定向奖学金基金，同时规定对经思想教育拒不去定向地区或单位工作的定向毕业生，采取退还全部奖学金、补缴学杂费、向学校缴纳部分培养费等约束性措施。

四是多种定向招生项目相继涌现。在国家政策积极引导、用人单位实际需求、承担高校办学发展和学生接受高等教育与稳定就业期望的共同推动下，定向招生迅速在农、林、师范、能源、地质、气象、建材、测绘、轻工、国防军工、少数民族等多种类型、层次高校与专业中得以推广，许多高校的定向生比例迅速攀升。这一阶段，涌现出定向招收大学生飞行员（1986）、优秀大学生运动员（1987）、定向实践生（1990）、内地西藏高中班毕业生（1992）、国防定向生（1998）、非西藏生源定向西藏就业生（2002）、内地新疆高中班毕业生（2003）等多种富有地方与行业特色的定向招生政策。然而，由于执行走样与监督乏力等原因，在这一阶段，"假定向"、乱收费、定向招生异化为指定招生等问题也时有发生，引发了社会对定向招生的争议。①

（四）定向招生制度的规模调整

由于前期的定向招生制度在实施过程中存在一定的问题，2005年5月，教育部发出《关于做好2005年普通高等学校定向就业招生工作的通知》，采取大幅度压缩招生计划、严格审批程序、强化管理责任等措施对定向招生政策予以整顿，明确规定有关部门（单位）所属高等学校招生人数不超过本校年度招生计划总规模的1%，各省、自治区、直辖市所属高等学校自2005年起一般不再安排定向招生计划。

2005年6月《中共中央办公厅国务院办公厅〈关于引导和鼓励高校毕业生面向基层就业的意见〉的通知》，要求根据基层的实际和需要，适当采取优惠政策，面向中西部地区生源实行定向招生，毕业后到中西部地区基层和艰苦行业就业。高等职业院校要以就业为导向，广泛加强与用人单位的合作，积极推行学历证书和职业资格证书制度，努力为基层培养更多的高技能人才和适应农村经济发展迫切需要的实用人才。

此后，定向招生范围缩小到师范生、国防生、医学生、少数民族学生定向培养等少数领域。

《国家中长期教育改革和发展规划纲要（2010—2020年）》提出，要完善高等学校考试招生制度，建立健全以择优、自主、破格、定向、推荐为主要录取方式的"多元录取机制"，"符合条件、自愿到国家需要的行业、地区就业的，签订协议实行定向录取"，从国家层面为定向招生政策的深化创新提供了政策依据和探索方向，主要表现为以下三个方面。

一是全国性的师范生、医学生定向招生政策深入开展。2007年5月，国务院办公厅发布《教育部直属师范大学师范生免费教育实施办法（试行）》，决定"从2007年秋季入学的新生起，在北京师范大学、华东师范大学、东北师范大学、华中师范大学、陕西师范大学和西南大学六所部属

---

① 何振波：《改革开放以来我国高校定向招生政策演进探微》，《教育评论》2019年第6期。

师范大学实行师范生免费教育"①。6所部属师范大学师范生享受"两免一补"政策，并要签订协议承诺毕业后从事十年以上中小学教育。这标志着自20世纪90年代中期实行大学生全部缴费上学以后，我国师范生免费教育以定向招生形式实现再次回归。2010年，国家发改委、教育部等发布《关于印发开展农村订单定向医学生免费培养工作实施意见的通知》提出，从2010年起连续三年在高等医学院校开展免费医学生培养工作，重点为乡镇卫生院及以下的医疗卫生机构培养从事全科医疗的卫生人才。国家每年为中西部乡镇卫生院招收5000名左右五年制临床医学、中医学专业的本科免费医学生。免费医学生享受"两免一补"待遇，承诺毕业后到定向农村基层医疗卫生机构服务6年。此后，通过2011年发布《关于建立全科医生制度的指导意见》、2013年发布《关于建立住院医师规范化培训制度的指导意见》、2014年发布《关于医教协同深化临床医学人才培养改革的意见》等文件，农村定向医学生免费培养政策在全国持续深入推进。其间，国防定向生从2017年起停止招生，②而上述师范生、医学生的全国性定向招生方式则一直延续至今。

　　二是因地制宜的地方性定向招生政策渐次推出。在国家构建多元录取机制政策指引下，一些省份也开始探索形成地方性定向生招生政策体系。浙江省面对新农村建设、基层治理与公共服务中的农村社区卫生人才、乡镇农技人才、乡村教师队伍青黄不接、服务能力弱化等困境，在湖州师范学院、浙江农林大学、浙江师范大学等高校试点推进地方性农村社区医生定向培养（2007）、基层农技人员定向培养（2012）、乡村教师定向培养（2013）、粮油储检人员定向培养（2015）等项目，实行免学费、提供事业编等优惠政策，定向生基层就业到岗率达98%以上。2008年，云南省高级人民法院与云南民族大学合作定向培养少数民族基层法官，首届招收20名，定向生享受免费教育，通过法院系统公务员考试后到签约的定向基层法院参加工作。2010年，新疆、江苏等省份开始实施定向培养边远

---

① 何东昌：《中华人民共和国重要教育文献（2003—2008）》，新世界出版社2010年版，第1364页。
② 国防部新闻局：《国防部新闻局就国防招生政策答记者问》，http：//www.mod.gov.cn/topnews/2017-05/26/content_4781464.htm. 2017-05-26。

山区师资、幼儿园男教师等政策。2014年，江西、福建等地高校试点实施定向培养农村教师、社区医生、基层农技人员、基层林技人员等政策，为基层公共服务机构培养急需的专业技术人才。

三是创新实施不与就业挂钩的扶贫定向招生专项计划。在脱贫攻坚、城乡融合发展的战略背景下，2012年4月，教育部发布《关于实施面向贫困地区定向招生专项计划的通知》提出，在全国普通高校招生计划中专门安排适量招生计划，"十二五"期间为每年1万名左右，以适农涉农专业为主，面向集中连片特殊困难地区生源实行定向招生，引导和鼓励学生毕业后回到贫困地区就业创业和服务。对毕业后到贫困地区就业创业和服务的专项生，按照有关规定享受学费补偿和国家助学贷款代偿等优惠政策。2013年9月，国务院发布《关于实施教育扶贫工程的意见》，提出实施面向贫困地区定向招生专项计划，打破了"定向招生+定向就业"的惯常做法，赋予了定向招生弱势补偿功能与维护社会公平道义的新内涵。

（五）定向招生定向培养与定期服务

2018年1月出台的《中共中央、国务院关于全面深化新时代教师队伍建设改革的意见》，鼓励地方政府和相关院校因地制宜采取定向招生、定向培养、定期服务等方式，为乡村学校及教学点培养"一专多能"教师，优先满足老少边穷地区对教师的需求。

2018年8月28日，教育部部长陈宝生在第十三届全国人民代表大会常务委员会第五次会议上做了《国务院关于推动城乡义务教育一体化发展提高农村义务教育水平工作情况的报告》，鼓励地方政府和相关院校采取定向招生、定向培养、定向服务等方式培养农村教师。

在培养少数民族人才方面也采取了定向培养的方式。2018年9月，《教育部办公厅关于下达2019年少数民族高层次骨干人才研究生招生计划的通知》，要求按照"定向招生、定向培养、定向就业"的原则进行招生。骨干计划作为国家定向培养的专项招生计划（包括全日制、非全日制），在全国研究生招生总规模之内单列下达，作为增量纳入学校招生总计划。2019年计划招生5000人，其中，博士研究生1000人，硕士研究生4000人。

2020年7月，《教育部等六部门关于加强新时代乡村教师队伍建设的意见》指出，要加强面向乡村学校的师范生委托培养院校建设，高校和政府、学生签订三方协议，采取定向招生、定向培养、定向就业等方式，精准培养本土化乡村教师。

2020年12月，《中共中央、国务院关于实现巩固拓展脱贫攻坚成果同乡村振兴有效衔接的意见》要求继续实施重点高校定向招生专项计划，全科医生特岗和农村订单定向医学生免费培养计划优先向中西部地区倾斜。

2021年5月，《教育部办公厅关于做好2021年中央财政支持中西部农村订单定向免费本科医学生招生培养工作的通知》提出，2021年中央财政支持高等医学院校为中西部乡镇卫生院培养订单定向免费五年制本科医学生共计6499人，鼓励有条件的省份结合本地区实际情况，积极探索按照考生户籍以县为单位定向招生的办法，由各省级教育行政部门根据用人需求以县为单位安排招生计划，只招收定岗单位所在县农村生源。

对于定向生，国家提出要完善其毕业去向登记。2022年5月和11月，分别发布了《国务院办公厅关于进一步做好高校毕业生等青年就业创业工作的通知》和《教育部关于做好2023届全国普通高校毕业生就业创业工作的通知》，要求实行定向招生就业办法的高校毕业生，省级教育部门和高校要指导其严格按照定向协议就业并登记去向信息。

第六节　创业和灵活就业政策

创业和灵活就业是高校毕业生就业的重要方式，不但能解决高校毕业生个人就业问题，还能够创造更多新的就业岗位，推动经济和社会发展。

联合国教科文组织在《21世纪的高等教育：展望与行动世界宣言》中提出，"高等学校，必须将创业技能和创业精神作为高等教育的基本目标"。"以创业促就业"已成为各国政府促进大学生就业的一项重要举措。美国是最早开展创业教育的国家，20世纪80年代，美国一些高校就开始举办创业计划大赛[1]，随后各国也陆续开展了大学生创业活动。与国外相比，我国促进大学生创业的政策虽然出台较晚，但发展较快。

---

[1] 魏娴：《我国大学生创业政策研究》，硕士学位论文，郑州大学，2010年。

一　鼓励高校毕业生自立创业政策的形成

1999 年年底，教育部关于贯彻落实中共中央、国务院《关于加强技术创新，发展高科技，实现产业化的决定的若干意见》规定：大学生、研究生（包括硕士生、博士生）可以休学保留学籍创办高新技术企业。其后，国家出台了多项支持高校毕业生自主创业的政策。

2002 年，教育部、公安部、人事部、劳动保障部发布《关于进一步深化普通高等学校毕业生就业制度改革有关问题的意见》。

2003 年 5 月，国务院办公厅印发《关于做好 2003 年普通高等学校毕业生就业工作的通知》，鼓励高校毕业生自主创业和灵活就业。凡高校毕业生从事个体经营的，除国家限制的行业外，自工商部门批准其经营之日起 1 年内免交登记类和管理类的各项行政事业性收费。有条件的地区由地方政府确定，在现有渠道中为高校毕业生提供创业小额贷款和担保。

2004 年，财政部、国家发改委下达《关于切实落实大学生从事个体经营有关收费优惠政策的通知》。政策规定大学生创业没有资金的，允许其以其技术成果和其他智力资本折股参与企业；高校毕业生自主创业的，工商和税收部门要简化审批手续；到非公有制单位就业的高校毕业生，要放宽建立集体户口的审批条件，及时便捷地办理落户手续；对于从事个体经营的高校毕业生，除国家限制的行业外，自工商部门批准其经营之日起 1 年内免交登记类和管理类的各项行政事业性收费，有条件的地区为高校毕业生提供创业小额贷款和担保。此外，劳动与社会保障部门还组织开展多种形式的高校毕业生创业培训，以国际劳工组织创业培训课程为基础，组织专家专门设计针对大学生特点的创业培训远程课程，集中开发创业项目库，收集创业信息。

2005 年，中共中央办公厅、国务院办公厅印发《〈关于引导和鼓励高校毕业生面向基层就业的意见〉的通知》，积极鼓励、支持高校毕业生到基层自主创业和灵活就业。要大力倡导高校毕业生发扬自强自立的精神，在就业时不等不靠、不挑不拣，勇于到市场经济大潮中拼搏竞争。各级党委和政府要创造良好的政策环境和市场条件，鼓励和支持高校毕业生到基层自主创业和灵活就业。对高校毕业生从事个体经营的，除国家限制的行业外，自工商行政管理部门登记注册之日起 3 年内免交登记类、管理类和证照类的各项行政事业性收费。要加强对大学生的创业意识教育和创业能力培训，为到基层创业的高校毕业生提供有针对性的项目、咨询等信息服务，对其中有贷款需求的提供小额贷款担保或贴息补贴。有条件的地区，可通过财政和社会两条渠道筹集"高校毕业生创业资金"。对于高校毕业生以从事自由职业、短期职业、个体经营等方式灵活就业的，各级政府要提供必要的人事劳动保障代理服务，在户籍管理、劳动关系形式、社会保险缴纳和保险关系接续等方面提供保障。

2006年，国家税务总局转发了《财政部、国家发展改革委关于对从事个体经营的下岗失业人员和高校毕业生实行收费优惠政策的通知》，对从事个体经营项目的高校毕业生在收费和税收等方面提供优惠政策。各地贯彻和落实该政策，采取了一些措施。比如安徽规定大学生创业者可以免交登记类和管理类行政事业性费用；甘肃规定大学生从事个体经营的，可以减免3年的登记类和管理类费用；山东按照大学生创业的不同行业，对其给予不同的税收优惠。

二 高校毕业生自主创业政策的进一步发展

2007年，党的十七大提出要实施扩大就业的发展战略，促进以创业带动就业，使更多劳动者成为创业者。①

2008年9月，国务院办公厅转发了人力资源和社会保障部等部门《关于促进以创业带动就业工作指导意见的通知》，指出重点指导和促进高校毕业生等群体创业。

2009年1月，国务院办公厅发布《关于加强普通高等学校毕业生就业工作的通知》，明确指出鼓励和支持高校毕业生自主创业。

2009年3月5日，国务院总理温家宝在十一届全国人大二次会议政府工作报告中指出，要把高校毕业生就业放在突出位置，加快建设一批投资少、见效快的大学生创业园或创业孵化基地。

2010年3月，教育部发布《关于大力推进高等学校创新创业教育和大学生自主创业工作的意见》。5月13日，教育部高等学校创业教育指导委员会成立大会暨高等学校创新创业教育工作经验交流会在北京举行。会

---

① 新华社：《十七大报告解读：鼓励创业、促进的创业带动就业》，2008年1月7日。

议提出，高等学校要更新教育创新观念，将创新创业教育纳入教育和教学的主渠道，面向高校所有大学生开展创业教育。同年，国务院通过了《关于支持和促进就业有关税收政策的通知》，规定毕业生从毕业年度起3年内自主创业的可以减免税收。12月，教育部发文①，给毕业年度内在校期间创业的高校毕业生②发放《高校毕业生自主创业证》。毕业年度内高校毕业生在校期间创业的，可持《高校毕业生自主创业证》向创业地县以上人力资源和社会保障部门提出认定申请，由创业地人力资源和社会保障部门核发《就业失业登记证》，一并作为当年及后续年度享受创业税收扶持政策的管理凭证。毕业年度内高校毕业生离校后创业的，可凭毕业证书直接向创业地县以上人力资源和社会保障部门提出认定申请。县以上人力资源和社会保障部门在对有关情况审核认定后，对符合条件毕业生核发《就业失业登记证》，并注明"自主创业税收政策"。对持《就业失业登记证》（注明"自主创业税收政策"或附《高校毕业生自主创业证》）毕业生从事个体经营（除建筑业、娱乐业以及销售不动产、转让土地使用权、广告业、房屋中介、桑拿、按摩、网吧、氧吧外）的，在3年内按每户每年8000元为限额依次扣减其当年实际应缴纳的营业税、城市维护建设税、教育费附加和个人所得税。

在劳动力市场供需矛盾突出的情况下，自主创业成为大学生就业的重要途径。为了鼓励大学生自主创业，国家出台了促进高校毕业生自主创业和灵活就业的政策措施。2010年，国家还启动了"大学生创业引领计划"，提出在2010—2012年3年间引领45万名大学生实现创业的目标。

各地加大宣传力度，通过举办创业教育大讲堂、组织创业大赛等活动，广泛培育大学生创业意识和创业精神，营造支持创业、宽容失败的社会氛围。同时，还积极采取措施，为创业大学生提供政策咨询、项目开发、方案设计、风险评估、开业指导、创业培训、融资服务、企业孵化、跟踪扶持等"一条龙"服务，不断提高创业成功率，扶持大学生成功实

---

① 《教育部办公厅关于做好核发〈高校毕业生自主创业证〉有关工作的通知》2010年12月13日。

② 指实施高等学历教育的普通高等学校、成人高等学校毕业的学生；毕业年度是指毕业所在自然年，即1月1日至12月31日。

现自主创业。①

2011年国务院《关于进一步做好普通高等学校毕业生就业工作的实施意见》规定，自主创业的毕业生可以在手续办理、税收贷款、创业服务等方面获得国家扶持。大学生创业可以放宽一定的行业限制。

2012年8月，教育部印发了《普通本科学校创业教育教学基本要求（试行）》，规定在普通高等学校开展创业教育，将《创业基础》作为本科学生的必修课。

2012年11月，中国共产党第十八次代表大会明确提出了"要贯彻劳动者自主创业、市场调节就业、政府促进就业和鼓励创业的方针"，这是国家第一次将鼓励创业上升到国家战略层面。报告还指出，要鼓励青年成长，支持青年创业。

2013年，党的十八届三中全会通过了《中共中央关于全面深化改革若干重大问题的决定》，明确提出"实行激励高校毕业生自主创业政策"。此后，我国大学生创业政策逐渐放宽，大学生创业途径变广、机会变多，大学生可以多角度、多方位思考创业方向。

2014年，人力资源和社会保障部联合教育部等九部门决定2014—2017年实施新一轮"大学生创业引领计划"，发布了《九部门关于实施大学生创业引领计划的通知》，计划引领80万名大学生创业，并从多个层面搭建了较为完整的大学生就业创业政策框架。

三 "双创"战略与引导大学生创新创业

2014年9月，国家总理李克强在参加夏季达沃斯论坛时提出要促进"大众创业，万众创新"②。为了贯彻落实"双创"战略，中央和地方各级政府积极出台一系列应对措施，鼓励大学生毕业生自主创业，以创业带动就业。

2015年2月，人力资源和社会保障部印发《关于做好2015年全国高校毕业生就业创业工作的通知》，要求把促进高校毕业生就业作为重中之

---

① 谢瑗：《多措并举促进未就业高校毕业生就业——中国促进未就业高校毕业生就业的主要做法》，《中国就业》2013年第1期。
② 马梅若：《"大众创业万众创新"战略扎实推进》，《金融时报》2015年9月15日。

重，抓好政策落实，精心实施离校未就业高校毕业生就业促进计划，深入实施大学生创业引领计划，加强公共就业人才服务，创新高校毕业生就业宣传工作，促进高校毕业生就业创业。

2015年4月，《国务院关于进一步做好新形势下就业创业工作的意见》部署进一步促进就业、鼓励创业，以稳就业、惠民生、助发展。指出积极推进创业带动就业，顺应产业结构迈向中高端水平、缓解就业结构性矛盾的需求，优化高校学科专业结构，加快发展现代职业教育，大规模开展职业培训，加大创业培训力度。利用各类创业培训资源，开发针对不同创业群体、创业活动、不同阶段特点的创业培训项目，把创新创业课程纳入国民教育体系。

2015年6月，国务院印发《关于大力推进大众创业万众创新若干政策措施的意见》，要求深入实施大学生创业引领计划，整合发展高校毕业生就业创业基金；引导和鼓励高校统筹资源，抓紧落实大学生创业指导服务机构、人员、场地、经费等；引导和鼓励成功创业者、知名企业家、天使和创业投资人、专家学者等担任兼职创业导师，提供包括创业方案、创业渠道等创业辅导；建立健全弹性学制管理办法，支持大学生保留学籍休学创业。同年，国务院办公厅还出台了《关于深化高等学校创新创业教育改革的实施意见》《国务院办公厅关于支持农民工等人员返乡创业的意见》《国务院办公厅关于印发进一步做好新形势下就业创业工作重点任务分工方案的通知》《国务院办公厅关于支持农民工等人员返乡创业的意见》。此外，财政部、国家税务总局、人力资源和社会保障部联合出台了《关于扩大企业吸纳就业税收优惠适用人员范围的通知》，人力资源和社会保障部办公厅印发了《关于进一步推进创业培训工作的指导意见》。密集出台的政策文件为促进高校毕业生创业提供了有力的政策支持。

为贯彻落实《国务院关于进一步做好新形势下就业创业工作的意见》，2016年2月，人力资源和社会保障部下发了《关于做好全国高校毕业生就业创业工作的通知》，要求各地结合实际进一步细化完善鼓励高校毕业生到基层就业、小微企业吸纳就业、自主创业等政策措施，加强对灵活就业和新就业形态的支持，落实好税费减免、创业担保贷款及贴息、社保补贴、培训补贴、求职创业补贴等政策，促进毕业生多渠道就业和创业。各地要调动各方力量，深入实施大学生创业引领计划，把大学生创业引领计划实施纳入本地区"双创"工作总体安排，抓好各项政策措施的贯彻落实。编制实施专项培训计划，进一步丰富适合大学生的创业培训项目，提高培训的针对性和有效性。进一步加强创业服务工作，运用政府购买服务机制，统筹发挥公共就业人才服务机构和创业服务市场主体作用，办好用好各类创业服务载体，对创业大学生实施精准帮扶。同时，人社部门组织开展了多种形式的高校毕业生创业培训，以国际劳工组织创业培训课程为基础，组织专家专门设计针对大学生特点的创业培训远程课程，集中开发创业项目库，收集创业信息。

2016年11月，人力资源和社会保障部、教育部下发了《关于实施高校毕业生就业创业促进计划的通知》，决定从2016年起开始实施"高校毕业生就业创业促进计划"。《通知》指出，坚持使市场在资源配置中起决定性作用和更好发挥政府作用相结合，坚持促进就业和鼓励创业相结合，坚持政策引导和服务创新相结合，针对高校毕业生就业创业特点，发挥政府、高校、社会等各方面作用，加强政策统筹，整合利用资源，畅通就业渠道，改善就业环境，建立健全促进高校毕业生就业创业的长效机制。《通知》要求，把有就业创业意愿的高校毕业生全部纳入就业创业促进计划，运用各项政策措施和服务手段综合施策，精准发力，使高校毕业生就业创业能力全面提升，创新创业活力进一步增强，有就业创业需求的都能得到有针对性的指导服务和政策支持，市场供需匹配效率进一步提高，高校毕业生就业权益得到有效保障，努力实现高校毕业生就业保持较高水平。《通知》提出实施能力提升、创业引领、校园精准服务、就业帮扶、权益保护五大行动，加强部门协同、信息共享、工作对接，促进高校毕业生就业创业。

2017年3月和5月，人力资源和社会保障部与国务院分别召开了促进高校毕业生就业的电视电话会议，动员部署各地引导和鼓励高校毕业生到基层工作，促进高校毕业生就业创业。

2018年，全国高校毕业生人数达到820万人，为做好毕业生就业工作，人力资源和社会保障部印发了《关于做好2018年全国高校毕业生就业创业工作的通知》，提出要着力抓好就业创业政策落实，把政策落实作为本年高校毕业生就业创业工作的主线。各地要抓住打造"双创"升级版的有利契机，集中优质资源支持高校毕业生创业创新。强化能力素质培养，将创业培训向校园延伸，依托各类培训机构、企业培训中心等平台，创新开发一批质量高、特色鲜明、针对性强的培训实训课程，更好满足毕业生创业不同阶段、不同领域、不同业态的需求。加大政策资金支持，落实好创业担保贷款、一次性创业补贴、场租补贴等扶持政策，支持有条件的地方设立高校毕业生就业创业基金，积极引入各类社会资本，多渠道助力毕业生创业创新。优化创业指导服务，推动公共就业创业服务机构、创业孵化基地向毕业生开放，充实完善涵盖不同行业领域、资源经验丰富的专家指导团队，为毕业生创业提供咨询辅导、项目孵化、场地支持、成果转化等全要素服务，帮助解决工商税务登记、知识产权、财务管理等实际问题。搭建交流对接平台，组织"中国创翼"创业创新大赛、创业项目展示推介、选树创业典型等活动，结合实际打造更多富有地方特色的创业品牌活动，为创业毕业生提供项目与资金、技术、市场对接渠道。

2019年，中央政府加强宏观调控，积极实施就业优先政策，把稳就业摆在突出位置。相关部门结合自身职能，围绕突出问题，聚焦重点群体，全力稳住就业大局，积极促进创新创业。2019年《政府工作报告》提出实施就业优先政策。2019年5月，国务院成立就业工作领导小组，加强对就业工作的组织领导和统筹协调。7月和12月召开的国务院常务会议都强调要实施就业优先政策，并对落实就业优先政策做出部署。同年，《国务院关于进一步做好稳就业工作的通知》《人力资源社会保障部、财政部、农业农村部关于进一步推动返乡入乡创业工作的意见》，明确规定有条件的地区对首次创办小微企业或从事个体经营，且所创办企业或个体工商户自工商登记注册之日起正常运营1年以上的离校2年内高校毕业生、就业困难人员、返乡入乡创业人员提供一次性创业补贴。

2019年4月，人力资源和社会保障部、共青团中央发布相关文件，① 开始实施"青年就业启航计划"，促进16—35岁有劳动能力、失业1年以上的青年就业创业，并从五个方面明确了具体帮扶举措：一是摸清基本情况。对失业青年定向摸排登记，建立实名信息数据库。二是开展实践指

---

① 2019年4月，人力资源和社会保障部、共青团中央《关于印发青年就业启航计划实施方案的通知》。

导。对有求职意愿的青年开展职业素质测评，帮助合理确定职业定位。三是提升就业能力。将有培训意愿的失业青年组织到职业技能提升行动中，有针对性地提供培训项目。四是扶持自主创业。为符合条件的失业青年提供创业担保贷款、场租补贴等支持。五是实施托底帮扶。将建档立卡贫困家庭、城乡低保家庭、零就业家庭和残疾失业青年作为重点援助对象，提供专门的职业指导。

2019年7月，人力资源和社会保障部、教育部、公安部、财政部、中国人民银行印发《关于做好当前形势下高校毕业生就业创业工作的通知》。

2019年12月，人力资源和社会保障部、财政部、农业农村部联合印发《关于进一步推动返乡入乡创业工作的意见》，鼓励支持农民工、高校毕业生和退役军人等返乡入乡创业。

四　高校毕业生创新创业政策的优化与完善

为有效应对国内外疫情形势和经济下行压力对就业的影响，做好常态化疫情防控中的稳就业工作，国务院办公厅于2020年7月印发《关于支持多渠道灵活就业的意见》，提出多项措施支持灵活就业。

2020年6月，中央组织部、人力资源和社会保障部等7部委印发《关于引导和鼓励高校毕业生到城乡社区就业创业的通知》。

2021年是国家实施"十四五"规划的开局之年，也是我国在2020年经历严重疫情后经济逐渐恢复发展的关键一年。为全面贯彻党的十九届五中全会精神和党中央、国务院决策部署，2021年3月，人力资源和社会保障部印发《关于做好2021年全国高校毕业生就业创业工作的通知》，提出要引导扶持创业创新。各地要结合创新驱动、新兴产业发展，积极支持有意愿、有潜能的毕业生投身创业创新。将创业培训向校园延伸，针对毕业生特点提供创业意识教育、创业项目指导、网络创业等培训。加大资金保障力度，落实创业担保贷款提高额度、降低利率政策和免除反担保要求，允许毕业生在创业地申请创业担保贷款。倾斜创业服务资源，为毕业生推荐适合的创业项目，提供咨询辅导、成果转化、跟踪扶持等一站式服务，政府投资开发的各类创业载体安排一定比例场地，免费向毕业生提供。支持留学回国人员创业创新，加强留学人员创业园建设，提供创业项目支持，鼓励开展创业研修班、创业导师进园区等活动，深入实施留学人员回国创业启动支持计划。积极挖掘数字经济、平台经济从业机会，瞄准线上教育、文化创意、新媒体运营等领域，加大税收优惠、社保补贴等政策落实力度，完善保障举措，支持毕业生从事个体经营、非全日制就业和平台就业。

2021年5月，人力资源和社会保障部、国家发展改革委员会、教育部、财政部、中央军委国防动员部印发《关于延续实施部分减负稳岗扩就业政策措施的通知》，规定要继续实施普惠性失业保险稳岗返还、扩大以工代训范围、给予困难人员培训生活费补贴等政策，提前发放就业见习补贴，继续放宽技能提升补贴申领条件，继续扩大失业保险保障人群范围，支持毕业生基层就业和升学入伍，支持毕业生就业创业。

2021年6月，中央召开了全国就业创业工作暨普通高等学校毕业生就业创业工作电视电话会议，指出要促进毕业生更加充分更高质量就业。

国务院部署"十四五"期间促进创业的工作任务，要求进一步促进创业带动就业，打造更好的大众创业创新发展生态系统，强化创业创新政策激励，激发市场活力，促进发展，扩大就业，造福民生；确定加快发展对外贸易新形式、新模式，促进对外贸易升级，培育新的竞争优势。

2021年8月，国务院印发《"十四五"就业促进规划》，明确了就业促进总体要求和重点任务。提出要"释放创业带动就业活力""坚持经济发展就业导向、强化创业带动作用"。

2021年9月，人力资源和社会保障部、财政部、税务总局、港澳办联合印发支持港澳青年在粤港澳大湾区就业创业的相关文件，决定实施"大湾区青年就业计划"，同时，允许符合条件的港澳青年报名参加"三支一扶"项目，为有创业意愿的港澳青年提供有针对性的创业培训，促进港澳青年提高创新创业能力，对在粤港澳创业的港澳青年提供税收优惠、创业担保贷款及贴息、场馆支持。

为做好2021—2025年全国普通高校毕业生就业创业指导委员会各项工作，建立科学合理、规范有效的工作机制，2021年10月，教育部发布了《全国普通高校毕业生就业创业指导委员会章程》[①]；国务院办公厅印

---

① 2021年10月，《教育部办公厅关于印发全国普通高校毕业生就业创业指导委员会章程的通知》。

发文件《关于进一步支持大学生创新创业的指导意见》对高校深化创新创业教育改革，优化人才培养模式提出了新要求。文件还指出，要进一步加强大学生创新创业服务平台建设，为大学生创业提供包括财税和金融在内的各项政策支持，持续优化高校毕业生创新创业环境。

2022年5月，国务院下发《关于进一步做好高校毕业生等青年就业创业工作的通知》，强调要认真贯彻落实党中央决策部署，关注青年群体就业，把高校毕业生作为重中之重，重点帮助困难高校毕业生就业，同时做好青年群体的就业创业工作。

2022年11月，《教育部关于做好2023届全国普通高校毕业生就业创业工作的通知》决定实施"2023届全国普通高校毕业生就业创业促进行动"，支持自主创业和灵活就业。要求各地各高校要积极鼓励和支持高校毕业生自主创业，在资金、场地等方面向毕业生创业者倾斜，为高校毕业生创新创业孵化、成果转化等提供服务。推动中国国际"互联网+"大学生创新创业大赛等大学生创业项目转化落地。各地教育部门要配合有关部门落实灵活就业社会保障政策，为毕业生从事新形态就业提供支持，推动灵活就业规范化发展，切实维护高校毕业生合法权益。

第七节　应征入伍政策

应征入伍也是高校毕业生就业的一个渠道，高校毕业生可以通过报名应征义务兵，部分专业符合要求的可以直接被招收为士官。为鼓励高校毕业生积极应征入伍服役，提高兵员征集质量，推进国防和军队现代化建设，我国出台了一系列鼓励高校毕业生应征入伍的政策。

一　政策发展历程

（一）征集在校大学生入伍

中华人民共和国成立以后较长一段时间内，我国兵员征集的主要对象一直以农村青年和城镇待业青年为主，大学生除少量直接征召为军官或文职干部外，绝大多数都没有参军服役。

20世纪60年代，为适应军队建设的需要和改善部队官兵的文化结构，国家动员数万名大学生应征入伍，通过这一有力措施的落实，不仅提高了部队的整体文化素质，同时也保证了一些技术军兵种如导弹部队、卫星发射部队的顺利组建。

1968年6月，中共中央、国务院、中央军委等部门发布了《关于分配一部分大专院校毕业生到解放军农场去锻炼的通知》，按照这一文件的要求，分配到解放军农场的毕业生一律实行军事管理，过战士生活，一面学习，一面生产，按部队组织形式单独编成连队，但并非现役军人。解放军农场锻炼结束后，这些大学生中部分人员被留在部队，另一部分则被分配到其他单位就业。

2001年9月，新版《征兵工作条例》正式颁布实施，大学生开始进入征兵部门的视野。《条例》规定：正在全日制高等学校就学的学生，本人自愿应征且符合条件的，可以批准服现役。

2005年10月底，国务院、中央军委冬季征兵命令宣布：全面开展征集在校大学生工作①。规定正在全日制高等学校就学的学生，本人自愿应征并且符合条件的，可以批准入伍，原就读学校应当按照有关规定保留其学籍，退伍后准其复学。

（二）在大学毕业生中直接招收士官

2008年，总参谋部、教育部、民政部下发《关于从普通高等学校毕业生中直接招收士官的通知》，全面开展在大学毕业生中直接招收士官工作。招收对象为普通高等学校全日制应届、往届男性毕业生，年龄24周岁以内的未婚青年，所学专业需符合直招士官范围。政治和体格条件按照征集义务兵有关规定执行。

受2008年国际金融危机影响，高校毕业生就业压力加大。为鼓励高等学校毕业生积极应征入伍服役，2009年1月，《国务院办公厅关于加强普通高等学校毕业生就业的通知》对应征入伍服义务兵役的高校毕业生，实施相应的学费和助学贷款代偿。

为进一步推进征兵工作改革，鼓励高校毕业生积极参军，从源头上提高新兵质量，2009年4月，总参谋部、总政治部、教育部等部门联合下发《关于做好普通高等学校应届毕业生征集工作的通知》，在2009年冬季兵员征集工作中，军队的兵员征集对象主体已被调整为各级各类本科、

---

① 冯春梅：《二〇〇五年冬季征兵工作全面展开》，《人民日报》2005年10月31日第4版。

大专院校应届毕业生。该通知规定，高校毕业生应征入伍服义务兵役，除享有优先报名应征、优先体检政审、优先审批定兵及其他优待安置政策外，还享受如下优惠政策：（1）优先选拔使用。同等条件下，高校毕业生士兵在选取士官、考军校、安排到技术岗位等方面优先；具有普通高等学校本科以上学历、取得相应学位的高校毕业生士兵，表现优秀、符合总政治部有关规定的可以直接选拔为军官。（2）考学升学优惠。具有高等教育学历的士兵退役后，参加政法院校为基层公检法定向岗位招生时，优先录取；退役后3年内参加硕士生考试初试总分加10分，立二等功及以上的退役后免试推荐入读硕士研究生；具有高职（高专）学历的，退役后免试入读成人本科或经过一定考核入读普通本科。（3）补偿学费和代偿国家助学贷款。对应征入伍的高校毕业生，由中央财政实施相应的学费补偿和国家助学贷款代偿。随后，财政部、教育部、总参谋部印发了《应征入伍服义务兵役高等学校毕业生学费补偿国家助学贷款代偿暂行办法》，规定了补偿或代偿的标准、年限及方式，申请与审核，预算下达，补偿或代偿的实施，管理与监督等方面内容。国家对服义务兵役的高校毕业生每学年补偿学费或代偿国家助学贷款本息的金额，最高为6000元；毕业生在校期间每学年实际缴纳的学费或获得的国家助学贷款本息高于6000元的，按照每年6000元的金额实行补偿或者代偿；高校毕业生在校学习期间每年实际缴纳的学费或获得的国家助学贷款本息低于6000元的，按照学费和国家助学贷款本息两者就高的原则，实行补偿或代偿。

2009年5月，《教育部办公厅关于积极做好2009年普通高等学校应届毕业生入伍预征工作的通知》，在教育部门和高等学校对当年的高校毕业生应征入伍工作进行了动员部署。

2011年，修改后的《中华人民共和国兵役法》明确提出："在高等院校在校大学生和毕业生中征集士兵"。

为推动做好2012年全国高校毕业生入伍预征工作，帮助广大毕业生了解、掌握应征入伍的相关政策，教育部高校学生司、全国高等学校学生信息咨询与就业指导中心会同国防部征兵办，于2012年4月23—27日举办"2012年高校应届毕业生应征入伍政策网上咨询活动"。为认真落实《中华人民共和国兵役法》和《军人抚恤优待条例》的有关规定，鼓励高校在校生积极报名应征,保证义务兵优待政策有效落实,2012年11月,《民政部、总参谋部关于应征入伍服义务兵役高校在校生优待问题的通知》颁布实施。

2013年,征兵时间由冬季调整为夏秋季,从而使征兵时间与学生毕业时间衔接起来,开通了从"校门"到"营门"的直通车,为青年学子报名应征提供了便利的时间窗口。为了做好应征入伍普通高等学校录取新生保留入学资格及退役后入学工作,根据《中华人民共和国兵役法》,2013年7月,教育部、总参谋部印发了《应征入伍普通高等学校录取新生保留入学资格及退役后入学办法(试行)》。8月,财政部、教育部、总参谋部印发了《高等学校学生应征入伍服义务兵役国家资助办法》,规定对应征入伍服义务兵役及退役后自愿回校复学的高等学校学生给予资助。

2014年,国家出台了《关于调整完善国家助学贷款相关政策措施的通知》,对应征入伍服义务兵役的高校学生,在入伍时对其在校期间缴纳的学费实行一次性补偿或获得的国家助学贷款实行代偿;学费补偿、国家助学贷款代偿和学费减免标准,本专科学生每人每年最高不超过8000元,研究生每人每年最高不超过12000元。

2014年7月,《教育部办公厅关于做好2014年离校未就业高校毕业生就业服务工作的通知》提出积极推进大学生征兵工作。《通知》要求各地各高校与兵役机关密切配合,在继续做好宣传发动、应征报名的基础上,进一步做好后续服务工作。各高校要设置专门的征兵咨询电话或网上答疑平台,暑假期间安排专人值班,及时、准确地为未就业毕业生解答征兵政策和相关疑问,逐个通知、提醒毕业生在高校所在地或入学前户籍地应征。各地要结合实际开设大学生入伍绿色通道,及时审核确认相关信息,通过设立征兵体检"大学生专场"等方式,做好体检、政审、定兵等各项工作,并宣传落实好学费资助、退役后复学升学、就业创业等优惠政策,确保完成2014年大学生征兵工作任务。

(三)扩大大学生征集比例

2016年,国防动员部成立,征兵工作执行"五率"[①] 量化考评政策,

---

① "五率"指:报名率、上站率、合格率、择优率、退兵率。

其中择优率的指向就是提高本科生、毕业生的征集比例，在"五率"中占比重最高。以此为抓手，大学生征集比例明显提升。①

教育部印发《关于做好 2016 届全国普通高等学校毕业生就业创业工作的通知》，提出各地各高校要与兵役机关密切配合，建立定期会商机制，及早部署 2016 年高校学生征兵工作，认真落实大学生征兵任务；逐项落实各项政策，重点落实好退役高校学生士兵专项研究生招生计划、新生宣传单、复学升学、就业创业等政策；逐校落实工作任务，明确责任，一级抓一级，层层抓落实；逐人开展宣传动员，办好"网上咨询周""征兵宣传月"等活动，对大学新生、在校生、毕业生等不同群体开展有针对性的宣传动员，确保高校学生征兵数量和质量进一步提高。

2018 年，退役军人事务部等 12 部门联合发布《关于促进新时代退役军人就业创业工作的意见》，规定"在军队服役 5 年（含）以上的高校毕业生士兵，退役后可以报考面向服务基层项目人员定向考录的职位，同服务基层项目人员共享公务员定向考录计划"。

2019 年 4 月，国家发布《服兵役高等学校学生国家教育资助实施细则》，规定国家对应征入伍服义务兵役、招收为士官的高校学生，在入伍时对其在校期间缴纳的学费实行一次性补偿或获得的国家助学贷款实行代偿；对应征入伍服义务兵役前正在高等学校就读的学生（含按国家招生规定录取的高校新生），服役期间按国家有关规定保留学籍或入学资格、退役后自愿复学或入学的，实行学费减免；对退役一年以上，自主就业，通过全国统一高考或高职单招考入高等学校并到校报到的入学新生，实行学费减免。

2021 年，全国征兵正式实施"一年两征"，征集对象以大学生为重点，这是我国征兵制度的一次重大改革，对进一步提高兵员质量、夯实部队战斗力建设基础、巩固和提高战斗力具有重要意义②。"两征两退"政策实行后，除了征集时间调整改革以外，征集新兵总量与往年相比保持稳定，征集的条件、标准、程序和相关政策不变，征集对象仍以大学生为重点。

---

① 宫玉聪：《大学生参军数量屡创新高》，《解放军报》2018 年 11 月 25 日第 1 版。
② 周贝贝、赵志川、王维涛：《新时代高校大学生征兵工作体系构建研究——以"一年两征"改革视角为中心的考察》，《教育教学论坛》2021 年第 14 卷，第 25—28 页。

二 高校毕业生应征入伍服兵役享受的优惠政策

目前，高校毕业生应征入伍服义务兵役，除享有一系列"优先"政策，如优先报名应征、优先体检政审、优先审批定兵、优先选拔使用外，还享受补偿学费或代偿国家助学贷款、考学升学优惠、就业安置帮扶等优惠政策。

1. 优先优待

一是享受"四个优先"。依据《关于做好征集大学生入伍工作的通知》（2013），大学生参军入伍享受优先报名应征、优先体检政考、优先审批定兵、优先安排使用政策，为大学生参加体检开通绿色通道。

二是家庭优待。依据《兵役法》《关于做好征集大学生入伍工作的通知》（2013），入伍大学生按规定享受优待政策，优待金由批准入伍地发放，其家庭享受军属待遇，由户籍所在地负责落实相关优待。

三是国家资助学费。从 2009 年起，国家对应征入伍服义务兵役的高校应届毕业生在校期间缴纳的学费实行补偿[1]。2014 年，国家提高了学费补偿、国家助学贷款代偿和学费减免标准，规定本专科学生每人每年最高不超过 8000 元，研究生每人每年最高不超过 12000 元[2]。

2. 选用培养

一是选录士官。依据《关于加强大学生士兵教育管理和培养使用的意见》（2010），对符合士官选录条件的士兵，同等条件下具有全日制大专毕业以上学历的要优先选录。依据《关于大学毕业生士兵首次选取为士官定级定衔有关问题的通知》（2010），取得全日制大专以上学历的大学毕业生士兵，首次选录为士官确定军衔等级和工资起点标准时，其在普通高等学校按规定学制就读的年数视同服役时间。上述人员在实习期间入伍且入伍后取得就读院校颁发的大专以上学历证书的，在校就读的年数视同服役时间。

---

[1] 依据《财政部、教育部、总参谋部关于印发〈应征入伍服义务兵役高等学校毕业生学费补偿和国家助学贷款代偿暂行办法〉的通知》（2009）。

[2] 依据《关于印发〈高等学校学生应征入伍服义务兵役国家资助办法〉的通知》（2013）、《关于调整完善国家助学贷款相关政策措施的通知》（2014）。

二是士兵提干。依据《关于从大学毕业生士兵中选拔军官暂行办法》(2011)，对于参加全国普通高等学校招生统一考试，经省招办本科第一批、第二批录取且取得全日制本科学历和学士学位的毕业生（含毕业学年入伍，服役期间取得学历和学位的），或者参加全国普通高等学校招生统一考试，经省招办本科第三批录取、取得全日制本科学历和学士学位且服役期间表现优秀的毕业生，或者参加全国硕士研究生招生统一考试，取得全日制研究生学历的毕业生，入伍一年半以上，本科生不超过26岁、研究生不超过29岁，符合一定条件的，优先列为提干对象。

三是报考军校。对于大专毕业生应征入伍的，依据《关于从大学毕业生士兵中选拔军官暂行办法》(2011)、《关于大专毕业生士兵参加军校招生有关问题的通知》(2012)，可参加全军统一组织的本科层次招生考试，录取的到军队院校学习，学制2年，毕业合格的列入年度生长干部学员毕业分配计划。非统招、非全日制以及函授、自考的大专毕业生士兵，可参加高中生士兵招生考试。

四是保送入学。大学毕业生士兵参加优秀士兵保送入学对象选拔，年龄放宽1岁（不超过26岁），同等条件下优先列为推荐对象，符合有关条件的，可保送入军队院校培训。本科以上学历的，安排6个月任职培训；专科学历的，安排2年本科层次学历培训。

3. 复学升学

一是考试升学加分。普通高校应届毕业生应征入伍服义务兵役退役后3年内参加全国硕士研究生招生考试，初试总分加10分，同等条件下优先录取；在部队荣立二等功及以上的，符合研究生报名条件的可免试（指初试）攻读硕士研究生。

二是高职（专科）升学。具有高职（专科）学历的毕业生，退役后免试入读成人本科。

三是设立"退役大学生士兵"专项硕士研究生招生计划。根据实际需求，每年安排一定数量专项计划，专门面向退役大学生士兵招生。专项计划规模控制在5000人以内，在全国研究生招生总规模内单列下达，不得挪用。

4. 就业创业

一是就业服务。依据《转发民政部总参谋部等部门关于深入贯彻

〈退役士兵安置条例〉扎实做好退役士兵安置工作意见的通知》（2013），高校毕业生士兵退役后 1 年内，可视同当年的应届毕业生，凭用人单位录（聘）用手续，向原就读高校再次申请办理就业报到手续，户档随迁（直辖市按照有关规定执行）。退役高校毕业生士兵可参加户籍所在地省级毕业生就业指导机构、原毕业高校就业招聘会，享受就业信息、重点推荐、就业指导等就业服务。

二是参加公务员招录。依据《转发民政部总参谋部等部门关于深入贯彻〈退役士兵安置条例〉扎实做好退役士兵安置工作意见的通知》（2013），在招录公务员、参照公务员法管理机关（单位）工作人员，招聘事业单位工作人员时，同等条件下优先录用（聘用）符合政府安排工作条件的退役大学生士兵；退役士兵报考公务员、应聘事业单位职位的，在军队服现役经历视为基层工作经历，服现役年限计算为工龄。依据《关于促进新时代退役军人就业创业工作的意见》（2018），各级党政机关在组织开展选调生工作时，注意选调有服役经历的优秀大学生。

三是放宽招录（聘）条件。国有、国有控股和国有资本占主导地位的企业在新招录职工时拿出 5% 的工作岗位，在符合政府安排工作条件的退役士兵之间公开招聘，用人单位择优招录。机关、社会团体、企业事业单位在招收录用工作人员或聘用职工时，对退役军人的年龄和学历条件适当放宽。

四是政法干警名额招录。各地拿出政法干警招录培养体制改革试点班招录培养计划的 20% 左右，用于招录大学生退役士兵。对在服役期间荣立个人三等功以上奖励的退役士兵，报名和录用时在同等条件下优先考虑。鼓励高学历退役士兵报考试点班，并适当增加招录大学生退役士兵的比例。

五是纳入基层服务计划。乡镇补充干部、基层专职武装干部配备时，注重从退役大学生士兵中招录；对返乡务农的退役大学生士兵，鼓励通过法定程序积极参与村居"两委"班子的选举。同时，在军队服役 5 年（含）以上的高校毕业生士兵退役后可以报考面向服务基层项目人员定向考录的职位，同服务基层项目人员共享公务员定向考录计划，优先录用建档立卡贫困户家庭高校毕业生退役士兵。

六是放宽落户限制。对符合条件的退役大学生士兵可以放宽落户限制。

此外，还有一些所有退役士兵都享受的就业创业优惠政策。例如免费职业技能培训①、拓展就业渠道②、后续扶持③、鼓励扶持创业④等。

5. 其他待遇

一是悬挂光荣军属牌。对当年入伍的义务兵，须在翌年春节前将光荣军属牌悬挂到位，在翌年建军节前将家庭优待金发放到位。

二是政府安排工作。依据《退役士兵安置条例》，退役士兵符合下列条件之一的，由政府安排工作：（1）士官服现役满12年的；（2）服现役期间平时荣获二等功以上奖励或者战时荣获三等功以上奖励的；（3）因战致残被评定为5—8级残疾等级的；（4）是烈士子女的。符合前款规定条件的退役士兵在艰苦地区和特殊岗位服现役的，优先安排工作；因精神障碍基本丧失工作能力的，予以妥善安置。

三是保留经营权。依据《兵役法》，义务兵和士官服现役期间，入伍前依法取得的农村土地承包经营权应当保留。

四是出行优先。依据《关于保障道路客运领域军人依法优先出行权益有关事项的通知》（2018），全国汽车客运站、道路客运班线经营者应当在购票、安检、候车、乘车等环节对军人提供优先服务，随同军人出行的家属（原则上不超过2人，不需要提供与军人本人的关系证明）可一

---

① 可选择接受一次免费（免学杂费、免住宿费、免技能鉴定费）培训，并享受培训期间生活补助。教育培训期限一般为2年，最短不少于3个月。对下岗失业退役军人，及时纳入失业人员特别职业培训计划、职业技能培训等范围，并按规定予以补贴。

② 提高退役军人服务保障以及安保等岗位招录退役军人的比例，辅警岗位同等条件下优先招录退役军人。选派退役军人参与社会治理、稳边固边、脱贫攻坚等重点工作，鼓励退役军人到党的基层组织、城乡社区担任专职工作人员。

③ 接收退役军人的单位裁减人员的，优先留用退役军人。单位依法关闭、破产、改制的，当地人民政府优先推荐退役军人再就业，优先保障退役军人合法权益。

④ 组织有创业意愿的退役军人，依托专业培训机构和大学科技园、众创空间、网络平台等，开展创业意识教育、创业项目指导、企业经营管理等培训。政府投资或社会共建的创业孵化基地和创业园区可设立退役军人专区，并按规定落实经营场地、水电减免、投融资、人力资源、宣传推广等优惠服务。符合条件的退役军人及其创办的小微企业可申请创业担保贷款，并按国家规定享受贷款贴息。退役军人从事个体经营，符合条件的可享受国家相关税收优惠。引导企业和社会组织积极扶持退役军人创业，鼓励社会资本设立退役军人创业基金，拓宽资金保障渠道。

同享受优先服务。

五是游览优待。依据《军人抚恤优待条例》,现役军人、残疾军人凭有效证件参观游览公园、博物馆、名胜古迹享受优待,具体办法由公园、博物馆、名胜古迹管理单位所在地的县级以上地方人民政府规定。

第三章

高校毕业生就业能力提升政策

第一节　就业指导

大学生就业指导是对大学生进行职业观教育，指导大学生进行职业选择分析、就业心理分析和职业生涯设计的过程，也是提供就业信息和进行就业素质培训的过程。大学生就业指导和服务体系的构建，不仅要帮助大学生顺利实现初次就业，完成学生向职业人的社会角色转变，还要帮助毕业生找到适合自己个性和能力发展的匹配度较高的职业，要帮助大学生培养职业自主发展的意识、理念和能力，进行职业发展的规划与设计，为其职业生涯发展奠定坚实基础。

一　高校毕业生思想教育

在统包统配的就业制度下，高校毕业生就业指导主要是以思想教育的形式体现的，具体方式有召开毕业分配动员大会、组织谈心谈话等。为了让毕业生根据国家的需要，全面理解就业分配原则，高等教育部提出要加强高等学校毕业生的思想教育工作。

1957年3月，高等教育部、青年团中央发布《关于加强高等学校毕业生思想教育工作的通知》，要求各地分配毕业生的部门、青年团组织和高等学校，重视对毕业生进行思想教育工作。要加强对毕业生进行思想教育工作，避免使用简单粗暴的办法，向他们讲清楚道理，耐心说服，同时照顾毕业生的实际困难和正当要求。

1957年7月，《国务院关于1957年高等学校暑期毕业生分配工作的几项原则规定》指出："为了作好毕业生的分配工作，应该掌握实际情况，贯彻群众路线。在确定分配计划和具体的调配、派遣工作中，国家经济委员会、高等教育部和有关部门，应该切实掌握用人部门的需要和各项专业毕业生的一般情况，注意征求学校、教师和毕业生的意见，积极采纳各方面所提出的合理的而又能够做到的意见，克服工作中的主观主义。在具体调配和派遣工作中，应该做好思想动员工作，说服学生自觉地接受国家所分配的工作，鼓励他们积极参加祖国的社会主义建设。对于学生所提出的个人志愿和实际困难，应该在可能条件下给以适当的照顾。实际条件不可能照顾的，应该把国家的困难向他们交代清楚，说服他们服从国家分配。除开国家某些缺门和急需的专业必须全部服从国家分配以外，对于其他专业学科中少数不顾国家需要，无理坚持个人要求，拒不服从分配的学生，可以发给毕证书，由学校负责人向他们宣布，国家不再负责分配他们的工作，由他们自找职业；但是，国家机关、学校、企业和事业只能接受国家分配的学生，不得自由录用这些自找职业的学生。"

高等学校毕业生在经过整风运动、反右派斗争等政治思想教育，社会主义建设大跃进的鼓舞，学习贯彻教育为工人阶级的政治服务、教育和生产劳动相结合的方针后，思想觉悟普遍提高，绝大部分毕业生表示"坚决服从国家分配，愿到祖国最需要的地方去""祖国的需要就是我的志愿"。但是，也存在一部分高等学校毕业生不愿意服从国家分配的情况。从当时陕西、湖南、天津和北京等地区和学校反映的毕业生思想情况来看，在就业去向上，部分毕业生存在"四向四不向"的想法，即"向上不向下，向大不向小，向城市不向农村，向南方不向北方"。具体表现在：一些毕业生只愿去科学研究机构和设计部门，不愿到现场、实际生产部门工作；不愿做高等学校助教，尤其是不愿到中等学校做教师，认为当中学教师更无"前途"；只愿在大城市，不愿去边疆，认为"到边疆工作是倒霉"，有的人不愿去人民公社，甚至学农的也不愿去农村；少数毕业生强调家庭困难、身体有病等理由，不愿服从国家分配。

为了解决高等学校毕业生的上述思想问题，动员毕业生自觉、愉快地服从国家分配，到国家最需要的地方去，1959年6月，教育部、共青团中央、国务院人事局发布了《关于1959年暑期高等学校毕业生思想教育工作的通知》，要求不但要在平时经常对毕业生开展思想教育工作，在毕业时还应该集中进行教育。

1963年《高等学校毕业生调配、派遣暂行办法》规定：高等学校毕业生的分配，在首先服从国家需要的前提下，对于毕业生的工作志愿、特殊困难及华侨学生、少数民族学生的特殊情况等，应当在调配计划范围内给予适当照顾，以发挥他们的专长，调动他们的积极性。文件指出，要做好毕业生的思想工作，对于那些强调困难挑拣地区的毕业生，应该教育他们以正确的态度对待国家需要，服从国家分配。对不顾国家需要，坚持个人无理要求的，应该进行严肃的批评，不应迁就。

20世纪60年代中期到70年代中期，在毕业生的思想教育方面，主要以"斗私，批修"为纲，强调狠抓毕业生的世界观改造，促进思想革命化。

二 建立高校毕业生就业指导中心

党的十一届三中全会以后，高校毕业生"统包统分"的就业制度发生了改变，逐渐开始实行"供需见面""双向选择"的就业方式。中共中央1985年5月27日发布《关于教育体制改革的决定》，提出要改革高等学校的招生计划和毕业生分配制度，扩大高等学校办学自主权。随着毕业生招生和就业制度的改革，我国的就业指导工作逐步开展起来。这一时期国家成立了全国高等学校毕业生就业指导中心，负责开展毕业生就业指导和毕业教育工作。

根据中共中央《关于教育体制改革的决定》精神，国家教委从1986年起即组织力量对高等学校毕业生分配制度的改革进行调查研究，并会同国家计委、财政部、劳动人事部等有关部门作了专题研讨论证，提出了《高等学校毕业分配制度改革方案》。根据规定[①]，国家教委于1989年4月开始筹建全国高等学校毕业生就业指导中心（以下简称就业指导中心），并于1991年2月正式办公。就业指导中心负责宣传贯彻国家有关高校毕业生分配、就业的方针、政策和法令；开展毕业生就业指导和毕业教育工作；组织交流毕业生供需信息，指导招聘录用工作；培训毕业生分配和就业指导工作人员；开展毕业生就业科学研究、经验交流和咨询服务工

---

① 国务院批转《国家教委关于改革高等学校毕业生分配制度报告的通知》（国发〔1989〕19号）。

作；调查研究毕业生就业情况和问题，为有关部门和高等学校提供反馈信息。① 随着全国高校毕业生就业指导中心的建立，各省市和高校也纷纷建立了"毕业生就业指导中心"。

1993 年 2 月 13 日，中共中央、国务院颁布了《中国教育改革和发展纲要》，明确指出要改革高校毕业生"统包统分"和"包当干部"的就业制度，实行少数毕业生由国家安排就业，多数毕业生自主择业的就业制度。这一文件的出台使就业指导的重要性进一步凸显，如何对高校毕业生进行就业指导，引导其自主择业，成为高校就业工作面临的重要任务。

从 1994 年起，全国高校毕业生就业指导中心每年举办毕业生就业指导人员和任课教师培训班，并组织力量统编大学生就业指导教材。随后，国家教委陆续颁布了一系列政策法规，以法律条文的形式对就业指导做出了明确要求，规定高校应当为毕业生、结业生提供就业指导和服务。我国各高校的就业指导工作逐渐成为高校毕业生就业工作的一项重要内容。

1995 年全国共有高校毕业生 89.5 万人，其中，毕业研究生 3.4 万人，本专科毕业生 80.3 万人，国家计划内电大、函授普通专科班毕业生 5.8 万人②。这届毕业生人数创下中华人民共和国成立以来的新高，这一年也是毕业生就业制度改革进入重点突破、整体推进的一年，就业工作十分艰巨。1994 年 11 月，《国家教育委员会关于做好 1995 年全国普通高校毕业生和毕业研究生就业工作的通知》指出要开展行之有效的毕业生思想教育和就业指导工作。各级主管毕业生就业部门，特别是大中专院校要加强对毕业生的思想教育和就业指导工作，针对毕业生的思想实际，采取灵活多样的形式，教育毕业生顾全大局，树立正确的价值观，处理好个人志愿和国家需要、个人成长与事业发展的关系，按照国家的就业方针、政策和需要，指导毕业生通过合理的就业途径，走上既能满足国家需要，又能充分发挥个人才能的就业岗位。

为了积极稳妥地做好 1996 年高校毕业生就业工作，规范高校毕业生

---

① 1991 年 4 月 29 日，《国家教委办公厅关于全国高等学校毕业生就业指导中心正式对外办公的通知》。

② 1994 年 11 月，《国家教育委员会关于做好 1995 年全国普通高校毕业生和毕业研究生就业工作的通知》。

"供需见面"等活动，保持高校和社会的稳定。1996年4月，国家教委发布《关于继续做好1996年高校毕业生和毕业研究生就业工作的通知》，提出要指导高等学校做好毕业教育和就业指导工作，保证毕业生顺利就业。

为贯彻落实党的十五大精神，科学合理地配置高层次专门人才，逐步建立符合我国社会主义初级阶段国情的高等学校毕业生就业工作新机制，根据我国高校毕业生就业制度改革情况和国务院办公厅颁发的文件①精神，1997年12月，国家教育委员会发布《关于做好1998年普通高校毕业生就业工作的通知》指出，在规定时间内，经学校推荐落实工作单位的毕业生，国家负责派遣；未落实工作单位的毕业生，学校可将其档案和户粮关系转回家庭所在地，由当地毕业生就业指导机构帮助推荐就业。自此，未就业毕业生的就业推荐工作也交由就业指导机构负责。

随着高校1999年扩招，从2003年开始，高校毕业生数量迅速增加，就业压力持续上升，毕业生就业工作已经成为摆在高校面前的一项重要工作。但是，一些高校对此还没有给予足够的重视，主要表现在就业指导机构不健全，工作人员和经费不足，就业指导和服务不能适应新形势发展的需要。中央领导同志多次强调要高度重视高校毕业生就业工作，要求加强就业指导和服务，合理引导，积极促进高校毕业生就业和创业。为深入贯彻党的十六大及中央领导指示精神，根据《国务院办公厅转发教育部等部门关于进一步深化普通高等学校毕业生就业制度改革有关问题意见的通知》及《教育部公安部人事部劳动保障部关于切实做好普通高等学校毕业生就业工作的通知》和2002年召开的教育部部长专题办公会要求，2002年12月，教育部发布《关于进一步加强普通高等学校毕业生就业指导服务机构及队伍建设的几点意见》，强调要把毕业生就业工作作为高校领导的"一把手"工程，切实把高校毕业生就业工作作为考核高校领导干部政绩的重要内容。要求高校必须建立并健全毕业生就业指导服务机构，在办公条件、人员等方面给予充分保证。尽快提高就业指导教师队伍的整体业务素质，把就业指导教师队伍建设摆到整个高校师资队伍建设的重要位置，努力提高就业指导队伍的专业化和职业化水平，保证专职就业

---

① 1996年5月25日，《国务院办公厅关于做好1996年高校毕业生和研究生就业工作的通知》。

指导教师和专职工作人员与应届毕业生的比例不低于1∶500。

2003年,面对严峻的就业形势,各级人事部门按照文件①要求,把高校毕业生就业接收工作与加强人才队伍建设,特别是调整人才结构有机结合起来,进一步转变观念,深化改革,采取切实有力的措施,做好普通高等学校毕业生就业接收工作。2003年1月,《人事部关于做好2003年全国普通高等高校毕业生就业接收工作的通知》指出,要进一步完善服务手段,提高服务质量,积极为高校毕业生提供政策咨询、就业指导、择业信息登记、就业推荐以及人事档案管理、代办保险等"一条龙"服务。要配合有关部门及高校做好高校毕业生的就业指导工作,通过各种媒体或组织举办报告会等形式大力宣传在基层、在国家重点工程项目中做出突出贡献的高校毕业生的典型事迹,教育高校毕业生树立正确的择业观念,主动根据社会需要到基层建功立业和自主创业,实现国家利益和个人发展的统一,在全社会营造有利于高校毕业生就业,特别是到国家最需要的地方就业的良好社会氛围。

2003年3月,《共青团中央、教育部、全国学联关于进一步做好促进高校毕业生就业工作的意见》要求:大力加强思想政治工作,引导毕业生树立正确的择业观、就业观和成才观。通过组织形势报告会、开展社会实践活动等多种形式,帮助毕业生全面了解我国经济社会的发展状况和正确分析就业形势,转变计划经济下毕业就业的陈旧观念,树立行行建功、处处立业的就业成才观,鼓励他们抓住西部大开发、小城镇和城市社区建设、产业结构调整等契机,到西部就业,到中小城市和社区就业,到中小企业就业。树立一批投身西部大开发、投身农村乡镇和城市社区建设、自主创业、在祖国最需要的地方成长成才的毕业生的先进典型,宣传一批支持子女正确择业就业创业的毕业生家长的优秀事迹。要及时了解掌握应届毕业生的状况,有针对性地开展深入细致的思想政治工作,并为毕业生排忧解难,做好相应的服务工作。

为深入贯彻党的十六大精神,推动高等教育更加主动地适应经济社会发展需要,2003年4月,《教育部关于进一步深化教育改革,促进高校毕

---

① 2002年3月2日,《国务院办公厅转发教育部等部门关于进一步深化普通高等学校毕业生就业制度改革有关问题意见的通知》。

业生就业工作的若干意见》指出，加强毕业生就业指导，将就业指导课作为学生思想政治教育的重要组成部分，并纳入日常教学。加大就业经费投入，加强就业指导教师队伍建设。对毕业生就业工作做得好的学校，主管部门应适当核拨经费，支持其就业指导中心的建设。主管部门要对所属高校毕业生就业服务信息网络建设给予适当投入，以便充分利用现代化手段为毕业生提供方便、快捷、周到的就业指导和服务。高校必须尽快建立健全毕业生就业指导服务机构，在经费、办公条件、人员等方面给予充分保证，切实把就业指导教师队伍建设摆到重要位置。

一些省份根据国家相关文件①，对就业指导的收费进行了规范。例如，湖北规定省高校毕业生就业指导服务中心对毕业生提供服务可按以下规定收取费用②：接受毕业生委托，推荐就业成功（毕业生自荐联系就业和供需见面洽谈成功的除外）后可向委托人收取服务费 300 元/人；为毕业生代签就业协议并通知报到的按 10 元/人收取服务费；为毕业生重签就业协议并通知报到的按 50 元/人收取服务费；为毕业生办理户口档案托管协议按 10 元/人收取手续费；未就业毕业生滞留户口档案托管可收取托管费 15 元/人月（高校毕业生从毕业后第 25 个月起方可收取）；户口档案托管期间办理出国（境）、结婚、未婚证明等，可收取服务费 20 元/次；毕业生网络电子表格制作费按 30 元/人收取；受就业单位委托，对少数有特殊要求的被测试者进行素质测评可收取素质测评服务费，按每项 50 元收取，测评项目不超过 3 项，由就业单位确定具体测评项目；毕业生委托办理转寄档案服务费（含邮资）按 50 元/人收取；毕业生证书认证服务费按 100 元/人收取。

2004 年 4 月，《国务院办公厅关于做好 2004 年普通高等学校毕业生就业工作的通知》指出，高等学校要将毕业生就业指导和服务体系建设作为建立现代大学制度和教育教学改革的一项重要内容，建立完善的毕业生就业工作体系，切实加强专职就业工作队伍建设。随后，劳动和社会保

---

① 根据国家发展和改革委员会办公厅《关于毕业生就业指导服务费等有关问题的复函》（2004）、财政部、国家计委《关于事业单位和社会团体有关收费管理问题的通知》（2000）。
② 《湖北省物价局关于高校毕业生就业指导服务中心服务性收费项目及标准的通知》（2004）。

障部也发布通知①，指出要深入开展大学生职业指导工作，各地劳动保障部门要继续选派优秀的职业指导师进入高校，配合学校开展大学生就业指导工作。要宣传市场就业的方向和有关方针政策，指导毕业生树立正确的就业观念。要将劳动力市场职业供求分析和工资价位等信息送进学校，为毕业生择业和高校调整专业提供参考。有条件的城市可组织毕业生参观公共职业介绍机构，了解求职现场和有关就业的方针政策及就业服务功能。对多次求职未成功的毕业生，要配合学校有针对性地对其进行咨询指导。

2004年6月，《教育部办公厅关于进一步加强和完善高校毕业生就业状况统计报告工作的通知》指出，高校在年度内要继续对离校时有就业愿望但未就业的毕业生提供就业指导、就业信息、短期培训等服务，帮助他们尽快实现就业。

2005年3月，《教育部办公厅关于做好2005年普通高校毕业生就业重点工作的通知》指出要切实提高毕业生就业指导和服务水平。要贴近学生实际做好毕业生思想教育工作，有针对性地开展就业指导服务，方便快捷地为毕业生办理各种就业手续。2005年内，所有普通高校都要按照相关文件②要求，实现就业指导服务的"机构到位、人员到位、经费到位"，切实达到量化标准。

2005年6月，中共中央办公厅、国务院办公厅印发《关于引导和鼓励高校毕业生面向基层就业的意见》，要求地方有关服务机构要为参加就业见习的高校毕业生提供免费的人事代理和就业指导等服务。2005年7月，《劳动和社会保障部关于贯彻落实中共中央办公厅国务院办公厅引导鼓励高校毕业生面向基层就业意见的通知》指出，在开展青年职业见习工作的基础上，免费提供必要的劳动保障事务代理和就业指导等服务。

2006年2月，《人事部、教育部、财政部、劳动和社会保障部、国务院国有资产监督管理委员会、国防科学技术工业委员会关于建立高校毕业生就业见习制度的通知》指出，见习期满仍没有落实就业单位的高校毕

---

① 2004年4月，《劳动和社会保障部关于进一步做好2004年高校毕业生就业有关工作的通知》。

② 《教育部关于进一步加强普通高等学校毕业生就业指导服务机构及队伍建设的几点意见》（教学〔2002〕18号）。

业生,由政府所属人才中介服务机构、公共职业介绍机构和高校毕业生就业服务机构继续进行就业指导和推荐就业。

2006年2月,《中共中央组织部、人事部、教育部、财政部、农业部、卫生部、国务院扶贫开发领导小组办公室、共青团中央关于组织开展高校毕业生到农村基层从事支教、支农、支医和扶贫工作的通知》要求,各级人事部门要为"三支一扶"大学生建立专门的人才库,广泛收集各类用人单位的岗位需求信息,动员各类用人单位接收"三支一扶"大学生,有针对性地提供就业指导和推荐,帮助其落实就业单位。

2007年8月,《人事部关于进一步发挥政府人事部门职能作用促进高校毕业生就业的通知》强调要认真开展高校毕业生就业指导。各级政府人事部门要采取多种形式开展高校毕业生就业指导工作。组织有关专家举办形式多样的就业指导讲座,宣传就业形势,讲解就业政策,引导高校毕业生树立正确的就业观念。继续举办"人事厅(局)长校园行"活动,就高校毕业生普遍关心、涉及人事管理与人事政策方面的问题,组织有针对性的"说明会"进行讲解。协助当地高校做好离校前的高校毕业生的就业指导,积极促进校企间的交流与合作,帮助高校毕业生了解社会、了解企业,提升求职能力。

三 加强就业服务与就业指导

2007年年底,党的十七大对高校毕业生就业工作提出了新的要求,强调要"实施扩大就业的发展战略,促进以创业带动就业,积极做好高校毕业生就业工作"。教育部、人事部、劳动保障部联合下发《关于积极做好2008年普通高等学校毕业生就业工作的通知》,提出"大力推进高校就业指导课程和队伍建设",这标志着我国高校的就业指导工作迈上了一个新台阶。

然而,毕业生就业指导也存在很多问题。毕业生就业指导中心主要通过就业指导课、专题讲座或报告会等形式开展大学生就业指导,大学生就业指导和服务工作多与思想政治教育并提,强调毕业生"三观"教育和职业观教育,以服从和服务于国家需要为前提,而很少能够顾及大学生身心个性、兴趣爱好、能力特长的发展与长远规划;受经费、条件、手段等的限制,高校主动收集的有关就业需求的信息量较小,不能为大学毕业生提供充分的就业信息及进行职业选择和职业生涯设计，指导重点落在就业信息收集与处理、就业咨询与求职技巧处理等方面；大学生就业指导和服务的形式与方法单一，内容不够丰富，就业指导和服务人员的素质水平还不够高；地区间、高校间差距显著，多数高校仍停留在"一站式"的就业指导和服务层面，对大学生的就业指导往往从毕业学年才开始实施，距离"全程式"的就业指导和服务体系还有相当大的差距。

针对毕业生就业指导工作存在的这些问题，党和国家就业相关部门不断完善相关政策，加强毕业生就业服务与就业指导。

2009年，在党中央、国务院的高度重视和正确领导下，有关部门、各地区、各高校和社会各界共同努力，克服国际金融危机造成的严重冲击，实现了高校毕业生就业的基本稳定。一些部门在开展的毕业生就业活动中都强调就业指导，例如2009年"高校毕业生就业推进行动"① 提出要加强就业指导；人力资源和社会保障部举办的"2010年秋季全国人力资源市场高校毕业生就业服务周活动"中，组织了"就业指导进校园"活动；"2010高校毕业生就业推进行动"② 也提出加强就业服务与就业指导，强化对高校毕业生的就业指导，……高校要建立完善就业指导服务机构，开设就业指导课并作为必修课程。

2011年12月，《人力资源和社会保障部办公厅关于转发湖北省人力资源社会保障厅做好2011年度离校未就业应届高校毕业生就业工作通知的函》，提出积极为高校毕业生提供全方位的公共就业服务……强化就业指导。

2012年，我国高校毕业生就业压力依然很大，促进高校毕业生就业任务仍很艰巨，做好就业服务工作，特别是就业指导服务成为促进高校毕业生就业的重要环节。

2012年3月，《人力资源和社会保障部关于做好2012年高校毕业生就业服务工作的通知》，指出要大力提升高校就业指导人员服务能力。要

---

① 2009年6月，《人力资源和社会保障部、教育部、财政部关于开展高校毕业生就业推进行动的通知》。

② 2010年4月，《人力资源和社会保障部、教育部、财政部、中国人民银行、国家税务总局、国家工商行政管理总局关于实施2010高校毕业生就业推进行动大力促进高校毕业生就业的通知》。

加强同当地教育部门和高校的合作，为高校就业指导人员开展就业法律法规政策培训，提高其政策水平。对有参加职业指导培训需求的高校就业指导人员，要主动提供职业指导培训服务，经职业技能鉴定合格的，按规定发放职业资格证书。要支持高校丰富和完善就业指导课程内容，提高高校就业指导的实用性。积极开展就业指导进校园。各省和地级以上城市要在深入了解高校实际需求的基础上，主动开展人力资源和社会保障厅（局）长校园行活动，向高校毕业生介绍就业形势，宣传就业政策，解答相关问题。组织本地有影响力的企业开展企业人力资源经理校园行活动，向高校毕业生介绍企业文化、岗位需求和职业环境。组织有经验的就业指导人员开展职业指导校园行活动，向高校毕业生介绍职业生涯规划，讲解求职技巧。各地还可结合实际，组织开展就业报告会、职业能力测评、模拟面试等其他就业指导活动，不断丰富就业指导的形式和内容，帮助高校毕业生熟知就业政策，了解就业形势，合理设定就业目标，提升求职能力。同时，按照国务院就业工作部际联席会议的安排，人力资源和社会保障部于2012年3月在全国范围开展了高校毕业生就业工作联合督查活动，对高校毕业生开展就业指导和就业服务情况进行了督查，督查内容包括公共就业和人才服务机构、高校毕业生就业指导服务机构开展相关工作情况，对高校毕业生开展就业失业登记、建立健全实名制就业统计制度进展情况，对困难高校毕业生实施就业援助情况等。[①]

2012年6月，《教育部高校学生司关于切实做好全国普通高校毕业生离校前就业工作的通知》提出要充分运用"全国大学生就业信息服务一体化系统"及省校就业网、微博、手机短信等手段，有针对性地为毕业生提供招聘信息和个性化就业指导，努力帮助尚未就业的毕业生尽快落实就业岗位。

2014年7月，《教育部办公厅关于做好2014年离校未就业高校毕业生就业服务工作的通知》提出持续做好就业指导服务工作。各高校要把促进离校未就业毕业生就业创业作为当前工作重点，结合本校实际制订具体工作方案，建立任务分解和责任制，把任务层层分解到院系、责任到

---

① 2012年3月，《人力资源和社会保障部办公厅关于开展全国高校毕业生就业工作联合督查的通知》。

人。要通过多种方式广泛征集用人单位需求信息，采用电话、电邮、微信等有效方式持续向毕业生推送用人信息和相关政策。要积极配合当地人力资源和社会保障部门及时将未就业毕业生纳入就业见习计划，进一步做好就业困难毕业生重点帮扶工作，使毕业生成为"不断线的风筝"，切实做到毕业生"离校不离心、服务不断线"。

2015年，为贯彻落实《国务院关于进一步做好新形势下就业创业工作的意见》，深入实施离校未就业高校毕业生就业促进计划和大学生创业引领计划，促进2015届离校未就业高校毕业生尽快实现就业，2015年8月，《人力资源社会保障部关于开展2015年全国高校毕业生就业服务月活动的通知》明确，拟在全国组织开展"2015年全国高校毕业生就业服务月"活动，提供"一对一"就业指导和帮扶。

2016年4月，《教育部办公厅关于促进2016届尚未就业高校毕业生就业创业的通知》要求，持续开展就业指导和信息服务。提出高校要进一步建立健全精准对接服务机制，充分利用"互联网+就业"新模式，持续为尚未就业毕业生提供岗位信息和求职指导。要进一步加强心理辅导和干预，切实消除或降低毕业生求职过程中的焦虑情绪和心理压力，帮助他们树立求职就业信心。暑假期间高校就业部门也要安排值班，为落实就业岗位的毕业生及时提供就业服务。

2016年5月，《教育部办公厅关于进一步做好高校毕业生就业创业工作的通知》提出精准推送就业创业指导服务。各地各高校要建立健全精准推送就业服务机制，准确掌握就业信息，完善毕业生求职意愿信息数据库和用人单位岗位需求信息数据库，搭建精准对接服务平台。充分利用"互联网+就业"新模式，根据毕业生自身条件、个性特点进行智能化供需匹配，减少毕业生求职盲目性。要广泛使用手机等移动终端，开展个性化定制服务，为毕业生送政策、送指导、送信息。要加强就业创业指导课程和学科建设，按要求配备专兼职就业指导教师，加强对就业指导教师的培训，不断提高就业指导能力和水平。要高度重视心理健康辅导，及时疏导毕业生求职焦虑等心理问题，帮助毕业生调整就业预期，科学规划职业生涯。

为进一步做好高校毕业生就业创业工作，人力资源和社会保障部、教育部决定，从 2016 年起实施"高校毕业生就业创业促进计划"①。计划中包括开展能力提升行动，要求各地各高校要全面提升高校毕业生就业能力，把学生职业发展与就业指导课程贯穿整个人才培养体系，完善学科建设、课程设计，纳入教学计划和学分管理。加强就业指导师资培养，积极开展有计划、有组织的培训，在专业技术职务评聘中充分考虑就业指导教师的工作性质、工作业绩，并在同等条件下予以适当倾斜，推进就业指导教师队伍职业化、专业化、专家化。完善就业指导课程内容，深入开展个性化辅导与咨询，帮助毕业生科学规划职业生涯，增强职业素养，提升求职就业能力。注重理论与实践相结合，开展多种形式的模拟实训、职业体验等实践教学活动，有条件的还可组织参观人力资源市场，进行职业能力测评等现场指导，增强毕业生实践能力。各地人力资源社会保障部门要开展高校毕业生技能就业专项活动，选择一批优质职业培训机构、职业院校（含技工院校），加强职业培训，提升毕业生技能水平和就业能力。各地公共就业人才服务机构要联合高校开展有针对性的职业指导活动，做到每个毕业班都能得到群体性指导，每名就业困难毕业生都能得到个性化咨询辅导。

2018 届全国高校毕业生人数达到 820 万人，各地以习近平新时代中国特色社会主义思想为指导，全面贯彻落实党的十九大精神，坚持把高校毕业生就业摆在就业工作首位，以实施就业创业促进计划为抓手，突出创业引领、基层成长两大方向，强化政策落实、服务保障、权益维护，千方百计拓展多元化就业渠道，确保了高校毕业生就业水平总体稳定、就业局势基本平稳。2018 年 3 月，《人力资源和社会保障部关于做好 2018 年全国高校毕业生就业创业工作的通知》提出要突出有针对性的职业指导，开展"高校毕业生就业指导百城行"活动，动员高级职业指导师等专业力量进校园、进社区，组织学生参观人力资源市场，通过指导、测评、体验等方式提升毕业生职业素养和就业竞争力。

为贯彻落实上述文件要求，深入实施高校毕业生就业创业促进计划，进一步加强有针对性的就业指导服务，提升高校毕业生就业创业能力，全

---

① 2016 年 10 月，《人力资源和社会保障部、教育部关于实施高校毕业生就业创业促进计划的通知》。

国人力资源和社会保障系统集中开展了高校毕业生就业指导活动。① 从2018年4月20日到10月20日，围绕毕业生从校园到职场转换过程，根据不同阶段求职特点，组织专业化力量开展有针对性的就业指导服务活动，加大就业政策和形势宣传，引导毕业生树立正确的就业观念，提升职业素养和就业竞争力，帮助解决就业创业中遇到的困难和问题，促进毕业生理性择业、积极就业、爱岗敬业。通过"走进去"与"请出来"相结合的方式，开展就业指导校园行、市场行、社区行、企业行和创业指导园区行活动，运用精细化服务手段，提升就业指导服务实效。

一是就业指导校园行。结合公共就业人才服务进校园，动员一批职业指导师、人力资源服务专家、知名企业家等进校园集中指导。丰富多元化指导方式，组织专题讲座、就业沙龙、经验分享等活动，帮助毕业生做好职业生涯规划，树立正确的择业观和职业观。开展就业政策形势宣讲，举办就业创业大讲堂，设立就业服务咨询台，帮助毕业生熟悉就业创业政策，理性看待就业形势，合理调整就业预期。组织就业权益保护宣传，讲解劳动就业法律法规，开展案例警示教育，告知投诉渠道，增强毕业生风险防范意识和维权意识。扩大就业指导覆盖面，做到每个毕业班都能得到群体性指导，每名就业困难毕业生都能得到个性化咨询辅导。

二是就业指导市场行。发挥公共就业人才服务机构资源集聚优势，组织高校毕业生参观体验，熟悉求职环境，掌握求职方法。开展体验式教学活动，组织职业指导师讲解求职面试技巧，进行模拟招聘，增加毕业生求职经验。组织职业能力测评，运用专业测评工具和方法，帮助毕业生了解自我特性、职业素质、职业倾向，合理确定职业定位和方向。结合招聘会进行现场指导，设立就业指导服务台，开展政策咨询解答，组织专家顾问为求职毕业生提供简历诊断、职场应对、协议签订等指导服务。

三是就业指导社区行。以离校未就业高校毕业生为重点，结合实名制就业服务，组织力量深入社区联系指导。完善职业指导人员服务基层机制，依托基层劳动保障服务平台建立与毕业生联系渠道，每人服务一定数量对象，开展经常性走访活动，提供"一对一"指导。组织多种形式的

---

① 2018年4月，《人力资源和社会保障部办公厅关于集中开展高校毕业生就业指导活动的通知》。

社区指导，举办就业形势讲座、职业指导师"问诊"、政策解读会等活动，动员未就业毕业生和家长参加，帮助了解就业市场，制订个性化求职计划，积极理性求职。对求职受挫、就业有困难的，开展心理咨询辅导，帮助树立信心，推荐参加职业培训、就业见习，提升求职就业能力。

四是就业指导企业行。搭建与企业沟通平台，组织高校毕业生走进生产一线，感受工作环境，增强职业认知。赴产业园、工业园进行参观，请企业负责人、人力资源经理讲解企业经营、人才需求、发展前景等情况，解答毕业生求职困惑，提出职业发展建议。依托就业见习基地开展一次职业体验日活动，确定一批适合的岗位，组织毕业生跟岗学习，体验工作内容及环境，做好步入职场准备。

五是创业指导园区行。组织高校毕业生参观创业园区、孵化基地、众创空间，依托园区服务力量和平台，通过创业项目展示、创业路演观摩、听创业者讲故事等方式，让毕业生了解创业过程，感受创业氛围，增强创业意识和创业能力。举办创业导师面对面活动，组织园区负责人、天使投资人、企业家等与毕业生交流互动，在创业计划拟定、项目选择、经营管理等方面进行咨询辅导。组织创业实训活动，开展创业素质测评、模拟企业创设经营，帮助毕业生积累创业经验。

2019年7月，《人力资源和社会保障部、教育部、公安部、财政部、中国人民银行关于做好当前形势下高校毕业生就业创业工作的通知》要求强化针对性职业指导。高校要加强学生职业生涯发展教育，对低年级学生着重进行职业生涯启蒙，对高年级学生着重提升职业素质和求职技能。将组织毕业生参观公共就业创业服务机构、企业和创业园区纳入就业指导课程实践，开展模拟求职、现场观摩、职业体验等活动，增强其职业认知和职业能力。《通知》要求人力资源和社会保障部门会同教育部门统筹资源，建立职业指导师联系毕业班制度，每个班指定一名职业指导师，讲解就业形势政策、求职方法，加强就业观念引导，促进毕业生积极就业、理性择业。加强深度贫困地区高校毕业生职业指导工作。

增加就业是贫困家庭最有效最直接的脱贫方式。2020年是决战决胜脱贫攻坚收官之年，千方百计促进52个未摘帽贫困县建档立卡贫困家庭2020届高校毕业生就业是重大政治任务。2020年7月，《教育部办公厅、人力资源和社会保障部办公厅、国务院扶贫办综合司关于做好52个未摘帽贫困县建档立卡贫困家庭高校毕业生就业精准帮扶工作的通知》，要求各地教育、人力资源和社会保障部门和各高校要为贫困家庭毕业生提供有针对性的职业技能培训和就业指导，优先提供实习见习机会，帮助提升就业竞争力。各地各高校要把做好未就业的贫困家庭毕业生就业工作放在突出位置，建立校领导、各部门、各院系处级以上领导干部与贫困家庭毕业生"一帮一"结对帮扶机制，全面落实就业指导和岗位推荐责任，校领导要在结对帮扶工作中作表率。高校毕业班辅导员要摸清摸准底数，落实"一人一策"台账式管理，对未就业的贫困家庭毕业生加强就业指导和心理疏导，持续做好跟踪服务。

党中央、国务院高度重视高校毕业生就业工作。国务院《"十四五"就业促进规划》明确要求，持续做好高校毕业生就业工作。2022届普通高校毕业生规模、增量创历史新高，就业形势复杂严峻。为深入贯彻党的十九大和十九届二中、三中、四中、五中、六中全会精神，落实党中央、国务院决策部署，教育部决定实施"2022届全国普通高校毕业生就业创业促进行动"，健全就业创业促进机制，推动就业创业工作提质增效，促进高校毕业生更加充分更高质量就业。2021年11月，《教育部关于做好2022届全国普通高校毕业生就业创业工作的通知》，指出要建立健全就业育人支持体系。各地各高校要把就业教育、就业引导全面纳入大学生思想政治教育体系，多种形式开展就业育人主题教育系列活动，打造一批大学生就业创业教育基地，引导毕业生树立正确的职业观、就业观和择业观。要加强重点领域就业引导，鼓励毕业生积极投身重点地区、重大工程、重大项目、国际组织等领域就业创业。组织开展大学生就业实践调查活动，持续打造"互联网＋就业指导"公益直播课，建立就业创业指导优质师资库，打造一批就业指导"名师金课"。加强职业生涯教育和就业创业指导，组织举办大学生职业生涯规划比赛活动。同时，对高职毕业生有针对性地分类开展就业指导服务。此外，加强就业工作队伍职业化、专业化建设，定期开展业务培训交流，鼓励就业指导人员按要求参加相关职称评审，畅通就业指导人员职业发展渠道。

为贯彻落实党中央、国务院"稳就业""保就业"决策部署，促进高校毕业生更加充分更高质量就业，2022年5月，《国务院办公厅关于进一步做好高校毕业生等青年就业创业工作的通知》提出要加强就业指导。

健全高校学生生涯规划与就业指导体系,开展就业育人主题教育活动,引导高校毕业生树立正确的职业观、就业观和择业观。注重理论与实践相结合,开展多种形式的模拟实训、职业体验等实践教学,组织高校毕业生走进人力资源市场,参加职业能力测评,接受现场指导。高校要按一定比例配齐配强就业指导教师,就业指导教师可参加相关职称评审。打造一批大学生就业指导名师、优秀职业指导师、优秀就业指导课程和教材。举办全国大学生职业规划大赛,增强大学生生涯规划意识,指导其及早做好就业准备。

2022年7月,《商务部办公厅、教育部办公厅、人力资源和社会保障部办公厅关于积极做好服务外包产业吸纳应届高校毕业生就业有关工作的通知》提出加强就业创业指导。完善高校毕业生生涯规划和就业指导体系,提供贯通校内外学习工作各阶段、就业创业全过程的配套服务,为毕业生在服务外包领域就业创业提供指导和服务保障。

2022年11月,《教育部关于做好2023届全国普通高校毕业生就业创业工作的通知》提出建设高质量就业指导服务体系,全面加强就业指导。高校要健全完善分阶段、全覆盖的大学生生涯规划与就业指导体系,确保有需要的学生都能获得有效的就业指导。要进一步完善就业创业指导课程标准,打造一批就业指导名师、优秀就业指导课程和教材。充分利用"互联网+就业指导"公益直播课等各类资源,提升就业创业指导课程质量和实效。要通过校企供需对接、职业规划竞赛、简历撰写指导、面试求职培训、一对一咨询等多种形式,为学生提供个性化就业指导和服务。要打造校内外互补、专兼结合的就业指导教师队伍,鼓励用人单位、行业组织更多参与高校生涯教育和就业指导。

第二节 就业培训与见习

就业培训是提高大学生就业能力的重要方式。大学生就业培训体系的内容包括大学生就业培训指导、大学生创业教育、大学生职业素质教育、大学生就业见习培训、国家职业资格认证培训、大学生职业生涯规划等。[1]

---

[1] 林辉:《大连市大学生就业培训体系研究》,硕士学位论文,大连理工大学,2007年。

从就业培训的相关政策来看，就业见习政策最早出现且一直延续至今。

就业见习是指由各级人力资源和社会保障部门根据离校未就业高校毕业生本人意愿，组织其到经政府认定的就业见习单位进行见习锻炼、积累工作经验、提升就业能力的一项就业促进措施。① 就业见习是针对毕业前或毕业后离校未就业的大学生设置的一种实践环节，是高校毕业生通过在用人单位参加工作实践，增强工作技能、历练社会经验的实践过程，能为就业增加重要的砝码。

许多国家和地区都将就业见习作为促进大学生就业的重要措施。欧盟促进大学生就业的措施之一就是为其提供 1—6 个月的短期工作经历。英国政府出台"国家实习计划"，尚未找到工作的大学毕业生可从事 3 个月的带薪实习。在加拿大，毕业生在找到工作之前可以到企业或政府机关去实习，实习期间用人单位给大学生发放相当于正式雇员工资 50%—70% 的报酬。②

一 早期对毕业生参加见习的要求

20 世纪 50 年代，我国开始推行高校毕业生见习制度。1957 年开始，国家要求每个毕业生在工作初期都必须有至少 1 年的见习时期，在见习期内不评定正式工资，只发给临时工资。③

1987 年 7 月，国家教委和劳动人事部联合发布《高等学校毕业生见习暂行办法》，规定高等学校本、专科毕业生分配工作后，原则上都要安排到基层参加 1 年见习。有些行业需要更长时间的实际锻炼，可以在见习期后自行安排。毕业生在见习期间，不得报考研究生（包括出国留学或进修），原则上也不得抽调毕业生从事与见习无关的其他工作。

2002 年 2 月，上海市劳动保障局在全国首创制度化青年职业培训项目，推出了主要针对本市户籍未就业大中专毕业生的职业见习计划。2004 年，南京、深圳等经济发达城市也积极跟进，建立了以促进本地户籍未就

---

① 《高校毕业生就业政策百问（六）》，《四川劳动保障》2012 年第 11 期。
② 郑静：《高校毕业生就业见习制度的实施状况及对策研究》，《思想理论教育》2011 年第 8 期，第 72 页。
③ 1957 年 10 月 25 日，国务院全体会议第 59 次会议通过《国务院关于高等学校和中等专业学校毕业生在见习期间的临时工资待遇的规定》。

业大中专毕业生就业的就业见习计划。这些地方的成功实践为高校毕业生就业见习制度的建立提供了经验基础。①

2003年7月,《中共中央组织部、人事部、教育部、中央机构编制委员会办公室关于按照党管人才要求进一步做好高校毕业生就业工作的通知》提出对毕业半年以上仍未就业的,有关部门要根据本人意愿,帮助他们及时办理失业登记手续,主动为其提供免费的就业培训、职业介绍以及必要的社会救助等服务。

二 高校毕业生见习制度的建立

在新的就业形势下,建立高校毕业生见习制度,加强对高等学校毕业生的培养、考察和合理使用,提高其政治、业务素质和从事实际工作的能力,成为高校毕业生就业促进政策的一个重要内容。

2005年,中共中央办公厅、国务院办公厅印发《〈关于引导和鼓励高校毕业生面向基层就业的意见〉的通知》,提出为帮助回到原籍、尚未就业的高校毕业生提升职业技能和促进供需见面,地方政府要创造条件,探索建立高校毕业生见习制度。地方政府有关部门可根据实际需要,联系部分企事业单位,为高校毕业生建立见习基地或提供见习岗位,安排见习指导老师,组织开展见习和就业培训,促进他们尽快就业。见习期一般不超过1年,见习期间,由见习单位和地方政府提供基本生活补助。当地有关服务机构要为这些毕业生提供免费的人事代理和就业指导等服务。

2005年7月,《劳动和社会保障部关于贯彻落实中共中央办公厅国务院办公厅引导鼓励高校毕业生面向基层就业意见的通知》指出要将见习与就业培训紧密结合起来,安排见习指导老师,组织开展就业培训,提高高校毕业生的就业能力。

2006年2月,人事部、教育部、财政部联合印发《关于建立高校毕业生就业见习制度的通知》对高校毕业生就业见习进行了制度规定。《通知》要求毕业生见习期限一般为6个月,最长不超过1年。见习期间毕业生可享受保险和基本生活补助,被见习单位正式录(聘)用的,在该单

---

① 邓晔、朱文博:《高校毕业生就业见习制度的法律问题之检讨》,《中国大学生就业》2012年第4期。

位的见习期可作为工龄计算。此外，还提出了建立高校毕业生就业见习制度的指导意见。包括：做好见习单位和见习基地建设工作；有计划地组织未就业高校毕业生参加就业见习；做好见习期间的各项管理工作；解决未就业高校毕业生见习的基本生活补助；改进和完善毕业生见习期间的各项服务工作；充分发挥就业见习的作用，积极引进所需的毕业生；加强对高校毕业生就业见习工作的领导。

然而，上述文件也存在一些漏洞和不足。比如，在见习期间，见习生与见习单位不签订劳动合同，只签订见习协议，因此，参加见习的毕业生与见习单位建立的并非一般劳动法意义上的劳动关系，不受《劳动法》《合同法》的法律保障。规定的毕业生见习期为6—12个月，超过了《劳动法》规定的最长试用期时间（6个月）。同时，该文件没有对见习生、高校、用人单位和见习基地的责任和义务做出明确规范，造成责任不清。此外，在见习过程中还容易出现"低薪用工"等漏洞，一些权益纠纷事件难以得到合理解决。

《人事部关于进一步发挥政府人事部门职能作用促进高校毕业生就业的通知》（2007）对高校毕业生就业见习的一些要求进行了调整，比如把就业见习期的时间改为3—6个月，并要求加强对见习基地和高校毕业生的指导和检查，规范就业见习活动，协调解决见习工作中遇到的困难和问题，与财政部门沟通协调，为见习学生提供基本生活补助，办理人身意外伤害保险和住院医疗保险。

由于2006年出台的就业见习制度规定得不具体，没有可依据的细则，因此，各地大都以通知、办法、意见的方式实施"大学生见习计划"，例如《江苏省2009—2011年高校毕业生就业见习计划》（2009）。2010年1月由广东省人民代表大会常务委员会颁布的《广东省高等学校学生实习与毕业生就业见习条例》是全国首例对高等学校学生实习、毕业生见习的立法，广东成为第一个由省级立法机关颁布规范就业见习地方法规的地区。①

《关于建立高校毕业生就业见习制度的通知》出台后，各地积极推动

---

① 柯旭：《再创全国地方立法首例　破解高校学生实习见习难题》，《人民之声》2013年第1期。

毕业生就业见习工作。

从 2004 年开始，厦门在全市启动了"职业见习"活动。活动由人事、劳动、财政部门牵头，政府出资组织企业提供工作岗位，有计划地让待就业的、本地籍的毕业生进入企业，在实际岗位上见习工作的实践性活动。通过见习，帮助待就业的厦门市高校毕业生提高实际动手能力，尽快实现就业。见习期限一般为 6 个月；见习人员见习期满 1 个月内，经双向选择，被见习企业录用，正式签订劳动合同的，工龄自职业见习时算起；见习期间按不低于城市当年度最低工资标准发给生活补贴，用人单位还可根据实际另外给付其他补贴。最引人注目的是，政府的重视和推动——为见习活动提供的经费支持包括三方面的费用：一是见习学员生活费补贴；二是给予见习单位每人每月 150 元的岗位补贴；三是为见习学员办理意外伤害保险。①

福建在高校推行"预就业"，即用人单位根据自身发展需要及人才规划，从学校二、三年级本科生和硕士研究生中选拔符合企业用人标准的优秀学生，作为人才储备与培养对象，通过协议明确学生毕业前应具备何种知识结构、能力和综合素质，毕业时录用其中合格者。这一模式还允许学生利用假期到企业学习、实践，把生产实习、毕业实习、毕业设计（论文）安排在企业进行，并实行双导师指导制度。福州大学是最早开展"预就业"的学校，有 6 个院系与联想集团、华映光电等 10 家单位签订了联合培养优秀人才的合作协议。该校机械学院的大学生在就读期间就与公司签订了"预就业协议"，两年内公司每学期假期要为学生安排至少 1 个月的实习时间，同时还要为他们的毕业实习、毕业设计（论文）提供场所、适宜的实验设备及相关指导。实习期间，每小时工资不低于 6 元，且要提供宿舍、团体意外险或课题奖励等。签订协议后，"钜全"公司给每人发放预就业奖励金 1500 元作为生活补助，如再签订正式劳动合同，还可获签约奖励金 3000 元。②

大连对见习期的毕业生给予每月 600 元的见习补贴，由见习单位和同级财政各按 50% 的比例提供。被见习单位正式录用的见习毕业生，取消

---

① 蔡小伟、赵鹏：《福建大学生就业为何"不着急"》，《人民日报》2006 年 5 月 10 日。
② 蔡小伟、赵鹏：《福建大学生就业为何"不着急"》，《人民日报》2006 年 5 月 10 日。

试用期，见习期见习单位与见习毕业生签订劳动（聘用）合同，缴纳社会保险，见习期间计算工龄。毕业生到市级见习基地见习之前，大连市高校毕业生就业服务中心负责对其进行就业见习前的指导和培训。①

2009年，辽宁省启动了"千企万岗就业见习计划"，见习期为3—6个月，要求企业每个月至少为见习大学生发放当地最低工资的补贴。同时，为了鼓励企业多提供见习岗位，规定每聘用一个见习大学生，省市财政就补贴企业当地最低工资70%的资金。②

张家港制订了《张家港市2009—2011年高校毕业生就业见习计划》，开展了"高校毕业生就业见习活动"，规定在高校毕业生就业见习期间，政府向见习人员提供每人每月450元的生活补贴；向见习基地提供每人300元的见习岗位补贴以及每人150元的人身意外险补贴。基地在见习期内或见习期满后录用就业见习人员，每录用一人政府提供500元录用补贴（如录用人员为特困家庭毕业生，每录用一人补贴2000元）。见习人员的人身意外险及生活补贴由企业垫支，生活补贴按月发放，保障经费由市财政安排。

广西对符合条件的就业见习高校毕业生提供每人每月650元的就业见习生活补贴，并规定由就业见习基地单位为其购买每人每月不低于15元的意外伤害保险③。

广州市人事局下发的《关于开展广州市高校毕业生准就业见习活动的通知》规定，见习期间，用人单位应给予见习学员适当的生活补贴，并为其办理人身意外伤害保险，以保障其合法权益。同时，市财政给予每名见习学员每个工作日15元的生活补贴，每人每月最多按照22个工作日计算。

从上述地方实践来看，这一时期各地对就业见习时间长短、提供的待遇等规定均有所不同。总体而言，各地开展毕业生就业见习工作主要注重以下方面：一是侧重促进本地未就业毕业生就业；二是侧重引进本地急需

---

① 牛洪波、杨丽娟：《大连高校毕业生见习基地领"工资"》，《辽宁日报》2006年11月23日。

② 何勇：《大学毕业生求职为何冷落见习岗位?》，《人民日报》2009年11月27日。

③ 参见《广西就业专项资金就业见习补贴管理办法》，2012年。

紧缺人才；三是侧重向在校大学生提供为就业服务的实习机会。

这一时期的就业见习制度为高校毕业生接触社会提供了更多的机会，有助于提高毕业生的实践能力和技能，对高校毕业生就业起到了促进作用。

三 《"三年百万"高校毕业生就业见习计划》

2009年1月，国务院办公厅发布《关于加强普通高等学校毕业生就业工作的通知》，提出"从2009年起，用3年时间组织100万未就业的高校毕业生参加见习"的工作要求。

根据这一文件，2009年4月，人力资源和社会保障部、教育部、工业和信息化部、国资委、工商总局、全国工商联和共青团中央共同制订了《"三年百万"高校毕业生就业见习计划》，决定自2009年至2011年组织100万离校未就业高校毕业生参加就业见习，包括拓展和规范一批用人单位作为高校毕业生见习基地；进一步完善离校未就业高校毕业生见习制度；通过努力，提高参加见习的高校毕业生的综合素质和就业能力，丰富工作经验，增强市场就业竞争力。具体计划任务是：2009年30万人，2010年35万人，2011年35万人。同时，《"三年百万"高校毕业生就业见习计划》还对高校毕业生就业见习制度的管理与执行作出了规范。5月，《人力资源和社会保障部办公厅、教育部办公厅关于做好高校毕业生就业见习有关工作的通知》对就业见习工作进行了部署。2009年至2012年该计划实施的3年间，全国共发展了4.6万家见习单位，组织117万名高校毕业生参加就业见习，有103万人完成见习任务。其中，约有49万人被见习单位留用，留用率达到47.6%。[①]

2013年5月，《中共中央组织部、人力资源和社会保障部等八部门关于做好2013年高校毕业生"三支一扶"计划实施工作的通知》要求各地要做好岗前培训工作，实现招募人员全部经过岗前培训；积极开展在岗培训，不断提升"三支一扶"大学生服务基层的能力；鼓励参加就业培训，对符合条件的按规定享受职业培训补贴，切实提高服务期满后"三支一

---

① 谢瑷：《多措并举促进未就业高校毕业生就业——中国促进未就业高校毕业生就业的主要做法》，《中国就业》2013年第1期。

扶"大学生的就业能力。

为贯彻落实相关文件①精神，加快培养服务外包人才，提升我国服务外包产业人员素质，2009年3月，教育部、商务部发布《关于加强服务外包人才培养促进高校毕业生就业工作的若干意见》，提出建立服务外包人才培养培训体系。商务部和教育部负责联合认定中国服务外包示范城市设立的"服务外包人才培训中心"，并制定"服务外包人才培训中心"社会培训机构、从业人员等标准。"服务外包人才培训中心"负责组织协调当地高校、社会培训机构、服务外包企业开展服务外包人才培养、培训和实训、实习工作。各地要加强对"服务外包人才培训中心"、高校和社会培训机构的政策支持，采取有效措施提升培养培训质量，满足服务外包企业用人要求。高校和社会培训机构按照相关标准开展服务外包人才培养、培训工作。鼓励服务外包企业组织和接纳高校学生实习和社会实践。商务部和教育部定期公布服务外包企业录用各个高校和经社会培训机构培训的高校学生数量。商务部、教育部会同有关部门建立服务外包人才库，加强服务外包人才储备。

促进未就业毕业生实现就业是教育部门和高校的重要职责。2014年7月，面对部分毕业生仍未就业的情况，为深入贯彻落实相关文件②精神，切实做好未就业毕业生就业服务工作，《教育部办公厅关于做好2014年离校未就业高校毕业生就业服务工作的通知》提出为离校未就业高校毕业生提供就业信息、就业培训、就业见习、就业援助等服务，力争使每一名有就业意愿的未就业毕业生在毕业半年内实现就业或参加到就业准备活动中。

2015年6月，《教育部办公厅关于做好2015年离校未就业高校毕业生就业服务工作的通知》要求各地高校积极配合人社部门组织实施好"离校未就业毕业生就业促进计划"，为毕业生提供就业信息、就业培训、就业援助等服务，及时将未就业毕业生纳入就业见习计划，力争使每一名

---

① 《国务院办公厅关于促进服务业外包产业发展问题的复函》（2009）和《教育部国家发展改革委　财政部　人事部　科技部　国资委关于进一步加强国家重点领域紧缺人才培养工作的意见》（2007）。

② 《国务院办公厅关于做好2014年全国普通高等学校毕业生就业创业工作的通知》。

有就业意愿的离校未就业毕业生在毕业半年内实现就业或参加到就业准备活动中。

四 离校未就业毕业生技能就业行动

在国家政策①推动下，为了加强高校毕业生职业培训，提升高校毕业生就业创业能力，人力资源和社会保障部决定自 2017 年起持续开展离校未就业高校毕业生技能就业行动②。在全国范围内组织技工院校等职业院校、公共实训基地、企业培训中心和各类职业培训机构，对有就业创业培训愿望的离校未就业高校毕业生开展就业技能培训、新型学徒制培训、岗位技能提升培训、创新创业培训和技能脱贫培训等，帮助其掌握就业创业的专项技能、提高岗位工作能力、职业转换能力和创业创造能力，培训合格率力争达到 90% 以上，培训后就业创业率力争达到 90% 以上。

将有培训意愿的离校未就业高校毕业生全部纳入职业培训服务范围，用好用足就业培训鉴定等政策，综合运用多种措施，力争实现高校毕业生在离校后参加就业技能培训。要加强职业指导，帮助高校毕业生分析就业形势和人力资源市场状况，明确技能就业方向。要增强职业培训的针对性有效性，对未就业的高校毕业生，根据其所学专业，重点围绕战略性新兴产业、先进制造业、现代服务业的需求，主要开展以定向培训为主，弥补技能短板、提高动手能力的就业技能培训。对企业拟录用的高校毕业生，重点开展以定岗培训为主的岗前培训，或组织技工院校与企业合作开设"大学生技能提升班"，提高毕业生适应岗位工作能力。鼓励见习单位对参加见习的高校毕业生开展岗前培训，掌握必备的岗位知识和技能。要强化工匠精神和职业素质教育，增强高校毕业生的职业责任感和使命感。指导职业培训机构运用优质教学资源、设施设备和师资力量，根据高校毕业生的特点制订专门的培训方案，确保培训质量，切实提高毕业生的就业技能水平。

---

① 《国务院关于印发"十三五"促进就业规划的通知》（国发〔2017〕10 号）、《国务院关于做好当前和今后一段时期就业创业工作的意见》（国发〔2017〕28 号）。

② 2017 年 9 月，《人力资源和社会保障部办公厅关于持续开展离校未就业高校毕业生技能就业行动的通知》。

开展企业新型学徒制培训和岗位技能提升培训。结合企业新型学徒制的推行，鼓励将与企业签订6个月以上劳动合同的技能岗位新招用高校毕业生纳入新型学徒制培训范围。企业可结合生产实际自主确定学徒培养对象，按照政府引导、企业为主、院校参与的原则，采取"企校双制、工学一体"的培养模式，由企业与技工院校、职业培训机构、企业培训中心等教育培训机构采取企校双师带徒、工学交替培养、脱产或半脱产培训等模式共同培养新型学徒，为企业打造高水平的后备技能人才队伍。对拥有一定技能的理工科等专业毕业、正在技能岗位工作的高校毕业生，企业应结合产业升级和技术进步的要求，通过在岗培训、脱产培训、岗位练兵、技能竞赛、业务研修、参与技能大师工作室活动等多种方式，积极开展岗位技能提升培训，加快培养一批高技能人才。

开展创新创业培训。全面落实创新创业扶持政策，加强高校毕业生创新创业培训和实训。针对高校毕业生创新创业的特点和需求，依托培训机构、企业培训（实训）中心、创业孵化基地、创客空间、网络平台等，开展创业意识教育、创新素质培养、企业项目指导、开业指导、企业经营管理等培训。要开发合适的创业培训课程，推广成型的培训实训模式，重点实施"创办和改善你的企业"（SIYB）培训项目和网络创业培训项目，将网络创业培训纳入政府补贴范围。支持有条件的高校、教育培训机构、创业服务企业、行业协会、群团组织等开发适合大学生的创业培训项目，发挥好企业技能大师工作室、劳模和职工创新工作室对高校毕业生创新创业的指导作用。

开展精准技能脱贫培训。加大困难帮扶力度，重点了解掌握零就业家庭、城乡低保家庭、农村贫困户、残疾等就业困难的离校未就业高校毕业生基本情况，特别是少数民族、长期失业等毕业生的培训需求和就业意愿，建立完善职业培训对接机制，精准提供职业培训服务。做好职业培训的个性化指导，采取订单培训、定岗培训、定向培训等就业导向的培训模式，保证培训质量和就业效果。

2020年7月，人力资源和社会保障部、教育部、财政部、商务部、国务院国资委、共青团中央、全国工商联七部委印发《关于进一步加强就业见习工作的通知》，确保2020年、2021年见习规模持续扩大，最大程度上发挥就业见习稳定就业、促进就业作用。2021年5月，人力资源和社会保障部、财政部、教育部共同印发《关于扩大院校毕业年度毕业生参加职业技能培训有关政策范围的通知》，指出要持续做好院校应届毕业生职业技能培训工作。

2022年3月，人力资源和社会保障部、教育部、科技部等十部门启动实施"百万就业见习岗位募集计划"，进一步促进就业见习，帮助青年提高就业能力。

2022年7月，《民政部、教育部、人力资源和社会保障部关于推动社会组织进一步助力高校毕业生等群体就业工作的通知》提出推动社会组织参与就业培训。

第 四 章

高校毕业生就业信息服务政策

信息服务是就业服务的重要内容,是促进毕业生顺利就业的前提和基础。充分的就业信息是高校毕业生就业的保障。提供就业信息服务的主体,主要是高校、就业主管部门和就业服务机构。高校主要由毕业生就业部门采取课程、讲座、招聘会等方式提供就业信息,许多学校通过图书馆进行就业信息资源的整合与服务。

就业相关部门不断加大毕业生就业信息服务力度,创新高校毕业生信息服务手段,努力为高校毕业生就业提供充足的就业信息和良好的招聘服务。在举办各种现场招聘会的同时,大力发展网络就业服务,推动公共就业人才服务网络与高校校园网联通,通过网络平台向毕业生提供政策查询、就业信息和网络招聘、远程面试等服务。高校毕业生就业招聘活动从线下为主转变为以线上为主,提供招聘服务的形式越来越多样,频度越来越高,参与的就业相关部门越来越多,服务的毕业生和用人单位数量也越来越大。

第一节 政策发展历程

一 就业信息服务的产生

高校毕业生就业信息服务是随着高校毕业生市场化就业方式的形成发展而产生的。

20世纪90年代中期开始,高校毕业生就业方式发生了重要改变,原则上由国家负责在一定范围内安排就业,通过"供需见面"和在一定范围内"双向选择"的办法落实就业方案。师范类毕业生原则上在教育系统内就业；委托和定向培养的毕业生按合同就业；自费毕业生自主择业；毕业研究生在国家规定的服务范围内就业，重点补充高等学校师资、高层次科研单位和高新技术国有企业科技队伍的需要。为了向《中国教育改革和发展纲要》提出的毕业生就业改革目标，即"实行少数毕业生由国家安排就业，多数由学生自主择业的就业制度"过渡积累经验，还选择了少量学校进行就业改革的试点工作。

高校毕业生就业制度的市场化改革为高校毕业生就业市场建设和就业信息服务提出了现实需求。1994年，国家教委提出培育和建立毕业生就业市场，做好信息交流的服务工作。①

1996年是高校毕业生招生分配新旧体制并轨前的关键一年，为了加快推进高校毕业生进入人才市场择业步伐，合理配置和使用好高校毕业生人才资源，1996年2月，《人事部关于做好1996全国高校毕业生接收工作的通知》要求各级政府人事部门要按照分类管理的原则，把好国家公务员队伍入口关，加强专业技术人员队伍和管理人员队伍建设，做好高校毕业生人才资源的配置管理工作。在毕业生供求信息收集发布、接收计划的编制与下达、双向选择和供需见面活动、接收协议制发、协议鉴证、毕业生报到、体检、见习期管理等接收工作的主要环节，加大改革步伐，规范主体行为，促进高校毕业生接收工作顺利开展。

由于高校毕业生就业市场尚在起步建设阶段，相关机制还不健全，国家对招聘活动的管控还较为严格。比如1996年4月，《国家教委关于继续做好1996年高校毕业生和毕业研究生就业工作的通知》要求加强对毕业生"供需见面会"的管理，高校毕业生"供需见面会"及主要涉及高校毕业生的"人才交流会"，必须由主管毕业生就业部门及高等学校举办，在地、市（含地市以下单位）范围举办的，须报当地省级主管毕业生就业部门审批；省、部级范围举办的，须报国家教委备案；跨省区、跨部门举办的，须报国家教委审批。其他部门一律不得擅自另批。各级主管毕业生就业部门要按国家教委的规定，认真履行审批毕业生"供需见面"等活动的职责，对举办单位的资格要严格审查，有关教育行政部门要派人参

---

① 1994年11月，《国家教育委员会关于做好1995年全国普通高校毕业生和毕业研究生就业工作的通知》。

加并指导。严禁社会上形形色色的单位未经主管部门的批准和授权，打着"人才市场"的旗号插手大学生的分配就业工作，以免引起这方面的混乱，甚至影响稳定的大局。

1997年，高校毕业生就业分配制度改革要求大多数学校要按"缴费上学，自主择业"的新制度运作。2月，《人事部关于做好1997年全国高校毕业生接收工作的通知》强调进一步发挥人才市场在毕业生资源配置中的积极作用，并努力推进信息联网，沟通行业间、地区间毕业生供需信息，将有关信息及时反馈培养部门。

1998年，原"全国高等学校毕业生就业指导中心"更名为"全国高等学校学生信息咨询与就业指导中心"（以下简称"中心"），并新增了学生信息咨询工作职能，从事高校招生、学籍学历和毕业生就业信息咨询与指导服务。2001年教育部将全国高等教育学历证书电子注册审核备案的技术性、事务性和网上查询、认证服务工作委托给"中心"负责，在此基础上，经过几年的努力，"中心"建成了集高校招生录取信息、学籍学历信息、毕业生就业信息、全国高校学生资助信息于一体的学生信息数据仓库。"中心"依托大型数据仓库和中国高等教育学生信息网，为高校学生司等相关单位开发了多套电子政务平台，并开展了一系列面向社会的高校学生信息咨询服务。2008年，"中心"基于新形势下转变政府职能、加强公共服务、全面服务大学生就业的需要，又开通了全国大学生就业公共服务立体化平台。自2022年2月16日起"中心"更名为"教育部学生服务与素质发展中心"①。

2002年12月，教育部发布《关于进一步加强普通高等学校毕业生就业指导服务机构及队伍建设的几点意见》，提出要大力加强高校毕业生就业工作的信息化建设。信息化既是高校毕业生就业的工作目标也是重要工作手段。各校要加大力度，动员各方面力量，通过多种渠道广泛收集需求信息。要加大投入，抓紧进行就业信息网络建设，努力实现资源共享。

2003年1月，《人事部关于做好2003年全国普通高等高校毕业生就业接收工作的通知》指出，要充分发挥现有的人才市场作用，把为高校毕业生提供服务作为人才市场一项重要的服务内容，针对高校毕业生的特

---

① 《教育部办公厅关于部分直属事业单位机构调整的通知》（教人厅函〔2022〕2号）。

点，组织开展专业性、行业性的供需见面会和网上洽谈会，努力提高成功率。做好高校毕业生供求信息服务工作。要充分利用现有的人才市场信息网络，认真做好高校毕业生供求信息的收集、整理和发布工作，加强不同地区间的信息沟通，加快高校毕业生需求信息数据库建设，构建高校毕业生需求信息平台，实现网上信息资源共享。各级人事部门及其所属人才交流机构，要尝试开展毕业生需求信息定期发布工作，做好用人单位的需求预测分析，为毕业生和用人单位进行双向选择提供参考。

2003年3月，《共青团中央、教育部、全国学联关于进一步做好促进高校毕业生就业工作的意见》要求切实做好大学生就业指导和就业信息服务……向毕业生提供就业政策指导和用人岗位信息，向社会用人单位提供高校毕业生信息。

2003年4月，《教育部关于进一步深化教育改革促进高校毕业生就业工作的若干意见》开始把毕业生就业率作为评议高校设置的主要依据和参数。对毕业生就业率低的地区，控制新增高校的数量。同时，文件指出主管部门要对所属高校毕业生就业服务信息网络建设给予适当投入。

2003年7月，《中共中央组织部、人事部、教育部、中央机构编制委员会办公室关于按照党管人才要求进一步做好高校毕业生就业工作的通知》要求调动各方面力量，建立健全高校毕业生就业服务信息网络，促进用人单位与毕业生的信息沟通，实现网上信息资源共享。

2004年4月，《劳动和社会保障部关于进一步做好2004年高校毕业生就业有关工作的通知》将高校毕业生就业和失业情况纳入就业和失业的统计体系。明确各城市公共职业介绍机构要把为高校毕业生提供就业信息服务作为今年下半年的一项重点工作。要与用人单位加强联系，通过多种渠道，收集一批适合高校毕业生的空岗信息，通过市、区、街道的就业服务场所向毕业生提供。有条件的地方可开展网上就业信息服务。大中城市要举办高校毕业生专场招聘会，组织供需见面。公共职业介绍机构要建立高校毕业生求职信息库，向用人单位推荐求职者。要主动为企业服务，鼓励民营企业聘用高校毕业生，同时为企业提供相应的劳动保障事务代理服务。

2005年3月，《教育部办公厅关于做好2005年普通高校毕业生就业重点工作的通知》要求加强就业信息服务，千方百计促进毕业生充分就业。在毕业生离校前的几个月，各地和各高校要抓紧收集用人信息，积极推荐毕业生，举办多种形式的招聘活动，并严格高校毕业生招聘会管理，确保招聘会安全。要大力开展网上招聘活动，2005 年所有普通高校都要开通就业服务信息网，教育部将按季度公布开通就业网的高校名单。

2005 年 6 月，中共中央办公厅、国务院办公厅印发《关于引导和鼓励高校毕业生面向基层就业的意见》，强调认真做好高校毕业生就业信息服务工作，各高校就业指导服务机构要与各级人才交流服务机构、公共职业介绍机构合作，共同加强与社会用人单位的沟通，逐步建立起统一的高校毕业生就业服务信息网络，实现高校、省、国家三级就业网的联通和就业工作的信息化，及时发布需求信息，为高校毕业生与用人单位搭建方便、快捷、覆盖面广、资源丰富的信息平台。各级政府要统筹高校毕业生市场、人才市场和劳动力市场建设，使现有各类人才和劳动力市场实现联网贯通，加快建设统一的人才市场。当前应在已有的市场内开设不同类别的专业市场特别是面对高校毕业生的专业市场，提高供需对接的针对性，既方便高校毕业生求职择业，也帮助用人单位选用合适的高校毕业生。

2005 年 7 月，《中共中央组织部、人事部、教育部关于贯彻落实中共中央办公厅、国务院办公厅〈关于引导和鼓励高校毕业生面向基层就业的意见〉的通知》强调要逐步建立统一的高校毕业生就业服务信息网络。同月，《劳动和社会保障部关于贯彻落实中共中央办公厅国务院办公厅引导鼓励高校毕业生面向基层就业意见的通知》指出要做好高校毕业生就业服务工作努力收集适合高校毕业生的岗位信息，特别是基层单位的用人信息建立高校毕业生求职信息库。要加强劳动力市场信息网络建设，努力为高校毕业生提供及时有效的就业信息。

2006 年 3 月，人事部办公厅印发《2005 年高校毕业生就业接收及 2006 年需求情况调查分析》。6 月，《劳动和社会保障部办公厅关于进一步做好 2006 年高校毕业生就业有关工作的通知》要求积极配合有关部门大力收集适合高校毕业生需要的岗位信息，推动劳动保障部门公共就业服务机构与教育部门、人事部门共同开展就业信息发布。各地公共就业服务机构要充分发挥高校毕业生专门服务窗口的作用，免费开展政策咨询、职业指导和职业介绍服务，并按城镇登记失业人员标准落实职业介绍补贴政策。对灵活就业或在非公有制单位就业的高校毕业生，要为其提供档案托管、社会保险关系接续等方面的劳动保障事务代理服务。公共就业服务机构应举办适合于高校毕业生的专场招聘会。各地在组织开展的技能岗位对接专项服务活动中，要将高校毕业生作为重点服务对象，大力收集适合高校毕业生需要的岗位信息，推动高校毕业生与企业的对接。要大力发展适合高校毕业生求职特点的互联网就业服务，推动劳动保障部门公共就业服务机构与教育部门、人事部门共同开展就业信息发布，联合举行网上招聘活动。2006年，在建立高校毕业生就业见习制度时，也提出要广泛收集见习单位的见习岗位信息。[1]

为进一步推动全国高校毕业生就业工作，加强政府部门间及社会资源的协调整合，促进供需信息有效共享，2006年11月20日，教育部、人事部、劳动和社会保障部、国家发展与改革委员会以及国务院国有资产监督管理委员会五部委联合发起成立"全国高校毕业生就业网络联盟"。联盟旨在联合各大行业部门、主要用人单位和知名高校，通过开展网上网下相结合、形式多样的推介活动，形成跨地区、跨部门，面向全社会的国家级供需双向交流平台。通过大学生就业网络联盟服务信息大平台的建设，最大化地为毕业生和用人单位提供各类就业信息与资讯服务。

2007年4月，《劳动和社会保障部关于做好2007年高校毕业生就业有关工作的通知》要求各地公共就业服务机构要充分发挥高校毕业生专门服务窗口的作用，向毕业生提供免费职业介绍服务。积极举办适合毕业生的专场招聘会，并对应届高校毕业生免收门票。推动劳动力市场与人才市场、高校毕业生就业市场实现相互贯通和信息共享。发展适合毕业生求职特点的互联网就业服务，与教育部门、人事部门共同组织好每季度的"高校毕业生网络联合招聘周"活动。对每个登记失业的毕业生，提供免费的政策咨询、职业指导和岗位需求信息。

2007年8月，《人事部关于进一步发挥政府人事部门职能作用促进高校毕业生就业的通知》要求强化高校毕业生就业信息服务。各级政府人事部门要把加强高校毕业生就业信息服务作为重点内容，充分利用现有的人才市场信息网络，为高校毕业生和用人单位搭建方便、快捷、覆盖面

---

[1] 2006年2月，《人事部、教育部、财政部等关于建立高校毕业生就业见习制度的通知》。

广、内容丰富的就业信息服务平台。要定期发布高校毕业生供求信息、政策信息以及"高校毕业生就业见习基地"岗位信息,加强供求信息的分析预测,制定信息管理制度,提高信息发布质量,确保政府人事部门所属人才服务机构发布的供求信息的真实性、准确性、时效性。要依托人才区域合作机制,加强不同地区之间高校毕业生就业供求信息的沟通。组织好全国高校毕业生就业网络联盟每季度定期举行的网上联合招聘活动,继续举办每年一届的"全国人才市场高校毕业生就业服务周"。丰富网络招聘活动,完善网络服务功能,更有效地发挥网络招聘在高校毕业生求职择业中的重要作用。

因国际金融危机对我国经济的影响,2009 年高校毕业生就业工作面临前所未有的困难和挑战。党中央、国务院对高校毕业生就业工作高度重视,年初,国务院召开常务会议,明确提出要把高校毕业生就业摆在当前就业工作的首位,并下发了《国务院办公厅关于加强普通高等学校毕业生就业工作的通知》,之后,有关部门相继出台了一系列配套政策文件。2009 年 2 月,《教育部办公厅关于印发部分地区积极促进高校毕业生就业工作举措有关材料的通知》要求各地各高校千方百计为毕业生提供就业信息。为帮助广大高校毕业生知晓政策、读懂政策、用好政策,教育部于 2009 年 4 月 13 日至 17 日举办了"2009 年高校毕业生就业政策网上咨询周活动"[①]。

二 就业信息服务的规范发展

这一时期,国家更加重视对高校毕业生的就业信息服务,出台了促进高校毕业生就业信息服务建设的政策,同时也开展了大量的就业信息服务活动。

2010 年 6 月,人力资源和社会保障部印发了全国高校毕业生"三支一扶"计划工作信息系统运行管理办法,9 月 16 日在教育部召开了全国高校毕业生就业网络联盟 2010 年年会,就业网络联盟正式启用全新升级的 2010 版全国大学生就业公共服务立体化平台和"全国大学生就业信息

---

① 2009 年 4 月,《教育部办公厅关于举办 2009 年高校毕业生就业政策网上咨询周活动的通知》。

服务一体化系统"。教育部、国资委于 2010 年 11 月 20 日至 26 日举办"全国大中型企业与 2011 届高校毕业生网上双选周"[①];教育部于 2010 年 11 月 27 日至 12 月 3 日举办"全国教育系统 2011 届高校毕业生网上招聘周"活动[②];人力资源和社会保障部 2010 年 11 月 15 日至 28 日举办"2010 年秋季全国人力资源市场高校毕业生就业服务周"[③];商务部、教育部、人力资源和社会保障于年底联合举办了 2011 年第七届全国国家级经济技术开发区高校毕业生网络招聘会[④]。

2011 年 9 月,人力资源和社会保障部在全国集中开展"2011 年高校毕业生就业服务月"活动[⑤];11 月 27 日至 12 月 3 日教育部举办"全国教育系统 2012 届高校毕业生网上招聘周"活动[⑥];11 月 20 日至 26 日教育部和国资委举办"全国大中型企业与 2012 届高校毕业生网上双选周"活动[⑦];12 月,教育部举办"2011 年全国高校毕业生就业指导中心联合招聘月"活动[⑧]。

2012 年,人力资源和社会保障部、教育部在促进高校毕业生就业的文件中都强调要加强就业信息服务。比如,在毕业生职业培训方面,人力资源和社会保障部要求加强培训信息引导,及时向社会发布本地区人力资源市场职业供求信息、政府补贴培训职业(工种)目录、政府认定培训机构名单、培训补贴报销的经办主体和办理流程等信息,及时将培训政

[①] 2010 年 10 月 15 日,《教育部办公厅关于举办全国大中型企业与 2011 届高校毕业生网上双选周活动的通知》。

[②] 2010 年 10 月 14 日,《教育部办公厅关于举办全国教育系统 2011 届高校毕业生网上招聘周活动的通知》。

[③] 2010 年 10 月 12 日,《人力资源和社会保障部关于举办 2010 年秋季全国人力资源市场高校毕业生就业服务周活动的通知》。

[④] 2010 年 12 月 13 日,《商务部、教育部、人力资源和社会保障部关于举办 2011 年全国国家经济技术开发区高校毕业生网络招聘会的通知》。

[⑤] 2011 年 9 月 1 日,《人力资源和社会保障部关于开展 2011 年全国高校毕业生就业服务月活动的通知》。

[⑥] 2011 年 9 月 30 日,《教育部办公厅关于举办全国教育系统 2012 届高校毕业生网上招聘周活动的通知》。

[⑦] 2011 年 10 月 28 日,《国务院国有资产监督管理委员会办公厅关于配合举办全国大中型企业与 2012 届高校毕业生网上双选周活动的通知》。

[⑧] 2011 年 11 月 7 日,《教育部办公厅关于举办"2011 年全国高校毕业生就业指导中心联合招聘月"活动的通知》。

策、培训信息、岗位信息等送进校园。① 教育部要求持续开展就业信息服务。各省级高校毕业生就业主管部门和各高校要抓紧毕业生离校前的时间，积极主动联系用人单位，深入挖掘岗位信息，持续开展网络招聘和现场招聘活动；充分运用"全国大学生就业信息服务一体化系统"及省校就业网、微博、手机短信等手段，有针对性地为毕业生提供招聘信息和个性化就业指导，努力帮助尚未就业的毕业生尽快落实就业岗位。② 相关部门还组织了招聘活动，比如教育部与国资委举办的"全国大中型企业2013届高校毕业生网上双选周"活动③；教育部举办的引导高校毕业生面向城乡基层教育系统就业的"全国教育系统2013届高校毕业生网上招聘周"活动④等。

2013年，教育部出台了《关于加强高校毕业生就业信息服务工作的通知》，这是一项加强高校毕业生就业信息服务工作的专项文件。⑤ 文件要求各地、各高校大力收集岗位信息，持续开展招聘活动，把大力收集岗位信息作为当前就业工作的重中之重。各地高校毕业生就业工作部门要积极争取各行各业的支持，努力开辟毕业生到战略性新兴产业、先进制造业、现代服务业等领域就业的新渠道。各高校要带着对学生深厚的感情，以对学生高度负责的态度，采取"走出去，请进来"等多种方式，调动各方面力量，为学生提供多种就业服务，持续为毕业生举办优质高效的招聘活动，确保招聘活动场次和岗位数量进一步增长。要高度重视校园招聘活动的安全工作，切实做好安全预案，坚决防止安全意外事故发生。

2014年7月，《教育部办公厅关于做好2014年离校未就业高校毕业生就业服务工作的通知》明确进一步开展双向选择招聘活动。要求各地高校毕业生就业工作部门要针对毕业生离校和返回家乡所在地等特点，动

---

① 2012年3月26日，《人力资源和社会保障部关于加强高校毕业生职业培训促进就业的通知》。

② 2012年6月7日，《教育部高校学生司关于切实做好全国普通高校毕业生离校前就业工作的通知》。

③ 2012年9月29日，《教育部办公厅关于举办全国大中型企业2013届高校毕业生网上双选周活动的通知》。

④ 2012年9月29日，《教育部办公厅关于举办全国教育系统2013届高校毕业生网上招聘周活动的通知》。

⑤ 2013年4月，《教育部办公厅关于加强高校毕业生就业信息服务工作的通知》。

员各方力量，持续组织开展线上和线下招聘活动。各地教育部门要积极会同人力资源和社会保障部门举办好"高校毕业生就业服务月""就业服务周"等活动，努力帮助未就业毕业生尽快落实就业岗位。教育部全国大学生就业公共服务立体化平台将推出线上"2014届离校未就业大学生就业服务"专题，并组织多场网络招聘会。

2015年，《国务院关于进一步做好新形势下就业创业工作的意见》对加强公共就业服务信息化建设提出了新的要求，强调做好基于信息化的离校未就业高校毕业生实名制就业服务工作，提供持续高效的精准服务，是新形势下化解结构性矛盾、促进高校毕业生尽快实现就业的重要途径。在各地共同努力下，2015年，离校未就业高校毕业生实名信息数据库基本建立，以实名制为基础的就业服务不断完善。但各地工作进展还不平衡，需要进一步夯实信息化基础，健全未就业毕业生实名服务工作机制，提高服务质量和效率。为此，人力资源和社会保障部办公厅发文①要求加强离校未就业高校毕业生实名制就业服务工作。要求各地认真做好离校未就业高校毕业生实名信息登记工作，将有就业意愿的应届未就业毕业生全部纳入实名制服务范围。健全离校未就业高校毕业生实名信息数据库，在2016年年底前，未就业毕业生实名信息数据要全部依托就业监测系统上报人力资源和社会保障部网络系统端。要加强对实名信息数据的深度挖掘和应用，对不同性别、学历、专业的未就业毕业生就业状况（包括就业需求、就业去向、接受服务和享受政策等情况）进行分析，掌握就业形势，同时，推进人力资源和社会保障系统内信息资源的衔接共享，通过未就业毕业生实名登记与社会保险等信息比对，进一步了解未就业毕业生的情况。

三 就业信息服务的丰富发展

随着高校毕业生就业工作的不断发展，高校毕业生就业信息服务平台逐渐优化，就业信息服务的方式越来越多样，涉及的领域也越来越广，高校毕业生就业信息服务的政策内容也逐渐丰富发展起来。

---

① 2015年7月1日，《人力资源和社会保障部办公厅关于加强离校未就业高校毕业生实名制就业服务工作的通知》（人社厅发〔2015〕111号）。

2016年起，人力资源和社会保障部、教育部开始实施"高校毕业生就业创业促进计划"①，在信息服务方面，提出了一些要求：一是强化毕业生在校期间就业服务，多渠道搭建校内外资源信息对接的服务平台，建立精准推送就业服务机制，进一步提升人岗匹配效率。二是各地教育部门要指导高校组织开展就业信息调查，详细了解每一名毕业生在求职地域、就业意愿等方面的需求，建立毕业生求职意愿信息数据库。三是高校要向社会发布本校专业学科设置、毕业生规模结构等信息，方便各类用人单位了解毕业生情况、确定招聘需求。积极主动开拓就业市场，通过与企业洽谈、调动校友资源，与人力资源和社会保障部门对接等多种途径，广泛收集用人需求信息，建立用人单位岗位需求信息数据库。四是搭建精准对接服务平台，运用微信、微博、App 移动客户端等技术手段，将毕业生数据库与用人岗位数据库对接，根据需求推送岗位、政策、服务等信息，促进供需精准匹配。五是充分发挥校园市场的主体作用，根据供求双方特点，分层次、分类别、分行业举办各类招聘活动，提高招聘服务效率。六是各地人力资源和社会保障部门要积极开展公共就业人才服务进校园活动，组织政策宣讲，提供一批岗位信息，举办大中城市联合招聘等专项活动，推进地方公共就业人才服务网与高校校园网、新职业网、中国公共招聘网互联互通和岗位跨区域共享，为毕业生求职就业提供更加便捷高效的就业服务。

同时，教育部也在《关于进一步做好高校毕业生就业创业工作的通知》中要求各地各高校建立健全精准推送的就业服务机制，准确掌握就业信息，完善毕业生求职意愿信息数据库和用人单位岗位需求信息数据库，搭建精准对接服务平台。充分利用"互联网+就业"新模式，根据毕业生自身条件、个性特点进行智能化供需匹配，减少毕业生求职盲目性。要广泛使用手机等移动终端，开展个性化定制服务，为毕业生送政策、送指导、送信息。②

2017年1月，中共中央办公厅、国务院办公厅印发《关于进一步引导和鼓励高校毕业生到基层工作的意见》，其中多处提到了要加强信息化

---

① 2016年10月，《人力资源和社会保障部、教育部关于实施高校毕业生就业创业促进计划的通知》。
② 2016年5月27日，《教育部办公厅关于进一步做好高校毕业生就业创业工作的通知》。

建设。比如在政府购买基层公共管理和社会服务开发就业岗位方面，要求从基层实际需求出发，精准聚焦短缺人才，以县域为单位定期梳理本地区急需的岗位信息，依托各级公共就业人才服务机构信息发布平台等渠道，加强信息发布和政策引导，鼓励用人单位优先吸纳高校毕业生就业。在完善基层人才顺畅流动机制方面，要求实施"互联网＋人力资源服务行动"，建立健全人力资源市场供求信息发布制度，加大基层急需紧缺人才宣传推介力度，加强区域性、行业性人才市场间的交流合作，推动政策互通、资格互认、信息共享，加快人事档案管理服务信息化建设，完善社会保险关系转移接续办法，为在基层工作的高校毕业生跨地区、跨行业、跨体制流动提供便利条件。在优化公共就业和人才服务方面，要求充分运用各类信息通信技术创新就业信息服务方式，开发移动客户端等信息服务平台，提供精准、高效的就业服务。

2017年，相关部门也组织了各类高校毕业生招聘和就业服务活动。比如教育部、商务部举办的"电子商务行业面向2017届高校毕业生网上招聘活动"[1]、教育部举办的"全国教育系统2018届高校毕业生网上招聘"[2]"全国大中型企业面向2018届高校毕业生网上双选月"活动[3]、人力资源和社会保障部组织开展的第五届大中城市联合招聘高校毕业生专场活动[4]和"高校毕业生就业服务月"活动等。

2018年，高校毕业生就业创业工作主要强调政策落实[5]。在就业服务保障方面，要求加密就业服务专项活动，丰富民营企业招聘周、就业服务月、服务周、大中城市联合招聘等内容，运用"互联网＋"技术推进就业信息跨区域互通共享，用好高校毕业生精准招聘平台，发挥各类人力资

---

[1] 2017年4月5日，《教育部办公厅、商务部办公厅关于举办电子商务行业面向2017届高校毕业生网上招聘活动的通知》。

[2] 2017年10月12日，《教育部办公厅关于举办全国教育系统2018届高校毕业生网上招聘活动的通知》。

[3] 2017年10月31日，《教育部办公厅、国务院国资委办公厅关于举办全国大中型企业面向2018届高校毕业生网上双选月活动的通知》。

[4] 2017年9月8日，《人力资源社会保障部关于开展第五届大中城市联合招聘高校毕业生专场活动的通知》。

[5] 2018年3月2日，《人力资源和社会保障部关于做好2018年全国高校毕业生就业创业工作的通知》。

源服务企业作用，更好促进人岗匹配。做细做实就业帮扶，推动地市人力资源和社会保障部门与所在地高校开展就业信息服务对接，协调教育部门在 7 月毕业生离校时同步启动未就业毕业生信息交换、报到接收、服务接续工作，完善信息核查、登记反馈、跟踪服务制度。在就业权益保护方面，要求健全招聘信息管理制度，持续推进国有企业招聘应届高校毕业生信息公开，强化用人单位主体责任和招聘服务提供者信息审查责任，不得设置性别、民族等歧视性内容，确保毕业生能获得真实可靠的就业信息。

2019 年高校毕业生人数再创新高，为了贯彻党中央、国务院关于稳就业的决策部署，落实就业优先政策，把高校毕业生就业作为重中之重，深入实施高校毕业生就业创业促进计划和基层成长计划，2019 年 7 月 3 日，人力资源和社会保障部、教育部、公安部、财政部、中国人民银行五部门联合印发《关于做好当前形势下高校毕业生就业创业工作的通知》，其中对就业信息服务工作提出了明确要求。比如，在就业服务方面，要求提前启动信息交接。教育部门、人力资源和社会保障部门要在高校毕业生离校时，同步启动有就业意愿的未就业毕业生实名信息交接工作，7 月底前全面完成，并确保高校毕业生个人基本信息完整和信息安全。完善实名信息服务系统，有条件的地方要建立部门信息共享的高校毕业生就业管理服务平台，及时记载就业状况、政策服务落实等内容，实现动态管理。人力资源和社会保障部门要对离校未就业高校毕业生实施实名制服务，有针对性地提供岗位信息、职业指导、培训见习等服务措施。高校要持续为离校未就业高校毕业生提供就业信息和指导等服务，及时通知他们参加线上线下校园招聘，各院系也要主动与他们联系，推荐岗位信息。教育部门和高校要及时向社会发布高校毕业生相关信息，组织分层次、分类别、分行业的校园招聘活动。人力资源和社会保障部门要组织公共就业人才服务进校园，将本地政策清单、服务清单、服务机构联络清单向毕业生普遍推送。加强就业信息精准投放，运用大数据技术促进供需智能匹配。建立健全人力资源市场供求信息发布制度，及时发布职业供求、市场工资指导价位等信息，编制本地区急需紧缺人才目录并加大宣传推介，提高人力资源市场供求匹配效率。

在就业信息服务活动方面，人力资源和社会保障部启动了"2019 年高校毕业生就业服务行动"①，集中帮扶离校未就业高校毕业生就业；开展了"2019年人力资源市场高校毕业生就业服务周活动"，重点为"三区三州"高校毕业生、建档立卡贫困家庭毕业生提供就业服务。人力资源和社会保障部、教育部、国务院国资委、国家开发银行联合开展第九届中央企业面向西藏、青海、新疆高校毕业生专场招聘活动②；工业和信息化部办公厅、教育部举办"2019年全国中小企业网上百日招聘高校毕业生活动"③。

为了促进高校毕业生就业，2020年主要开展精准的政策帮扶和不断线的就业服务，教育部要求各高校利用"全国毕业班辅导员就业工作平台"等渠道，在2020年年底前持续向有就业意愿的未就业毕业生有针对性推送至少3个就业岗位信息，并主动向未就业毕业生推送实习见习信息，为重点群体毕业生优先推送岗位信息，同时做好未就业毕业生的信息衔接和服务接续工作，做好毕业生就业意愿地信息采集工作④。其后，教育部还要求建立全国高校毕业生就业实习信息平台，建设高质量就业服务平台，加强就业服务信息化水平，向高校毕业生精准推送岗位信息⑤。

2021年，各部门举办了高校毕业生招聘活动，如"第十一届中央企业面向西藏青海新疆高校毕业生专场招聘活动"⑥、战略性新兴产业面向2021届高校毕业生网络招聘会⑦、全国大中型企业面向2021届高校毕业

---

① 2019年7月22日，《人力资源和社会保障部关于开展2019年全国高校毕业生就业服务行动的通知》。
② 2019年12月2日，《人力资源和社会保障部办公厅、教育部办公厅、国务院国资委办公厅、国家开发银行办公厅关于开展第九届中央企业面向西藏青海新疆高校毕业生专场招聘活动的通知》。
③ 2019年2月15日，《工业和信息化部办公厅、教育部办公厅关于开展2019年中小企业与高校毕业生创业就业对接服务工作的通知》。
④ 2020年7月14日，《教育部办公厅关于为2020届离校未就业高校毕业生提供不断线就业服务的通知》。
⑤ 2020年11月20日，《教育部关于做好2021届全国普通高校毕业生就业创业工作的通知》。
⑥ 2021年11月11日，《人力资源和社会保障部办公厅、国务院国资委办公厅、教育部办公厅关于开展第十一届中央企业面向西藏青海新疆高校毕业生专场招聘活动的通知》。
⑦ 2021年5月7日，《教育部办公厅、国务院国资委办公厅关于举办战略性新兴产业面向2021届高校毕业生网络招聘会的通知》。

生网上双选月活动[①]、高校毕业生等重点群体促就业"国聘行动"[②]、高校毕业生校园招聘月系列活动[③]。

2022届普通高校毕业生规模、增量创历史新高，为了促进高校毕业生更加充分更高质量就业，教育部实施了"2022届全国普通高校毕业生就业创业促进行动"[④]，要求加强校园招聘市场建设。各地各高校要进一步发挥校园招聘主渠道作用，切实加强校园招聘市场建设，建立完善就业资源开发机制，充分发挥专职就业工作队伍和党政干部、专业教师、校友等各方面积极性，千方百计拓展岗位信息来源。同时，要求促进网络招聘市场建设。教育部升级打造"24365校园网络招聘服务"平台，引入优质人力资源服务机构、行业协会等，深入实施"岗位精选计划"，推进就业信息联通共享。教育部要求各地各高校要组织就业工作人员、毕业班辅导员和求职毕业生注册使用"24365智慧就业平台"，加强线上服务联动；大力推进校园网络招聘市场建设，建设维护好本地本校用人单位需求库、毕业生求职意向库等，及时发布专业设置和生源信息；积极开展网络招聘服务，鼓励用人单位通过线上宣讲、远程面试、网上签约开展校园招聘，促进线上线下招聘相结合，提高招聘成功率。此外，还要求建立完善大学生创新创业信息服务平台，提供创新创业相关政策发布、解读、项目对接等服务。

为了做好当前和今后一段时期高校毕业生等青年就业创业工作，2022年5月，国务院办公厅发布《关于进一步做好高校毕业生等青年就业创业工作的通知》，其中关于就业信息服务方面的要求主要有以下几方面的内容：在精准开展困难帮扶方面，要求把有劳动能力和就业意愿的脱贫家庭、低保家庭、零就业家庭高校毕业生，以及残疾高校毕业生和长期失业高校毕业生作为就业援助的重点对象，提供"一人一档""一人一策"精

[①] 2021年5月7日，《教育部办公厅、国务院国资委办公厅关于举办全国大中型企业面向2021届高校毕业生网上双选月活动的通知》。

[②] 2021年11月12日，《教育部办公厅等五部门关于联合开展2022年度高校毕业生等重点群体促就业"国聘行动"的通知》。

[③] 2021年11月12日，《教育部办公厅关于开展2022届高校毕业生校园招聘月系列活动的通知》。

[④] 2021年11月15日，《教育部关于做好2022届全国普通高校毕业生就业创业工作的通知》。

准服务，为每人至少提供3—5个针对性岗位信息。在优化招聘服务方面，要求推进公共就业服务进校园，逐步实现公共就业招聘平台和高校校园网招聘信息共享。建立高校毕业生就业岗位归集机制，广泛收集机关事业单位、各类企业、重大项目等高校毕业生就业岗位需求计划，集中向社会发布并动态更新。构建权威公信的高校毕业生就业服务平台，密集组织线上线下专项招聘服务，扩大国家24365大学生就业服务平台、百日千万网络招聘、"千校万岗"、中小企业网上百日招聘等招聘平台和活动影响力。积极组织服务机构、用人单位进校园招聘。在落实实名服务方面，要求深入实施离校未就业高校毕业生就业创业促进计划，强化教育、人力资源社会保障部门离校前后信息衔接，持续跟进落实实名服务。运用线上失业登记、求职登记小程序、基层摸排等各类渠道，与有就业意愿的离校未就业高校毕业生普遍联系，为每人免费提供1次职业指导、3次岗位推荐、1次职业培训或就业见习机会。在完善毕业去向登记方面，要求教育部门从2023年起，建立高校毕业生毕业去向登记制度，作为高校为毕业生办理离校手续的必要环节。高校要指导毕业生（含结业生）及时完成毕业去向登记，核实信息后及时报省级教育部门备案。实行定向招生就业办法的高校毕业生，省级教育部门和高校要指导其严格按照定向协议就业并登记去向信息。高校毕业生到户籍和档案接收管理部门办理相关手续时，教育部门应根据有关部门需要和毕业生本人授权，提供毕业生离校时相应去向登记信息查询核验服务。

2022年，人力资源和社会保障部启动了"全国高校毕业生精准招聘"平台，开展有针对性的集中服务，并组织了"2022年全国人力资源市场高校毕业生就业服务周活动"；教育部开展了2023届高校毕业生校园招聘月系列活动[①]、"科研助理岗位网上专场招聘活动"[②]，联合科技部等部委开展了2023年度高校毕业生等重点群体促就业"国聘行动"[③]，联合工业

---

① 2022年11月8日，《教育部办公厅关于开展2023届高校毕业生校园招聘月系列活动的通知》。

② 2022年8月15日，《教育部办公厅关于面向2022届高校毕业生开展科研助理岗位网上专场招聘活动的通知》。

③ 2022年11月30日，《教育部办公厅等七部门关于联合开展2023年度高校毕业生等重点群体促就业"国聘行动"的通知》。

和信息化部举办了专精特新中小企业面向 2022 届高校毕业生网上招聘活动①。

第二节　高校毕业生就业信息服务平台建设

就业信息服务平台是就业信息服务的重要载体，是随着计算机技术和互联网的发展而产生的。2000 年前后，随着国家信息化建设的发展，一些地方的就业管理部门开始建立基于互联网的劳动就业信息管理平台和劳动就业业务管理数据库②。在这一背景下，高校毕业生公共就业信息服务平台也开始建设发展起来。

2003 年 3 月，《共青团中央、教育部、全国学联关于进一步做好促进高校毕业生就业工作的意见》要求充分利用高校网络普及率高的优势，建立网上就业服务体系，向毕业生提供就业政策指导和用人岗位信息，向社会用人单位提供高校毕业生信息，把用人单位的需求和大学毕业生的求职愿望进行全方位对接。2003 年 6 月 13 日，"中国高校毕业生就业服务信息网"开通，6 月 18 日至 24 日，在中国高校毕业生就业服务信息网举办的高校毕业生招聘周活动中，参加的用人单位达 2150 多家，累计点击近 3700 万次。到 6 月 26 日，网上已有 30 万毕业生注册、近 10 万需求信息。③ 在共同协商的基础上，劳动和社会保障部还出台专门文件，要求各地将离校后的高校毕业生就业纳入全社会就业规划、管理、服务与支持体系。

此后，人社部门每年定期开展民营企业招聘周（5 月）、高校毕业生就业服务月（8 月）、服务周（11 月）、网络招聘周（每个季度）等专项服务活动，为用人单位和高校毕业生搭建对接平台。此外，一些地方还开展了人力资源市场供求信息分析和高校毕业生分专业就业状况调查，并将有关情况向社会发布，为高校毕业生求职就业、高校专业调整和教学改革

---

① 2022 年 8 月 17 日，《工业和信息化部办公厅、教育部办公厅关于举办专精特新中小企业面向 2022 届高校毕业生网上招聘活动的通知》。
② 《焦作启动就业服务信息化》，《每周电脑报》2003 年 6 月 4 日。
③ 丰捷：《高校毕业生就业工作进展顺利》，《光明日报》2003 年 6 月 27 日。

提供参考。

2003年7月5日,全国高校学生信息咨询与就业指导中心、北京高校毕业生就业指导中心正式启动了"远程交互式高校毕业生就业服务平台",该平台连接300所高校,利用卫星网络视频进行就业指导,在高校毕业生"双向选择"中,为毕业生与用人单位的交流提供了清晰、流畅的图像和声音。平台服务的内容包括就业指导,讲述毕业生就业面临的各种问题;卫星远程面试,毕业生与用人单位可以通过平台进行面试;发布动态招聘资讯,将用人单位招聘信息滚动播放到各个高校;开展多种培训,提升毕业生求职能力;将毕业生就业的政策、动态和经验制作成电视片播放,并能召开远程视频会议。这是我国通过网络开展就业信息服务的最早尝试。①

互联网的普及和发展带动了网络就业信息服务的迅速发展。网络就业信息服务具有覆盖范围广、无区域和时间限制、经济高效、快捷、省时省力等优点。2004年,我国网络招聘占整个招聘市场容量的13.2%,2005年这一比例增长到近20%,2006年达到28.2%。②

随着高校毕业生就业压力的不断增大,越来越多高校毕业生通过网络获取就业信息,高校毕业生网络就业信息服务逐渐发展起来。

《国务院办公厅关于做好2004年普通高等学校毕业生就业工作的通知》要求进一步加快高校毕业生就业信息化进程。2004年所有本科高校和有条件的高职(专科)学校,要开通就业服务信息网并与国家和省市网互联互通。加快毕业生就业服务网信息资源建设,尽快实现网上招聘和远程面试。建立完善的高校毕业生就业情况报告、公布、督查和评估制度。各省、自治区、直辖市要建立并不断完善高校毕业生就业监测体系,科学、准确、快速地报告就业工作进展情况,及时公布当地高等学校的毕业生就业率。

2005年11月21日启动的"全国人才市场第三届高校毕业生就业服务周"期间,各地举行现场招聘会97场,参会的用人单位24360家,提

---

① 董洪亮:《高校毕业生远程就业平台启动》,《人民日报》2003年7月5日。
② 《"就业在线"(www.jiuyeonline.com)——搭建网上就业服务平台》,《中国就业》2007年第3期。

供职位 8500 种，拟招聘人数为 36.5 万。另外，还有 102 家网站举办网络招聘会，提供的职位信息 2 万条，拟招聘 7.1 万人。根据招聘单位提供的需求信息，"服务周"排出了十大热门专业，其中，市场营销、销售、公关位居第一，其余九位依次是：计算机、网络；财务、金融、审计；建筑；电子、电器、通讯；教育、培训、家教；机械、设备维修；外语、翻译；经营、管理、策划；人力资源管理、行政。①

2009 年 5 月 6 日，《人力资源和社会保障部、教育部、财政部、中国残疾人联合会关于进一步做好高等学校残疾人毕业生就业工作的通知》要求抓紧建立完善残疾人就业信息网，建立残疾大学生数据库，发挥网络功能作用。

为贯彻落实胡锦涛总书记在全国教育工作会议上提出的"建立和完善高校毕业生就业服务体系"②和教育规划纲要③"加强就业创业教育和就业指导服务""基本建成较完备的毕业生就业状况等监测分析系统"的部署和要求，进一步提高全国高校毕业生就业信息化水平，加强供需信息互通共享，教育部组织力量设计研发了"全国大学生就业信息服务一体化系统"。该系统采用统一数据信息标准，通过建立教育部、省区市、高校三级网络架构，实现毕业生和用人单位一站式注册及信息合理有效共享，努力实现工作系统内全国大学生就业网络互联互通。同时，通过该系统可以更加方便地实现就业数据报送、文件上传下达，保证教育部和各省区市及时掌握就业动态，有效监测毕业生就业状况。教育部要求各省级高校毕业生就业主管部门、各部属高校在 2011 年 1 月底前，在所属就业网首页嵌入一体化系统中的"全国大学生就业一站式服务系统"功能，实现毕业生和用人单位一站式注册及信息合理有效共享。同时，对所属就业网上的注册单位信息进行审核并发布。④

人力资源和社会保障部为落实《政府工作报告》提出的"加快就

---

① 杨靖：《第三届高校毕业生就业服务周启动》，《科技日报》2005 年 11 月 23 日。
② 明锦涛：《在全国教育工作会议上的讲话》，《云南教育》2010 年第 9 期。
③ 2010 年 5 月 5 日国务院常务会议审议并通过《国家中长期教育改革和发展规划纲要（2010—2020 年）》。
④ 2010 年 12 月 13 日，《教育部办公厅关于使用"全国大学生就业信息服务一体化系统"的通知》。

业信息网络建设，实现全国互联互通"和《国民经济和社会发展第十二个五年规划纲要》关于"全国就业信息联网"的要求发布了《人力资源和社会保障部关于加快推进就业信息公共服务网络建设的通知》，积极推进就业信息公共服务网络建设。按照就业信息服务工作"统一标准、互联互通、覆盖全国、优质高效"的总体要求，建立部、省、市三级组成的全国就业信息公共服务网络，实现全国各级公共就业和人才服务机构招聘信息互联互通和共享发布，为各类求职人员免费提供"信息真实、内容完整、岗位有效、查询便利"的就业岗位信息服务。一是各级公共就业和人才服务机构招聘信息服务全部达到全国统一的规范要求，全面提升信息服务质量；二是以地级城市或省（自治区、直辖市）为单位，实现辖区内招聘信息的联网共享和统一发布；三是建立全国招聘信息公共服务网，实现招聘信息"一点登录，全国查询"，为社会公众提供招聘信息服务，为各级政府掌握就业形势和进行科学决策提供支持。①

按照上述文件要求，各地积极推动招聘信息公共服务网建设。到2014年年底，招聘信息公共服务网已与全国29个省（区、市）的127个地市共196家公共就业和人才服务机构实现了联网。为进一步落实《国务院关于促进信息消费扩大内需的若干意见》提出的"建立公共就业信息服务平台，加快就业信息全国联网"要求，2014年，人力资源和社会保障部将全国招聘信息公共服务网更名为中国公共招聘网（域名仍为www.cjob.gov.cn），作为公共就业信息服务的国家级平台，负责与各级公共就业和人才服务机构联网，汇总共享各类就业信息并统一对外发布。②

---

① 2011年9月16日，《人力资源和社会保障部关于加快推进就业信息公共服务网络建设的通知》。

② 2014年11月6日，《人力资源和社会保障部关于加快就业信息全国联网推进公共就业信息服务平台建设工作的通知》。

第 五 章

高校毕业生就业服务载体建设政策

第一节　大学生创业孵化基地

20世纪50年代，孵化器最早产生于美国，大学生创业孵化基地是孵化器中的一种，其代表性的孵化基地是基于斯坦福大学建立的"硅谷"。国外与创业孵化机构相近的表达有 technology incubator（技术孵化器），enterprise innovation（企业创新中心）、innovation center（创新中心）、the lab of innovation and employment system（创新就业系统实验室）等。我国是在1984年原国家科委向国务院提交的一份对策性文件中最早提到了企业孵化器的概念。我国第一家企业孵化器是1987年6月成立的"武汉东湖新技术创业服务中心"，后来在政府的推动下，在制订产业发展计划中将建立孵化器作为一项重要任务[1]，并出台了相关政策文件[2]，陆续成立了大学科技园、科技企业孵化器、科技创业中心、留学人员创业园、众创空间等。

我国大学生创业孵化基地是在政府扶持下产生的，包括大学科技园、大学生创业实习基地、大学生创业孵化基地、大学生创业园等，它与其他创业孵化器最大的区别在于，它的服务对象是有创业意愿的在校大学生或毕业几年内的大学生，属于非营利性的服务组织。从功能定位来看，大学

---

[1] 1988年8月，我国开始实行"火炬计划"，该计划主要为发展高新技术产业，其中将建立企业孵化器作为一项重要任务。

[2] 例如，《国家高新技术创业服务中心认定暂行办法》（1996）、《中国科技企业孵化器"十五"期间发展纲要》、《关于推进创业孵化基地建设进一步落实创业帮扶政策的通知》（2012）、《国务院关于大力推进大众创业万众创新若干政策措施的意见》（2015）等。

生创业孵化基地是高等学校开展创新创业教育、促进学生自主创业的重要实践平台，主要任务是整合各方优势资源，开展创业指导和培训，接纳大学生实习实训，提供创业项目孵化的软硬件支持，为大学生创业提供支撑和服务，促进大学生创业就业[①]。从提供创业扶持的内容来看，主要为大学生创业提供场地、资金、实训等多方面的支持，还提供包括法律、工商、税务、财务、人事代理、管理咨询、项目推荐、项目融资等方面的创业咨询和服务。

一 大学生创业孵化基地发展历程

我国大学生创业孵化基地相比于美国、英国、日本等发达国家起步较晚。大学生创业孵化基地是在政府政策指导下产生的，随着我国"双创"和"互联网+"政策的发展，大学生创业孵化基地取得了快速的发展。总体来看，我国大学生创业孵化基地发展划分为三个阶段。

（一）大学生创业孵化基地的萌芽

《中国教育改革和发展纲要》以党的十四大精神和建设有中国特色的社会主义理论为指导，提出了 20 世纪 90 年代我国教育改革和发展的目标、方针、政策和措施，是指导我国 20 世纪 90 年代乃至 21 世纪初教育改革和发展的纲领性文献。为贯彻落实《中国教育改革和发展纲要》和国务院批转《国家教委关于加快改革和积极发展普通高等教育的意见》所提出的目标和任务，1993 年 11 月 5 日，国家教委办公厅印发《国家教委直属高校贯彻〈纲要〉，加快九十年代教育改革和发展步伐的实施意见》，提出"办一批开发研究与生产经营结合的成果转化与孵化基地"。

20 世纪 90 年代中后期，我国改革开放不断深入，在邓小平关于"科学技术是第一生产力"[②]，"高科技领域的一个突破，带动一批产业的发展"[③]，

[①] 2010 年 5 月 13 日，《教育部关于大力推进高等学校创新创业教育和大学生自主创业工作的意见》。

[②] 在 1978 年 3 月召开的全国科学大会开幕式上，邓小平指出：科学技术是生产力。1988 年 9 月 5 日，邓小平在会见捷克斯洛伐克总统胡萨克时，提出了"科学技术是第一生产力"的重要论断。

[③] 1992 年年初，邓小平在视察南方时的谈话中强调：科学技术是第一生产力。高科技领域的一个突破，带动一批产业发展。

"发展高科技,实现产业化"①等重要思想的指导下,党的十五大提出,"要充分估量未来科学技术特别是高技术发展对综合国力、社会经济结构和人民生活的巨大影响,把加速科技进步放在经济社会发展的关键地位"。"加强技术创新,发展高科技,实现产业化,推动社会生产力跨越式发展"②成为时代主题。

这一时期,出现了以互联网领域为主的创业热潮,同时,许多高校也开始依托人才和技术优势兴办大学科技园。1999年7月,科技部、教育部共同组织召开了"大学科技园发展战略研讨会",决定开始试点建设一批国家大学科技园,提出把大学科技园办成高新技术企业的孵化基地、创新创业人才的培养基地、高新技术产业发展的基地③。2000年1月,教育部在北京召开了全国高校技术创新大会,强调要贯彻中央精神,把大学科技园办成高新技术企业孵化基地④⑤。2000年11月27日,科学技术部、教育部印发了《国家大学科技园管理试行办法》,将"大学科技园"界定为"以研究型大学或大学群为依托,把大学的人才、技术、信息、实验设备、图书资料等综合智力优势与其他社会资源优势相结合,为技术创新和成果转化提供服务的机构。它应成为技术创新的基地、高新技术企业孵化基地、创新创业人才聚集和培育基地、产学研结合示范基地"⑥。2001年6月6日,科技部、教育部印发了《国家大学科技园"十五"发展规划纲要》⑦,指出积极兴办大学科技园,把高等学校的人才和技术优势转化为产业和经济优势,既是党中央提出的重要任务,也是推动科技成果转

---

① 1999年8月,中共中央、国务院召开全国技术创新大会,发布了《关于加强技术创新,发展高科技实现产业化的决定》。
② 1999年8月20日,《中共中央、国务院关于加强技术创新,发展高科技,实现产业化的决定》。
③ 《科学技术部、教育部关于组织开展大学科技园建设试点的通知》(国科发高字〔1999〕385号)。
④ 2000年2月15日,《教育部关于印发全国高校技术创新大会会议纪要的通知》。
⑤ 2000年1月5日,教育部关于印发《教育部关于贯彻落实〈中共中央、国务院关于加强技术创新,发展高科技,实现产业化的决定〉的若干意见》的通知。
⑥ 2000年11月27日,《科学技术部、教育部关于印发〈国家大学科技园管理试行办法〉的通知》。
⑦ 2001年6月6日,《科技部、教育部关于印发〈国家大学科技园"十五"发展规划纲要〉的通知》。

化和高新技术产业化、提高我国技术创新能力和国际竞争力的客观要求。

这一时期,国企下岗职工、农村劳动力、青年群体等也逐渐加入创业队伍,随着创业群体的不断扩大,国家促进创业的政策力度也逐渐加大。国家"十一五计划"提出了科教兴国战略,进一步促进了创业孵化基地的建设。2004 年,共青团中央、劳动和社会保障部实施了"中国青年创业行动",以下岗失业青年、城镇新增青年劳动力和农村富余青年劳动力为重点关注对象,也包括鼓励高校毕业生创业,同时还提出"探索建立青年创业孵化基地"①,这一构想在 2005 年的"成功创业计划"中得到了进一步发展。该计划提出建立青年创业孵化基地,为下岗失业青年、高校毕业生、返乡青年进行创业扶持,2005—2008 年,通过开展创业培训、推行创业导航、实施创业见习、进行创业孵化等措施,帮助 50 万名青年掌握创业本领,扶持 20 万名青年成功创业②。2006 年,共青团中央把建立青年创业孵化基地列为一项重要任务③。

随后,针对各类创业主体的孵化基地纷纷涌现,比如科技企业孵化基地、小企业创业孵化基地、创新创业人才孵化基地、农业科技企业孵化基地、高新技术产业孵化基地等。

2008 年,国务院办公厅转发人力资源和社会保障部等 11 部门《关于促进以创业带动就业工作的指导意见》,指出要在土地利用总体规划确定的城镇建设用地范围内,或利用原有经批准的经济技术开发区、工业园区、高新技术园区、大学科技园区、小企业孵化园等建设创业孵化基地④。2009 年,国务院在相关文件中鼓励"建设完善一批投资小、见效快的大学生创业园和创业孵化基地"⑤⑥。

---

① 2004 年 4 月 9 日,《共青团中央、劳动和社会保障部关于深入实施"中国青年创业行动"促进青年就业工作的意见》(中青联发〔2004〕13 号)。
② 2005 年 9 月 26 日,《共青团中央、劳动和社会保障部关于在青年中实施"成功创业计划"的通知》。
③ 2006 年 2 月 24 日,《共青团中央办公厅关于印发〈2006 年中国青年创业行动工作要点〉和〈共青团全国青年就业和再就业工作领导小组成员单位 2006 年主要工作安排〉的通知》。
④ 2008 年 9 月 26 日,《国务院办公厅转发人力资源社会保障部等部门关于促进以创业带动就业工作指导意见的通知》。
⑤ 2009 年 1 月 19 日,《国务院办公厅关于加强普通高等学校毕业生就业工作的通知》。
⑥ 2009 年 3 月 22 日,《国务院关于落实〈政府工作报告〉重点工作部门分工的意见》。

科技部于 2009 年 9 月出台了《关于大学生科技创业见习基地试点工作的实施方案》，在方案中明确提出要集聚各方资源依托国家创新体系建立大学生科技创业见习基地，从而培养大学生的创业意识和能力，带动大学生以科技进行创业。2009 年"两会"期间，温家宝总理提出要加快建设一批大学生创业园或"创业孵化基地"。

在国家政策的支持引导下，各地纷纷出台具体措施鼓励高校建立大学生创业孵化基地。辽宁省通过财政支持省、市建立大学生创业资金，完善创业政策体系，开展创业教育和创业培训，建立省、市、高校创业孵化基地等多种形式，为大学生创业创造条件、提供支持，于 2009 年建成了大学生创业教育实训基地，开展了创业教育、培训实训、企业孵化、项目对接、政策试验、理论研究、师资培训等一系列工作，为大学生自主创业提供了比较完善的配套服务，促进了一大批大学生成功创业，2010 年被教育部授予"国家大学生创业示范基地"称号[①]。

（二）大学生创业孵化基地的稳步发展

2010 年后，国家对大学生创业增大了关注度。教育部 2010 年出台了《关于大力推进高等学校创新创业教育和大学生自主创业工作的意见》，提出：一方面，需要进行人才引进和人才培养等高校创新教育工作；另一方面，需要加强高校创业孵化基地建设，要以高校为依托，争取各相关部门支持，全面建设高校创业孵化基地，并对高校创业孵化基地提供资金、场地和实训等各种形式的支持。

2010 年到 2013 年，在历年国务院出台的《关于进一步做好普通高等学校毕业生就业工作的通知》中，都提出要加快高校创业孵化基地的建设进程以及完善相应的配套设施，建立高校孵化基地成为推进"以创业带动就业"战略实施的一项重要措施。

相关部门也出台了支持政策，比如《教育部关于做好 2011 年全国普通高等学校毕业生就业工作的通知》提出"加快建成一大批高校学生创业实践和孵化基地。……创建一批省级和地市级大学生创业实践和孵化基地"。《人力资源和社会保障部办公厅关于转发湖北省人力资源

---

① 2010 年 5 月 10 日，《教育部关于授予辽宁省大学生创业教育实训基地"国家大学生创业示范基地"称号的函》。

社会保障厅做好2011年度离校未就业应届高校毕业生就业工作通知的函》提出"积极为高校毕业生提供全方位的公共就业服务……在充分发挥各类创业孵化基地作用的基础上,因地制宜建设一批大学生创业孵化基地"。《教育部关于做好2012年全国普通高等学校毕业生就业工作的通知》提出:"全面推进大学生创新创业工作……要大力建设创新创业教育实践、实习和项目孵化基地等创新创业平台。"《人力资源和社会保障部关于加强高校毕业生职业培训促进就业的通知》(2012)提出:"强化创业指导和创业服务……要因地制宜地建设一批大学生创业孵化基地。"《教育部关于全面提高高等教育质量的若干意见》(2012)提出:"普遍建立地方和高校创新创业教育指导中心和孵化基地。"《人力资源和社会保障部关于推进创业孵化基地建设进一步落实创业帮扶政策的通知》(2012)提出:"把创业孵化基地建设作为促进帮扶大学生、农民工、失业人员及其他劳动者自主创业的重要载体,积极协调有关部门结合实际,多渠道、多形式建设创业孵化基地。"《教育部关于做好2014年全国普通高等学校毕业生就业工作的通知》(2013)提出:"各地要积极推动地方政府、产业园区、大学科技园、高校建设大学生创业园和创业孵化基地。"

2014年5月,人力资源和社会保障部等9部门开始实施"大学生创业引领计划",要求"各地要充分利用大学科技园、科技企业孵化器、高新技术开发区、经济技术开发区、工业园、农业产业园、城市配套商业设施、闲置厂房等现有资源,建设大学生创业园、留学人员创业园和创业孵化基地,为创业大学生提供创业经营场所。对建设大学生创业园、留学人员创业园和创业孵化基地的地方和高校,有关部门要积极给予对口支持和业务指导。要将创业实训、创业孵化、创业辅导相结合,创新孵化方式,完善孵化功能,提高创业孵化成功率。要制定并完善创业经营场所租金补贴办法,对符合条件的创业大学生按规定给予经营场所租金补贴"[①]。

此外,国家工商行政管理总局也表示"大力促进小型微型企业集聚

[①] 2014年5月22日,《人力资源和社会保障部等九部门关于实施大学生创业引领计划的通知》。

发展，积极参与、推进大学生创业孵化基地建设"①。中国残联提出"多渠道促进高校残疾人毕业生就业……加强残疾人大学生创业孵化基地建设"②，"千方百计促进残疾高校毕业生就业创业……建立残疾人大学生见习基地和创业孵化基地"③。

（三）大学生创业孵化基地的快速发展

随着国务院总理李克强在2014年夏季达沃斯论坛上提出"大众创业，万众创新"的号召，各类创业孵化机构迅速发展起来。

实施"双创"战略后，特别是《国务院关于进一步做好新形势下就业创业工作的意见》(2015)、《国务院办公厅关于发展众创空间推进大众创新创业的指导意见》(2015)和《国务院关于大力推进大众创业万众创新若干政策措施的意见》(2015)等政策文件出台后，我国的创业孵化机构急速增加，截至2015年年底，我国共有科技企业孵化器和众创空间4875家，已超过美国，成为世界上创业孵化机构最多的国家。

国家鼓励各地区、各高校充分利用各种资源建设大学科技园、大学生创业园、创业孵化基地和小微企业创业基地，作为创业教育实践平台，建好一批大学生校外实践教育基地、创业示范基地、科技创业实习基地和职业院校实训基地④。根据《国务院办公厅关于建设大众创业万众创新示范基地的实施意见》(2016)的精神，从2016年起，国家开始在部分地区、高校和科研院所、企业建设"双创示范基地"。首批建立"双创示范基地"的高校有清华大学、上海交通大学、南京大学和四川大学。其后，国家在《关于进一步引导和鼓励高校毕业生到基层工作的意见》中提出"加快发展众创空间，依托大学生创业园、国家农业科技园区、创业孵化基地等，为高校毕业生搭建低成本、全方位、专业化的创新创业平台"⑤。

---

① 2013年6月13日，《国家工商行政管理总局关于认真做好2013年高校毕业生就业工作的意见》。

② 2013年5月23日，《中国残联办公厅关于做好2013年高校残疾人毕业生就业工作的通知》。

③ 2014年5月26日，《中国残疾人联合会办公厅关于做好2014年残疾高校毕业生就业创业工作的通知》。

④ 2015年5月4日，《国务院办公厅关于深化高等学校创新创业教育改革的实施意见》。

⑤ 2017年1月，《中共中央办公厅、国务院办公厅印发关于进一步引导和鼓励高校毕业生到基层工作的意见》。

在《"十三五"促进就业规划》中，提出要"推广新型孵化模式，加快发展众创空间，建设一批创业孵化基地和创业园区"①。为了促进以创业带动就业，国务院发布《关于做好当前和今后一段时期就业创业工作的意见》，提出"加快创业孵化基地、众创空间等建设，试点推动老旧商业设施、仓储设施、闲置楼宇、过剩商业地产转为创业孵化基地……发挥孵化基地资源集聚和辐射引领作用……各地可根据创业孵化基地入驻实体数量和孵化效果"②。

《"十四五"就业促进规划》也指出："加强大学生创业园等孵化载体建设。"③《国务院办公厅关于进一步支持大学生创新创业的指导意见》提出："加强大学生创新创业服务平台建设……充分发挥大学科技园、大学生创业园、大学生创客空间等校内创新创业实践平台作用。"同时，鼓励众创空间、孵化器、加速器、产业园等各类孵化器面向大学生创新创业团队开放一定比例的免费孵化空间④。

就业相关部门积极出台政策促进大学生创业孵化基地建设。为了充分发挥创业孵化基地的功能，开展创新创业培训，人力资源和社会保障部提出："针对高校毕业生创新创业的特点和需求，依托培训机构、企业培训（实训）中心、创业孵化基地、创客空间、网络平台等，开展创业意识教育、创新素质培养、企业项目指导、开业指导、企业经营管理等培训。"⑤人力资源和社会保障部还与教育部、公安部、财政部、中国人民银行等部门共同发文鼓励高校毕业生创业带动就业，对入驻实体数量多、带动就业成效明显的大学生创业孵化基地，给予一定奖补。⑥

教育部发文要求"各地各高校要建设和利用好大学科技园、大学生创业园、创业孵化基地、大学生校外实践教育基地等创新创业平台……为

---

① 2017年2月6日，《国务院关于印发"十三五"促进就业规划的通知》。
② 2017年4月13日，《国务院关于做好当前和今后一段时期就业创业工作的意见》。
③ 2021年8月23日，《国务院关于印发"十四五"就业促进规划的通知》。
④ 2021年9月22日，《国务院办公厅关于进一步支持大学生创新创业的指导意见》。
⑤ 2017年9月19日，《人力资源和社会保障部办公厅关于持续开展离校未就业高校毕业生技能就业行动的通知》。
⑥ 2019年7月3日，《人力资源和社会保障部、教育部、公安部、财政部、中国人民银行关于做好当前形势下高校毕业生就业创业工作的通知》。

正在创业的学生提供孵化基地、资金支持等服务"①。

工商总局积极配合开展高校毕业生就业创业工作，提出"针对高校毕业生创业特点……积极参与、推进大学生创业孵化基地、大学生创业孵化园、众创空间等建设"②。

为了促进高校残疾人毕业生就业创业，中国残联要求"各地充分利用众创空间、创业孵化基地等创业载体，通过政府购买服务等形式，对有创业愿望的高校残疾人毕业生加强创业指导和服务"③。

这一时期，各地大学生创业孵化基地迅速发展起来，并与国家创新体系中的众创空间、企业孵化器、国家科技园区等形成配套。

二 大学生创业孵化基地发展现状及存在问题

在国家各类政策支持下，各地针对大学生创业群体积极筹建大学生创业基地，为大学生创业项目免费提供孵化场地、资金支持、创业导师等方面公益性孵化服务，建设系列管理制度，不断完善硬件设备，为入驻大学生创造良好创业孵化环境。大学生创业孵化基地建设在取得良好成效的同时，也存在孵化基地定位不清晰、服务范围有限等问题。

（一）发展现状

我国大学生创业孵化基地的发展始于20世纪80年代中期的大学科技园，1990年1月，东北大学率先建立了东大科学园。之后各地区政府和高校开始建立各种形式的大学科技园、大学生创业孵化基地。进入21世纪，政策规划提高了大学生创业孵化基地建立的数量和规模。以大学科技园为例，目前，我国国家级、省级、市级大学科技园数量规模已达200多家，基本上覆盖了全国所有"985"和"211"高校。

1. 国家大学科技园

国家大学科技园是指以具有科研优势特色的大学为依托，将高校科教

---

① 2015年11月27日，《教育部关于做好2016届全国普通高等学校毕业生就业创业工作的通知》。
② 2016年6月17日，《工商总局关于发挥职能作用进一步做好高校毕业生就业创业工作的通知》。
③ 2018年5月31日，《中国残联办公厅关于做好2018年高校残疾人毕业生就业服务工作的通知》。

智力资源与市场优势创新资源紧密结合，推动创新资源集成、科技成果转化、科技创业孵化、创新人才培养和开放协同发展，促进科技、教育、经济融通和军民融合的重要平台和科技服务机构。科技部、教育部自2002年开始认定国家大学科技园。到2021年，国家大学科技园数量达到141家①。

从地区分布来看，国家大学科技园主要分布在东部地区，特别是长三角、环渤海地区。东部地区国家大学科技园占比55%，其次是西部地区，占比19%；其余区域科技园数量占比均在15%以下。

从建设方式来看，主要有"一校一园""一校多园""多校一园"三种方式。其中，"一校一园"指的是一个大学科技园依托一所高校创办，科技园可根据高校的特色学科对科技园产业发展进行定位，发挥出高校的优势学科专业，形成较为专业的特色产业园区，这是目前国家大学科技园主要的建设方式。"一校多园"指的是发展大学科技园的高校在不同城市中建设分园区，代表性的园区有清华大学国家大学科技园、同济大学国家大学科技园。"多校一园"指的是发展大学科技园的各个高校通过相互合作，共同建设科技园区，代表性的园区有南京大学—鼓楼高校国家大学科技园②。

2. 国家级创业孵化示范基地

从2012年起，人力资源和社会保障部开始评选认定"国家级创业孵化示范基地"，其中也包括大学生创业孵化基地。2012年，人力资源和社会保障部确定了首批（共15家）全国创业孵化示范基地，其中大学生创业孵化基地6家，占40%。2014年11月，确定了第二批（共22家）全国创业孵化示范基地，其中大学生创业孵化基地10家，占45.5%。2016年12月，确定了第三批（共34家）全国创业孵化示范基地，其中大学生创业孵化基地11家，占32.4%。2019年4月，人力资源和社会保障部公布了第四批55个全国创业孵化示范基地。其中大学生创业孵化基地13家，占23.6%。2021年，人力资源和社会保障部对前四批共123家全国

---

① 高校科学进展微信公众号，https://gxkj.resource.edu.cn/news/15696.html。
② 腾讯网：《2023年国家大学科技园发展现状分析》，https://new.qq.com/rain/a/20230214A069K600。

创业孵化示范基地进行了复评（有3家没有通过复评），并确定了第五批62家全国创业孵化示范基地，其中大学生创业孵化基地18家，占29.0%。在最终确定的185家全国创业孵化示范基地中，有各类大学生创业孵化基地58家，占总数的31.4%。[①]

表5-1　"国家级创业孵化示范基地"中大学生创业孵化基地的数量及占比

年份	国家级创业孵化示范基地	大学生创业孵化基地	占比（%）
2012	15	6	40.0
2014	22	10	45.5
2016	34	11	32.4
2019	55	13	23.6
2021	62	18	29.0
合计	185*	58	31.4

注：*原为188家，扣除3家复评不合格的国家级创业孵化示范基地后为185家。

资料来源：根据人力资源和社会保障部"第五批全国创业孵化示范基地拟认定名单和全国创业孵化示范基地复评结果公示"计算。http://www.mohrss.gov.cn/SYrlzyhshbzb/zwgk/gggs/tg/202105/t20210531_415492.html。

3. 双创示范基地

根据《国务院办公厅关于建设大众创业万众创新示范基地的实施意见》中"加快建设一批高水平的双创示范基地，扶持一批双创支撑平台，突破一批阻碍双创发展的政策障碍，形成一批可复制可推广的双创模式和典型经验"[②]，我国于2016年启动了首批大众创业万众创新（简称双创）示范基地的评选，评选出28个双创示范基地，其中，区域示范基地17个、高校和科研院所示范基地4个、企业示范基地7个。4个

[①] 人力资源和社会保障部网站：《第五批全国创业孵化示范基地拟认定名单和全国创业孵化示范基地复评结果公示》。http://www.mohrss.gov.cn/SYrlzyhshbzb/zwgk/gggs/tg/202105/t20210531_415492.html。

[②] 2016年5月8日，《国务院办公厅关于建设大众创业万众创新示范基地的实施意见》。

高校和科研院所示范基地分别是清华大学、上海交通大学、南京大学和四川大学。

2017年，根据《政府工作报告》部署要求，为在更大范围、更高层次、更深程度上推进大众创业万众创新，持续打造发展新引擎，突破阻碍创新创业发展的政策障碍，形成可复制可推广的创新创业模式和典型经验，经国务院同意，决定在部分地区、高校和科研院所、企业建设第二批双创示范基地①。第二批双创示范基地共92个，其中，区域示范基地45个、高校和科研院所示范基地26个、企业示范基地21个。

2020年评选了第三批次双创示范基地92个，按照创业就业、融通创新、精益创业、全球化创业等差异化功能定位进行了分类，包括创业就业基地25个、融通创新基地27个、精益创业基地32个、全球化创业基地8个②。其中有12个基地属于高校和科研院所建立的基地。

（二）存在问题

1. 发展定位不清晰

目前，一些大学生创业孵化基地定位不清，缺乏长远规划，呈现功利性发展的趋向。大学生创业孵化基地是在政府扶持下产生的，特别是一些以高校为依托建立的大学生创业孵化基地，属于非营利性的服务组织，而很多高校在建设大学创业孵化基地时，并没有根据自身条件进行功能定位和发展规划，只为了向政府要钱、要地、要政策，没有认真制订创业培养方案，引进专业的导师团队，也没有能力提供创业服务。创业孵化基地的创业项目出现了科技水平低、生存期短和示范性作用弱等问题，高校在基地的投入往往成了面子工程③。

2. 社会资源不足

部分大学生创业孵化基地能够利用学校自身的品牌，吸引专业风投、国内外导师团队以及导师自带资源支持，比如清华大学和北京大学的创业训练基地。许多大学生创业孵化基地缺少相应的社会资源网络，只能提供

---

① 《国务院办公厅关于建设第二批大众创业万众创新示范基地的实施意见》。
② 2020年12月24日，《国务院办公厅关于建设第三批大众创业万众创新示范基地的通知》。
③ 阳立新：《大学创业孵化基地建设探讨》，《合作经济与科技》2015年第11期。

一些基础服务，在人力资源、管理资源、技术资源和市场资源等方面相对匮乏，无法对在孵的大学生创业团队提供发展所需的关键社会资源，从而导致创业项目难以做大做强。

3. 服务水平较低

一些大学生创业孵化基地缺乏科学有效的管理机制、专业的管理团队，服务能力和服务水平都偏低。为降低投入和保障产权，多数高校的创业孵化基地都建在自己校园里和校园旁边，市场很窄、公众认可度低，难以通过服务形成品牌影响力。独自建设导致规模有限、条件较差和运营能力不强，使基地对人力资源、技术资源、管理资源和融资渠道等都难以形成凝聚力。同时，大多数高校创业孵化基地考评是单向的，且偏向运营性的考核指标，而对收益水平、技术开发能力、企业经营管理能力、产品技术水平和产业化程度、企业发展潜力等的考核不足，从而也导致创业孵化基地的发展导向缺乏提升服务水平的动力。

4. 扶持效果有限

从大学生创业情况来看，大学生创业率普遍不高，创业成功率低。从创新成果转化来看，大量高校科技成果资源在高校内部闲置，没有进行成果转化。根据教育部相关数据，2012年到2021年，高校专利申请量从10.6万项增加到36.7万项，增幅达到246.2%，专利授权量从6.9万项增加到30.8万项，增幅达到346.4%，授权率从65.1%提高到83.9%；高校专利所有权转让及许可从2012年的2357项增长到2021年的15000多项，增长了5.4倍[①]。尽管如此，根据上述数据计算的2021年专利转化率仅占4.87%，成果转化率较低。

三 促进大学生创业孵化基地发展的政策建议

针对当前创业孵化基地建设中的问题，政府相关管理部门要明确发展定位、优化政策支持、加强监督管理，为大学生创业孵化基地建设创造良好的政策环境，促进大学生创业孵化基地良性发展。

---

① 人民网：《教育部：高校专利授权量10年间增至30.8万项增幅达346.4%》，http://sc.people.com.cn/n2/2022/0825/c345515-40095925.html。

（一）明确发展定位

大学生创业孵化基地建设是一项能够有效推动大学生创业带动就业的系统工程。在大学生创业孵化基地的运营过程中，政府要扮演好引领者的角色、发挥制定政策的职能，在资金上对创业孵化基地提供支持，让创业企业逐步孵化成长。同时，要引导学校以学生为中心，根据学生的需求分类管理，与其他行政办公场所保持相对独立，根据时代变化、学生需求，提供各类创业服务。

（二）优化政策支持

政府要加大对大学生创业孵化基地的资金支持力度，鼓励企业和社会机构投入资金，保证创业孵化基地正常运行。相关部门要加强对大学生创业孵化基地的指导，加强服务合作，帮助大学生创业孵化基地提高管理运营水平，提升服务质量，提供"一站式"服务。针对大学生创业所处的不同阶段的不同需求，不断推出各项优惠政策，提供切实所需的服务内容。加强政策协同，融合政府、社会、学校和企业多方的力量，促进各种创业要素相互作用，将大学生创业孵化基地建成开放的创业生态系统。

（三）加强监督管理

相关部门要加强对各类大学生创业孵化基地的监督管理。科学制定评价指标体系，定期对大学生创业孵化基地的发展质量进行监测评估，对管理不规范、运营不善的大学生创业孵化基地给予指导和帮扶，对确实无法继续运营的实施取缔。出台相关法律法规，保障大学生创业者及相关参与方的合法权益。

第二节　高校毕业生就业见习基地

一　就业见习基地政策发展历程

（一）首批高校毕业生就业见习基地的建立

中华人民共和国成立后，在"统包统分"的就业体制下，我国就要求高校毕业生在正式入职前要在所入职的单位开展见习，一些师范类院校也率先建立了实习、见习基地①，但国家一直没有出台建立见习基地的相关政策。

2005年6月29日，中共中央办公厅、国务院办公厅印发《关于引导和鼓励高校毕业生面向基层就业的意见》的通知，提出："帮助回到原籍、尚未就业的高校毕业生改善职业技能和促进供需见面，地方政府要创造条件，探索建立高校毕业生见习制度。地方政府有关部门可根据实际需要，联系部分企事业单位，为高校毕业生建立见习基地或提供见习岗位，安排见习指导老师，组织开展见习和就业培训，促进他们尽快就业。见习期一般不超过1年，见习期间由见习单位和地方政府提供基本生活补助。当地有关服务机构要为这些毕业生提供免费的人事代理和就业指导等服务。"② 中组部、人事部、劳动和社会保障部、教育部、共青团中央等相关部门贯彻落实上述文件精神，也陆续出台了相关文件，支持建设大学生就业见习基地。③④⑤

2005年11月21日，在第三届高校毕业生就业服务周的启动仪式上，中国石油化工集团公司、中国建筑工程总公司、中国冶金建设集团公司、毕马威华振会计师事务所、北京新晨科技股份有限公司5家企业正式挂牌成为第一批高校毕业生就业见习基地。这5家单位的职责是：每年为高校毕业生提供一定数量的见习岗位；制定见习规章制度，明确对见习人员的具体要求和规定；负责见习人员的工作、学习、安全；加强与高校的联系。见习基地3年有效期，3年期满后，人事部门将对其重新评估，合格者可继续挂牌，不合格者将被摘牌，以保证见习基地能发挥应有的作用。⑥

---

① 朱葆祯：《关于办好师范专科学校的几个问题之探讨》，《固原师专学报》（社会科学版）1985年第1期。
② 2005年6月29日，《中共中央办公厅、国务院办公厅印发〈关于引导和鼓励高校毕业生面向基层就业的意见〉的通知》。
③ 2005年7月7日，《中共中央组织部、人事部、教育部关于贯彻落实中共中央办公厅、国务院办公厅〈关于引导和鼓励高校毕业生面向基层就业的意见〉的通知》。
④ 2005年7月20日，《劳动和社会保障部关于贯彻落实中共中央办公厅国务院办公厅引导鼓励高校毕业生面向基层就业意见的通知》。
⑤ 2005年9月26日，《共青团中央、劳动和社会保障部关于在青年中实施"成功创业计划"的通知》。
⑥ 盛若蔚：《就业见习制度将在全国建立》，《人民日报》2005年11月25日。

(二) 高校毕业生就业见习基地的快速发展

2006年2月，人事部、教育部、财政部联合印发《关于建立高校毕业生就业见习制度的通知》，要求各地在认真考察用人单位的工作岗位、工作环境的基础上，将条件合格并有积极性的企事业单位确定为见习单位。对于有一定规模、各方面条件较好且能持续提供较多见习岗位的见习单位，可以将其确定为高校毕业生就业见习基地并予以挂牌。见习基地挂牌期限为3年，3年期满，经考核合格的可继续挂牌。2006年10月，人事部还启动了"千家高校毕业生就业见习示范基地建设计划"[1]，力争用3年左右时间，在全国建立1000家高校毕业生就业见习示范基地，推动高校毕业生就业见习制度全面实施。

2007年第一批获准建立的高校毕业生就业见习示范基地共有76家，已确立就业见习单位1162家，其中通过考察确定见习基地442家，提供见习岗位31521个，参加就业见习的毕业生达68504人，见习期满后实现就业人数达18247人。[2]

2008年，人力资源和社会保障部在《关于进一步促进宁夏人力资源和社会保障事业发展的意见》中提出："全面建立高校毕业生就业见习制度和就业见习基地。"

为进一步做好离校未就业高校毕业生见习工作，提升高校毕业生就业能力，2009年，人力资源社会保障部等多部门共同制定了《"三年百万"高校毕业生就业见习计划》[3]，目标之一就是"拓展和规范一批用人单位作为高校毕业生见习基地"。计划2009—2011年，组织100万离校未就业的高校毕业生参加就业见习，其中，2009年30万人，2010年35万人，2011年35万人。随后，人力资源和社会保障会同相关部门出台文件[4]，积极组织开展高校毕业生就业见习基地的申报受理、审核认定、信息发布

---

[1] 参见2006年10月人事部办公厅《关于实施"千家高校毕业生就业见习示范基地建设计划"的通知》。

[2] 朱志敏：《透视高校毕业生就业见习基地》，《中国人才》2007年第6期，第8—11页。

[3] 2009年4月2日，《人力资源社会保障部、教育部、工业和信息化部、国资委、工商总局、全国工商联和共青团中央关于印发三年百万高校毕业生就业见习计划的通知》。

[4] 2009年6月29日，《人力资源和社会保障部、教育部、财政部关于开展高校毕业生就业推进行动的通知》。

工作，帮助一部分尚未就业的高校毕业生进入见习基地。人力资源和社会保障部、教育部、中华全国总工会、共青团中央、中华全国妇女联合会、中国残疾人联合会等部门联合开展了2009年就业服务系列活动，提出"建立和拓展一批高校毕业生就业见习基地"。人力资源和社会保障部、教育部、财政部、中国残疾人联合会等部门还发文①，提出动员组织一些有强烈社会责任感的用人单位，作为高校残疾人毕业生实习见习基地。同时，科技部启动了大学生科技创业见习基地试点工作，制订了《关于大学生科技创业见习基地试点工作的实施方案》。②

各地积极建设高校毕业生就业见习基地，为高校毕业生提供见习岗位。陕西于2005年建立了全省第一个见习基地，省财政厅又给予见习计划相应的资金支持，到2009年年底全省共组织高校毕业生见习26695人。上海到2007年上半年建成青年职业见习基地800多个，参加见习的青年累计达7.2万人，见习结束后一次就业率达到59.4%。③ 青岛市2009年出资500万元扩建了150个毕业生见习基地。④ 福建省2009年高校见习基地扩展到500个，2010年扩展到700个，2011年扩展到800个。⑤

2009年年底，全国建立"就业创业见习基地"23321个，提供见习岗位58.09万个。

为配合离校未就业促进计划的实施，扩大就业见习规模，2010年，人力资源和社会保障部组织评选了国家级高校毕业生就业见习示范基地⑥。2013年，人力资源和社会保障部开展了第二批高校毕业生就业见习国家级示范单位遴选，从全国4万多家就业见习单位中确定北京福田戴姆

---

① 2009年5月6日，《人力资源和社会保障部、教育部、财政部、中国残疾人联合会关于进一步做好高等学校残疾人毕业生就业工作的通知》。
② 2009年7月10日，《科技部关于印发〈关于大学生科技创业见习基地试点工作的实施方案〉的通知》。
③ 胡晓兵、王新利等：《创新就业见习制度 促进大学生就业》，《佳木斯大学社会科学学报》2013年第12期。
④ 2009年2月17日，《教育部办公厅关于印发部分地区积极促进高校毕业生就业工作举措有关材料的通知》。
⑤ 同上。
⑥ 2010年6月3日，《人力资源和社会保障部关于做好2010年高校毕业生就业见习目标任务和见习示范基地申报工作的函》。

勒汽车有限公司等102家单位为第二批高校毕业生就业见习国家级示范单位。这批示范单位涵盖金融业、制造业、医疗卫生、建筑业、批发和零售业等多个行业，具有人员规模较大、单位类型较多、岗位技术含量较高等优点。

在中央机关及其直属机构2011年度考试录用公务员公告中，要求"招考职位明确要求有基层工作经历的，报考人员必须具备相应的基层和生产一线工作经历"。同时规定，离校未就业高校毕业生到高校毕业生实习见习基地（该基地为基层单位）参加见习或者到企事业单位参与项目研究的经历，可视为基层工作经历。

这一时期，孵化器与大学的战略合作也不断强化。2010年，各地依托孵化器设立了149个大学生科技创业见习基地①。2011年5月31日，《国务院关于进一步做好普通高等学校毕业生就业工作的通知》进一步强调"积极引导有条件的科技企业孵化器创建大学生科技创业见习基地"。

随着高校毕业生见习规模的扩大和见习基地的增多，人力资源和社会保障加强了对见习基地的管理和监督，将就业见习及相关政策落实情况、见习基地建设、见习人数、见习结束后留用率、落实见习补贴等情况列入对高校毕业生就业工作的督查考核范围②。一些部门也开始把高校毕业生就业见习基地建设情况列为某些工作的评估指标之一，比如在服务外包示范城市的评价工作中，考核二级指标"人才培养与就业"时包含三级指标"实习"和"见习"，其中，"实习"包括"大学生实习基地数量"和"服务外包企业接纳实习大学生人数"；"见习"包括"高校毕业生见习基地数量"③。

（三）引导企业和社会组织建立高校毕业生就业见习基地

2013年，国家开始引导企业建立高校毕业生就业见习基地，国家工

---

① 参见《国家科技企业孵化器"十二五"发展规划》。
② 2012年3月9日，《人力资源和社会保障部办公厅关于开展全国高校毕业生就业工作联合督查的通知》。
③ 2013年5月29日，《商务部、发展改革委、教育部、科技部、工业和信息化部、财政部、人力资源和社会保障部、税务总局、外汇局关于开展中国服务外包示范城市综合评价工作的通知》。

商行政管理总局提出:"动员引导一批个体私营企业作为高校毕业生就业见习基地,帮助高校毕业生提升就业能力。组织开展各种形式的宣传引导、创业辅导和招聘活动,帮助高校毕业生到个体私营经济领域创业就业。"[1] 为了更好促进离校未就业高校毕业生就业,人力资源和社会保障部提出:"以企业为主体建立并拓展一批见习基地。"[2]

为了促进残疾高校毕业生就业创业,中国残疾人联合会还提出:"建立残疾人大学生见习基地和创业孵化基地。[3]"

"十三五"时期,大学生就业见习基地建设被列入国家和一些部门的"十三五"规划的重点任务中。《国土资源"十三五"科学技术普及实施方案》中提出要"开展大学生社会实践、就业见习基地建设"。

2022年,国家进一步扩大了建立大学生就业见习基地的范围,民政部、教育部、人力资源和社会保障部发文"鼓励就业容量大、管理技术科研岗位比重高的社会组织申报就业见习基地[4]"。人力资源和社会保障部"支持经营状况良好、管理规范、社会责任感强的人力资源服务机构设立见习岗位,申请成为就业见习基地或创业见习基地,符合条件的给予相应补贴"[5]。

二 就业见习基地发展现状及存在问题

高校毕业生就业见习基地是对接高校、企业、政府的重要平台,可以为大学生就业、创业提供相应的服务。目前,我国已经建设有数万个见习基地服务于大学生就业,但见习成效还有待进一步提升。

---

[1] 2013年6月13日,《国家工商行政管理总局关于认真做好2013年高校毕业生就业工作的意见》。

[2] 2013年5月29日,《人力资源和社会保障部关于实施离校未就业高校毕业生就业促进计划的通知》。

[3] 2014年5月26日,《中国残疾人联合会办公厅关于做好2014年残疾高校毕业生就业创业工作的通知》。

[4] 2022年7月8日,《民政部、教育部、人力资源和社会保障部关于推动社会组织进一步助力高校毕业生等群体就业工作的通知》。

[5] 2022年6月30日,《人力资源和社会保障部办公厅关于开展人力资源服务机构稳就业促就业行动的通知》。

(一) 发展现状

1. 见习基地以高校、企事业单位为主要依托

目前，大学生就业创业见习基地的建设主力是高校和企事业单位，其中高校为牵头者，通过校企合作、毕业校友资助、政府部门支持等途径建立就业创业见习基地，将企事业单位集合在一起，为在校生提供就业实习的岗位和机会。

2. 见习基地的服务对象为高年级在校生

大学生就业创业见习基地的服务对象以高年级在校生为主，参加见习的时间常常是大四学年第二学期，见习时长为两至三个月，满足大学生的就业实习需求，部分校企合作的专业可将实习期延长至大四整年。政策要求高校为高年级在校生提供的见习岗位，应具备一定的技术含量，提供的见习岗位数量越多越好。由于高校能够提供的见习岗位数量有限，见习岗位的竞争比较激烈，高校在安排见习岗位时，只能尽量安排专业匹配度高、专业知识技能强、具备较强就业竞争力的高年级在校生前往，充分发挥见习岗位的价值和作用。

3. 见习岗位与高校有关专业联系紧密

为了充分提升就业创业见习基地的服务效果，高校党委、就业部门及二级学院党政班子齐抓共管的见习岗位多与高校专业有紧密联系，以此保持见习岗位对在校生的针对性和实用性，使高年级在校生能够在见习岗位上积累足够的工作经验。反之，如果见习岗位与学生的专业关系不够紧密，参与岗位见习的学生无法对岗位见习的操作和体会感到满意，则浪费了重要的见习机会。

(二) 存在问题

1. 见习岗位数量不足

目前，高校就业创业见习基地能为在校生提供的见习岗位数量不足，以每个实习周期最少 10 个岗位来计算，高校一个学年只能为学生提供约 20 个岗位，这个数量相较于高校各学院、各专业的学生数量而言着实过少。见习岗位与学生数量之间的量级差距过大，能给予学生的就业创业帮助十分有限，无法充分发挥见习基地的价值和作用。高校、企事业单位需要认识到，见习与实习生、正式入职都不同，见习岗位的设置目的不是短期用工，也不是实现学生与岗位的"一对一"匹配。高校和企事业单位

需要为学生提供更多的见习岗位和机会，高校教师在选择见习学生时应以就业困难、创业意向为参考，真正发挥见习基地对就业困难学生的帮扶作用；企业方面，对见习学生的培训可以采用"一对多"的形式开展，为更多的见习学生提供就业指导和帮助。

2. 创业见习机会较少

目前，高校就业创业见习基地为大学生提供的就业见习机会占比较大，而创业见习机会占比则非常小，导致见习基地在引导大学生创业方面的价值表现不强。尽管高校的见习基地名称叫作"就业创业见习基地"，但实际上就业见习的相关指导比较成熟，见习机会和岗位也比较多，而创业见习的相关指导比较缺乏，见习机会也比较少，基地中就业和创业呈现"两极化"的状态。许多大学生存在创业意向强、创业实际行动少的现象，高校就业创业见习基地在创业方面的缺乏进一步加剧了学生对创业的畏难心理，导致高校毕业生创业的比例在低位徘徊，影响毕业生的创业成功率。客观上，企事业单位确实更适合针对学生开展就业指导而非创业指导，高校就业创业见习基地应邀请具备创业成功经验及较高综合素养的校友来基地开展讲座，为有意向创业的学生传授实用的创业经验，鼓励学生进行尝试性创业。

3. 见习岗位的对接存在客观困难

目前，高校就业创业见习基地中提供的见习岗位存在对接上的客观问题：一方面，学生进入见习岗位后多反映岗位技术含量低、岗位工作内容繁杂且条理性较差，不少学生参与见习后认为见习活动浪费了时间；另一方面，企业反映安排见习岗位时存在困难，因为见习岗位学生的流动性大、见习整体时间较短，较难与企业其他岗位进行有效对接。这种情况说明：见习岗位在企业中缺少长期规划，对学生的发展也缺乏系统性的计划。

4. 政府力量在见习基地中有待加强

在高校就业创业见习基地中，政府的支持力量有待加强，对学生和企业双方的环境保障和助力效果比较有限。学生对见习的期望和实际体验差距较大，影响学生参与见习的积极性，企业对见习的投入和收获差距较大，影响企业的参与意愿。政府相关部门应对高校就业创业见习基地提供相应的帮助与支持，以政策途径促使企业和学生在见习过程中实现"双赢",保证双方的权益,促进活动的持续性开展。

5. 见习期间学生的保险和待遇存在问题

参与见习活动的大四学生通常需要消耗两三个月的时间在企业岗位上,在此过程中,企业方在政府补贴的支持下,为见习学生发放不低于当地最低工资标准的薪酬,并为学生办理人身意外伤害险等保险。学生在见习阶段仅获得满足日常开支的薪酬,对一些家在本地、家庭条件较好的学生而言负担不重,但对外地的、家庭条件有限的学生则负担比较重。

三 国外就业见习制度

与我国相比,国外的见习制度产生较早,发展较为成熟。国外有代表性的见习制度有德国的"双元制"职业见习制度、日本的"体验式"见习制度、瑞典的"见习补贴"制度、新加坡的"青年导航计划"等,这些制度对我国高校毕业生就业见习制度的形成和发展都产生了一定影响。

(一)德国的"双元制"职业见习制度

"双元制"职业见习制度(Dual Vocational Education & Training)是德国对青年进行职业教育培训的主要模式,即由学校和用人单位共同担负起培养人才的重任,通过理论场所和实训基地的共建来安排教学和岗位培训等。

"双元制"职业见习制度充分体现了校企合作与产教融合的理念。一方面,学校和企业能够基于各自或共同的目标需求,在信息、知识、资源等方面开展合作,实现功能优势互补和资源共享;另一方面,通过产教一体、校企合作,实现教育与生产的无缝对接,构建集教学、业务培养、岗位训练、经营理念、素质养成、科技研发于一体的教育体系。具体来看,德国的"双元制"职业见习制度主要有以下特点:

1. 育人主体的双元和学生身份的双元。首先,从育人主体来看,一个是学校,负责教授与职业有关的专业知识;一个是用人单位,负责让学生通过实习实训在实际工作中运用所学知识进行生产实践。其次,从学生身份来看,一方面是学校学生,另一方面又是单位员工。

2. 注重能力提升的教育模式。"双元制"重视的是对学生实际操作能力的培养,是通过能力本位的教育模式来培养学生包括发现问题、分析问题和解决问题的逻辑思维以及团结协作等能力在内的综合素养。"双元制"的模式注重以岗位要求为目标来培养人才，传达了一种"注重实践、注重技能、注重为未来而工作和学习"的思想观念，树立了校企合作培养技能适用型人才的典范，与重视学生全面发展的教育理念吻合，实现了理论与实践的有效结合。在这种教育模式下，学生一半以上的课程是通过在企业中见习而完成的，学生所接触的都是企业现行使用的设备和技术。他们不仅有充足的时间去熟悉企业的运作并掌握相应的技能，而且培训在很大程度上是采用学生直接进入企业进行生产性劳动的方式，既减少培训费用，又加强了学生学习的目的性，因而所习得的岗位知识和就业技能具有很强的针对性。"双元制"的见习模式，一方面培养了学生的独立操作和协作应用等方面的能力，提升了学生的综合素养，另一方面基于培训期间企业对学生的了解，当企业需要用人的时候可以从见习者中进行选拔，降低了录用成本，也缩短了新人入职时衔接过渡的适应期[①]。

3. 注重制度保障。政府通过出台《联邦职业教育法》和《教育法》等法律制度，确定了"双元制"职业见习制度，从而保障学校、用人单位、学生的权利和义务，使企业有动力通过安排带教人员、筹拨培训经费、建立见习基地等方式保证见习活动的有效性，将对学生的见习指导视作企业运营管理中的一部分、视作企业行为并严格按照相关的立法来获取权利履行义务。

总体而言，"双元制"职业见习制度体现了"实践为重"和"能力本位"的思想，强调了对学生实践能力的培养，注重操作能力的培养，在课程的设置上也突出实用性和适用性的特点，引导学生重视对以自身职业能力为基础的综合能力的提升，造就匹配岗位要求、适合社会需要的人才。作为一种政府主导、校企合作、以企业实训为主的职业见习模式，"双元制"实习见习中的各环节都紧密围绕用人单位的实际需求而展开，而且实习的基地往往就是学生未来的就业单位，学生们可以有的放矢地进行见习，并在能力的锻造中对自我有充分的认识，而且由于学生是在特定的企业环境中进行见习，学生和企业之间的互动充分、彼此了解，大大降低了培训后失业的风险，从而促进了教育系统和劳动力市场的优势整合。

---

① 董玉梅：《大学生见习协调机制研究》，硕士学位论文，华东师范大学，2010年。

（二）日本的"体验式"见习制度

"体验式"见习制度是 20 世纪 90 年代日本为了缓解就业压力，提升大学生的整体就业率而采取的一项制度。"体验式"就业见习是教育的一个环节，要求大学生在学习期间由企业提供和指导，进行一定时期的就业体验。这一制度具有如下特点：

1. 充分调动社会资源。日本将该见习制度作为经济改革的一个重要内容，构建了由政府、企业、高校以及社会团体等在内的多元主体共同参与的体系。其中，高校主要负责根据社会需要设置相关课程以及进行课程调整、召集见习学生、鼓励学生参与并对学生进行见习前后的培训，做好见习衔接工作，而其他多元主体则负责提供见习岗位，进行援助保障等。

2. 提供充足的见习岗位。为了让更多的学生参与到见习活动中，该见习制度主要采用学校委托与企业自主招用相结合的方式来提供见习岗位。接纳大学生进行见习的单位涵盖了大中小公司、政府部门和社会团体等各种机构，他们一方面接受学校的委托开展见习活动，另一方面通过网络等形式招聘见习学生。充足的见习岗位，极大扩大了大学生的见习覆盖面。

3. 纳入大学教育体系。该见习制度属于大学教育的一部分，见习作为大学的一门课程或者课程以外的大学生活动，每个大学生都必须参加。就业见习制度优化了课程设置，促进了教育改革，增强了大学生社会适应能力，在一定程度上缓解了大学生就业压力。

总体来看，日本的"体验式"见习制度注重见习渠道的拓宽，是一种覆盖所有在校大学生的就业实践制度。参加见习活动后，大学生学习主动性进一步提高，社会责任感进一步增强，就业情况得到了改善。

国外见习制度主要有以下几个特点。首先，见习制度更具有广泛性，除了大学生这一群体，还辐射到其他各类青年群体。其次，注重调动社会力量。无论是德国的"双元制"，还是美、英、日等国的见习制度，都非常重视企业、社会机构的参与，而对政府职能的发挥则关注较少。最后，国外参与见习制度的企业一般都具有完整的带教制度，大学生见习过程中，企业有较强的参与度和指导性。

四 促进高校毕业生就业见习基地发展的政策建议

为了进一步促进高校毕业生就业见习的发展，相关管理部门应加强对见习基地的扶持力度，从财务、税收、宣传等多方面进行帮扶。

（一）鼓励多方参与见习基地建设

国家要出台专门政策文件，积极推动企业、高校、社会机构等多元主体参与见习基地建设，推动地方政府相关部门采取针对性的措施，促进高等学校改革人才培养方式，加强对高校毕业生就业见习的重视程度。

教育部、人力资源和社会保障、财政部等部门要发挥合力，优化完善相关政策制度，通过统筹协调保障多部门共同推进就业见习制度的实施。

鼓励有实力的高校在校内自行打造科技含量高、技术水平高的实训练习中心，实力不足的高校可与其他高校、企业、行业联合建立校外实训实习基地，为学生营造真实的生产环境，通过参与企业的生产任务来提升自身的实践能力。实训基地的建立能够有效推动各方资源的整合共享，推动学生由理论学习到生产实践的角色转变，更有利于应用型人才的培养。

建立多元激励制度，采用税收减免、科研项目资助、低息贷款、表扬奖励等方式鼓励企事业单位参与见习基地建设。

（二）保障高校毕业生见习权益

一是相关部门要制定完善相关法律法规，规范毕业生见习制度，细化学生就业见习的保障政策，保障学生的合法利益；二是相关部门为参与见习岗位的学生提供相关保险的办理途径，学生在校时由校方缴纳医保，接纳学生进行见习的企业则需要在学生见习期内办理相关保险，避免学生在见习期承担不必要的风险，保障学生、高校、企业三方的合法权益。

（三）加大政策宣传力度

一是为学生普及《劳动法》等就业方面的法规，并积极宣传本地的就业政策。二是相关部门面向辖区内的企事业单位进行就业创业见习基地的宣传，鼓励更多的企事业单位参与见习基地的建设，为高校提供更多的见习岗位和见习机会。三是定期举办有关创新创业的挑战赛等活动，让有创业意向的学生拥有更多的途径孵化创业想法，提高大学生的创业实践能力。

第六章

高校毕业生就业权益保护政策

高校毕业生就业权益是高校毕业生在就业求职过程中享有的权利以及所获得的利益。对于高校毕业生就业权益包含的内容,学界一直缺乏共识[1][2],从高校毕业生在就业中遇到的现实情况来看,涉及的就业权益包括就业信息知情权、接受就业指导权、被推荐权、平等就业权、自由择业权、择业知情权、违约求偿权等[3],此外,还有劳动报酬权、劳动休息权、罢工权、谈判权等。[4]

中华人民共和国成立至今,我国一直没有专门针对高校毕业生就业权益保护的立法,关于高校毕业生就业权益保护的规定多为政策性文件,比如《普通高等学校毕业生就业工作暂行规定》;法律性规定则散见于《宪法》《中华人民共和国劳动法》《中华人民共和国劳动合同法》《中华人民共和国就业促进法》《劳动争议调解仲裁法》等法律和其他规范性文件中。

总体来看,少量保护高校毕业生就业权益的政策文件过于原则笼统,缺乏实际可操作性,大多数法律条款都是对保护一般劳动者就业权益的规定,对于保护高校毕业生就业权益而言,针对性和保护力度仍然不足。

---

[1] 王全兴:《劳动法》,法律出版社2008年版,第288页。
[2] 李运华:《就业权研究》,中国社会科学出版社2009年版,第37页。
[3] 六安市金安区人民政府网站:《高校毕业生就业权益维护指引》,https://www.ja.gov.cn/public/6601961/24792811.html。
[4] 蒋梅:《大学生就业权益及其法律保护》,《高等教育研究》2006年27卷第10期。

第一节　高校毕业生就业权益保护政策的发展历程

一　政策萌芽

计划经济时代，我国实行"统包统分"的高校毕业生就业制度，那时还没有关于劳动就业方面的立法，更没有关于高校毕业生就业的专门立法。因此，在过去很长的时间里，我国法学界缺乏与就业有关的论述，在劳动法教材里只有以"劳动就业""促进就业"为标题的一些章节，很少有对就业权益概念的专门表述，也很少对就业权益展开论述。

随着改革开放的深入，市场经济不断发展，国家出台了一系列鼓励创业、自主择业的就业政策，人们开始逐渐关注自身的劳动就业权益，劳动就业的立法随之涌现。

1987年起实施的《中华人民共和国民法通则》[①]第106条对劳动报酬权进行了法律保护。该项条款规定："公民、法人违反合同或者不履行其他义务的，应当承担民事责任。"

1992年起施行的《中华人民共和国妇女权益保障法》第2条规定："妇女在政治的、经济的、文化的、社会的和家庭的生活等各方面享有同男子平等的权利。实行男女平等是国家的基本国策。国家采取必要措施，逐步完善保障妇女权益的各项制度，消除对妇女一切形式的歧视。国家保护妇女依法享有的特殊权益。禁止歧视、虐待、遗弃、残害妇女。"第21条规定："国家机关、社会团体和企业事业单位应当执行国家有关规定，保障妇女从事科学、技术、文学、艺术和其他文化活动，享有与男子平等的权利。"第22条规定："国家保障妇女享有与男子平等的劳动权利和社会保障权利。"

1994年，我国颁布了《中华人民共和国劳动法》（以下简称《劳动法》）。《劳动法》规定，凡具有劳动能力的公民，都有平等就业的权利，即劳动者拥有劳动就业权。劳动就业权是有劳动能力的公民获得参加社会劳动的切实保证按劳取酬的权利。公民的劳动就业权是公民享有其他各项

---

① 《中华人民共和国民法通则》于1986年4月12日由第六届全国人民代表大会第四次会议修订通过，1987年1月1日起施行。

权利的基础。如果公民的劳动就业权不能实现，其他一切权利也就失去了基础。

《劳动法》规定，劳动者有权根据自己的意愿、自身的素质、能力、志趣和爱好，以及市场信息等选择适合自己才能、爱好的职业，即劳动者拥有自由选择职业的权利。选择职业的权利有利于劳动者充分发挥自己的特长，促进社会生产力的发展，这既是劳动者劳动权利的体现，也是社会进步的一个标志。

二 保障到中小企业和非公有制单位就业的高校毕业生合法权益

到了20世纪90年代后期，一些劳动法学者为了深入研究劳动权，逐渐将相关研究延展到就业权。① 同时，在有关高校毕业生就业的政策中也开始出现有关权益保护的内容。

比如《国家教委关于继续做好1996年高校毕业生和毕业研究生就业工作的通知》要求"各地方和有关部委主管毕业生就业部门，要督促基层单位及时安排毕业生上岗，并结合他们所学专业，认真、负责、合理地安排好他们的工作，维护毕业生的合法权益，关心他们的工作和成长"。《人事部关于做好1997年全国高校毕业生接收工作的通知》指出"要认真监督检查用人单位和毕业生双方履行就业协议，确保就业市场的正常秩序，维护用人单位和毕业生双方的合法权益"。《关于规范高校毕业生招聘工作维护教育教学秩序的通知》也指出要"维护毕业生和用人单位的合法权益"②。

随着我国高校毕业生就业从"统包统分"逐步过渡为"市场引导、政府促进、自主择业"的模式，我国对高校毕业生就业权益的保护逐渐加强。

90年代后期，一些地区、部门和高校自行规定对毕业生收费，收费项目包括城市增容费、推荐费、上岗押金等，收费名目繁多、标准各异，互相攀比，不仅加重了学生和家长的负担，也严重干扰了毕业生就业工作的正常进行，社会反响较大。因此，为了保证毕业生就业工作的顺利进行，

---

① 罗克：《我国高校毕业生就业权益法律保护研究》，硕士学位论文，华中师范大学，2020年。
② 1999年9月30日，《关于规范高校毕业生招聘工作维护教育教学秩序的通知》。

制止乱收费，国家发展计划委员会、教育部发文对毕业生收费的有关问题进行了规范①，要求各地区、各部门、各高等学校和用人单位要严格执行国家有关政策规定，不得随意向毕业生收费。具体要求：属于国家定向培养和委托培养的毕业生，如因本人原因不到定向、委培单位就业的，应向学校缴纳相应培养费。享受师范、农林、民族、体育、航海等国家专业奖学金及享受艰苦行业、地区或特殊岗位定向奖学金的毕业生，因不服从学校派遣自谋职业的，应补缴在校学习期间普通专业的学费并返还定向奖学金、专业奖学金。除此之外，各地区、各部门和各单位不得对高校毕业生收取其他费用。高校不得以毕业生就业为由强制用人单位捐资助学。严禁对毕业生进行"明码标价"，有偿分配。一些地区、部门和单位违反国家有关规定擅自设立的毕业生就业分配收费项目应一律取消。经省级人民政府批准的有关收费项目，应进行清理和重新审定，对不合理的收费项目应予取消。

上述文件出台后，一些地区、部门和单位仍然存在违反政策规定巧立名目乱收费的问题。这些乱收费行为违反了国务院的有关规定和国家价格政策，因此，1999年6月，国家计委、教育部又下发了《关于制止向普通高校毕业生乱收费的通知》，要求各有关部门和高等院校要站在讲政治和保持社会稳定的高度，充分认识禁止向毕业生乱收费对于安排毕业生就业的重要意义。强调要严格按照国务院国发〔1998〕16号及国家计委、教育部计价费〔1998〕1349号文件的规定执行，不得以任何理由收取国家已明令取消的收费项目或巧立名目、扩大范围、提高标准乱收费。各地价格和教育行政主管部门要统一思想，顾全大局，采取有效措施，切实减轻学生和家长的不合理经济负担，对本地区及有关部门以前所发文件进行认真清理。凡其收费规定与国务院国发〔1998〕16号文件及国家计委、教育部计价费〔1998〕1349号文件相抵触的，应予以废止并向社会公布，同时做好事后的相关工作。各地价格主管部门要按照国务院的要求，加强对高校毕业生乱收费的监督检查，把此项工作作为1999年治理教育乱收费的一项重要内容。各级教育行政主管部门要积极配合做好工作。对国家计委、教育部计价费〔1998〕1349号文件下发后，仍以各种名目乱收费

---

① 1998年7月20日，《国家发展计划委员会、教育部对普通高校毕业生收费政策问题的通知》。

的地区、部门和学校，价格主管部门要依据《价格法》的有关规定从严查处。乱收的费用要退还学生，不能退还的由价格主管部门予以没收，上缴国库。各级价格、教育行政主管部门要充分发挥社会监督，特别是新闻媒体的舆论监督作用，宣传报道高校毕业生收费的有关政策，对认真执行国家收费政策的典型要宣传表扬；对情节严重、性质恶劣的乱收费案件要予以公开曝光。

2004年和2005年，国家劳动关系三方协调机构先后联合下发了《关于贯彻实施〈集体合同规定〉的通知》和《关于进一步推进工资集体协商工作的通知》。在推进劳动合同制度建设方面，国家协调劳动关系三方会议于2007年3月联合下发了《关于印发全面推进劳动合同制度实施三年行动计划的通知》，要求用3年时间实现各类企业与劳动者普遍依法签订劳动合同，劳动合同管理水平明显提高，劳动合同内容趋于规范，劳动合同得到较好履行。

2005年7月，劳动和社会保障部发布《关于贯彻落实中共中央办公厅国务院办公厅引导鼓励高校毕业生面向基层就业意见的通知》，提出切实保障到各类中小企业和非公有制单位就业的高校毕业生合法权益。各地劳动保障部门要规范高校毕业生和用人单位的"双向选择"行为，督促中小企业和非公有制单位依法与聘用的高校毕业生签订并全面履行劳动合同，根据企业工资制度和高校毕业生所在岗位合理确定其工资报酬。要加强劳动保障监察常规检查，重点检查中小企业和非公有制单位在招用高校毕业生过程中执行劳动合同制度、支付工资报酬和参加社会保险等情况，维护高校毕业生合法权益。

此后，在《关于建立高校毕业生就业见习制度的通知》（2006）中要求"各级人事、劳动保障、教育、财政、国有资产监管、国防科学技术工业管理等部门要加强对见习单位和高校毕业生的指导，加强宏观管理和检查……要指导见习单位制定见习活动的有关规定，规范见习单位和高校毕业生见习期间的有关事项，为见习生办理人身意外伤害保险，保障双方的合法权益"。

三 相关政策法规的优化与完善

2007年，我国政府先后颁布了《劳动合同法》《中华人民共和国就业促进法》《劳动争议调解仲裁法》，进一步实现了劳动关系管理的规范化、法制化。

《劳动合同法》在第二章提出了促进就业的原则：第一，鼓励发展经济促进就业。第二，发展多种类型的职业介绍机构，提供就业服务。第三，劳动者就业过程中，不能因为其民族、种族、性别或宗教信仰的不同而受到歧视。第四，平等的就业权利。第五，禁止用人单位招用未满16周岁的未成年人。第六，特殊群体保护。开展针对残疾人、少数民族人员、退出现役的军人的就业服务。

《中华人民共和国就业促进法》第三条规定：劳动者依法享有平等就业和自主择业的权利。劳动者就业，不因民族、种族、性别、宗教信仰等不同而受歧视。第十五条规定：县级以上人民政府应当根据就业状况和就业工作目标，在财政预算中安排就业专项资金用于促进就业工作。就业专项资金主要用于职业介绍、职业培训、公益性岗位、职业技能鉴定、特定就业政策和社会保险等的补贴，小额贷款担保基金和微利项目的小额担保贷款贴息，以及扶持公共就业服务。《就业促进法》还有多个条款对平等就业权作出了规定，第二十六条规定：用人单位招用人员、职业中介机构从事职业中介活动，应当向劳动者提供平等的就业机会和公平的就业条件，不得实施就业歧视。第二十七条规定：用人单位招用人员，除国家规定的不适合妇女的工种或者岗位外，不得以性别为由拒绝录用妇女或者提高对妇女的录用标准。用人单位录用女职工，不得在劳动合同中规定限制女职工结婚、生育的内容。第二十八条规定：用人单位招用人员，应当依法对少数民族劳动者给予适当照顾。第二十九条规定：各级人民政府应当对残疾人就业统筹规划，为残疾人创造就业条件。用人单位招用人员，不得歧视残疾人。

在社会保障方面，我国也陆续出台了相关法律法规。例如2008年出台的《职工带薪年休假条例》，2010年颁布的《社会保险法》《国务院关于修改〈工伤保险条例〉的决定》《部分行业企业工伤保险费缴纳办法》《关于进一步提高失业保险统筹层次有关问题的通知》等。这些法律法规的出台都为就业相关部门开展高校毕业生就业权益保护工作提供了法律保障。

这一时期就业相关部门出台的文件中涉及高校毕业生就业权益保护方

面的内容，主要集中在以下方面：

一是对招聘活动中毕业生和用人单位的权益保护。比如，《劳动和社会保障部关于做好2007年高校毕业生就业有关工作的通知》要求：各级劳动保障部门应加强对各类高校毕业生招聘活动的监管，严格规范招聘收费，严厉打击虚假招聘、侵害求职毕业生权益的非法行为。从严控制大规模招聘会，不得批准以营利为目的的毕业生招聘会。《人事部关于进一步发挥政府人事部门职能作用促进高校毕业生就业的通知》也要求"各级政府人事部门要严格加强对高校毕业生就业招聘会的审批和监管，维护高校毕业生和用人单位的合法权益"。

二是对高校毕业生实习实训过程中的权益保护。比如，《教育部、商务部关于加强服务外包人才培养促进高校毕业生就业工作的若干意见》（2009）指出"要签订学校、企业和学生的三方实习实训协议，保护学生的合法权益，不能加重实习实训学生的经济负担"。

三是特殊毕业生的平等就业权。比如《国务院办公厅关于加强普通高等学校毕业生就业工作的通知》（2009），《关于进一步做好高等学校残疾人毕业生就业工作的通知》（2009），鼓励用人单位安排高校残疾人毕业生就业。发挥按比例安排残疾人就业政策的特殊保护作用，动员和鼓励社会用人单位为高校残疾人毕业生开发就业岗位。用人单位安排高校残疾人毕业生就业，在享受国家统一规定政策基础上，按规定对超比例安置残疾人就业的单位给予奖励。2009年至2011年，执行按比例就业的用人单位每安排1名高校残疾人毕业生就业，按安排2名残疾人计入所安排的残疾人职工人数之内。从2009年起，县级以上残联及直属单位新录用、聘用工作人员中，高校残疾人毕业生不得少于20%。2010年发布《关于切实做好维护乙肝表面抗原携带者入学和就业权利工作有关问题的通知》，禁止用人单位进行乙肝项目检测，维护乙肝表面抗原携带者入学、就业权利。《国务院关于进一步做好普通高等学校毕业生就业工作的通知》（2011）要求认真执行残疾人就业条例的有关规定，保障残疾人高校毕业生的就业权益。要切实落实取消就业体检中乙肝检测项目的有关规定，防止各类就业歧视，维护高校毕业生公平就业权利。

四是其他就业权益。比如《国务院关于进一步做好普通高等学校毕业生就业工作的通知》（2011）要求各城市应取消高校毕业生落户限制，允许高校毕业生在就（创）业地办理落户手续（直辖市按有关规定执行）。各地要按照就业促进法、劳动合同法、公务员法等的要求，进一步深化高校毕业生就业制度改革，简化高校毕业生就业程序。对到各类用人单位就业的高校毕业生，其职称评定、工资待遇、社会保险办理、工龄确定等要严格按照国家有关规定执行。高校毕业生从企业、社会团体到机关事业单位就业的，其参加基本养老保险缴费年限合并计算为工龄。要加大对各类企业特别是中小企业在劳动用工、缴纳社会保险费等方面的劳动监察力度，切实维护高校毕业生的合法权益。要进一步加强人力资源市场管理，大力开展人力资源市场清理整顿工作，严厉打击非法职业中介和招聘过程中的各类欺诈行为。《教育部办公厅关于促进2016届尚未就业高校毕业生就业创业的通知》强调要防范招聘陷阱、就业培训欺诈、求职贷、试用期白用、非法传销等状况。国家工商行政管理总局还会同公安、教育部门严厉打击传销违法犯罪活动，严惩诱骗高校学生参与传销的组织者和骨干分子。积极参与清理整顿人力资源市场秩序专项行动，严厉查处和打击"黑中介"及各种侵害高校毕业生合法权益的行为①。

四 加大高校毕业生的就业权益保护政策力度

党的十九大以后，我国对《中华人民共和国劳动法》《中华人民共和国职业病防治法》《中华人民共和国社会保险法》等进行了修订。同时，也更加注重高校毕业生就业工作，进一步加大了针对高校毕业生的就业权益保护政策力度。

2018年3月，人力资源和社会保障部发布《关于做好2018年全国高校毕业生就业创业工作的通知》，强调着力加大就业权益保护。要求各地要把保障高校毕业生就业权益摆在突出位置，积极营造有利于就业公平和人才合理流动的良好环境。加强人力资源市场监管，严厉查处虚假招聘、违规收费、"黑中介"等违法违规行为，规范人力资源市场秩序。健全招聘信息管理制度，持续推进国有企业招聘应届高校毕业生信息公开，强化用人单位主体责任和招聘服务提供者信息审查责任，不得设置性别、民族

---

① 2016年6月17日，《国家工商行政管理总局关于发挥职能作用进一步做好高校毕业生就业创业工作的通知》。

等歧视性内容，确保毕业生能获得真实可靠就业信息。加大就业权益保护宣传，在招聘会现场、服务大厅和相关网站发布防范求职陷阱的专门提示、典型案例、维权警示和投诉渠道，增强毕业生风险防范意识和权益保护意识。促进就业顺畅流动，简化档案转递手续，做好集体户口落户、社会保险转移接续等工作，为毕业生跨区域、跨不同性质单位就业提供便利。

2019年7月，人力资源和社会保障部、教育部、公安部、财政部、中国人民银行联合发布《关于做好当前形势下高校毕业生就业创业工作的通知》，要求省会及以下城市全面放开对高校毕业生、职业院校毕业生、留学归国人员的落户限制，精简落户凭证，简化办理手续。加强招聘领域监管，严肃查处"黑中介"、虚假招聘、违规检测乙肝项目等违法行为，严厉打击以求职、就业、创业为名义的信贷陷阱和传销、诈骗等违法犯罪活动。规范就业签约。

针对媒体曝光的个别高校要求所有毕业生必须签署就业协议或提供就业证明，暗示就业证明材料将作为论文答辩或证书发放的条件的案件，为进一步规范高校毕业生就业统计工作，确保实事求是反映高校毕业生就业状况，2019年4月，教育部办公厅《关于进一步加强高校毕业生就业状况统计核查工作的通知》，规定各高校要严格执行"四不准"规定，不准以任何方式强迫毕业生签订就业协议和劳动合同，不准将毕业证书、学位证书发放与毕业生签约挂钩，不准以户档托管为由劝说毕业生签订虚假就业协议，不准将毕业生顶岗实习、见习证明材料作为就业证明材料。2019年9月，教育部高校学生司又发布了《关于改革完善高校毕业生就业统计工作的通知》，明确改革完善就业统计评价指标，建立更加系统全面、科学合理的就业统计评价指标体系。一是精准统计毕业去向。对已就业的毕业生进一步精准统计就业形式，包括签订就业协议、签订劳动合同、科研助理、应征义务兵、国家基层项目、地方基层项目、自主创业、自由职业、其他录用形式等。对深造的毕业生，分类统计升学和出国（出境）。对未就业的毕业生，分类统计待就业（指有就业意愿尚未就业）和暂不就业（指不就业拟升学或其他暂不就业）。二是构建多维度就业状况评价指标。改变过去单纯以"就业率"评价就业状况的做法，研究从毕业生发展成长度（含毕业生职业发展、职位变化等情况）、高校对社会贡献度

（含毕业生到国家重点领域、中西部地区、基层就业等情况）、用人单位满意度（含用人单位对毕业生政治素养、专业水平、职业能力评价等情况）等方面，系统性、综合评价高校毕业生就业质量。

新冠疫情暴发后，高校毕业生就业形势日趋严峻。为了保护高校毕业生的就业权益，中组部和人力资源和社会保障部要求在事业单位公开招聘时，优化做好高校毕业生特别是疫情严重地区高校毕业生公开招聘报名、考试、考察、体检、聘用报到等工作，保障疫情高风险地区高校毕业生公平参加招聘的权益①。

2020年是决战决胜脱贫攻坚和全面建成小康社会的收官之年，针对2020届未就业高校毕业生和往届未就业高校毕业生，多部门联合实施了高校毕业生就业创业推进行动，要求规范就业协议签订，高校不得以任何方式强迫毕业生签约，或劝说虚假签约，用人单位不得出具虚假用人证明，不得随意毁约，人力资源服务机构不得参与签订不实就业协议。规范招聘市场秩序，依法打击"黑中介"、虚假招聘、就业歧视等违法违规行为。加大对企业用工行为的监督检查，及时查处滥用试用期、拖欠试用期工资、不依法签订劳动合同等行为。公布维权渠道，及时受理投诉举报②。同时，为了促进贫困家庭高校毕业生尽早就业，相关部门还发文，要求加强人力资源市场监管，依法查处违规收费、求职贷等侵害毕业生就业权益的行为③。

2021年3月，人力资源和社会保障部发布《关于做好2021年全国高校毕业生就业创业工作的通知》，提出要加大就业权益保护。各地要进一步加强高校毕业生就业管理服务，切实保护毕业生就业权益，营造良好就业环境。开展就业失业、社会保险、毕业生信息数据比对，精准识别符合政策条件的毕业生和用人单位，推动"政策找人"，推进打包快办，加快政策兑现。简化就业手续，对非公有制单位接收应届高校毕业生，所在地

---

① 2020年3月11日，《中共中央组织部办公厅 人力资源和社会保障部办公厅关于应对新冠肺炎疫情影响做好事业单位公开招聘高校毕业生工作的通知》。

② 2020年8月31日，《中共中央组织部 人力资源和社会保障部 教育部 科技部 民政部 财政部 共青团中央关于实施高校毕业生就业创业推进行动的通知》。

③ 2020年7月15日，《人力资源和社会保障部 教育部 国务院扶贫办关于进一步加强贫困家庭高校毕业生就业帮扶工作的通知》。

公共就业人才服务机构无须在就业协议书上签章。加强用人单位和人力资源服务机构招聘行为监管，着力规范网络招聘秩序，依法打击"黑中介"、虚假招聘、乱收费、就业歧视等违法违规行为。及时梳理发布毕业生实习实践、就业创业中的典型侵权案例，开展权益保护专题宣传，增强毕业生风险防范意识。人力资源和社会保障部于2021年3—10月组织开展了全国劳务中介专项整治行动。通过开展专项整治工作，有效规范了人力资源市场秩序，维护了各类市场主体的合法权益，优化了市场环境。7月，国务院召开常务会议，确定了一系列政策和措施，以加强对新就业形态劳动者权益的保障。同月，人力资源和社会保障部、国家发展改革委等八部门联合印发《关于维护新就业形态劳动者劳动保障权益的指导意见》，提出要通过规范用工、健全制度、提升效能、齐抓共管，进一步明确责任、补齐短板、优化服务、完善机制。11月，《教育部关于做好2022届全国普通高校毕业生就业创业工作的通知》指出要加强就业权益保护。各地各高校要配合有关部门积极营造平等就业环境，努力消除就业歧视。在各类校园招聘活动中，不得设置违反国家规定的有关歧视性条款，不得将毕业院校、学习方式（全日制和非全日制）等作为限制性条件。加强诚信和安全教育，引导毕业生诚信求职，树立遵纪守法意识，防范招聘欺诈、"培训贷"陷阱等。积极配合有关部门推进毕业生就业体检结果互认。

2022年5月，《国务院办公厅关于进一步做好高校毕业生等青年就业创业工作的通知》要求：开展平等就业相关法律法规和政策宣传，坚决防止和纠正性别、年龄、学历等就业歧视，依法打击"黑职介"、虚假招聘、售卖简历等违法犯罪活动，坚决治理付费实习、滥用试用期、拖欠试用期工资等违规行为。督促用人单位与高校毕业生签订劳动（聘用）合同或就业协议书，明确双方的权利义务、违约责任及处理方式，维护高校毕业生合法就业权益。对存在就业歧视、欺诈等问题的用人单位，及时向高校毕业生发布警示提醒。《教育部关于做好2023届全国普通高校毕业生就业创业工作的通知》要求切实维护毕业生就业权益。各地各高校要积极营造平等就业环境，在各类校园招聘活动中，不得设置违反国家规定的有关歧视性条款和限制性条件。配合有关部门畅通投诉举报渠道，对于存在就业歧视、招聘欺诈、"培训贷"等问题的用人单位，要纳入招聘"黑名单"并及时向高校毕业生发布警示提醒。加强就业安全教育，督促用人单位与高校毕业生签订劳动（聘用）合同或就业协议书，帮助和支持毕业生防范求职风险，维护就业权益。积极配合有关部门推进毕业生就业体检结果互认。

第二节　高校毕业生就业中的权益保护问题

一　就业协议制度中的权益保护问题

20世纪80年代末到90年代，随着高校毕业生就业"供需见面""双向选择"的推行，产生了就业协议制度。

《高校毕业生就业协议书》（以下简称"就业协议"）是高校毕业生、用人单位和学校三方签订的，明确三方在就业择业过程中权利义务关系的书面协议，即"三方协议"。就业协议一般由教育主管部门或者各省、市、自治区就业主管部门统一制定。根据1989年3月2日国家教委颁布的《高等学校毕业生分配制度改革方案》和1997年国家教委制定的《普通高等学校毕业生就业工作暂行规定》，经供需见面和双向选择后，毕业生、用人单位、高等学校应当签订毕业生就业协议书，作为制订就业计划和派遣的依据。

（一）就业协议与劳动合同之间的关系

1995年《中华人民共和国劳动法》实施以来，我国劳动就业制度发生了根本性的变化，基于劳动合同所产生的新型就业关系，取代了计划经济体制下的终生就业关系。因此，毕业生到企业就业的过程中，需要在不同的阶段依次与企业签订就业协议和劳动合同。在毕业生毕业离校之前，毕业生与用人单位达成工作意向后，要跟用人单位、学校签订三方就业协议，表明学生工作意向、用人单位愿意接受、学校负责派遣，属于民事协议。毕业生毕业离校到单位报到后，要跟用人单位签订劳动合同，从而确定双方劳动关系，明确两者的权利和义务，合同的主体双方是毕业生和用人单位，学校不是劳动合同的主体。

签订就业协议和劳动合同时，依据的文件条款不同。就业协议的依据是《高等学校毕业生分配制度改革方案》[①] 和《普通高等学校毕业生就

---

① 1989年3月2日，《国务院批转国家教委关于改革高等学校毕业生分配制度报告的通知》。

工作暂行规定》①，而劳动合同则依据1995年实施的《劳动法》。前者属于部门规章，后者属于国家基本法律，前者的法律效力低于后者。

就业协议和劳动合同中规定的具体内容不同。就业协议中的内容主要涉及毕业生、用人单位和学校三方在学生就业过程中的权利义务，如同意接收、审议派遣等，但可以在备注中就服务期、违约金等涉及劳动关系存续期间的权利义务进行约定，这些内容需要在日后订立的劳动合同中予以认可。而劳动合同中的内容包括劳动报酬、劳动保护、工作内容、劳动纪律、社会保险、终止劳动合同的条件、违约责任等方面的权利和义务。

就业协议和劳动合同的有效时限不同。就业协议的效力始于签订之日，终于学生到工作岗位报到之时，就业协议的作用仅限于对学生就业过程的约定，一旦毕业生到用人单位报到，就业协议的使命也就完成了。劳动合同的有效时限由毕业生和用人单位双方协调商定。在实施劳动合同制的早期，许多企业特别是国企习惯于根据相关规定②③以五年为一个合同期，后来有所调整变化。

可以看到，就业协议不能替代劳动合同，不是确定劳动关系的凭证。

(二) 就业协议制度存在的问题

就业协议制度在产生和实施过程中存在一些问题。

1. 就业协议中的主体错位问题。《普通高等学校毕业生就业工作暂行规定》要求，"经供需见面和双向选择后，毕业生、用人单位和高等学校应当签订毕业生就业协议书，作为制定就业计划和派遣的依据。未经学校同意，毕业生擅自签订的协议无效"。根据上述规定，毕业生需要签订的就业协议是"三方协议"，高校在协议中占有重要地位，高校不仅是一方当事人而且决定着毕业生和用人单位能否签订协议。然而，根据《宪法》和《劳动法》的相关规定，就业是劳动者和用人单位的自主、自愿行为，

---

① 1997年3月24日，国家教委制定《普通高等学校毕业生就业工作暂行规定》。

② 1985年3月2日，《国务院关于批转国家计划委员会、国家教育委员会关于1985年全国高等学校毕业生分配问题报告的通知》规定：实行定期服务制度。从1985年起，毕业生必须到分配的工作单位经见习合格后，连续服务5年，服务期满后允许合理流动。服务期满要求流动的毕业生，要按照科技干部管理的有关规定办理。

③ 1989年3月2日，国家教委颁布的《高等学校毕业生分配制度改革方案》规定：高等学校毕业生实行定期服务制度。服务期一般为5年（不含见习期1年），随着人事、劳动制度的改革，具体服务年限和办法也可以由用人单位与学生根据实际情况商定。

在符合法律规定的前提下，其他任何个人和单位都不应该进行干涉、限制。就业协议中的"三方"规定，存在主体错位，与《宪法》赋予公民的就业权和劳动权背道而驰。目前，国家和地方各级教育行政部门已经意识到学校在"三方协议"中的尴尬地位，上海、广东、安徽等省市的教育行政部门出台相关规定，要求高校退出就业协议的主体地位，只作为协议鉴证登记方，就业协议只需毕业生与用人单位双方签订，以确保毕业生和用人单位的双向选择，让就业选择更为市场化。

2. 就业协议与劳动合同内容不衔接的问题。就业协议的内容过于简单，与劳动合同不相衔接，容易产生纠纷。"三方协议"的内容主要包括三方当事人的基本信息，毕业生应聘意见、用人单位招聘意愿、学校就业工作部门意见，在违约规定方面，要求三方中有一方要变动协议，需提前一个月征得另外两方同意，并承担违约责任，向另两方交纳违约金。可以看到，"三方协议"的内容只是表明双方自愿达成协议，乙方到甲方工作。协议正文中并不包含工作期限、工作条件、工作职责、工资待遇、社保、劳动保护及职业病防护等法律规定的重要内容，而这些内容则是劳动合同中必须包含的。"三方协议"在毕业生到用人单位报到后就自动失效，由用人单位和毕业生签订劳动合同来取而代之。但是由于"三方协议"中缺乏许多实质性的内容，毕业生在与用人单位沟通时不方便询问或者无法提前获知，而一旦知晓后可能就业意愿发生变化。就业协议内容的不充分、与劳动合同的内容不衔接、法律适用的不统一，增加了毕业生违约风险。

3. 违约金收取及金额大小问题。《国家教育委员会关于做好1996年全国普通高等学校毕业生就业工作的意见》指出：凡毕业生违反就业协议，高等学校可按协议规定对其收取违约金。如果因用人单位违约的，则由用人单位将违约金交付给高校及学生本人。同时，国家并没有规定收取的违约金作何用途。在这样的政策规定下，高校成为违约金的收取方和获益方，容易滋生腐败。鉴于此，2005年5月10日，教育部、国家发改委和财政部印发了《关于做好2005年高等学校收费工作有关问题的通知》，要求学校不得向学生收取国家规定项目外的其他任何费用。其中明确规定：毕业生违反协议，未到协议单位就业的，不得由学校向毕业生收取"违约金"。有些用人单位为了防止毕业生违约，在"三方协议"中规定了较高的违约金数额。而《民法典》规定，约定的违约金过分高于造成的损失的，人民法院或者仲裁机构可以根据当事人的请求予以适当减少。在司法实践中，当约定的违约金超过实际损失的30%时，人民法院一般会认定此种情况为"过分高于造成的损失"。同时，《劳动合同法》规定，只有当劳动者违反了其与用人单位约定的服务期条款或保密条款时，用人单位才能与劳动者约定由劳动者承担违约金①。因此，在签订"三方协议"时，用人单位应该合理确定违约金条款，不能利用其优势地位而设定过高的违约金责任。政府也应该加强监管，限制由毕业生向招聘单位支付违约金的金额。

二 见习期的权益保护问题

根据《人力资源和社会保障部、教育部、财政部、商务部、国务院国资委、共青团中央、全国工商联关于进一步加强就业见习工作的通知》要求，"就业见习是组织青年进行岗位实践锻炼的就业准备活动。见习对象为离校2年内未就业高校毕业生、16—24岁失业青年。见习时间为3至12个月，期间由见习单位给予基本生活费，办理人身意外伤害保险"。然而，在许多情况下，由于不能准确认知毕业生见习的概念正确区分毕业生见习与大学生实习，或者作为用人单位试用人员之间的差别，混淆三者之间的规定和要求，毕业生不能清楚认识并维护好自己的合法权益。

（一）见习与实习、试用的区别

1. 参与人员不同。参加见习的是毕业后未就业的大学生，参加实习的是在校大学生，而试用的是用人单位拟录用的员工。

2. 时间期限不同。根据相关规定，见习时间为3—12个月。实习包括认识实习和岗位实习②，其中，学生在实习单位的岗位实习时间一般为6个月。而试用期的时间则根据签订劳动合同的时间长短有所不同，《劳动合同法》第十九条规定："劳动合同期限三个月以上不满一年的，试用期不得超过一个月；劳动合同期限一年以上不满三年的，试用期不得超过

---

① 参见《中华人民共和国劳动合同法》第二十二条、第二十三条、第二十五条。
② 根据《职业学校学生实习管理规定》第二条：认识实习指学生由职业学校组织到实习单位参观、观摩和体验，形成对实习单位和相关岗位的初步认识的活动。岗位实习指具备一定实践岗位工作能力的学生，在专业人员指导下，辅助或相对独立参与实际工作的活动。

二个月；三年以上固定期限和无固定期限的劳动合同，试用期不得超过六个月。同一用人单位与同一劳动者只能约定一次试用期。以完成一定工作任务为期限的劳动合同或者劳动合同期限不满三个月的，不得约定试用期。试用期包含在劳动合同期限内。劳动合同仅约定试用期的，试用期不成立，该期限为劳动合同期限。"

3. 签订的协议不同。见习期间可以单独签订见习合同，也可以在劳动合同中包含见习的约定。在实习管理方面，要求职业学校、实习单位、学生以《职业学校学生岗位实习三方协议（示范文本）》为基础，签订三方协议①。试用期的约定则一般包含在劳动合同内容之内，成为劳动合同中的一部分。

4. 待遇不同。见习的待遇方面，见习期间由见习单位给予基本生活费，办理人身意外伤害保险。实习的待遇方面，《职业学校学生实习管理规定》第十八条规定：接收学生岗位实习的实习单位，应当参考本单位相同岗位的报酬标准和岗位实习学生的工作量、工作强度、工作时间等因素，给予适当的实习报酬。在实习岗位相对独立参与实际工作、初步具备实践岗位独立工作能力的学生，原则上应不低于本单位相同岗位工资标准的80%或最低档工资标准，并按照实习协议约定，以货币形式及时、足额、直接支付给学生，原则上支付周期不得超过1个月，不得以物品或代金券等代替货币支付或经过第三方转发。试用期的待遇方面，《劳动合同法》第二十条规定："劳动者在试用期的工资不得低于本单位相同岗位最低档工资或者劳动合同约定工资的百分之八十，并不得低于用人单位所在地的最低工资标准。"

（二）见习期存在的权益受损情况

由于高校毕业生到用人单位见习，用人单位能够享受到政府的财政补贴，很多用人单位都积极申报就业见习基地。然而，在实际工作中，却存在着见习单位管理不规范，甚至恶意套取就业补贴资金等诸多问题。②

---

① 2021年12月31日，《教育部等八部门关于印发〈职业学校学生实习管理规定〉的通知》。
② 2016年6月17日《今日头条》"合肥蜀山区：只见习不留用，企业或被亮红牌"，https://www.toutiao.com/article/6296952765176496385/?upstream_biz=toutiao_pc&source=m_redirect。

1. 只见习不留用问题。一些用人单位大量招收见习生，但见习到期后，却不留用或者极少留用，导致毕业生为了见习而错失其他就业机会。为了鼓励用人单位留用见习毕业生，陕西省政府出台《进一步做好新形势下就业创业工作实施意见》，规定企业接收高校毕业生见习且留用率不低于50%的，对企业给予每人2000元的一次性补贴。①

2. 恶意用工问题。一些用人单位安排的见习期时间过长，发放的见习期工资低；一些单位安排毕业生周就业见习时间超过40小时，却拒不支付加班补贴。

3. 未按时、足额为见习人员发放生活补贴。一些用人单位不但不给生活补贴，反而要毕业生缴纳费用。为防止这种情况的发生，一些省份规定了具体的见习补贴标准，还有一些省份要求见习补贴不能低于当地最低工资。

4. 未及时为见习人员购买人身意外伤害保险。毕业生在见习期间由于用人单位没有为其购买意外伤害保险，一旦遭遇意外伤害时，容易造成法律纠纷。为了避免这一情况，一些地方出台了相关规定，鼓励用人单位为见习毕业生缴纳工伤保险或综合商业保险。比如，宁波出台的《就业见习补贴实施细则》规定，为见习人员缴纳综合商业保险的用人单位，按每人50元标准享受补贴。

5. 虚报、谎报见习人员数量及见习周期，骗取、套取就业见习补贴资金。许多省份为了防止出现审查不严、违规操作、虚报、套取、私分、挪用各种就业见习补贴资金等行为，出台了相应的管理办法。比如广西出台《广西就业专项资金就业见习补贴管理办法》。

三 女大学生就业权益保护

女大学生就业一直受到社会的广泛关注。根据国家统计局发布的《中国妇女发展纲要（2011—2020年）》终期统计监测报告，2020年，高等教育在校生中女研究生为159.9万人，占全部研究生的50.9%，比2010年提高3.1%；普通本专科、成人本专科在校生中女生分别为

---

① 人力资源社会保障网站："陕西鼓励企业留用见习大学生"，http://www.mohrss.gov.cn/SYrlzyhshbzb/dongtaixinwen/dfdt/201508/t20150824_218775.html。

1674.2 万人和 450.6 万人，占比分别为 51.0% 和 58.0%，分别比 2010 年提高 0.1% 和 4.9%。

虽然女性受高等教育的比例在逐渐上升，但是女大学生甚至女研究生遭遇就业困境的局面不但没有改善，由于性别原因造成的就业难现象反而日益突出。一些岗位限男性或男性优先，或者对女性学历要求高于男性；一些用人单位对女生的外貌、婚恋状况提出苛刻要求，特别是在"三胎"政策出台后，这一现象更加明显。

（一）女性就业权益保护相关法律法规

目前，我国没有专门针对女大学生就业权益保护的法律法规，相关内容散见于各类有关女性劳动就业的法律条款中。

1. 平等就业权。2018 年新修订的《中华人民共和国宪法》第四十八条规定："中华人民共和国妇女在政治的、经济的、文化的、社会的和家庭的生活等各方面享有同男子平等的权利。国家保护妇女的权利和利益，实行男女同工同酬，培养和选拔妇女干部。"2015 年新修订的《中华人民共和国就业促进法》第二十七条规定："国家保障妇女享有与男子平等的劳动权利。用人单位招用人员，除国家规定的不适合妇女的工种或者岗位外，不得以性别为由拒绝录用妇女或者提高对妇女的录用标准。用人单位录用女职工，不得在劳动合同中规定限制女职工结婚、生育的内容。"

2023 年 1 月开始实施的《中华人民共和国妇女权益保障法》[①] 详细规定了妇女享有的劳动就业权利，比如第四十一条："国家保障妇女享有与男子平等的劳动权利和社会保障权利。"第四十二条："各级人民政府和有关部门应当完善就业保障政策措施，防止和纠正就业性别歧视，为妇女创造公平的就业创业环境，为就业困难的妇女提供必要的扶持和援助。"第四十三条："用人单位在招录（聘）过程中，除国家另有规定外，不得实施下列行为：（一）限定为男性或者规定男性优先；（二）除个人基本信息外，进一步询问或者调查女性求职者的婚育情况；（三）将妊娠测试作为入职体检项目；（四）将限制结婚、生育或者婚姻、生育状况作为录（聘）用条件；（五）其他以性别为由拒绝录（聘）用妇女或者差别化地

[①] 2022 年 10 月 30 日，中华人民共和国第十三届全国人民代表大会常务委员会第三十七次会议修订通过《中华人民共和国妇女权益保障法》，自 2023 年 1 月 1 日起施行。

提高对妇女录（聘）用标准的行为。"第四十四条："用人单位在录（聘）用女职工时，应当依法与其签订劳动（聘用）合同或者服务协议，劳动（聘用）合同或者服务协议中应当具备女职工特殊保护条款，并不得规定限制女职工结婚、生育等内容。职工一方与用人单位订立的集体合同中应当包含男女平等和女职工权益保护相关内容，也可以就相关内容制定专章、附件或者单独订立女职工权益保护专项集体合同。"

2. 女性"三期"① 保护。《中华人民共和国社会保险法》② 第五十六条规定，女职工享受生育津贴，生育津贴按照职工所在用人单位上年度职工月平均工资计发。女职工生育享受产假；享受计划生育手术休假。《中华人民共和国妇女权益保障法》第四十七条："用人单位应当根据妇女的特点，依法保护妇女在工作和劳动时的安全、健康以及休息的权利。妇女在经期、孕期、产期、哺乳期受特殊保护。"

2018年修订实施的《中华人民共和国劳动法》第七章规定了女职工在劳动中的特殊保护。比如禁止安排女职工从事矿山井下、国家规定的第四级体力劳动强度的劳动和其他禁忌从事的劳动；不得安排女职工在经期从事高处、低温、冷水作业和国家规定的第三级体力劳动强度的劳动；不得安排女职工在怀孕期间从事国家规定的第三级体力劳动强度的劳动和孕期禁忌从事的劳动；对怀孕7个月以上的女职工，不得安排其延长工作时间和夜班劳动；女职工生育享受不少于90天的产假；不得安排女职工在哺乳未满1周岁的婴儿期间从事国家规定的第三级体力劳动强度的劳动和哺乳期禁忌从事的其他劳动，不得安排其延长工作时间和夜班劳动。

《中华人民共和国职业病防治法》③ 第三十八条规定：用人单位不得安排孕期、哺乳期的女职工从事对本人和胎儿、婴儿有危害的作业。第七十五条规定：安排孕期、哺乳期女职工从事接触职业病危害的作业或者禁忌作业的用人单位，由卫生行政部门责令限期治理，并处5万元以上30

---

① "三期"指孕期、产期和哺乳期。
② 2010年10月28日第十一届全国人民代表大会常务委员会第十七次会议通过，根据2018年12月29日第十三届全国人民代表大会常务委员会第七次会议《关于修改〈中华人民共和国社会保险法〉的决定》修正。
③ 《中华人民共和国职业病防治法》（中华人民共和国主席令第24号）（2019版）由中华人民共和国第十三届全国人民代表大会常务委员会第七次会议于2018年12月29日通过。

万元以下的罚款；情节严重的，责令停止产生职业病危害的作业，或者提请有关人民政府按照国务院规定的权限责令关闭。

2012年通过的《女职工劳动保护特别规定》第七条规定：女职工生育享受98天产假，其中产前可以休假15天；难产的，增加产假15天；生育多胞胎的，每多生育1个婴儿，增加产假15天。女职工怀孕未满4个月流产的，享受15天产假；怀孕满4个月流产的，享受42天产假。

3. 劳动报酬和职业晋升等方面的平等待遇。《中华人民共和国妇女权益保障法》第四十五条："实行男女同工同酬。妇女在享受福利待遇方面享有与男子平等的权利。"第四十六条："在晋职、晋级、评聘专业技术职称和职务、培训等方面，应当坚持男女平等的原则，不得歧视妇女。"

4. 劳动解除保护。在劳动合同的解除方面，我国对女性劳动者的劳动权益进行了特别保护。《中华人民共和国劳动合同法》第四十二条规定，女职工在孕期、产期、哺乳期时，用人单位不得解除其劳动合同。[①]

《中华人民共和国妇女权益保障法》第四十八条："用人单位不得因结婚、怀孕、产假、哺乳等情形，降低女职工的工资和福利待遇，限制女职工晋职、晋级、评聘专业技术职称和职务，辞退女职工，单方解除劳动（聘用）合同或者服务协议。女职工在怀孕以及依法享受产假期间，劳动（聘用）合同或者服务协议期满的，劳动（聘用）合同或者服务协议期限自动延续至产假结束。但是，用人单位依法解除、终止劳动（聘用）合同、服务协议，或者女职工依法要求解除、终止劳动（聘用）合同、服务协议的除外。用人单位在执行国家退休制度时，不得以性别为由歧视妇女。"

《女职工劳动保护特别规定》第五条规定：用人单位不得因女职工怀孕、生育、哺乳降低其工资、予以辞退、与其解除劳动或者聘用合同。

5. 工会和相关部门的职责。2021年12月24日修订的《中华人民共和国工会法》第二十三条指出，侵犯女职工特殊权益的，"工会应当代表职工与企业、事业单位、社会组织交涉，要求企业、事业单位、社会组织

---

① 最新《中华人民共和国劳动合同法》由中华人民共和国第十一届全国人民代表大会常务委员会第三十次会议于2012年12月28日通过《全国人民代表大会常务委员会关于修改〈中华人民共和国劳动合同法〉的决定》自2013年7月1日起施行。

采取措施予以改正；企业、事业单位、社会组织应当予以研究处理，并向工会作出答复；企业、事业单位、社会组织拒不改正的，工会可以提请当地人民政府依法作出处理"。第三十九条规定："企业、事业单位、社会组织研究经营管理和发展的重大问题应当听取工会的意见；召开会议讨论有关工资、福利、劳动安全卫生、工作时间、休息休假、女职工保护和社会保险等涉及职工切身利益的问题，必须有工会代表参加。"

2021年国务院印发《中国妇女发展纲要（2021—2030年）》中明确要求改善女性劳动者劳动安全状况。广泛开展劳动安全和健康宣传教育，加大《女职工劳动保护特别规定》宣传执行力度，提高用人单位和女性劳动者的劳动保护和安全生产意识。将女职工劳动保护纳入职业健康和安全生产监督管理范围，加强对用人单位的劳动保障监察以及劳动安全和职业健康监督。督促用人单位加强对女职工经期、孕期、哺乳期的特殊保护，落实哺乳时间和产假制度。督促用人单位加强职业防护和职业健康监督保护，保障女职工在工作中免受有毒有害物质和危险生产工艺的危害。保障女职工劳动权益。督促用人单位规范用工行为，依法与女职工签订劳动合同，推动签订女职工权益保护专项集体合同。加强劳动保障法律监督。指导用人单位建立预防和制止性骚扰工作机制，完善相关执法措施。加强劳动用工领域信用建设，加大对侵犯女职工劳动权益行为的失信惩戒力度。推动有条件的劳动人事争议仲裁机构设立女职工维权仲裁庭，依法处理女职工劳动争议案件。

《中华人民共和国妇女权益保障法》第四十九条："人力资源和社会保障部门应当将招聘、录取、晋职、晋级、评聘专业技术职称和职务、培训、辞退等过程中的性别歧视行为纳入劳动保障监察范围。"

（二）女大学生就业权益受损的情况

尽管关于女性劳动就业的相关法律法规较为充分，但是女大学生在就业中仍然会遇到一些权益受损问题。

1. 招聘录用中的性别歧视。尽管国家有大量法律法规明确规定反对性别歧视，要求不能在招聘信息中出现性别歧视，一些用人单位仍然通过简历筛查等方式刻意提高男性求职者在面试中的比例，或者在招聘时向求职大学生表达出不招女生的意向。一些用人单位虽然并未将女大学生拒之门外，但是用相对更高的标准来录取女大学生。比如，在同样的学历和专业背景下，用人单位在女大学生外貌、交友、婚育时间等方面提出严苛要求。

2. 工作中缺乏劳动保护。一些用人单位"强制996"、无偿加班，还有用人单位违反相关劳动保护条款，不考虑女性"三期"的特殊情况，安排高危、高风险等工作。

3. 薪酬待遇、岗位晋升不平等。一些用人单位同工不同酬，对招用的女大学生在职业晋升方面设置种种障碍。有针对毕业生初职薪酬的调查指出，虽然男生和女生的平均薪酬差异不大，但高薪男生所占比重显著高于高薪女生，低薪酬女生占比明显高于低薪酬男生占比。女大学生在高收入职业中的比例较低，而在低收入职业中的比例很高。[①]

（三）政策建议

我国有关女大学生就业权益保护方面还存在就业歧视认定不全面、维权难度大、政策执行力度不够等问题。未来促进高校女大学生就业，要进一步优化完善相关政策法规，加强女大学生就业权益保护。

1. 完善反歧视相关法律法规。一是加强部门合作。加强人社、民政、财政、妇联等多个相关部门的协同合作，提高政策协同性，维护女大学生就业权益。二是细化完善相关法律法规的具体实施步骤和立法过程，包括企业的法律责任、企业违反对性别歧视法的规定所应受的处罚措施、女性劳动者或者应聘者的权益保障范围，以及女性受到歧视后向法院提出诉讼请求的途径等。三是完善相关法律的配套措施，构建反就业性别歧视的一整套法律体系。

2. 健全社会保障体系。为了应对人口老龄化，2021年国家出台了三孩生育政策[②]，然而该政策也进一步加大了女大学生的就业难度，用人单位在招聘员工时，会更倾向于招用男生。为此，要完善生育保障制度，出台三孩生育政策配套措施，建立完善针对女性生育导致的就业中断的经济补偿机制；建立1—6岁儿童托育服务，减轻家庭养育负担。减少因性别

[①] 刘莉云、韩沈超：《大学生就业性别差异研究》，《教育现代化》2017年第4期，第92页。

[②] 2021年7月20日《中共中央、国务院关于优化生育政策促进人口长期均衡发展的决定》公布。7月21日，《国家医疗保障局办公室关于做好支持三孩政策生育保险工作的通知》发布。2021年8月20日，全国人大常委会会议表决通过了关于修改人口与计划生育法的决定，明确规定，国家提倡适龄婚育、优生优育，一对夫妻可以生育三个子女。

因素对女大学生应聘者带来的不利影响,促进用人单位平等合理地招聘、录用女大学生,保障女大学生公平就业。及时纠正,努力消除,切实保障女性在就业创业、职业发展、技能培训、劳动报酬、职业健康与安全等方面的权益,为因生育中断就业的女性提供再就业培训公共服务。

3. 加强监管,加大政策执行力度。加强政府部门对社会劳动就业中关于女大学生就业歧视现象的监督管理职能,建立就业歧视诉讼机制,明确被歧视女性的主体地位。加大对违反女性就业歧视的用人单位惩处力度,对提供就业歧视有效证据的组织和个人提供奖励。通过各种媒体进行政策法规宣传,加大政策知晓度;加强舆论引导,将女大学生受到就业歧视的案例进行社会曝光。

第七章

高校毕业生就业困难援助政策

《中华人民共和国就业促进法》规定:"各级人民政府采取税费减免、贷款贴息、社会保险补贴、岗位补贴等办法,通过公益性岗位安置等途径,对就业困难人员实行优先扶持和重点帮助。"这是我国以立法形式对就业援助制度进行的规定。就业援助是指政府通过各项促进就业扶持政策的贯彻落实以及就业服务机构为主的有关部门的具体帮助,使援助的特定对象以各种方式实现就业。就业援助的对象一般是指就业困难人员。

随着我国高等教育发展的普及化,高校毕业生的就业困难问题已经成为全社会关注的重大问题。其中那些由于经济状况、身心健康、自身素质等方面原因处于相对不利状态的特殊群体,就业困难问题更是突出。帮助就业困难毕业生顺利实现就业,是从整体上推进高校毕业生就业工作的重要举措,高校毕业生就业困难援助,既是高校毕业生就业促进政策中的重要组成部分,也是社会就业援助的重要组成部分。

我国高校毕业生就业援助的对象是有就业意愿,但由于社会、家庭和个人等原因,如能力水平、心理素质、身体条件、经济状况等方面比较薄弱,在就业竞争中处于劣势地位,导致就业困难的毕业生。根据就业困难形成的原因,高校毕业生就业困难群体一般分为以下几类:一是家庭经济困难毕业生,即因家庭经济困难,缺乏就业资源及机会或不能承担正常的求职花费而影响就业的学生[①];二是能力欠缺毕业生,即因缺乏求职就业能力、方法或技巧而无法顺利就业的毕业生;三是身体残疾或患病的毕业

---

① 吴松强:《完善高校就业困难毕业生的就业援助体系》,《思想理论教育》2012年第4期。

生，包括具有焦虑、抑郁、强迫等各类心理疾病的毕业生；四是其他特殊困难毕业生，比如部分女性毕业生、少数民族毕业生，还有因形象不佳、专业冷门[①]等形成的就业困难毕业生群体。然而，从现实情况来看，高校毕业生就业困难往往是多种因素同时造成的，因此，也给高校毕业生就业困难援助增加了难度。

第一节　就业困难援助政策的发展历程

我国中央政府和地方各级政府部门针对不同类型的就业困难毕业生，出台了相关政策和措施，积极搭建就业困难毕业生就业援助体系，通过制定倾斜性的政策，为就业困难毕业生提供制度保障。

从高校毕业生就业困难援助政策的发展历程来看，就业困难援助的对象范围不断扩大，政策内容不断丰富，政策力度也不断加大。

一　以贫困家庭毕业生为主要对象的就业援助

2002年，中央首次针对下岗职工、失业者等弱势群体提出建立再就业援助制度。此后，对贫困家庭毕业生的就业援助逐渐开始成为高校毕业生就业促进工作的重要内容。

2004年，天津组建了高校毕业生就业援助协作联盟[②]。

2005年3月，《教育部办公厅关于做好2005年普通高校毕业生就业重点工作的通知》指出加大对贫困毕业生的帮扶力度。对贫困毕业生等就业困难群体要给予更多的关心和帮助，要开展个性化的就业服务，做好细致的心理辅导、就业推荐，帮助他们解决实际困难。

据国家教育部公布的数据，截至2007年年底，高校中家庭经济困难学生的比例为25%—30%，特困生的比例为8%—10%，农林师范类学校家庭经济困难学生比例超过30%，特困生比例超过15%。大部分家庭经济困难毕业生由于社会外在因素和自身内在因素的共同影响，在就业问题

---

① 李国章：《论高校毕业生就业困难群体的指导与帮助》，《高等农业教育》2013年第6期。
② 《天津组建高校毕业生就业援助协作联盟》，《职业教育研究》2004年第7期。

上明显处于弱势，主要表现为就业率偏低、择业期望值高。①

2007年4月，《劳动和社会保障部关于做好2007年高校毕业生就业有关工作的通知》要求对失业时间较长或符合助学贷款条件、家庭生活困难的毕业生，要重点援助，帮助其尽快就业。对离校后回原籍的"零就业家庭"中未就业毕业生逐户逐人地上门帮扶，优先安排进入高校毕业生就业见习基地，提供有针对性的就业服务，力争使返回原籍登记失业的毕业生到年底能够有半数以上实现就业，一年内绝大部分实现就业。

为贯彻落实中央文件精神②，进一步发挥政府人事部门职能作用，促进高校毕业生就业，人事部于2007年9月发布《关于进一步发挥政府人事部门职能作用促进高校毕业生就业的通知》，要求各级政府人事部门做好困难家庭（主要包括享受国家最低生活保障金的城镇家庭和农村绝对贫困家庭）高校毕业生的就业援助工作，制定困难家庭毕业生就业援助办法，实施重点推荐、优先安置。为困难家庭高校毕业生提供就业指导、就业推荐、跟踪回访等"一条龙、一对一"的全免费服务，优先安排困难家庭未就业高校毕业生参加就业见习。有条件的地方可制定优惠政策鼓励用人单位接收困难家庭高校毕业生。各级机关考录公务员、事业单位招聘工作人员时，免收困难家庭高校毕业生的报名费和体检费。

在一些高校毕业生就业促进活动中也强调做好高校毕业生就业困难援助，比如2007年11月，共青团中央、国务院国有资产监督管理委员会、劳动和社会保障部联合开展的"中央企业牵手高校毕业生"活动③中，就要求"切实做好高校毕业生特别是家庭经济困难高校毕业生就业工作"。

一些省份也出台了高校毕业生就业困难援助的政策措施。比如福建2008年出台家庭经济困难并就业困难毕业生的就业援助办法，在就业推荐、转向技能培训、困难补助、助学还贷等方面提供支持；对离校后回原籍的困难家庭、零就业家庭毕业生和残疾毕业生，制订援助计划，在实施"三支一扶"、志愿服务欠发达地区等就业项目中优先招募；把享受国家

---

① 姜东、沈毅：《高校家庭经济困难毕业生就业援助研究》，《现代教育管理》2010年第5期。

② 国务院办公厅《关于切实做好2007年普通高等学校毕业生就业工作的通知》。

③ 《共青团中央、国务院国有资产监督管理委员会、劳动和社会保障部关于开展"中央企业牵手高校毕业生"活动的通知》。

助学贷款政策且就业困难登记失业的毕业生，纳入城镇就业困难人员的援助范围。①

二 强化对困难高校毕业生的就业援助

2008年1月1日颁布实施的《中华人民共和国就业促进法》，为高校毕业生就业援助提供了有力的法律保障。其中第52条规定"各级人民政府建立健全就业援助制度"，通过采取各种税费减免和增加补贴、公益性岗位安置等途径，来实现对就业困难人员的帮扶。

2009年，在国际金融危机的影响进一步蔓延的不利经济环境下，高校毕业生规模达到611万人，比2008年增加52万人，增幅为8.5%。高校毕业生自2007年首次超过社会新增加就业岗位的半数，占55%，占新增就业劳动力的20%以上②。伴随着就业市场渐趋饱和，高校毕业生就业形势十分严峻，大学生就业问题成为备受关注的社会问题。其中贫困大学毕业生群体的就业难问题尤为严峻和值得重视。为此，国务院发布文件③明确指出：要强化对困难高校毕业生的就业援助。

教育部办公厅于2009年6月18日专门下发《教育部关于当前做好高校困难毕业生就业帮扶工作的通知》，要求以高度的政治责任感做好高校困难毕业生就业帮扶工作。要把做好高校困难毕业生就业帮扶工作作为当前进一步做好高校毕业生就业工作的重要任务，以高度的政治责任感，加强领导，周密部署，统筹安排，按照"重点关注、重点推荐、重点服务"的原则，抓紧在毕业生离校前的关键阶段，对高校困难毕业生摸清底数，通过"一对一"帮扶、专人辅导、岗位推荐等方式，重点针对困难家庭毕业生、残疾人毕业生以及少数民族毕业生等群体开展就业帮扶工作。

《通知》要求，在重大项目组织实施过程中对高校困难毕业生给予适当倾斜。各级教育行政部门在"农村义务教育阶段学校教师特设岗位计划"等中央和地方基层项目中要积极吸纳符合条件的高校困难毕业生，

---

① 李珂：《多项措施促进大中专毕业生就业》，《福建日报》2008年4月10日。
② 崔小璐、陈小琼：《高校贫困毕业生就业帮扶体系的构建》，《航海教育研究》2010年第1期。
③ 《国务院办公厅关于加强普通高等学校毕业生就业工作的通知》。

要落实好重大科研项目单位聘用高校毕业生、服务外包企业吸纳毕业生以及高校毕业生入伍预征等有关工作,并将高校困难毕业生群体列为优先推荐对象,予以优先安排。落实有关政策并共同做好专项就业帮扶活动。对困难家庭的高校毕业生给予适当的求职补贴;各级机关考录公务员、事业单位招聘工作人员时免收困难家庭高校毕业生的报名费和体检费;开展"困难职工家庭高校毕业生阳光就业行动""女大学生创业就业行动""残疾人毕业生就业援助计划"等专项就业帮扶活动,充分利用社会资源,通过组织专场招聘、优先推荐岗位、重点组织培训、加强就业创业指导等措施做好有针对性的帮扶;重视少数民族高校毕业生的就业问题,采取积极有效措施,进一步加大就业帮扶力度。《通知》还要求做好高校困难毕业生离校前后的工作衔接。毕业生离校前办理高校毕业生就业手续时,如办理报到证、档案投递、户口迁移以及改派等,各地、各高校要精心实施,简化程序,提高效率,及时做好高校毕业生尤其是高校困难毕业生的就业手续办理工作。对离校后未就业的困难毕业生,要主动配合做好有关衔接工作,使他们离校后能享受到国家和地方的有关优惠政策。

2011年5月,《国务院关于进一步做好普通高等学校毕业生就业工作的通知》指出强化就业援助。各级公共就业人才服务机构要将就业困难的高校毕业生纳入当地就业援助体系,建立专门台账,实施"一对一"职业指导和重点帮扶,并向用人单位重点推荐,或通过公益性岗位安置就业。对符合条件的人员按规定落实社会保险补贴和公益性岗位补贴。各高校可根据困难家庭毕业生的实际情况,给予适当的求职补贴。各地要高度重视大城市聚居地长时间失业高校毕业生以及女性、残疾人和少数民族等高校毕业生的就业问题,提供有针对性的就业服务和就业指导,鼓励有条件的地区制定实施专门的就业扶持政策。

2011年,人力资源和社会保障部还开始把帮助离校未就业毕业生作为就业工作的难点,要求各地采取更有针对性的措施,千方百计帮助离校未就业高校毕业生实现就业,并转发了湖北省的做法供学习借鉴。[①]

2012年,我国推出了重点高校招收农村和贫困地区学生专项计划,

---

① 2021年12月2日,《人力资源和社会保障部办公厅关于转发湖北省人力资源社会保障厅做好2011年度离校未就业应届高校毕业生就业工作通知的函》。

实施该计划后，重点大学的农村生比例逐年提高。2012年6月7日，《教育部高校学生司关于切实做好全国普通高校毕业生离校前就业工作的通知》要求切实做好少数民族毕业生和家庭经济困难、就业困难毕业生就业工作。各少数民族地区省级高校毕业生就业主管部门和各有关高校要进一步增强责任感和紧迫感，加强少数民族毕业生就业帮扶，积极为少数民族毕业生提供有针对性的政策咨询和信息服务，加强汉语培训、就业技能培训，配合有关部门努力拓展社区、农技、双语教师等基层就业岗位。各高校要把目前尚未就业的少数民族毕业生以及家庭经济困难、就业困难毕业生作为重点帮扶对象，指定教师开展"一对一"服务，为毕业生提供心理辅导、岗位推荐和求职补贴等帮助。

党的十八大明确提出，努力实现就业更加充分，推动实现更高质量的就业，做好以高校毕业生为重点的青年就业工作。2012年11月，《教育部关于做好2013年全国普通高等学校毕业生就业工作的通知》要求利用多方资源促进就业困难和少数民族毕业生就业。一是对就业困难毕业生开展有效援助。制订实施家庭经济困难、就业困难毕业生就业帮扶计划；摸清困难毕业生底数，及时掌握求职动态，建立相应就业信息数据库；为困难毕业生提供就业指导、岗位推荐、技能培训、经济补贴等帮助，建立"一对一"帮扶机制；重点资助家庭经济困难毕业生求职就业。二是积极促进少数民族毕业生就业。进一步拓宽少数民族高校毕业生的就业渠道，鼓励毕业生到当地经济社会发展急需的领域和岗位就业，大力开发农牧业技术、医疗卫生、治安管理以及双语教师、幼儿园教师等公共服务岗位；调整少数民族地区高校的学科专业结构；根据少数民族毕业生特点，加强国家通用语言文字和就业技能培训。

按照《国务院办公厅关于做好2013年全国普通高等学校毕业生就业工作的通知》要求，为做好离校未就业高校毕业生就业工作，2013年5月，人力资源和社会保障部发布《关于实施离校未就业高校毕业生就业促进计划的通知》，决定从2013年起实施离校未就业高校毕业生就业促进计划。其中，对就业困难高校毕业生提供有针对性的就业援助。

《国务院办公厅关于做好2014年全国普通高等学校毕业生就业创业工作的通知》要求将零就业家庭、优抚对象家庭、农村贫困户、城乡低保家庭以及残疾等就业困难的高校毕业生列为重点对象实施重点帮扶。要求享受城乡居民最低生活保障家庭的毕业年度内高校毕业生的求职补贴要在离校前全部发放到位，求职补贴标准较低的要适当调高标准。将残疾高校毕业生纳入享受求职补贴对象范围。党政机关、事业单位、国有企业要带头招录残疾高校毕业生。离校未就业高校毕业生实现灵活就业的，在公共就业人才服务机构办理实名登记并按规定缴纳社会保险费的，给予一定数额的社会保险补贴，补贴数额原则上不超过其实际缴费的 2/3，最长不超过 2 年，所需资金从就业专项资金中列支。

《人力资源和社会保障部关于做好 2015 年全国高校毕业生就业创业工作的通知》提出要切实做好困难高校毕业生就业援助工作，重点对零就业家庭、城乡低保家庭、农村贫困户、残疾等就业困难的未就业高校毕业生，完善"一对一"个性化精准帮扶机制，提高帮扶实效。

教育部《关于做好 2016 届全国普通高等学校毕业生就业创业工作的通知》提出要做好就业困难毕业生帮扶工作。要准确掌握家庭困难毕业生、少数民族毕业生、农村生源毕业生、残疾毕业生等各类就业困难群体的具体情况，实行"一生一策"动态管理，通过开展个性化辅导、组织专场招聘等活动，做到精准发力、精准帮扶。各地各高校要积极协调配合人力资源和社会保障、财政等部门，做好求职创业补贴申请和发放工作。要进一步与人力资源和社会保障部门做好信息衔接和服务接续工作，实施好离校未就业毕业生就业促进计划，持续为他们提供就业信息和指导服务，切实做到"离校不离心、服务不断线"。《教育部办公厅关于进一步做好高校毕业生就业创业工作的通知》（2016）指出："对家庭困难毕业生、少数民族毕业生、女性毕业生、农村生源毕业生、残疾毕业生等各类就业困难群体，要建立台账，通过发放求职创业补贴、举办专场招聘活动、开展个性化辅导、推荐岗位信息等多种方式，帮助他们尽快实现就业。"

2016 年 10 月，实施"高校毕业生就业创业促进计划"[①]，其中包括开展校园精准服务行动。要求开展就业帮扶行动。各地要将有就业意愿的离校未就业高校毕业生全部纳入公共就业人才服务范围，综合运用一揽子措

---

① 2016 年 10 月，《人力资源和社会保障部、教育部关于实施高校毕业生就业创业促进计划的通知》。

施，力争使每一名有就业意愿的离校未就业高校毕业生在毕业半年内实现就业或参加到就业准备活动中。做好毕业生离校前后的信息衔接，城市人力资源社会保障部门要主动与所在地高校对接，掌握毕业生基本情况，省级人力资源社会保障部门、教育部门和高校要在毕业生离校后及早开展信息衔接工作，加强信息校核，确保重要信息完整，进一步健全离校未就业高校毕业生实名信息数据库。建立登记信息反馈制度，各地公共就业人才服务机构对报到接收的未就业毕业生进行实名登记后，通过适当方式向高校或教育部门反馈相关信息，共同做好跟踪服务。完善实名制精准服务制度，逐个联系、逐一了解未就业毕业生需求，提供一次职业指导，帮助制订个性化求职就业方案，同时深入企业挖掘岗位信息、了解用人需求，指导企业合理设置招聘条件，向企业推送未就业毕业生信息，积极促进人岗匹配。丰富拓展职业培训、就业见习等服务内容，健全规范管理制度，提升服务保障能力，确保有需求的毕业生都能纳入其中。加强对各类就业困难毕业生和长期失业毕业生的就业援助，各级公共就业人才服务机构和基层服务平台要指定专人负责，建立专门台账，根据他们的基本情况和就业需求，提供"一对一"指导和服务，优先推荐岗位信息，优先参加培训见习，优先提供创业扶持，帮助他们尽快实现就业创业。

这一时期，国家专门针对特定就业困难毕业生群体，还出台了就业援助和帮扶的文件，开展了就业援助活动。

针对困难职工家庭高校毕业生的就业援助。为了解决困难职工家庭高校毕业生就业问题，中华全国总工会、教育部实施了"困难职工家庭高校毕业生阳光就业行动"[①]。要求各高校全面摸清应届和往届未就业的困难职工家庭高校毕业生基本情况，将学生名单报送当地教育部门；高校所在地总工会依据困难职工档案和金秋助学档案，与当地教育部门共同研究确定就业帮扶对象和人数，建立就业帮扶档案，并根据其所学专业、就业意向、困难程度等情况，研究制订阳光就业行动实施方案和帮扶措施。利用就业技能培训基地、高校毕业生实习见习基地等，优先安排困难职工家庭高校毕业生在离校前参加实习实践活动。对符合条件的毕业生给予职业

---

① 2009年4月28日，《中华全国总工会、教育部关于开展"困难职工家庭高校毕业生阳光就业行动"的通知》。

技能鉴定补贴。通过网络招聘、专场招聘、供求洽谈会和用人单位进校园等就业服务系列活动，向困难职工家庭高校毕业生提供就业信息，优先推荐就业。鼓励和扶持困难职工家庭高校毕业生以集体或个体自主创业的形式实现就业，强化对他们的创业指导和服务，为他们提供创业培训、政策咨询、项目开发、创业孵化、小额贷款、开业指导、跟踪服务的"一条龙"服务。对困难家庭高校毕业生提供学费补偿和助学贷款代偿资助、就业培训和职业技能鉴定补贴、社会保险补贴、公益性岗位补贴、创业贷款和税收优惠等扶持政策。对享受国家优惠政策后经济上仍有困难的职工家庭高校毕业生，继续给予资金资助，用于补贴其在求职过程中的交通、培训、食宿、职业介绍等费用。

针对残疾人毕业生的就业援助。人力资源和社会保障部、教育部、财政部、中国残疾人联合会共同发布了《关于进一步做好高等学校残疾人毕业生就业工作的通知》（2009），要求认真落实国家规定，确保高校残疾人毕业生享受相关政策，将高校残疾人毕业生纳入国家促进高校毕业生就业政策扶持范围，把高校残疾人毕业生作为就业困难人员，给予优先扶持，实施重点援助。在加强对高校残疾人毕业生的就业援助方面，文件要求各高校可根据实际情况对残疾人毕业生给予求职补贴。对离校回到原籍未就业的高校残疾人毕业生，公共就业服务机构要按规定提供相应就业服务，对符合规定人员落实就业援助政策。对未就业的高校残疾人毕业生，生源地有关部门和残联应鼓励其参加当地的职业培训，符合条件的按规定从就业专项资金、残疾人就业保障金中给予职业培训补贴和职业技能鉴定补贴。对返回原籍求职的高校残疾人毕业生，所在市、县残联及残疾人就业服务机构，应将其列为重点援助服务对象，通过建立帮扶责任制、实施一对一职业指导、鼓励用人单位安排、开发公益岗位安置、支持自主创业等帮扶措施，帮助其实现就业。2014 年，国家对残疾高校毕业生就业的重视程度进一步加强，将残疾高校毕业生列入求职补贴对象范围，并明确提出"党政机关、事业单位、国有企业要带头招录残疾高校毕业生"[①]。《中国残疾人联合会办公厅关于做好 2014 年残疾高校毕业生就业创业工作的通知》指出强化就业服务和就业援助，力争 2014 年应届残疾高校毕业

---

① 《国务院办公厅关于做好 2014 年全国普通高等学校毕业生就业创业工作的通知》。

生初次就业率达到70%以上。2015年《中国残联办公厅关于做好应届高校残疾人毕业生就业创业服务工作的通知》要求根据中共中央组织部等七部门《关于促进残疾人按比例就业的意见》(2013)和建立残疾人按比例就业公示制度的要求,将按比例就业作为高校残疾人毕业生就业的重要渠道,加大残疾人就业保障金对高校残疾人毕业生及用人单位的补贴力度,大力扶持高校残疾人毕业生就业创业,调动用人单位安排高校残疾人毕业生的积极性,采取有效措施,减少、消除用人单位针对高校残疾人毕业生在招录、体检等环节的限制,促进高校残疾人毕业生在各类用人单位按比例就业。通过给予社会保险补贴、无障碍设施设备补贴等措施进一步鼓励各类残疾人集中就业单位积极吸纳高校残疾人毕业生。支持高校残疾人毕业生自主创业。探索建立残疾人就业见习制度,加大残疾人就业保障金投入力度,联合学校和用人单位建立残疾人毕业生见习实习基地。确保求职创业补贴发放到每一位高校残疾人毕业生手中,在学生毕业前要提前介入,与残疾学生所在院校、所在街道社区公共就业服务平台加强沟通,针对每一名高校残疾人毕业生的实际情况,开展一对一就业服务。帮助残疾人毕业生了解就业形势,树立先就业再立业的观念,合理调整求职预期。要采取培训进校园等措施,加强职业技能培训、创业培训和适岗能力培训,提升高校残疾人毕业生就业能力。积极举办用人单位特别是国有企业面向高校残疾人毕业生的专场招聘会;将未就业高校残疾人毕业生纳入"离校未就业高校毕业生就业促进计划"和实施大学生创业引领计划,协助提供项目开发、政策咨询、开业指导、风险评估、融资服务、跟踪扶持等"一条龙"服务。

针对灾区毕业生的就业援助行动。2010年,青海省玉树州玉树县发生地震灾害,造成重大人员伤亡和经济损失。为迅速贯彻落实党中央、国务院关于抗震救灾工作的整体部署,切实做好地震灾区生源高校毕业生的就业工作,教育部实施了"青海玉树地震灾区毕业生就业援助行动"①。要求开展为灾区毕业生就业送岗活动,优先将需求信息及时提供给灾区毕业生;在"农村教师特设岗位计划"等项目中优先招募灾区毕业生;用

---

① 2010年4月28日,《教育部办公厅关于实施青海地震灾区生源高校毕业生就业援助行动的紧急通知》。

人单位优先接收灾区毕业生。有针对性地加强就业指导和服务工作，对灾区毕业生实行"一对一"帮扶，单独指导，重点服务；加强对灾区毕业生的思想教育、心理咨询、就业指导；拨出专款用于灾区毕业生就业工作，对灾区毕业生发放一定的生活补贴、求职补助；对灾区毕业生开通就业"绿色通道"，在办理报到证、档案转递、改派等手续时提供便利；优先安排灾区毕业生进入就业见习基地，给予见习补贴，提供免费就业创业培训、免费户口和档案托管。

三 进一步扩大就业援助的范围

为深入实施高校毕业生就业创业促进计划，促进离校未就业高校毕业生尽快实现就业，2017年，人力资源和社会保障部组织开展了"2017年全国高校毕业生就业服务月"活动[①]，开展了就业困难毕业生的就业援助，要求各地掌握家庭困难特别是建档立卡贫困家庭、零就业家庭、城乡低保家庭毕业生，以及少数民族、就业困难女大学生、残疾毕业生的具体情况，建立专门台账，提供"一对一"指导。困难毕业生较为集中的地方，可组织专场招聘活动，推荐就业岗位。要特别关注长期失业高校毕业生，制订专项帮扶计划，有条件的地方可组织专业力量为毕业生提供心理咨询辅导和职业指导。要结合政府购买基层公共管理和社会服务开发就业岗位，更多用于吸纳高校毕业生就业，优先向就业困难毕业生推荐。

"2018年全国高校毕业生就业服务月"活动[②]提出全面落实实名制就业服务。将建档立卡贫困家庭、残疾、长期失业毕业生以及就业困难的少数民族毕业生、女大学生作为重点帮扶对象，建立专门台账，加大政策服务倾斜力度，帮助他们尽快融入就业市场。

"2019年全国高校毕业生就业服务月"活动[③]把有就业意愿的离校未

---

① 2017年8月16日，《人力资源和社会保障部关于开展2017年全国高校毕业生就业服务月活动的通知》。

② 2018年8月22日，《人力资源和社会保障部关于开展2018年全国高校毕业生就业服务月活动的通知》。

③ 2019年7月22日，《人力资源和社会保障部关于开展2019年全国高校毕业生就业服务行动的通知》。

就业高校毕业生全面纳入就业帮扶，落实实名制就业服务，对需要岗位信息的开展职业介绍，对需要求职技巧的提供职业指导，对需要提升技能的提供职业培训，对需要增加经验的提供见习机会，对有志创业的提供创业服务，对就业困难的开展就业援助，使有需要的高校毕业生都能得到相应的就业服务和政策扶持。深入开展分类帮扶。深入企业、基层一线收集岗位信息，对未就业毕业生组织不少于 2 场专场招聘，提供不少于 3 次有针对性的岗位推介。集中开展就业见习，根据毕业生专业、技能水平和见习需求，开发一批高质量见习岗位，组织双向选择洽谈会，使有见习意愿的毕业生都能得到见习机会，落实见习补贴政策。将有培训需求的毕业生纳入职业技能提升行动，推荐参加适合的培训课程、培训项目，落实培训补贴政策，提升就业技能水平和社会适应能力。对建档立卡贫困家庭、残疾及就业困难少数民族毕业生建立"一对一"联系帮扶机制，制订专项帮扶计划，优先推荐岗位，加强跟踪回访，在深度贫困地区开展送岗位上门活动。

2020 年，受新冠疫情影响，高校毕业生就业压力加大，为促进疫情期间的高校毕业生就业，国家加大了对湖北等受疫情影响大的省份高校毕业生就业支持力度。2020 年 3 月，教育部印发《关于应对新冠肺炎疫情做好 2020 届全国普通高等学校毕业生就业创业工作的通知》，提出要强化湖北等重点地区和重点群体就业帮扶。针对贫困家庭高校毕业生求职难的问题，2020 年 7 月，人力资源和社会保障部、教育部、国务院扶贫办发布了《关于进一步加强贫困家庭高校毕业生就业帮扶工作的通知》。要求各地将贫困家庭高校毕业生及时纳入就业帮扶，坚持重点关注、重点推荐、重点服务，建立健全覆盖就业创业全过程的帮扶机制，统筹调动资源，突出精准施策，加强关爱指导，使建档立卡贫困家庭、零就业家庭毕业生全面就业到位，使有需求的其他贫困家庭毕业生全面帮扶到位，有就业意愿的都能实现就业或组织到就业准备活动中。摸清就业需求。各地要不断完善求职创业补贴政策数据库，将受疫情影响而导致家庭经济困难的高校毕业生及时纳入政策范围。依托现有就业信息平台，建立贫困家庭毕业生就业帮扶机制，做实专门台账，实施动态管理，做到人员底数清、就业需求清、帮扶举措清、求职进展清。教育部门和高校要摸清每名贫困家庭毕业生服务需求，实施"一生一策"针对性帮扶。对离校未就业贫困家庭毕业生,教育部门与人力资源社会保障部门要在实名信息交接中,同步交接其帮扶台账,记录就业意向、求职区域、存在困难等情况,做到就业服务不断线。

增加就业是贫困家庭最有效最直接的脱贫方式。2020年是决战决胜脱贫攻坚收官之年,千方百计促进52个未摘帽贫困县建档立卡贫困家庭2020届高校毕业生就业是重大政治任务。为进一步明确工作重点,全面提升贫困家庭毕业生就业帮扶精准度和实效性,2020年7月,教育部办公厅、人力资源和社会保障部办公厅、国务院扶贫办综合司发布《关于做好52个未摘帽贫困县建档立卡贫困家庭高校毕业生就业精准帮扶工作的通知》,提出了具体措施。一是升学培训促就业。统筹实施"建档立卡贫困家庭毕业生专升本专项计划",安排适量专升本招生增量计划,专项招收本地高职(专科)2020届贫困家庭毕业生,单独组织录取。加强第二学士学位政策动员宣传,优先招录有深造意愿的贫困家庭毕业生。为贫困家庭毕业生提供有针对性的职业技能培训和就业指导,优先提供实习见习机会,帮助提升就业竞争力。二是政策岗位促就业。充分发挥中央基层项目示范引领作用,在"特岗计划""大学生村官""三支一扶""西部计划"等项目招录时,向贫困家庭毕业生倾斜。鼓励贫困家庭毕业生积极应聘科研助理岗位,优先录用符合条件的贫困家庭毕业生;精准开展征兵宣传动员,鼓励贫困家庭毕业生参军入伍、报效国家。引导短时间内难以就业的贫困家庭毕业生,返回户籍地投身脱贫攻坚,贫困县为其提供扶贫公益岗位,或培育其成贫困创业致富带头人,带动贫困户脱贫增收。三是专场招聘促就业。大力促进市场化社会化就业,"24365校园招聘服务"和"百日千万"活动中持续设立"52个未摘帽贫困县毕业生就业专区"。为贫困家庭毕业生推送相关岗位信息,有针对性举办分行业、分区域、分层次的线上线下专场招聘活动,挖掘更多高质量就业岗位,提供不断线的就业招聘服务。各高校要积极发动校友企业、产学合作企业,优先招聘贫困家庭毕业生。四是精准服务促就业。各高校要把做好未就业的贫困家庭毕业生就业工作放在突出位置,建立校领导、各部门、各院系处级以上领导干部与贫困家庭毕业生"一帮一"结对帮扶机制,全面落实就业指导和岗位推荐责任。"一帮一"结对帮扶情况要在"全国高校毕业班辅导员就业工作平台"备案。高校毕业班辅导员要摸清摸准底数,落实"一人一策"台账式管理,对未就业的贫困家庭毕业生加强就业指导和心理疏导,持续进行跟踪服务。五是对口支援促就业。通过东西扶贫协作、对口支援等扶贫工作机制,为贫困家庭毕业生争取更多就业机会,支援省份和单位提供公益岗位,为未就业贫困家庭毕业生提供兜底保障。各地教育、人社、扶贫等部门要完善数据共享、工作协同、情况互通机制,加强统筹协调,周密安排部署,精心组织实施,加强对贫困家庭毕业生就业工作的政策、资金和人员保障,推动政策落实、服务落实、帮扶落实,让有就业意愿的贫困家庭毕业生尽早实现就业。

2021年3月,人力资源和社会保障部发布《关于做好2021年全国高校毕业生就业创业工作的通知》,提出要扎实做好困难帮扶。各地要将困难毕业生作为重点对象,实施专项帮扶、优先援助。依托求职创业补贴政策数据库,建立低收入家庭、零就业家庭、残疾毕业生及就业困难的少数民族毕业生帮扶清单,指定专人负责,开展"一对一"帮扶。根据毕业生需求量身定制求职计划,优先提供岗位,优先推荐录用,对通过市场化方式确实难以实现就业的,按规定利用公益性岗位托底安置。及时关注因疫情影响求职受阻、面临特殊困难的高校毕业生、海外留学回国毕业生,通过多种渠道告知服务信息,提供针对性就业帮扶和求职便利。完善长期失业青年就业帮扶机制,拓展实践指导、能力提升、困难援助等服务,促进融入就业市场。人力资源和社会保障部还把促进未就业高校毕业生就业作为"我为群众办实事"的重要内容,聚焦未就业毕业生求职需求,于2021年9月至12月针对离校未就业高校毕业生开展了"2021年高校毕业生就业服务行动",在活动中,为高校毕业生密集提供岗位信息,启动了专项职业指导,同时,集中开展培训见习,对困难高校毕业生进行帮扶,加大就业权益保护,加强政策宣传落实,取得了良好成效。

2022年5月,国务院下发通知①强调,要认真贯彻落实党中央决策部署,关注青年群体就业,把高校毕业生作为重中之重,重点帮助困难高校毕业生就业,同时做好青年群体的就业创业工作。要把有劳动能力和就业意愿的脱贫家庭、低保家庭、零就业家庭高校毕业生,以及残疾高校毕业生和长期失业高校毕业生作为就业援助的重点对象,提供"一人一档"

---

① 《关于进一步做好高校毕业生等青年就业创业工作的通知》。

"一人一策"精准服务,为每人至少提供3—5个针对性岗位信息,优先组织参加职业培训和就业见习,及时兑现一次性求职创业补贴,千方百计促进其就业创业。对通过市场渠道确实难以就业的困难高校毕业生,可通过公益性岗位兜底安置。实施"中央专项彩票公益金宏志助航计划",面向困难高校毕业生开展就业能力培训。实施共青团促进大学生就业行动,面向低收入家庭高校毕业生开展就业结对帮扶。及时将符合条件的高校毕业生纳入临时救助等社会救助范围。实施国家助学贷款延期还款、减免利息等支持举措,延期期间不计复利、不收罚息、不作为逾期记录报送。

第二节 高校毕业生就业困难援助的内容

一 贫困家庭毕业生就业援助

贫困家庭的毕业生作为高校毕业生中的特殊群体,由于家庭经济条件困难、生活和学业压力大、就业观念存在偏差、社会资源匮乏等多种原因,使他们在就业竞争中处于相对弱势,就业率低于非贫困家庭的毕业生[1]。一项针对贫困家庭毕业生就业意向的调查指出,一方面,贫困家庭的毕业生就业期望值偏高,另一方面,贫困家庭的毕业生对就业前景往往又缺乏信心,职业生涯规划不够明晰,自主创业意识不强。贫困家庭毕业生毕业后首选"直接就业"的比例高于"升学""自主创业""报考公务员""参军入伍""服务基层""暂不就业"的比例;薪酬待遇是他们择业时考虑的首要因素;就业地区主要选择省会城市。[2]

对于贫困家庭毕业生,国家出台了一系列文件对其进行就业援助。中央和地方各级政府也纷纷出台政策,为贫困家庭毕业生就业提供制度性保障。

(一)享受重点援助

为了促进家庭经济困难毕业生就业,国家将就业困难、家庭困难的

---

[1] 姜东、沈毅:《高校家庭经济困难毕业生就业援助研究》,《现代教育管理》2010年第5期。

[2] 关俊霞:《高校家庭经济困难毕业生就业意向调查分析——以某高校2020届毕业生为例》,《现代商贸工业》2020年第22期。

高校毕业生，纳入当地就业援助体系，提供"一对一"重点援助和帮扶。

（二）获得资金援助

1. 学费和助学贷款代偿。代偿范围是省属以下普通高校城乡低保家庭全日制高校毕业生（含研究生），到省内乡镇（不含市区街道）以下基层机关、企事业单位（具体包括乡镇政府机关及所属各办所、农村中小学、国有农牧林场、农业技术推广站、畜牧兽医站、乡镇卫生院、计划生育服务站、乡镇文化站）就业3整年以后，可按规定申请学费和助学贷款代偿。定向、委培以及在校学习期间已享受免除学费政策的学生除外。代偿标准为每年6000元，采取分年度代偿的方式，根据其在基层就业年限，最高代偿3年，所需资金由高校所属同级财政负责安排。

2. 求职补贴、见习补贴和创业补贴。许多省份都为贫困家庭毕业生提供了此类补贴，以减少贫困家庭毕业生的生活压力。比如2014年，海南对本省高校在毕业年度内有就业愿望并积极求职的城乡居民最低生活保障家庭的毕业生和残疾毕业生，每人发放1500元一次性求职补贴。[①] 2020年新疆对2020届建档立卡贫困家庭、低保家庭等7类毕业生发放求职补贴，补贴标准由原来的800元提高到1000元。新疆还实施了高校毕业生创业支持行动，将创业担保贷款额度由15万元提高到20万元，在疫情期间给予创业毕业生一次性1万元创业补贴。[②] 2021年天津对享受城乡居民最低生活保障家庭学生、建档立卡贫困家庭学生、贫困残疾人家庭学生、残疾学生、在校期间已获得国家助学贷款的学生、特困学生等毕业学年全日制在校学生，每人发放3000元求职创业补贴。[③] 2023年抚顺对符合困难条件的高校毕业生，给予每年1万元的创业场地补贴。[④]

---

① 教育部网站：《海南扶持高校毕业生就业创业 低保家庭学生求职获补贴》，http://www.moe.gov.cn/jyb_xwfb/s5147/201409/t20140909_174660.html。

② 教育部网站：《新疆：应届毕业生求职创业补贴》，http://www.moe.gov.cn/jyb_xwfb/xw_zt/moe_357/jyzt_2020n/2020_zt09/difang/202101/t20210108_509147.html。

③ 教育部网站：《天津发放应届毕业生求职创业补贴标准为每人3000元》，http://www.moe.gov.cn/jyb_xwfb/s5147/202009/t20200922_489556.html。

④ 教育部网站：《抚顺：企业吸纳高校毕业生将享12个月社保补贴》，http://www.moe.gov.cn/jyb_xwfb/xw_zt/moe_357/jjyzt_2022/2022_zt18/jyzf/jyjzf_gd/202303/t20230331_1053733.html。

3. 贴息小额贷款。比如2015年重庆落实贫困大学生创业优惠政策，高校毕业生自主创业可申请5万—8万元的小额贷款，享受小额担保贷款全额贴息。①

4. 费用减免。各级机关考录公务员、事业单位招聘工作人员时，免收困难高校毕业生的报名费和体检费。例如《2018年国家公务员考试公告》规定：建档立卡贫困家庭人员和城市"低保"人员，可以直接与当地考试机构联系办理报名确认和减免费用的手续。《2018年吉林省录用公务员考试公告》规定：享受国家最低生活保障金的城镇家庭和农村绝对贫困家庭的考生，经省或市（州）考试机构审核同意后，可免缴笔试费用。

5. 给予企业岗位培训补贴和社会保险补贴。国家规定企业吸纳困难高校毕业生，给予用人企业一次性岗位培训补贴。补贴范围是吸纳毕业3年以内，享受城乡居民最低生活保障且连续失业1年以上的高校毕业生、"零就业家庭"高校毕业生或者残疾高校毕业生，签订3年以上劳动合同，工作满1年以上，并参加社会保险的各类企业。每吸纳1名符合条件的高校毕业生，给予用人企业一次性5000元岗位培训补贴，所需资金从当地就业专项资金中支出。

6. 其他补贴。比如对实施免费技能培训的培训基地，省财政给予补贴；因短期内无法就业或就业后生活仍有困难的高校毕业生，可向民政部门申请救助，政府将提供最低生活保障或临时救助（临时救助一般不超过两年）。

（三）享受岗位援助

1. 岗位信息。提供"一人一档""一人一策"精准服务，为每人至少提供3—5个针对性岗位信息，优先组织参加职业培训和就业见习。

2. 公益性岗位。政府购买的公益岗位一部分用于安置贫困家庭毕业生，帮助他们解决临时就业困难问题。对连续失业2年以上的"零就业家庭"高校毕业生、残疾高校毕业生和享受城乡居民最低生活保障家庭的高校毕业生，通过开发公益性岗位予以优先安置，并按照规定给予岗位

---

① 教育部网站：《重庆市着力做好贫困大学生帮扶工作》，http：//www.moe.gov.cn/jyb_xwfb/s6192/s222/moe_1754/201510/t20151028_216256.html。

补贴和社会保险补贴。

（四）享受能在学校援助

1. 专人负责。按照国家相关文件①要求，"对建档立卡贫困家庭毕业生和零就业家庭毕业生，高校领导要亲自过问、指定专人具体负责，千方百计帮助他们实现就业"。

2. 就业指导和培训。安排就业指导课程，帮助贫困大学生进行职业生涯的规划和设计。

3. 就业推荐。许多高校的就业指导中心会优先把优秀的贫困家庭毕业生推荐给用人单位。

4. 心理辅导。帮助贫困大学生正确认识求职挫折，培养积极进取的人生态度，增强自身的社会心理承受力。帮助贫困毕业生充分认识自身的优势和劣势，树立自信心，避免走向自负或自卑，选择适当的职业目标。

二 残疾毕业生就业援助

残疾人是一个特殊的困难群体。特别是在就业方面，残疾人很难在就业中享受平等的权利，在现实生活中忽视、侵害甚至剥夺残疾人就业劳动权利的现象时有发生。

国家保障残疾人劳动的权利。1990年12月28日第七届全国人民代表大会常务委员会第十七次会议通过的《中华人民共和国残疾人保障法》指出："对于国家分配的高等学校、中等专业学校、技工学校的残疾毕业生，有关单位不得因其残疾而拒绝接收；拒绝接收的，当事人可以要求有关部门处理，有关部门应当责令该单位接收。"2008年4月，国家修改了《中华人民共和国残疾人保障法》，进一步加强残疾人的劳动就业权益保障。2007年2月14日颁布的《中华人民共和国残疾人就业条例》是专门促进残疾人就业、保障残疾人劳动权利一项法规，对用人单位的责任、保障措施、就业服务、法律责任进行了详细规定。

我国有8500多万残疾人，其中大学以上残疾人只占少数比例。2016—2020年，仅有5万多残疾学生进入高等院校学习。② 随着高校毕业

---

① 《教育部办公厅关于进一步做好高校毕业生就业创业工作的通知》（2016）。
② 2021年《"十四五"残疾人保障和发展规划》。

生就业形势日益严峻，残疾毕业生的就业难度进一步加大。根据《"十四五"残疾人保障和发展规划》和各地出台的相关文件，目前，我国对残疾毕业生的就业援助主要有以下方面。

（一）就业服务

1. 为高校残疾人毕业生建立就业帮扶工作台账，按照"一人一档""一人一策"要求重点帮扶，健全"一对一"帮扶责任制，高校和院系领导班子成员、就业指导教师、班主任、专任教师、辅导员等要与困难学生开展结对帮扶[①]。将符合条件的就业困难残疾人纳入就业援助范围，持续开展"就业援助月"等专项就业服务活动，为残疾毕业生提供不断线就业服务[②]。

2. 党政机关、事业单位按比例安排残疾人就业项目。要求编制50人以上（含50人）的省级、市级党政机关，编制67人以上（含67人）的事业单位（中小学、幼儿园除外），安排残疾人就业未达到规定比例的，2025年前至少安排1名残疾人；县级及以上残联机关干部队伍中有15%以上（含15%）的残疾人。

3. 公益性岗位安排高校残疾毕业生就业。通过政府购买服务等方式开展残疾人就业服务，拓宽服务渠道，提高服务质量。举办残疾人职业人才交流、残疾人就业产品市场营销、残疾人就业创业成果展示等活动。

武汉不断完善残疾人就业扶持政策体系，2022年开始实施残疾人就业创业"六项补贴"政策；为武汉残疾人应届高校毕业生提供精准就业服务，为111名应届高校残疾人毕业生建档立卡，"一人一策"建档率100%；举办残疾人大学生专场招聘会；对有就业意愿未就业的残疾人毕业生实行市、区、基层保就业帮扶，就业率达到91.94%。[③]

（二）就业补贴

1. 残疾人自主就业创业补贴。对包括应届高校残疾人毕业生在内的自主创业、灵活就业残疾人，按规定给予经营场所租赁补贴、社会保险补

---

① 2022年11月14日，《教育部关于做好2023届全国普通高校毕业生就业创业工作的通知》。
② 2020年7月14日，《教育部办公厅关于为2020届离校未就业高校毕业生提供不断线就业服务的通知》。
③ 《长江日报》网站：《发放补贴2200余万元！武汉多渠道为残疾人打开就业创业之门》，http：//news.cjn.cn/hbpd_19912/wh_19927/202304/t4524521.htm，2023年4月14日。

贴、职业培训和创业培训补贴、设施设备购置补贴、网络资费补助、一次性创业补贴。比如，2022年，长沙对长沙市区域内的普通高等学校、特殊教育院校、中等职业学校、技工院校（含技师学院高级工班和预备技师班）中的残疾人学生给予每人1500元一次性求职创业补贴；南昌对毕业学年有就业创业意愿的残疾毕业生给予每人1000元的一次性就业补贴。

2. 残疾学生见习补贴。对符合条件的残疾学生在见习期间给予一定标准的补贴。西安对通过全日制取得大专（含大专）以上的证书且在用人单位见习、培训期间的本地户籍残疾人大学生，给予每人每月见习补贴生活费1000元，补贴时间不超过3个月①。

3. 招录（聘）残疾人的用人单位补贴。对正式招录（聘）残疾人的用人单位，按规定给予岗位补贴、社会保险补贴、职业培训补贴、设施设备购置改造补贴、职业技能鉴定补贴；对安排残疾人见习的用人单位给予一次性补贴；对通过公益性岗位安排残疾人就业并缴纳社会保险费的用人单位给予社会保险补贴。比如，甘肃省2022年出台《关于补贴100名残疾大学毕业生就业的实施方案》，以省级财政补贴方式、扶持用人单位通过双向选择安置残疾人大学生稳定就业。项目资金用于为残疾大学毕业生缴纳社会保险和支付其劳动报酬，残疾大学生岗位培训及为招聘残疾大学毕业生特设岗位的无障碍环境改造。省财政对吸纳安置残疾大学毕业生稳定就业的用人单位给予每人每年2万元的就业补贴，补贴期限为3年。北京2018年出台《关于进一步促进本市残疾人就业工作的若干措施》，对招用自毕业之日起2年内未实现就业的普通高等学校残疾人毕业生，按照当年本市基本养老保险、基本医疗保险和失业保险缴费基数下限和单位缴费比例的规定费率，申请享受最长不超过5年的社会保险补贴。

4. 辅助性就业机构补贴。对残疾人辅助性就业机构给予一次性建设、场地租金、机构运行、无障碍环境改造、生产设备和辅助器具购置等补贴②。福建省根据机构安置辅助性就业满1年残疾人数，以每人5000元

---

① 西安市人民政府网站：http://www.xa.gov.cn/gk/zcfg/zcjd/zcwd/qt/6374a70bf8fd1c4c2129c730.html。
② 2015年6月，中国残联、国家发展改革委、民政部等八部门共同印发《关于发展残疾人辅助就业的意见》。

标准，对机构予以一次性总额最高不超过 20 万元建设经费补助；以每人 5000 元标准，分档对机构予以安置残疾人就业奖励，年限 3 年。[1] 兰州新区在《兰州新区 2022 年残疾人辅助性就业机构补贴项目实施方案》中规定：安置 5—9 名智力、精神或重度肢体残疾人就业的辅助性就业机构，补贴 10 万元；安置 10—15 名智力、精神或重度肢体残疾人就业的辅助性就业机构，补贴 15 万元；安置智力、精神和重度肢体残疾人数超过 15 名的机构，补贴 20 万元。[2]

（三）就业奖励

1. 超比例安排残疾人就业奖励。对超比例安排残疾人就业的用人单位给予奖励。比如，陕西省 2020 年印发《陕西省扶持超比例安排残疾人就业用人单位奖励实施意见》，对安排残疾人就业超过本单位在职职工总数 1.5% 的用人单位，每超额安排 1 名残疾人，每年给予用人单位所在县市区上年度最低工资标准的 50% 标准奖励。汕头市规定超过 1.5% 比例安排残疾人就业的用人单位，每多安排 1 名残疾人就业，按每人每年 3000 元奖励用人单位。[3] 绵阳市对安排残疾人就业人数超过 1.6%、不足 25% 比例的用人单位（机关、团体、事业单位、个体工商户、灵活就业人员、非正规就业组织除外），按照 1000 元/人/年的标准给予奖励。[4] 天津市对超过 1.5% 比例安排残疾人就业的用人单位，每超 1 人每年按照 7600 元的标准给予奖励。[5]

2. 残疾人就业服务奖励。2019 年，国家发展改革委、财政部、民政部、人力资源和社会保障部、国家税务总局、中国残疾人联合会等部门联合印发《关于完善残疾人就业保障金制度更好促进残疾人就业的总体方案》，要求各地充分发挥残疾人就业服务中心、公共就业服务机构、劳务

---

[1] 中华人民共和国中央人民政府网站：《福建省对残疾人辅助性就业机构给予资金扶持》，http://www.gov.cn/xinwen/2019 - 01/02/content_5354157.htm。
[2] 兰州新区民政和社会保障局网站：http://lz.bendibao.com/live/2022419/55506.shtm。
[3] 《汕头日报》大华网：《超比例安排残疾人就业有奖励》，http://www.dahuawang.com/shantou/content/202205/09/c104945.html，2022 年 5 月 9 日。
[4] 《绵阳日报》网站：《我市出台〈超比例安排残疾人就业奖励实施办法〉》，http://www.myrb.net/html/2022/news/7/324017.html，2022 年 7 月 15 日。
[5] 《天津企业怎么申请超比例安排残疾人就业奖励？》，http://tj.bendibao.com/live/2022629/118111.shtm。

派遣公司、经营性人力资源服务机构在残疾人就业供需对接方面的作用,对推荐残疾人稳定就业1年以上的单位,按就业人数给予奖励。[①]

三 少数民族毕业生就业援助

少数民族是我国的重要组成部分,少数民族毕业生的就业问题直接影响着少数民族整体发展和国家稳定。与普通毕业生相比,高校少数民族毕业生就业率偏低。有研究指出,某高校少数民族毕业生就业率比该校总体就业率低近20%[②]。

少数民族毕业生就业受到多方面因素的影响。一是就业需求不足。一方面,少数民族地区经济发展相对较慢,提供的就业岗位有限,难以满足毕业生的就业和发展的需求;另一方面,某些非少数民族地区的用人单位对少数民族学生存在一定的歧视和偏见,不愿意招收少数民族学生。二是毕业生自身原因。许多少数民族毕业生特别是少数民族地区的少数民族毕业生汉语不熟练、基础不扎实,缺乏就业竞争力,但是就业要求较高,对进入机关事业单位和国企就业的意愿强烈,却难以在竞争中取胜。三是政策原因。目前,我国中央层面政策中虽然要求对少数民族毕业生给予就业支持与援助,但是缺乏专门针对少数民族毕业生的文件,也缺乏详细要求来规定对少数民族毕业生优先的程度。

少数民族毕业生中符合贫困家庭毕业生或其他就业困难条件的,除了享受相关就业援助政策优惠外,国家和地方政府、高校还针对少数民族毕业生的特点采取了下列就业援助措施。

(一) 就业服务

1. 就业指导。许多高校针对少数民族毕业生开展了就业指导。比如陕西师范大学通过"大学生就业指导概论课"、就业指导报告会、"一对一"的就业指导、网上平台等方式,为少数民族学生提供多层次、立体化的就业指导服务。加强少数民族学生择业观教育,转变"回老家,进

[①] 2019年12月27日《发展改革委 财政部 民政部 人力资源和社会保障部 税务总局 中国残联关于印发〈关于完善残疾人就业保障金制度更好促进残疾人就业的总体方案〉的通知》。

[②] 柏桦:《高校少数民族毕业生就业援助对策研究——以上海师范大学少数民族毕业生就业状况为例》,《中国民族教育》2019年第11期。

机关"的传统择业理念，引导学生放宽视野，面向基层、面向全国就业①。西安邮电大学充分利用各种社会资源邀请优秀校友、知名教授与学生座谈交流，对少数民族就业困难学生进行职前引导和就业知识培训，举办职场礼仪、求职准备、求职材料的准备等专题讲座，做好少数民族毕业生就业技巧指导工作。②

2. 开设就业绿色通道。山东省烟台市在各级人力资源市场服务大厅设置"少数民族服务窗口"，为少数民族劳动者开设就业绿色通道。③

3. 就业技能培训。一些省份针对少数民族毕业生的特点开展了就业技能培训。比如，江西采取集中培训、定点实习、准军事化管理方式，组织培训新疆未就业大学生。培训注重科目合理实用、形式多样活泼，被称为"江西模式"。④

（二）岗位援助

1. 国家要求承担对口支援西藏、青海、新疆任务的中央企业要结合援助项目建设，积极吸纳当地高校毕业生就业。

2. 针对少数民族毕业生组织专场招聘。2015—2018年，吉林省共组织企事业单位188家赴西藏招聘；2019年，吉林省又组织了西藏籍毕业生专场招聘，专场招聘交流洽谈西藏籍毕业生230人次，达成初步就业意向48人次，其中本科34人次，大专及以下学历14人次。⑤ 同时，国家还要求央企组织开展少数民族毕业生专场招聘活动；许多高校也针对少数民族毕业生组织了校园专场招聘会。

（三）资金援助

一些少数民族地区为毕业生提供了培训补贴、创业补贴、生活补贴

---

① 《陕西师范大学"五个到位"做好少数民族学生就业工作》，http：//jyt. shaanxi. gov. cn/jynews/gdxx/201806/08/79799. html。

② 《西安邮电大学精准施策加强新疆少数民族学生就业创业工作》，http：//jyt. shaanxi. gov. cn/jynews/gdxx/201804/19/77826. html。

③ 《山东省烟台市力促少数民族群众就业创业》，https：//www. yjbys. com/qiuzhizhinan/show -321963. html。

④ 《江西为在赣新疆少数民族群众提供就业创业服务》，https：//www. toutiao. com/article/6272504089649611266/。

⑤ 《吉林省实施"就业援藏"促进西藏籍毕业生区外就业》，http：//sd. sina. cn/news/2019 -06 -21/detail-ihytcerk8385935. d. html。

等。比如，新疆对参加汉语培训的少数民族毕业生给予补贴；对离校 2 年内未就业高校毕业生、职业院校毕业生参加创业培训的，给予不超过 1250 元的创业培训补贴；对参加职业技能培训的高校毕业生，参照企业职工培训要求和标准给予职业培训补贴[①]。

安徽省阜阳市出台了专门针对少数民族劳动者的就业政策[②]。其中规定：对初始创办科技型、现代服务型小微型企业且正常经营 1 年以上的在校和毕业 5 年内的少数民族大学生每户一次性补贴 5000 元；对少数民族高校毕业生初始创办科技型、现代服务型小型微型企业的，自工商注册登记之日起正常运营 6 个月以上、吸纳 3 人以上就业并按规定缴纳社会保险费的，给予一次性创业扶持补助，其中：个人自主创业的按 5000 元标准补助，合伙经营的根据合伙人数按每人 2000 元给予补助，合伙经营补助金额合计最高不超过 10000 元。补助资金用于抵缴企业应缴纳的社会保险费或水电、场租等生产经营成本性支出。开办"网店"的少数民族高校毕业生可享受创业担保贷款和贴息政策。

---

① 《新疆培训补贴政策知多少》，http：//www.tlfw.net/Info.aspx？Id=320000&ModelId=1。
② 2016 年 6 月 1 日，安徽阜阳出台《关于做好少数民族劳动者就业创业工作的实施意见》。

第 八 章

高校毕业生就业其他相关制度和政策

与高校毕业生就业相关的其他制度还包括高校毕业生工资制度、就业派遣报到与去向登记制度、高校毕业生择业期政策等。

第一节 高校毕业生工资制度

在计划经济时期，高校毕业生由国家统一分配就业，其工资标准也由国家统一规定。随着市场化的发展和高校毕业生自主择业政策的实施，高校毕业生工资由市场决定的机制也逐渐形成。

一　早期的高校毕业生工资制度

中华人民共和国成立初期，我国主要采取工分制[①]计算和发放工资。20世纪50年代初期，我国对高等学校毕业生参加工作后的待遇进行了规定。比如，1952年寒假毕业的研究生及五年制以上的医学院毕业生210分，四年制大学毕业生190分，专科学校毕业生180分[②]。1953年寒假毕业的高校毕业生中，研究部（所）毕业的220分，大学和独立专门学院修业五年毕业的200分，大学和独立专门学院修业四年毕业的（包括修

[①] 工分制是以劳动工分作为计量劳动和分配个人消费品的尺度的一种劳动报酬制度。它源于苏联集体农庄，后来为我国农村集体经济组织广泛采用。在农村集体经济组织实行统一核算和统一分配的条件下，劳动者劳动报酬总额决定于他本人参加集体生产所得的工分和工分值的高低。"工分制"一般用劳动日作为社员投入劳动的计量单位，一个劳动日表明一个中等劳动力一天完成的劳动量。一个劳动日再分为10个工分。

[②] 《山西省人民政府关于一九五二年寒假高等、中等学校毕业生参加工作后的待遇规定的通知》，《山西政报》1953年第7期。

业满三年因国家需要提前毕业的）190 分，专科学校修业三年毕业的 180 分，专科学校及大学附设的专修科修业二年毕业的 170 分①。同时，这两年还要求除了作教学工作，其他人员不论作行政、技术或其他工作，一律按上述规定执行。作教学工作的按照各级学校教职工工资标准办理。

1954 年不再单独对分配到高校教学的毕业生做规定，只在 1953 年的基础上进行了细微调整，研究生、五年毕业和四年毕业的大学生工资按照 1953 年的标准不变，规定大学院校及专科学校修业三年以上不满四年毕业的 180 分，专科学校及大学附设的专修科修业二年以上不满三年毕业的 170 分，专科学校及大学附设的专修科修业 1 年以上不满 2 年毕业生 160 分②。其待遇标准，无论分配至行政、事业或企业单位，也无论担任行政、技术或其他工作，均按照该规定执行。

大学毕业生参加工作满 6 个月后，根据修订的"全国高等学校教职员工工资标准表"确定其工资级别。③ 具体来看，高等学校本科（4 年）毕业生任助教，工作满 6 个月以后，一般可评为 23 级（220 分），个别特殊好的可评为 22 级（240 分），比较差的可评为 24 级（205 分）。④

1955 年，由于全国物价已经稳定，国家机关工作人员的生活水平已逐步提高，工资分所含五种实物（粮、布、油、盐、煤）已不能完全包括国家机关工作人员生活的实际需要；同时，工资分的本身也还存在着其他缺点。因此，国务院决定自 1955 年 7 月起，在国家机关及所属事业单位先行废除工资分计算办法，改行货币工资制。根据 1955 年 8 月 31 日国务院《关于国家机关工作人员全部实行工资制和改行货币工资制的命令》，结合高等学校的实际情况，10 月 25 日高等教育部发布了《关于高等学校工作人员全部实行工资制和改行货币工资制的通知》。高等教育部规定，过去凡按工资分计算的，改按货币计算，即一个工资分等于 0.22

---

① 《中央人民政府政务院关于一九五三年寒假高等和中等专业学校毕业生参加工作后工资待遇规定的通知》，《山西政报》1954 年第 6 期。

② 《中央人民政府政务院为颁发关于一九五四年暑、寒假高等和中等专业学校毕业生参加工作后工资待遇的规定的命令》，《山西政报》1954 年第 6 期。

③ 参见 1954 年 11 月 5 日《高等教育部关于 1954 年全国高等学校教职员工工资调整的通知》。

④ 参见 1954 年 11 月 20 日《高等教育部关于 1954 年全国高等学校教职员工工资调整的几个具体问题的答复》。

元。有物价津贴的地区，另加物价津贴。

1956年8月11日《国务院关于高等学校和中等专业学校毕业生分配工作以后临时工资待遇的规定》要求，高等学校和中等专业学校毕业生分配工作以后，不论到行政机关或者事业、企业单位，也不论担任行政、技术、教学、翻译或者其他工作，他们的工资待遇，一律按照下列工资标准执行（详见表8-1）。这是毕业生分配工作以后临时性的工资。凡分配到有见习期规定的单位工作的，他们的工资评定时间应该依照该工作单位的规定办理。凡分配到没有见习期规定的机关、单位工作的，应在到职工作起六个月以内，由所在机关、单位根据他们的各方面表现予以正式评定。正式评定后的工资应从第七个月起执行。

表8-1　　　1956年高等学校毕业生分配工作以后临时工资标准

毕业生修业年限	工资标准（元）										
	1	2	3	4	5	6	7	8	9	10	11
研究部毕业的	58	59.5	61.5	63.0	65.0	66.5	68.5	70.0	72.0	73.5	75.5
大学院、校修业5年以上毕业的	52	53.5	55.0	56.5	58.0	60.0	61.5	63.5	64.5	66.0	67.5
大学院、校修业4年以上毕业的	49	50.5	52.0	53.5	55.0	56.5	58.0	59.5	61.0	62.0	63.5
大学院、校及专科学校修业3年以上不满4年毕业的	44	45.5	46.5	48.0	49.5	50.5	52.0	53.0	54.5	56.0	57.0
专科学校及大学附设专修科修业2年以上不满3年毕业的	40	41.0	42.5	43.5	45.0	46.0	47.0	48.5	49.5	51.0	52.0

注：表中工资标准共分为11种，除根据各地物价、生活水平，规定各地区分别执行某一种工资标准以外，对少数物价过高的地区另加生活费补贴。各地区适用工资标准种类和生活费补贴比例，详见各地区适用工资标准种类和生活费补贴表。

资料来源：中华人民共和国国务院公报：《国务院关于高等学校和中等专业学校毕业生分配工作以后临时工资待遇的规定》1956年第32期。

高等教育部在《关于1956年全国高等学校教职工工资评定和调整的通知》中公布的全国高等学校工资改革方案，规定："高等学校本科（4—5

年）毕业生，留在高等学校工作，工作满六个月后，自第七个月起，做教学工作的一般可按教学人员工资标准第 12 级评定工资；做行政工作的，一般可按行政职工工资标准第 16 级评定工资。高等学校专修科毕业生留在高等学校工作，工作满六个月后，自第七个月起，做行政工作的一般可按行政职工工资标准第 17 级评定工资；做教学工作的一般可以暂按行政职工工资标准第 17 级规定的工资发给。如个别教职工工作表现较好或较差的，也可适当提高其工资级别，或者维持其原来的临时工资暂不调整。高等学校医科毕业生，毕业后曾做临床工作满 3 年以上，现在担任高等学校助教的，一般可按教学人员工资标准第 10 级评定工资。"

二 见习期间的临时工资标准

1957 年开始，国家要求每个毕业生在工作初期都必须有至少一年的见习时期，在见习期内不评定正式工资，只发给临时工资。为此，国家对高校毕业生见习期间的临时工资进行了重新规定。1957 年 10 月 25 日，国务院全体会议第 59 次会议通过了《国务院关于高等学校和中等专业学校毕业生在见习期间的临时工资待遇的规定》，高等学校毕业生不论分配到行政机关、企业和事业单位，他们在见习期间（包括参加体力劳动在内）的工资待遇，一律按照表 8－2 所列的临时工资标准执行。

表 8－2 　高等学校毕业生在见习期间的临时工资标准（1957 年 10 月）

毕业生修业年限	工资标准（元）										
	1	2	3	4	5	6	7	8	9	10	11
研究部毕业的	50	51.5	53.0	54.5	56.0	57.5	59.0	60.5	62.0	63.5	65.0
修业 4 年以上毕业的	40	41.0	42.5	43.5	45.0	46.0	47.0	48.5	49.5	51.0	52.0
修业 2 年以上不满 4 年毕业的	34	35.0	36.0	37.0	38.0	39.0	40.0	41.0	42.0	43.0	44.0

注：1. 表中工资标准共分为 11 种，除根据各地物价、生活水平，规定各地区分别执行某一种工资标准以外，对少数物价过高的地区另加生活费补贴。各地区适用工资标准种类和生活费补贴比例，详见各地区适用工资标准种类和生活费补贴表。

2. 表列"研究部毕业的"，不包括四年制毕业的研究生。今后实行新的四年制毕业的研究生的见习工资标准另定。

资料来源：徐颂陶、康耀：《中华人民共和国工资保险福利法规全书》，中国人事出版社 1992 年版，第 210 页。

1958年2月，国务院专门针对研究部四年制毕业生在见习期间的临时工资待遇进行了规定（见表8-3）。

表8-3　高等学校研究部四年制毕业生在见习期间的临时工资标准（1958年2月）

毕业生修业年限	工资标准（元）										
	1	2	3	4	5	6	7	8	9	10	11
研究部四年制毕业	55.0	56.5	58.5	60.0	61.5	63.5	65.0	66.5	68.0	70.0	71.5

资料来源：徐颂陶、康耀：《中华人民共和国工资保险福利法规全书》，中国人事出版社1992年版，第211页。

此后几年，研究生见习期满后的定级问题，主要是参照国务院1957年10月25日《关于高等学校和中等专业学校毕业生在见习期间的临时工资待遇的规定》第二条："评定的正式工资一般应不低于他们的临时工资，但也不应该差别过大。"同时结合研究生本人的修业年限以及见习期间的德、才表现，见习期满后分别给他们评定工资级别。直到1961年，关于研究生见习期满后的定级问题，国家才有了明确规定。根据1961年3月《劳动部工资局复中国科学院干部局关于国内高等学校研究部毕业生和由国外研究部毕业的回国留学生见习期满以后的定级问题》的文件，研究生见习期满后，研究部修业二年以上不满四年作行政工作的定为行政21级，作研究工作的定为研究实习员12级，作技术工作的定为技术员11级（见习期的临时工资57.5元，定级后的工资62元）；研究部四年制毕业和研究部毕业的回国留学生，作行政工作的一般定为行政20级，作研究工作的定为研究实习员11级，作技术工作的定为技术员10级（研究部四年制毕业生见习期临时工资63.5元，研究部毕业的留学生见习期间的临时工资66.5元，定级后作行政的70元，作研究、技术工作的69.0元）。

对于毕业生在其他特殊情况下的工资定级，主要也是根据上述1957年的文件。比如对于高等学校裁并后原来在学校未毕业的学生，被安置到企业、事业单位和国家机关工作的，见习期间的临时工资待遇，按照学习时间的长短，参照 1957 年的工资标准执行①。高等学校修业六年的毕业生分配工作以后见习期间的工资待遇，按照 1957 年文件中规定的高等学校修业四年以上的毕业生的临时工资标准执行②。高等学校三年制研究生，学习了两年，提前参加工作后的工资待遇，按照修业四年以上毕业生的临时工资标准发放③。对于军事院校青年学生和士兵学员到地方工作后的工资级别，主要按照他们学习时间的长短，参照 1957 年文件的规定执行，其中，青年学生要有一年的见习期，士兵学员则不需要见习期，不实行临时工资待遇，到地方工作单位后就可以定级④。

从 1958 年开始，部分高等学校学生毕业前被提前抽调参加工作，工作几年后一些学生又回学校复学，国家规定，已经有了 1 年以上工龄的复学学生，毕业分配工作以后不再有见习期，他们的工资待遇也按照 1957 年文件的规定来办理，提前抽调参加工作不满一年的，应当补足一年的见习期，在补见习期间的工资待遇，按照 1957 年文件的标准发放⑤。

三　高校毕业生工资制度的挫折发展

1967 年 9 月 7 日中共中央发布《关于 1966 年大专院校毕业生分配问题的通知》，根据该文件，教育部、财政部军事管制委员会、劳动部共同发布《关于随同一九六六年大专毕业生一起分配工作的研究生工资待遇问题的通知》。规定 1965 年和 1964 年入学的研究生的定级工资，原则上

---

① 1962 年 11 月 2 日，《劳动部复关于裁并的高等学校和中等专业学校的学生安置工作后的工资待遇问题》。徐颂陶、康耀：《中华人民共和国工资保险福利法规全书》，中国人事出版社 1992 年版，第 216 页。

② 1962 年 11 月 10 日，《内务部关于高等学校六年制毕业生分配工作以后工资待遇问题的复函》。徐颂陶、康耀：《中华人民共和国工资保险福利法规全书》，中国人事出版社 1992 年版，第 216 页。

③ 1963 年 2 月 26 日，《内务部关于高等学校研究生提前参加工作工资待遇问题的复函》。徐颂陶、康耀：《中华人民共和国工资保险福利法规全书》，中国人事出版社 1992 年版，第 218 页。

④ 1965 年 4 月 14 日，《内务部关于军事院校青年学生和士兵学员到地方工作后工资待遇问题的复函》。徐颂陶、康耀：《中华人民共和国工资保险福利法规全书》，中国人事出版社 1992 年版，第 221 页。

⑤ 1963 年 2 月 21 日，《教育部关于提前抽调高等学校学生复学问题的补充通知》。徐颂陶、康耀：《中华人民共和国工资保险福利法规全书》，中国人事出版社 1992 年版，第 217 页。

可按照1965年高等学校毕业生的工资待遇处理。其定级工资水平，按修业4年以上的高等学校毕业生的定级水平执行。凡是分配到达工作岗位的，可以按照（67）国劳字382号通知的精神进行定级；凡是没有分配到达工作岗位的，一律不进行定级，待到达工作岗位后，再按照（67）国劳字382号通知的精神进行定级。1963年和1962年入学的研究生分配工作后的定级工资，分别按三、四年制研究生毕业的工资待遇处理，暂不进行定级。

20世纪60年代中期至70年代中期，由于大学招生制度和学制的改变，原有的毕业生工资相关文件被停止执行。

根据1977年8月10日《国务院关于调整部分职工工资的通知》，8月17日，国家劳动总局、教育部发布《关于普通高等学校工农兵毕业生分配工作后工资待遇问题的通知》，规定普通高等学校工农兵毕业生分配到国家机关和企业、事业单位，不论做技术工作或行政工作，也不论是当工人或当干部，一般不再实行见习期。少数专业毕业生，由于工作需要，必须实行见习期的，由国务院有关部门另行规定。他们的工资待遇，一律按照表8-4所列的工资标准执行。由国家派遣到国外高等学校学习的留学生，毕业回国分配工作后的工资待遇也按上述规定执行。

入学前为正式职工的毕业生，根据就高不就低的原则确定工资标准。具体来看，如果本人原标准工资高于表8-4所列的工资标准时，分配工作后，仍回原生产、工作岗位的，可按本人原标准工资执行；不回原生产、工作岗位的，应按调动工作后的工资处理办法处理，但是，如果低于表8-4所列工资标准的，可按表中所列的工资标准执行。

原为现役军人的毕业生，分配到地方工作后，如果按照复员退伍军人工资待遇的规定，其工资高于表8-4所列的工资标准的，可按复员退伍军人工资待遇的有关规定执行。

《通知》还规定，毕业生的工资待遇，从报到开始工作时发给，凡是上半月报到工作的，发给全月工资；下半月报到工作的，发给半月工资。如果当月已在学校领取了生活费的，应把多领的生活费从工资中扣除。

表8-4　普通高等学校普通班工农兵毕业生分配工作后的
工资标准表（1977年8月）

工资区类别	3	4	5	6	7	8	9	10	11
工资标准（元）	40	41	42	43	44	45	46	47	49

注：有地区生活费补贴的地区，除执行表列工资标准外，应按规定另加地区生活费补贴。上海市为45.0元，南京市为41.5元。

资料来源：1977年8月17日，国家劳动总局、教育部《关于普通高等学校工农兵毕业生分配工作后工资待遇问题的通知》。徐颂陶、康耀：《中华人民共和国工资保险福利法规全书》，中国人事出版社1992年版，第222页。

这一时期，国家对于一些毕业生的特殊情况也进行了规定。比如高等学校毕业生正式分配工作，到单位报到后被选送出国的，在国外高等学校学习期间由原单位照发工资①。

四　高校毕业生工资制度的调整与优化

1977年招生制度改革后录取的普通高等学校学生，1980年春有10万名专科学生毕业需要分配工作，这些学生要执行什么样的工资待遇，成为亟待解决的问题。

对于招生制度改革以后入学的大学毕业生，其工资是否仍继续按照1977年规定的工资标准来执行，相关争议很多。一些人认为这批统考录取的学生文化基础好，学制已经延长，教学质量较高，他们毕业后如果仍然执行1977年规定的工资标准是不合理的。同时，许多工农兵大学生对他们的工资待遇也有意见，认为工农兵大学生"有钱无级""工资不如同龄工人""论学习，和老五届（指1966年至1970年毕业的）差不多，但工资比他们低得多"。许多部门也主张给他们适当提高工资，明确工资级别。

1980年5月14日，国务院同意民政部、国家劳动总局、财政部、教育部《关于普通高等学校毕业生工资待遇问题的请示报告》，对普通高等学校毕业生的工资待遇进行了新的规定。

---

① 1978年1月3日，《教育部　国家劳动总局关于高等学校在校学生派遣出国学习的留学生工资待遇问题》。徐颂陶、康耀：《中华人民共和国工资保险福利法规全书》，中国人事出版社1992年版，第223页。

文件规定，1977年改革招生制度以后招收的普通高等学校本、专科生和研究生毕业后，其工资待遇仍按1957年和1958年两个文件规定的见习期间临时工资和定级工资执行，但是见习期内表现不好或实际技术业务能力过低的，可延长见习期半年至一年，继续实行临时工资；延长期内仍无明显转变的，按定级工资水平低定一级。

工农兵大学生毕业后的工资待遇，根据他们入学时规定的学制和这批毕业生的实际水平，比照1957年和1958年两个文件的规定，一般可以定为行政23级或技术14级。1979届毕业的工农兵大学生（包括延期到1980年毕业的），一年内仍按1977年规定的工资标准执行，满一年后再按上述办法考核定级。

表8-5　高等学校毕业生在见习期间的临时工资标准（1980年）

毕业生修业年限	工资标准（元）							定级工资水平	
	4	5	6	7	8	9	10	11	行政级	技术级
研究部毕业的	54.5	56.0	57.5	59.0	60.5	62.0	63.5	65.0	21级	12级
修业4年以上毕业的	43.5	45.0	46.0	47.0	48.5	49.5	51.0	52.0	22级	13级
修业2年以上不满4年毕业的	37.0	38.0	39.0	40.0	41.0	42.0	43.0	44.0	23级	14级

注：国家规定的四年制研究生，其毕业后的工资待遇待研究。

资料来源：徐颂陶、康耀：《中华人民共和国工资保险福利法规全书》，中国人事出版社1992年版，第226页。

随后，民政部、国家劳动总局、财政部、教育部又发文对高校毕业生工资待遇的一些具体问题给出了处理意见①。

1984年，教育部、劳动人事部发文②，规定了硕士、博士研究生毕业

---

① 1980年7月19日，《民政部、国家劳动总局、财政部、教育部关于高校毕业生工资待遇的若干具体问题的处理意见》。徐颂陶、康耀：《中华人民共和国工资保险福利法规全书》，中国人事出版社1992年版，第226页。

② 19984年5月21日，《教育部、劳动人事部关于攻读硕士、博士学位研究生毕业分配工作后工资待遇问题的通知》。徐颂陶、康耀：《中华人民共和国工资保险福利法规全书》，中国人事出版社1992年版，第232页。

分配工作后的工资待遇。获得硕士、博士学位的,毕业分配工作后不实行见习期,直接实行定级工资;未获得硕士、博士学位的,毕业分配工作后有一年的见习期,但对入学前参加工作满一年以上的国家正式职工不实行见习期;不脱产学习的,也不实行见习期。文件还强调,研究生毕业后无论做什么工作,其工资待遇都按照表8-6所列的工资标准执行。即获得硕士学位的定为行政21级(62元),获得博士学位的定为行政19级(78元)。如果原来是国家职工,入学前原有工资等于或高于表8-6所列工资的,可在原工资基础上高定一级。

表8-6　　攻读硕士、博士学位研究生毕业分配工作后临时工资和定级工资表(1984年)

毕业生修业年限	临时工资标准(元)							定级工资水平
	4	5	6	7	8	9	10	11	行政级
获得硕士学位的									21级
获得博士学位的									19级
未获得硕士学位的	54.5	56.0	57.5	59.0	60.5	62.0	63.5	65.0	21级
未获得博士学位的	63.0	65.0	66.5	68.5	70.0	72.0	73.5	75.5	20级

资料来源:徐颂陶、康耀:《中华人民共和国工资保险福利法规全书》,中国人事出版社1992年版,第233页。

针对已经取得硕士、博士学位的研究生,分配到机关事业单位工作后,在尚未明确职务之前的工资发放标准,国家规定:已取得硕士学位的研究生毕业生,在尚未明确职务以前,六类工资区暂按行政人员或专业技术人员职务工资加基础工资之和82元的标准发给;已取得博士学位的研究生毕业生,在尚未明确职务以前,暂按行政人员或专业技术人员职务工资加基础工资之和89元的标准发给。工龄津贴均按统一的规定发给。①

由于学位评定委员会的工作原因,部分博士、硕士学位研究生参加工

---

① 1985年12月31日,《国务院工资制度改革小组、国家教育委员会、劳动人事部对已经取得博士、硕士学位的研究生毕业生尚未明确职务前如何发给工资的通知》(劳人薪〔1985〕84号)。徐颂陶、康耀:《中华人民共和国工资保险福利法规全书》,中国人事出版社1992年版,第234页。

作时未能及时获得学位证书。对于这种情况，国家教育委员会发文规定：博士、硕士毕业生凡已通过论文答辩，因培养单位学位评定委员会未能及时开会通过授予学位而不能持学位证书报到参加工作的，到工作单位报到后，其工资待遇，未接到学位证书的博士生暂按基础工资加职务工资之和82元发给；未接到学位证书的硕士生暂按64元发给。待接到学位证书后，再按劳人薪〔1985〕84号文件规定的工资标准，从报到参加工作之日起补发工资的差额部分。上述规定不包括因修改论文等原因推迟拿到学位证书的人员。①

此外，国家对部分行业就业的高校毕业生工资进行了额外规定。比如国务院工资制度改革小组、劳动人事部规定，大学本科毕业生分配到海洋单位船上工作的，其见习期间的临时工资是64元，大学专科毕业生58元；见习期满后的定级工资，大学本科毕业生76元，大学专科毕业生70元②。

五　高校毕业生特定项目的工资待遇

随着市场经济的发展和工资制度改革，国家不再对高校毕业生设置统一的工资标准，各地各用人单位根据具体情况实行相应的工资政策。对于一些高校毕业生项目，国家出台了针对性的政策，对工资待遇情况进行规定。

1. 毕业生赴西藏锻炼的工资待遇。为进一步贯彻党的十四届四中全会关于培养造就选拔年轻干部的指示精神，落实中央、国务院第三次西藏工作座谈会关于鼓励各类人才到西藏工作的要求，国家决定从中央国家机关1995年接收的高校应届毕业生中选拔100名品学兼优的优秀毕业生，作为其工作人员赴西藏锻炼。③ 青年干部在藏锻炼时间为3年，户口落在北京，行政关系、工资关系由所在部委管理。在藏工作期间，由西藏按在

---

① 1987年6月18日，《国家教育委员会关于暂未拿到学位证书的毕业博士、硕士生参加工作后工资待遇问题的通知》。
② 1986年8月28日，《国务院工资制度改革小组　劳动人事部关于分配到海洋事业船上工作的大、中专毕业生临时工资和定级工资问题的复函》。
③ 中共中央组织部、人事部《关于中央国家机关从1995年应届高校毕业生中选拔优秀学生赴西藏锻炼的通知》。

藏的同类同级人员收入（含补贴）标准计发差额，同时享受在藏工作人员的其他各项待遇。

2. 参加国家行政学院"青年干部培训班"学习的工资待遇。为了贯彻落实国务院领导关于选拔一些优秀大学毕业生到国家行政学院进行深造，采取在院学习与到县以下政府机关挂职锻炼相结合的办法，结业后推荐到政府机关担任相当职务，为政府机关培养业务骨干和后备力量的指示精神，国家行政学院举办了"青年干部培训班"，从1996年录用到国务院各部委、各直属机构的应届高等院校毕业生中选拔优秀对象进行培训。[1] 学习时间为两年，学员在国家行政学院学习的第一年，视为新录用公务员的试用期，由原录用单位按规定支付试用期工资待遇；从第二年起，享受同等学力人员的定级工资待遇。学习期间计算工龄。

3. 到基层工作的工资待遇。1999年，国家选拔了部分高校毕业生到农村基层支教、支农、支医、扶贫或到企业锻炼，锻炼期间毕业生的档案、户口、工资由县级人事部门进行管理，享受当地行政机关同类人员工资福利待遇，所需费用由县级财政负担。[2] 由调入单位按新任职务比照同等条件人员确定其职务工资标准。

2003年，国家组织600名应届高校毕业生到西部地区基层工作[3]。毕业生到乡镇工作后按照干部管理权限管理，享受当地行政机关同类人员的有关工资福利待遇。

2005年，中共中央办公厅、国务院办公厅印发《〈关于引导和鼓励高校毕业生面向基层就业的意见〉的通知》，提出到艰苦边远地区和国家扶贫开发工作重点县就业的，可提前执行转正定级工资，高定1—2档工资标准。

2006年，《中共中央组织部、人事部、教育部、财政部、农业部、卫生部、国务院扶贫开发领导小组办公室、共青团中央关于组织开展高校毕

---

[1] 《人事部　国家行政学院关于从1996年录用到国务院各部委的应届高校毕业生中选拔优秀对象到国家行政学院进行培训有关问题的通知》。

[2] 1999年6月22日，《中共中央组织部　人事部　中央机构编制委员会办公室　财政部关于选拔高校毕业生到农村基层工作有关问题的通知》。

[3] 2003年7月11日，《中组部、人事部、共青团中央、中央编办、教育部关于选拔高校毕业生到西部基层工作的通知》。

业生到农村基层从事支教、支农、支医和扶贫工作的通知》规定，服务期满考核合格的"三支一扶"大学生，进入国有企事业单位的，由接收单位按照所任职务比照同等条件人员确定其职务工资标准；其服务期限计算为工龄。

2007年，《人事部关于进一步发挥政府人事部门职能作用促进高校毕业生就业的通知》强调要认真落实好到艰苦边远地区和国家扶贫开发工作重点县就业的高校毕业生的转正定级、职称评定以及可提前执行转正定级，高定1—2档工资标准的优惠政策。

2009年，《中共中央组织部、人力资源和社会保障部、教育部、财政部、共青团中央关于统筹实施引导高校毕业生到农村基层服务项目工作的通知》规定，各专门项目高校毕业生的工作、生活补贴按照现在各专门项目毕业生所从事的岗位，可参照本地乡镇机关从高校毕业生中新录用公务员、事业单位从高校毕业生中新聘用工作人员试用期满后工资收入水平确定标准，按月发放。在艰苦边远地区工作的，按规定发放艰苦边远地区津贴。

2017年1月，中共中央办公厅、国务院办公厅印发《关于进一步引导和鼓励高校毕业生到基层工作的意见》，提出要逐步提高基层工作人员工资待遇。对到中西部地区、东北地区或艰苦边远地区、国家扶贫开发工作重点县县以下机关事业单位工作的高校毕业生，新录用为公务员的，试用期工资可直接按试用期满后工资确定，试用期满考核合格后的级别工资，在未列入艰苦边远地区或国家扶贫开发工作重点县的中西部地区和东北地区的高定一档，在三类及以下艰苦边远地区或国家扶贫开发工作重点县的高定两档，在四类及以上艰苦边远地区的高定三档；招聘为事业单位正式工作人员的，可提前转正定级，转正定级时的薪级工资，在未列入艰苦边远地区或国家扶贫开发工作重点县的中西部地区和东北地区的高定一级，在三类及以下艰苦边远地区或国家扶贫开发工作重点县的高定两级，在四类及以上艰苦边远地区的高定三级。落实对乡镇机关事业单位工作人员实行的工作补贴政策，当前补贴水平不低于月人均200元，并向条件艰苦的偏远乡镇和长期在乡镇工作的人员倾斜。落实艰苦边远地区津贴增长机制。

2022年，《国务院办公厅关于进一步做好高校毕业生等青年就业创业工作的通知》对到中西部地区、艰苦边远地区、老工业基地县以下基层单位就业的高校毕业生，按规定给予学费补偿和国家助学贷款代偿、高定工资等政策，对其中招聘为事业单位正式工作人员的，可按规定提前转正定级。

4. 毕业生任科研助理的待遇。《科技部、教育部、人力资源社会保障部、财政部、中科院、自然科学基金委关于鼓励科研项目开发科研助理岗位吸纳高校毕业生就业的通知》（2020）规定：项目承担单位应根据国家有关规定及本单位的实际签订服务协议等，明确双方的权利、责任和义务以及服务期限等内容，并按照岗位职责和工作任务的具体要求，参照本单位同级同类岗位确定科研助理薪酬标准，不得低于当地最低工资标准。项目承担单位应按规定，为科研助理办理参加社会保险及住房公积金等。服务协议期满就业后工龄与科研助理期间的工作时间合并计算、社会保险缴费年限合并计算。

第二节　就业派遣报到与去向登记制度

一　就业派遣证

中华人民共和国成立以来到 2000 年，我国大学毕业生就业一直使用《毕业生就业派遣报到证》（简称《派遣证》）。根据 1957 年的毕业生分配文件，高等学校毕业生分配工作的组织安排是：由国家经济委员会负责拟订毕业生分配计划草案，高等教育部负责根据经委所拟订的计划草案制订具体调配计划草案。调配计划草案拟好一批即下达一批。学校和有关部门接到调配计划草案以后，按照草案进行酝酿动员，作好调配和派遣的准备工作，国家经济委员会和高教部对各项专业毕业生的调配计划全部订出，经核准后，再由高等教育部正式通知各学校和用人部门开始派遣和接收。

20 世纪 80 年代初，出现了一些地区和基层用人单位，任意截留按国家计划分配的高等学校毕业生及毕业研究生的情况。有的提出"五不要"（不要户口，不要粮食关系，不要档案材料，不要报到证，不要党团关系），有的以优厚的生活待遇，招揽分配到其他单位的毕业生来本单位工作。相关部门指出，这些做法严重地干扰了毕业生的计划分配，1986 年，国家教委、公安部、商业部联合发布了《关于制止截留按计划分配的毕业生的通知》，规定"各省、自治区、直辖市主管毕业生调配部门在按调配计划派遣毕业生时，必须使用《高等学校毕业生统一分配工作报到证》，用人单位一律凭该报到证接收毕业生。各地公安机关和粮食部门凭毕业生学校所在地主管毕业生调配部门签发的统一分配工作报到证、接收单位证明及户口迁移证、粮食关系办理户粮手续。凡报到证上填写的分配单位与接收单位不符，或由其他单位出具的证明，都不能作为接收毕业生和办理户粮关系的依据"。同时还规定"毕业生调配计划如未一次落实到具体用人单位，主管部门向基层单位转介绍毕业生时，除应持有主管部门的行政介绍信外，还必须附原报到证，方可办户粮关系，以防止有的单位趁二次分配之机截留按计划分配的毕业生"。

1997年3月，国家教委根据《中国教育改革和发展纲要》及实施意见的精神，研究制定了《普通高等学校毕业生就业工作暂行规定》。第三十一条规定：地方主管毕业生调配部门和高等学校按照国家下达的就业计划派遣毕业生。派遣毕业生统一使用《全国普通高等学校毕业生就业派遣报到证》和《全国毕业研究生就业派遣报到证》，《就业派遣报到证》由国家教委授权地方主管毕业生就业调配部门审核签发，特殊情况可由国家教委直接签发。同时还规定：国家招生计划内招收的自费生（含电大、函授等普通专科班）毕业后自主择业，在规定时间内找到单位的由地方主管调配部门开具《就业派遣报到证》。结业生由学校向用人单位推荐或自荐，找到工作单位的可以派遣，但必须在《就业派遣报到证》上注明"结业生"字样。在派遣过程中出现特殊情况需要调整改派的，如果是在本省、自治区、直辖市辖区内用人单位之间调整，则由地方主管毕业生调配部门审批并办理改派手续；跨部委、跨省（自治区、直辖市）调整的，由学校主管部门审核同意后，统一报国家教委审批并下达调整计划，学校所在地方主管毕业生调配部门按照调整计划办理改派手续。毕业生调整改派须在一年内办理，逾期不再办理有关调整改派手续。

除了作为毕业生就业派遣的重要凭证，派遣证还承担了其他功能，比如，《中国建设银行个人助学贷款操作规程》（1999）规定：对未还清个人助学贷款的毕业生应扣押《毕业证》和《派遣证》。

二 就业报到证

为了加大高校毕业生就业改革力度，使高校毕业生就业工作更好地适应社会主义市场经济体制的需要，进一步完善在国家宏观调控下，各级政府和学校推荐、学生和用人单位双向选择的就业体制，教育部于2000年1月18日发出了《关于做好2000年全国普通高等学校毕业生就业工作的通知》，要求从2000年起停止使用《全国普通高等学校毕业生就业派遣报到证》和《全国毕业研究生就业派遣报到证》，启用《全国普通高等学校本专科毕业生就业报到证》和《全国毕业研究生就业报到证》（以下简称《报到证》）。《报到证》仍然由教育部授权地方主管毕业生调配部门审核签发，毕业生在规定时间内联系到工作单位后，由地方主管毕业生调配部门开具《报到证》，毕业生持《报到证》到工作单位报到，用人单位凭《报到证》办理有关接收手续。

停止使用《毕业生派遣报到证》对改变国家统一派遣高校毕业生的分配方式，建立"不包分配、竞争上岗、择优录用"的用人机制有重要意义。国家规定，高校毕业生和用人单位经双向选择并签订协议书后，《报到证》只作为毕业生到工作单位就业的报到凭证。

然而，从实际情况来看，《报到证》仍然是高校毕业生办理各项就业手续时的重要凭证。第一，学校相关部门依据《报到证》为毕业生办理档案投递、组织关系转移和户籍迁移等手续。第二，《报到证》是毕业生到单位报到的证明，毕业生到工作单位就业时必须持有《报到证》，用人单位凭《报到证》为毕业生办理手续。第三，《报到证》是毕业生办理落户时需要出示的材料，当地公安部门凭《报到证》为毕业生办理落户手续。第四，《报到证》正页由毕业生到用人单位报到时交给用人单位，是毕业生参加工作时间的初始记载和凭证，上面的日期是工龄的开始年限，与退休年龄和养老保险缴纳年数都有关。第五，《报到证》是毕业生报考公务员的必备资料。

就业《报到证》可以通过学校集中办理和个人办理的方式来获得。（1）学校集中办理。在毕业离校前已与用人单位签订就业协议的，由学校根据就业协议书统一上报就业方案数据，集中办理，打印就业报到证。就业报到证的通知书联（白色联）由学校归入学生档案，报到证联（有色联）待学生毕业离校之前发放给本人交与用人单位办理报到手续。
（2）个人办理。在毕业生离校后才与用人单位签订就业协议的，提供学校出具的同意打印《报到证》的申请表、就业协议书原件、可证明其身份的有效证件（如身份证、户口本、户口迁移证等）、毕业证书原件，将打印的就业报到证（有色联）交用人单位办理报到手续，通知书联（白色联）送到档案所在部门，归入档案。

一般说来，学校集中办理就业《报到证》的时间为每年的 1 月至 6 月，个别办理的时间从 7 月中旬开始（春季毕业研究生一般从每年的 4 月开始受理）。属于初次就业需个别办理报到证的，可在毕业后两年内办理。

"改派"是在学校上报就业方案和主管部门核发《报到证》后毕业生正式到用人单位报到前进行单位及地区调整的一种做法。通俗地说就是指将派到原单位的《报到证》、户口迁移证和档案等人事关系重新派到新的用人单位或其上级人事主管部门。一般来说无特殊原因毕业生不得随意办理改派。但毕业生如果遇到已改变就业意向、更换单位等情况，则需要及时办理改派手续，否则会影响人事关系的落实和解决。申请改派《报到证》的情况有：

（1）错派。用人单位已经撤销或用人单位隶属关系发生了变化。

（2）调配不当。院校在按单位委托代选毕业生调配过程中所选择的毕业生所学专业与用人单位要求不一致。

（3）毕业生本人遭受不可抗拒的因素或其他特殊原因。

一般说来，改派《报到证》的办理程序如下：首先，毕业生向原分配单位提出改派申请讲明改派原因，原单位同意改派后出具将毕业生退回学校或同意将毕业生改派到其他单位工作的公函。属于调配不当的毕业生，则由学校为其重新联系接收单位或经学校同意由毕业生自行联系接收单位。

根据不同情况，应届毕业生《报到证》改派的办理需要涉及不同部门，具体分为以下情况：（1）在本地市内调整用人单位的应届毕业生，由本地市人事部门审批并办理改派手续。（2）在省市、自治区、直辖市就业，在毕业后一年内跨地市调整用人单位的应届毕业生，由省主管毕业生调配部门审批并办理改派手续（由学校就业中心统一办理）。

最初的政策规定，毕业生调整改派要在1年内办理，后来根据实际情况进行了一定调整，一方面，规定对尚未落实就业单位、毕业时派回生源地的毕业生，在择业期内（二年）凭签约的协议书与原就业报到证到省主管毕业生调配部门办理改派手续（由学校就业中心统一办理）。另一方面，对已落实就业单位的毕业生逾期（毕业后一年内）不再办理有关调整改派手续，需调整就业单位按社会从业人员有关规定办理。

随着就业市场越来越自由宽广，《报到证》的实际功能逐渐下降。此外，就业《报到证》的补办程序极为烦琐，一旦遗失将面临很大的手续成本困境。有全国政协委员建议推进大学生就业报到证制度改革，有毕业生在人民网"领导留言板"请求废除报到证制度，简化优化高校毕业生的求职就业手续的呼声日益高涨。

三 毕业去向登记制度

2022年5月，《国务院办公厅关于进一步做好高校毕业生等青年就业创业工作的通知》规定"从2023年起，不再发放报到证"。11月，教育部发布《关于做好2023届全国普通高校毕业生就业创业工作的通知》，重申简化优化高校毕业生求职就业手续。从2023年起，不再发放《全国普通高等学校本专科毕业生就业报到证》和《全国毕业研究生就业报到证》（以下统称就业报到证），取消就业报到证补办、改派手续，不再将就业报到证作为办理高校毕业生招聘录用、落户、档案接收转递等手续的必需材料。同时，建立毕业去向登记制度。根据国务院办公厅有关文件要求，从2023年起，教育部门建立高校毕业生毕业去向登记制度，作为高校为毕业生办理离校手续的必要环节。全面推广使用全国高校毕业生毕业去向登记系统。各地各高校要统筹部署、精心安排，指导本地本高校毕业生（含结业生）按规定及时完成毕业去向登记。实行定向招生就业办法的高校毕业生，各省级教育部门和高校要指导其严格按照定向协议就业并登记去向信息。教育部有关单位根据有关部门需要和毕业生本人授权，统一提供毕业生离校时相应去向登记信息查询核验服务。①

---

① 2022年11月14日，《教育部关于做好2023届全国普通高校毕业生就业创业工作的通知》。

第三节　高校毕业生择业期政策

为了促进未就业高校毕业生就业，国家规定高校毕业生毕业离校后一段时间内为"择业期"，择业期内未落实就业单位的毕业生可以享受应届毕业生同等待遇。

一　政策发展历程

（一）高校毕业生择业期政策的产生

随着自主择业政策的实施，出现了离校时未就业毕业生数量逐年增多的情况[①]。2000年1月31日，《人事部关于做好2000年全国普通高等学校毕业生接收工作的通知》指出："要根据国家有关规定精神，适当延长毕业生择业期限。对回到生源所在地未落实单位的毕业生，县级以上政府人事部门所属人才服务机构要为其办理人事代理，使毕业生仍可通过人才市场自主择业。"

2002年3月，国务院办公厅转发教育部等部门《关于进一步深化普通高等学校毕业生就业制度改革有关问题意见的通知》，指出："对毕业离校时未落实工作单位的高校毕业生……学校可根据本人意愿，将其户口转至入学前户籍所在地或两年内继续保留在原就读的高校，待落实工作单位后，将户口迁至工作单位所在地。"2003年，国务院办公厅印发《关于做好2003年普通高等学校毕业生就业工作的通知》，强调："对毕业离校时未落实工作单位的高校毕业生，本人要求户口和人事档案保留在学校的，按规定保留两年。"上述文件明确了毕业离校时未落实工作单位的高校毕业生在户口和档案管理方面享受与当年毕业的应届毕业生的同等待遇，为高校毕业生提供了两年的就业缓冲期，逐渐演化为后来广泛采用的两年择业期的规定。

在政策落实方面，2003年中央、国家机关录用公务员考试公告中即明确，招考对象主要是全日制普通高等院校2003年优秀应届毕业生，

---

① 2006年3月10日，《人事部办公厅关于印发〈2005年高校毕业生就业接收及2006年需求情况调查分析〉的通知》。

2002年毕业于全日制普通高校未落实工作单位、户口仍保留在原就读学校的优秀毕业生也可报考。2004年,中央、国家机关录用考试中对应届生的报考条件明确,2002年、2003年毕业未落实工作单位的户口仍保留在原就读学校的优秀毕业生符合报考条件。

随着高校毕业生就业形势的变化和中央政策的调整,各地也结合实际出台了相关政策。比如,2001年,广东省就出台《普通高校毕业生暂缓就业档案户口管理暂行规定》,明确"对暂未落实单位的省内高等学校毕业生,实行暂缓一年就业管理。暂缓就业期间毕业生的档案由省高等学校毕业生就业指导中心托管,户口暂留学校一年"。2003年,深圳市人民政府办公厅转发人事局教育局《关于进一步深化普通高等学校毕业生就业制度改革有关工作的意见》,明确"对毕业离校时未落实工作单位的毕业生,本人要求户口和人事档案保留在学校的,按规定保留2年"。2005年,上海市教委、市发展改革委等印发《关于做好2005年上海高校毕业生就业工作的通知》,强调:"离校时未落实工作单位的上海生源高校毕业生的户口、档案按规定可保留在有关服务机构,两年内免收户口、档案管理服务费。"

(二) 高校毕业生择业期政策的发展

2019年年底、2020年年初,新冠疫情暴发,就业面临需求萎缩、供给冲击、预期转弱等多重压力,高校毕业生就业形势十分严峻。为进一步保障高校毕业生就业,为毕业生群体提供"缓冲期",相关政策文本中直接出现"以应届毕业生身份""择业期内毕业生享受应届毕业生同等待遇"等表述。

从中央层面政策看,2020年,国务院办公厅出台《关于应对新冠肺炎疫情影响强化稳就业举措的实施意见》,强调:"离校未就业毕业生可根据本人意愿,将户口、档案在学校保留2年或转入生源地公共就业人才服务机构,以应届毕业生身份参加用人单位考试、录用,落实工作单位后参照应届毕业生办理相关手续。"2020年2月,教育部重申两年内落实单位的毕业生,高校要按照应届毕业生身份帮助其办理就业手续。同年3月,中央组织部办公厅、人力资源和社会保障部办公厅印发《关于应对新冠肺炎疫情影响做好事业单位公开招聘高校毕业生工作的通知》,明确提出:"今明两年事业单位空缺岗位主要用于专项招聘高校毕业生(含择业期内未落实工作单位的高校毕业生)。"

从地方层面政策看，广东省较为典型。2019年，广东省教育厅、公安厅、人社厅印发《关于实行广东省普通高等学校毕业生就业择业期政策（试行）的通知》，明确取消暂缓就业政策，实行高校毕业生择业期政策，规定：择业期内的毕业生在广东省就业、升学方面享有与应届毕业生同等的待遇，执行应届毕业生就业、升学、劳动及人事相关法律法规政策；毕业生就业后辞职（退）的，如仍在择业期限内，可选择继续参照应届毕业生享受相关待遇。2020年以来，多数地区地方公务员考试放宽应届生身份要求，允许择业期内毕业生报考。例如，浙江省自2020年以来在公务员录用中放宽限制，高校毕业生在两年择业期内不论是否实际就业，都可以按应届毕业生身份报考。山东省2022年公务员考试规定，在两年择业期内未就业的毕业生可按应届毕业生身份报考公务员。

二 择业期内的相关政策

近年来，中央和地方文件规定高校毕业生在择业期内可以享受应届毕业生同等待遇，具体包括以下方面。

（一）机关事业单位招录政策

1. 国家公务员考试自2003年起将择业期内毕业生视为招考对象，2020年起各地公务员招录规模呈扩大趋势。从国家公务员招考公告来看，2003年起，招考对象逐渐覆盖到毕业于全日制普通高校两年内未落实工作单位、户口仍保留在原就读学校的优秀毕业生。2020年以来，从发布的招考政策来看，向基层倾斜依旧是公务员招录的特征之一。例如，国家公务员自2020年起在考试公告中规定"市（地）级及以下直属机构主要招录高校应届毕业生"，部分岗位只能由应届毕业生报考。这里的"应届毕业生"指的是当年毕业学生和离校2年未就业的毕业生，未就业的认定标准是2年内无缴纳社保记录。

2. 事业单位招聘自1999年高校扩招以来适当向高校毕业生倾斜，2020年以来进一步加大倾斜力度，2022年继续稳定事业单位招聘高校毕业生的规模。2003年，国务院办公厅发布《关于做好2003年普通高等学校毕业生就业工作的通知》，明确指出"党政机关录用公务员和国有企事业单位新增专业技术人员和管理人员，应主要面向高校毕业生，公开招考或招聘，择优录用；鼓励各类企事业单位特别是中小企业和民营企事业单位聘用高校毕业生"。2020年，中央组织部办公厅、人力资源和社会保障部办公厅发布《关于应对新冠肺炎疫情影响做好事业单位公开招聘高校毕业生工作的通知》，明确规定："要加大事业单位面向高校毕业生的公开招聘力度，今明两年事业单位空缺岗位主要用于专项招聘高校毕业生（含择业期内未落实工作单位的高校毕业生）。"

2022年5月，国务院办公厅发布《关于进一步做好高校毕业生等青年就业创业工作的通知》，要求"今明两年要继续稳定机关事业单位招录（聘）高校毕业生的规模"。中央和国家机关事业单位招录中，部分单位招聘对象要求的"2022年应届毕业生"中包括择业期毕业生，如财政部直属事业单位报名条件为"2022年应届毕业生（不含定向、委培人员，含两年择业期内未就业的毕业生）"。地方所属事业单位统考中，部分省份只招毕业年度高校毕业生，比如辽宁规定"2022年当年毕业的应届硕士、博士研究生（非在职）"；部分省份招收择业期内未就业的应届毕业生，比如北京、上海、江苏、吉林、浙江、河南等；山东、青海等未对择业期作出明确规定。

（二）择业期内毕业生的优惠补贴政策

1. 对择业期内毕业生给予相应优惠及补贴。目前，对符合条件的应届毕业生给予的优惠待遇，从中央层面政策来看，"择业期内未就业毕业生"可以申请的优惠及补贴有7项，分别是：就业见习补贴、社会保险补贴、创业担保贷款、一次性创业补贴、职业培训补贴、返乡创业补贴、基层岗位就业机会等。地方层面还对符合条件的毕业生提供了其他优惠和补贴。比如，许多城市对引进的硕士、博士给予人才引进补贴、安家费、住房补贴、公积金购房贷款等；广州、东莞、深圳等地对符合条件的在基层就业的"毕业2年内高校毕业生"提供基层就业补贴。

2. 对招用择业期内毕业生的用人单位给予补贴。国家规定企业招用"择业期内未就业毕业生"可以享受社会保险补贴。各地制定了相应补贴措施，比如成都对吸纳离校2年内未就业高校毕业生的小微企业、社会组织，与其签订1年以上劳动合同并为其缴纳社会保险费的，按单位实际缴纳的基本养老保险费、基本医疗保险费（含大病互助医疗补充保险费）

和失业保险费的100%给予补贴①。

3. 对人力资源服务机构给予奖励。一些地方对符合条件的人力资源服务机构给予奖励。比如，郑州规定人力资源服务机构为本市用人单位引进普通高等教育大专及以上学历应届毕业生（含择业期内未就业的毕业生）30人及以上，且引进的毕业生与该市用人单位签订1年以上合同，从签订劳动合同当月或次月开始缴纳社会保险，申请时正常参保且连续缴费3个月及以上的，按照引进人才层次和毕业生人数等情况对这些人力资源服务机构进行综合评估，分别给予15万元、10万元、5万元奖励②。

（三）落户政策

落户有关政策主要是各地根据自身发展状况来制定，具有多样性，且政策处于逐步放宽趋势。

2014年国务院《关于进一步推进户籍制度改革的意见》、2019年国家发展改革委《2019年新型城镇化建设重点任务》印发后，我国多个省份逐步全面放开落户。比如海南省发布《吸引留住高校毕业生建设海南自由贸易港的若干政策措施》，提出海南省将全面放开对高校毕业生的落户限制，允许离校3年内的全日制本科学历及以上的高校毕业生在海南省先落户后就业（三沙市除外），相应享受引进人才落户待遇。重庆市2021年出台《高校毕业生落户实施办法》，规定35周岁以下（含35周岁）、具有全日制本科及以上学历的应届和往届高校毕业生均可享受"零门槛"落户政策。

北京、上海、杭州等地发布落户新规，进一步放宽应届毕业生落户政策。其中，2018年北京市人力资源和社会保障局出台《北京市引进非北京生源毕业生工作管理办法》，2021年7月16日又出台《北京市引进毕业生管理办法》，调整政策适用对象，补充了"毕业两年内初次就业的毕业生"，对硕士研究生落户的年龄限制从27岁放宽至30岁，本科毕业生

---

① 搜狐新闻：《明确了！招用高校毕业生有这些补贴》，http：//news.sohu.com/a/581497383_121258690。

② 大河网：《郑州用人单位招用50名以上应届生每人补贴3000元》，https：//news.da-he.cn/2022/07-27/1068007.html。

则从 24 岁放宽至 26 岁。上海在申请户籍评分办法中指出，在沪各研究所、各高校应届硕士毕业生，符合当年度非上海生源应届普通高校毕业生进沪就业申请本市户籍办法规定的基本条件即可落户；2022 年又发布最新落户政策，明确在沪各高校及其他地区"双一流"高校、学科应届硕士毕业生，符合相应基本条件即可落户。2022 年 6 月杭州发布《全日制本科和硕士学历人才落户政策》，规定资格条件为"具有全日制普通高校本科及硕士研究生学历者（本科 45 周岁以下，不含 45 周岁；硕士 50 周岁以下，不含 50 周岁），在杭州落实工作单位并由用人单位正常缴纳社保的可以落户杭州市区。对 2017 年以后录取的符合条件的非全日制研究生，毕业后来杭州参照全日制研究生落户；毕业两年内的可享受'先落户后就业'"。

（四）人才认定

人才认定有关政策主要是各地根据自身人才需求来制定的，认定标准各有不同。

部分省份人才认定对象为毕业年度高校毕业生。以西安为例，该市发布《关于 2022 届学生办理西安市人才认定的通知》，明确办理对象为"在西安市就业或创业的 2022 年应届毕业生"。还有部分省份认定择业期内毕业生也在人才引进范围，比如 2021 年重庆市出台《高校毕业生落户实施办法》规定落户重庆并在重庆工作，且按规定缴纳城镇职工社会保险的毕业 2 年内的全日制本科及以上高校毕业生（不含机关事业单位在编人员）还可享受租房和生活补贴，发放标准为博士 3 万元、硕士 2 万元、本科 1.2 万元。《青海省 2022 年度引进高校优秀应届毕业生公告》规定"此次引才范围面向 2022 届优秀高校毕业生，以引进博士研究生为主，带动引进急需紧缺专业硕士研究生和本科生。2020、2021 届未就业的择业期毕业生可列入此次引才范围"。

（五）基层服务项目和基层岗位招聘及期满就业

择业期政策也被应用到基层服务项目中的岗位招聘要求中，国家还规定，基层服务项目期满且考核合格后 2 年内，符合条件的也可同等享受应届高校毕业生的相关政策。

2009 年，国务院办公厅发布《关于加强普通高等学校毕业生就业工作的通知》，鼓励和引导高校毕业生到城乡基层就业。从大学生基层服务项目来看,"大学生志愿服务西部计划"从 2003 年开始实施,政策依据是《国务院办公厅关于做好 2003 年普通高等学校毕业生就业工作通知》,2022 年招收对象是普通高等学校应届毕业生或在读研究生。"三支一扶"开始于 2006 年,政策依据是原国家人事部 2006 年颁布的《关于组织开展高校毕业生到农村基层从事支教、支农、支医和扶贫工作的通知》,招募对象主要为全国普通高校应届毕业生,2022 年计划招收对象是应届毕业生和离校 2 年内未就业毕业生。"农村义务教育阶段学校教师特设岗位计划"于 2006 年开始实施,政策依据是教育部、财政部、人事部、中央编办联合发布的《关于实施农村义务教育阶段学校教师特设岗位计划的通知》,公开招募高校毕业生到县以下农村学校任教,2022 年招收对象以普通高校本科及以上毕业生为主,鼓励本科师范专业毕业生应聘,可适当招聘高等师范专科毕业生。大学生村官 2022 年招收对象是 30 岁以下应届和往届毕业的全日制普通高校专科以上学历的毕业生,重点是应届毕业和毕业 1—2 年的本科生、研究生,原则上为中共党员(含预备党员),非中共党员的优秀团干部、优秀学生干部也可以选聘。"基层农技推广特设岗位计划"开始于 2011 年,农业部、教育部发布《关于实施基层农技推广特设岗位计划的意见》,规定"特岗农技人员主要来源为全国普通高校应届或近年内往届毕业生、高校毕业后到农村从事'三支一扶'工作人员、高校毕业后到村组织任职人员等"。

2016 年,中央办公厅《关于进一步引导和鼓励高校毕业生到基层工作的意见》指出:"基层单位出现岗位空缺,择优招录高校毕业生或者拿出一定数量的岗位专门招录高校毕业生。"根据 2022 年人力资源和社会保障部办公厅、教育部办公厅、民政部办公厅《关于做好高校毕业生城乡基层就业岗位发布工作的通知》要求,城乡基层就业岗位要求招收对象重点面向 2022 届毕业生及往届未就业毕业生。2017 年,中共中央办公厅、国务院办公厅印发《关于进一步引导和鼓励高校毕业生到基层工作的意见》指出,"参加基层服务项目前无工作经历的人员服务期满且考核合格后 2 年内,在参加机关事业单位考录(招聘)、各类企业吸纳就业、自主创业、落户、升学等方面可同等享受应届高校毕业生的相关政策"。

第九章

高校毕业生就业制度变迁的特点与政策展望

通过对我国高校毕业生就业制度变迁过程的研究可以看到，我国高校毕业生就业制度的建立和发展过程不但受到国家政治、经济体制改革与转型发展的影响，还受到高等教育体制改革、人口结构变化、劳动力市场变化等的影响。高校毕业生就业制度改革发展的总体方向是逐渐市场化的，由"统包统分"向"自主择业"转变。政府相关部门的职责也逐渐从微观管理转为宏观管控，从计划调控转变为制定政策、提供服务、加强监督。

随着高校毕业生就业制度的不断完善，我国高校毕业生就业政策日益丰富。从政策手段来看，可以分为就业岗位扩展政策、就业能力提升政策、就业信息服务政策、就业服务载体建设政策、就业权益保护政策、就业困难援助政策等。这些就业政策在促进高校毕业生就业方面发挥了巨大作用，使我国高校毕业生就业形势的变化发展呈现一些特点。

未来要进一步促进高校毕业生就业，必须充分发挥市场的决定性作用，提升经济发展吸纳就业的能力，不断深化高等教育改革，优化完善公共就业服务，促进高校毕业生形成良好的就业观念。

第一节　高校毕业生就业制度变迁的特点

从我国高校毕业生就业制度的变迁发展过程可以看到，高校毕业生就业制度是顺应国家政治经济发展的人才需求，为解决当时以高校毕业生为代表的青年群体就业问题而进行的政策回应。

一 就业管理从高度集中管控到提供服务保障

在统包统配的就业分配制度下，学历与就业、工资是紧密关联在一起的，大学生毕业后，由国家分配工作，领取相应级别的工资，如果不服从国家分配，则无法自主找到接收单位。

随着市场经济的发展、就业市场的优化完善，国家逐渐放宽了对高校毕业生就业的集中管控，取消了统包统分的就业分配制度，从鼓励高校毕业生与用人单位"供需见面"，到鼓励高校毕业生"自主择业"，由劳动力市场供求机制起决定作用的机制越来越明确，同时，高校毕业生就业管理也越来越突出服务理念，政府就业相关部门主要负责制定相关政策，畅通高校毕业生就业渠道，开发就业岗位，提供就业服务。国家要求各级就业部门从高校毕业生的实际需要和便利出发，统一服务标准，优化服务流程，提供高效、便捷的就业服务和保障。比如对高校毕业生在校期间提供的就业服务包括：就业培训、就业信息提供、其他公共服务等；对高校毕业生离校后到基层就业期间提供的服务和保障，既包括对高校毕业生在户籍、人事代理、工资补贴、贷款代偿、社会保障等方面所提供的优惠，又包括对吸纳高校毕业生就业的基层用人单位在小额贷款、财政贴息、贷款贴息、社会保险补贴等方面提供的优惠；对高校毕业生创业提供的服务和保障包括提供工商登记和银行开户便利、创业教育培训、财政金融支持、场地扶持等。

二 政策关注点从公平效率到促进高质量发展

早期高校毕业生就业制度是通过就业分配来给高校毕业生安排工作岗位，提供相对公平的就业机会，保证每个大学生毕业后都有工作。这种关注就业公平的思想也影响了后来的高校毕业生就业政策，"大力促进就业公平""大力营造公平的就业环境"[①] 成为制定政策的一个重要目标，相

---

① 2013年5月16日，《国务院办公厅关于做好2013年全国普通高等学校毕业生就业工作的通知》。

应措施包括：要求用人单位招聘高校毕业生时，不得以毕业院校、年龄、户籍等作为限制性要求。规范签约行为，要求任何高校不得将毕业证书发放与高校毕业生签约挂钩。加大人力资源市场监管力度，严厉打击招聘过程中的欺诈行为，及时纠正性别歧视和其他各类就业歧视现象。规范国有单位招聘行为，完善公务员招考和事业单位公开招聘制度，建立国有单位招聘信息统一公开发布制度，加强国有企业招聘活动监管，在国有企业全面推行分级分类的公开招聘制度，切实做到信息公开、过程公开、结果公开。加大劳动用工、缴纳社会保险费等方面的劳动保障监察力度，切实维护高校毕业生就业后的合法权益。深化高校毕业生就业制度改革，简化高校毕业生就业程序，消除其在不同地区、不同类型单位之间流动就业的制度性障碍。

党的十八大报告明确提出，要推动实现更高质量的就业。党的十九大报告指出中国经济由高速增长阶段转向高质量发展阶段，并首次提出了"高质量发展"目标，指出要"提高就业质量"，实现"更高质量和更充分就业"。在高质量发展目标的指引下，高校毕业生就业政策不但关注如何帮助高校毕业生实现就业，还逐渐开始关注提升高校毕业生就业质量。为了提高高校毕业生就业质量，国家促进高校毕业生多渠道就业创业；鼓励企业、用人单位开展毕业生就业质量、满意度等评价；要求建立完善高校毕业生就业质量年度报告发布制度；研究建立就业质量评价体系；强化就业困难群体帮扶；加大毕业生实习见习力度，提高就业能力；等等。同时，高校毕业生就业政策也更关注帮助高校毕业生实现长期稳定就业，比如对于高校毕业生基层服务项目，为了鼓励高校毕业生在服务期满后留在基层，国家还出台了一系列配套措施，为高校毕业生提供工作条件、薪酬待遇、职业发展、家属安置等各种保障。

三 政策发布从少数部门到多部门协同

早期高校毕业生就业政策发布的部门主要有中共中央、政务院、国家计委①、高等教育部、劳动部；改革开放后主要有国务院、国家计委、国

---

① 原国家计划委员会于1998年更名为国家发展计划委员会，又于2003年将原国务院体改办和国家经贸委部分职能并入，改组为国家发展和改革委员会。

家教委、国家人事部等部门；高校毕业生自主择业后，高校毕业生就业政策发布的部门主要有国务院、教育部①、人事部②、劳动保障部③、共青团中央、全国学联等部门。随着国家越来越重视就业工作，提出就业是最大的民生工程、民心工程、根基工程，涉及高校毕业生就业政策发布的部门越来越多，目前，相关部门包括国务院、教育部、人力资源和社会保障部、国家发展改革委员会、教育部、科学技术部、工业和信息化部、财政部、民政部、中国人民银行、国家工商行政管理总局、共青团中央等。

高校毕业生就业政策越来越强调部门协同合作，许多政策都是由多部门联合发文。比如，2014年《关于实施大学生创业引领计划的通知》是由人力资源和社会保障部、国家发展改革委员会、教育部、科学技术部、工业和信息化部、财政部、中国人民银行、国家工商行政管理总局、共青团中央等九部门联合发布的。2015年《关于做好2015年高校毕业生"三支一扶"计划实施工作的通知》是由中共中央组织部、人力资源社会保障部、教育部、财政部、水利部、农业部、国家卫生和计划生育委员会、国务院扶贫开发领导小组办公室、共青团中央等九部门联合发布的。

同时，为了促进相关部门的就业工作，国家将高校毕业生就业工作情况列入政府政绩考核内容，明确具体目标、工作措施和进度，把责任落实到地方、部门和高校，把工作做到前面，切实缓解高校毕业生的就业困难，为稳定高校毕业生就业提供保障。

四 政策对象范围从窄到宽

中华人民共和国成立至今，我国高校毕业生就业政策的对象逐渐呈现扩大化的发展趋势。相关政策也根据不同对象的需求不断细分，体现出较强的针对性。

早期，高校毕业生就业政策的对象主要是本年度毕业的应届毕业生，

---

① 1998年机构改革中，国家教委改名为教育部。
② 成立于1990年3月，2008年政府机构改革中，国务院人事部被裁撤，相关职能归入新成立的国务院人力资源和社会保障部。
③ 劳动和社会保障部于1998年3月在原中华人民共和国劳动部基础上组建。是参与制订中国医改方案的主要机构之一。根据2008年3月全国人民代表大会通过的国务院机构改革方案，劳动保障部与人事部合并为人力资源和社会保障部。

而目前，高校毕业生就业政策的对象不但包括应届高校毕业生，还包括在校大学生和已毕业一定年限内的高校毕业生。政策对象涉及离校未就业毕业生、就业困难毕业生、建档立卡贫困家庭毕业生、零就业家庭毕业生、残疾的高校毕业生、"三区三州"高校毕业生等，甚至包括受到疫情影响的城市的高校毕业生，例如2020年，国家对湖北高校及湖北籍2020届高校毕业生提供特殊就业服务。一些地方政府部门将政策覆盖面扩大到毕业几年内的毕业生，例如青岛、南京把毕业5年内的高校毕业生都列入创业政策扶持对象范围之内，武汉规定毕业2年内在市内就（创）业的普通高校毕业生可以办理户口落户，西安创业政策扶持对象包括35周岁以下全省高校毕业生及国外留学归国人员。此外，国家对吸纳高校毕业生就业的企业也给予相应补贴优惠。例如对企业新录用毕业年度高校毕业生，签订1年以上期限劳动合同并于签订劳动合同之日起1年内参加岗位技能培训的，取得职业资格证书后给予企业职业培训补贴；对招用离校2年内未就业高校毕业生，签订1年以上劳动合同并缴纳社会保险费的小微企业给予社会保险补贴；对吸纳离校2年内未就业高校毕业生参加就业见习的单位给予就业见习补贴。

　　高校毕业生就业政策对象的扩大化源自就业相关部门对"高校毕业生就业"的界定较为宽泛。在2019年教育部对高校就业统计指标进行规范以前，毕业生就业的形式包括：到用人单位就业；定向、委培毕业生回原定向、委培单位就业；灵活方式就业①；升学②；出国、出境留学、工作等；参加国家、地方项目就业（如支援西部、"三支一扶"、大学生村官计划和"特岗"计划等）。上述形式都能够被统计入高校毕业生的就业率中。而按照国家统计局关于就业的界定，"就业人员"是指"在16周岁及以上，从事一定社会劳动并取得劳动报酬或经营收入的人员"。此外，从国外对大学生就业的界定来看，毕业生"升学"不计入

---

① 灵活就业分为三大类型，第一类是小型企业、家庭作坊式的就业，如临时工、季节工、劳务工、小时工、派遣工等；第二类是由于科技和新兴产业的发展，现代企业组织管理和经营方式的变革而产生的就业，如非全日制就业、阶段性就业、远程就业、兼职就业、产品直销员、保险推销员等；第三类是独立于单位就业之外的就业形式，如律师、作家、自由撰稿人、翻译工作者、中介服务工作者等；独立服务型就业，如家政钟点工、街头小贩和其他类型的打零工者。

② 升学包括专科毕业生升本科、毕业生考取研究生、二学位。

高校毕业生就业的范围。因此，长期以来我国对"高校毕业生就业"的界定比一般意义上的"就业"的界定范围要宽泛。

五　政策内容从相对简单向多层次多维度发展

从政策内容来看，高校毕业生就业政策逐渐细分，体现出向多层次多维度发展的特点。比如，根据不同的就业流向，对于高校毕业生就业提供了不同的优惠政策。对于到西部地区和艰苦边远地区就业的高校毕业生提供的优惠政策包括：实行来去自由的落户政策，享受免费的户口人事代理，提供学费补偿和助学贷款代偿，在工资和职称评定上给予优惠，服务期满后报考党政机关、应聘国有企事业单位、考研等均优先推荐和录用。

对于到中小企业和非公有制单位就业的高校毕业生提供的优惠政策包括：取消落户限制；在专业技术职称评定方面，与国有企业员工一视同仁；参加了基本养老保险的，今后考录或招聘到国家机关、事业单位工作，其缴费年限可合并计算为工龄；规定有条件的地方提供免费的人事劳动保障代理服务。而对于吸纳高校毕业生就业的中小企业和非公有制单位，地方财政优先考虑安排扶持中小企业发展资金，并优先提供技术改造贷款贴息；招收毕业年度高校毕业生达到一定比例的，可申请一定限额内的小额担保贷款，并享受财政贴息；此外还给予社保补贴、培训补贴等。对于参加就业见习的高校毕业生提供的优惠政策包括：见习期间基本生活补助；免费提供人事档案托管服务；人身意外伤害保险；鼓励企业优先录用；见习期满未被见习单位录用的高校毕业生，可继续享受政府提供的免费就业信息和各类就业服务。同时，见习单位支出的见习补贴相关费用，不计入社会保险缴费基数，符合税收法律法规规定的，可以在计算企业所得税应纳税所得额时扣除。

对于参加不同专项基层就业项目的高校毕业生提供了有差异的优惠政策。其中，对于参加"大学生志愿服务西部计划"的高校毕业生提供奖学金、生活补贴，服务期间计算工龄，服务期满后优先推荐和录用，保留学籍。对于参加"三支一扶"的高校毕业生提供工资、生活补贴、社会保险、创业优惠、落户政策，服务期满考核合格进入国有企事业单位的，在今后晋升中高级职称时，同等条件下优先评定。对于参加"农村义务教育阶段学校教师特设岗位计划"的高校毕业生提供工资性补助、生活补助，服务期满、考核合格且愿意留任的特岗教师全部入编，报考党政机关公务员、硕士研究生等方面提供优惠政策。对于参加"选聘高校毕业生到村任职工作"的高校毕业生享受一定的补贴、津贴、社会保险、国家助学贷款代偿，参加选调生统一招考、报考公务员优先录用，报考研究生增加分数和优先录取，在村任职工作时间可计算工龄，到西部和艰苦地区农村任职的，户口可留在现户籍所在地。对于参加"农业技术推广服务特设岗位计划"的高校毕业生，在服务期间享受生活补贴、参加相应社会保险、在艰苦边远地区工作的，按规定享受艰苦边远地区津贴、国家助学贷款代偿和学费补偿、研究生招录和事业单位公开招聘优先录取、公务员定向考录优惠、优先聘用等。

对于到社区工作的高校毕业生提供的政策优惠包括：报考公务员和研究生优先录用、享受薪酬和生活补贴、社会保险补贴和公益性岗位补贴。

对于应征入伍的高校毕业生提供的政策优惠包括：享受优先报名应征、优先体检政审、优先审批定兵、优先安排使用的"四优先"政策，家庭按规定享受军属待遇，优先选拔使用，学费补偿和国家助学贷款代偿，退役后考学升学优惠、就业服务等。

六 政策目标从以国家利益为主到考虑多方利益

早期高校毕业生就业政策的目标主要是从国家利益出发进行就业分配，将高校毕业生分配到国家需要的重点产业和部门。随着市场经济的发展，国家注重发挥市场对资源配置的决定性作用，政府在高校毕业生就业政策的制定方面，也重点考虑到市场的用人需求和毕业生个人的诉求。

比如，从目前我国鼓励高校毕业生到基层就业政策的目标来看，就包括以下几个方面：一是解决就业。随着高校毕业生的增加，就业压力增大，基层就业是拓宽高校毕业生就业渠道的重要方式，鼓励高校毕业生到基层就业能够缓解高校毕业生就业的压力。二是人才培养。高校毕业生作为宝贵的人才资源，是国家未来的希望，到基层就业对高校毕业生个人来说能够得到锻炼、获得成长，而高校毕业生到基层就业也是培养公务员队伍后备力量的重要方式。三是促进基层建设。高校毕业生到基层就业能够为基层建设做贡献，促进基层地区教育、卫生、农技、扶贫等社会事业的发展。四是满足基层人才需求。高校毕业生到基层就业能够对基层人才结构和人才总量起到优化作用。

从各项政策单独来看，又有各自需要实现的重点目标。比如《关于组织开展高校毕业生到农村基层从事支教、支农、支医和扶贫工作的通知》（2006）指出："引导和鼓励高校毕业生到西部去、到基层去、到祖国最需要的地方去，经受锻炼，健康成长，为促进农村基层教育、农业、卫生、扶贫等社会事业的发展、建设社会主义新农村和构建社会主义和谐社会做出贡献。"该政策的目标主要是人才培养和促进基层建设。《关于实施农村义务教育阶段学校教师特设岗位计划的通知》（2006）指出："通过公开招聘高校毕业生到西部地区'两基'攻坚县县以下农村学校任教，引导和鼓励高校毕业生从事农村义务教育工作，创新农村学校教师的补充机制，逐步解决农村学校师资总量不足和结构不合理等问题，提高农村教育队伍的整体素质。"该政策的目标主要是满足基层人才需求，优化基层教师的人才结构。

第二节　高校毕业生就业形势的变化和特点

中华人民共和国成立以来，随着高校毕业生就业制度的变化发展，在相关政策的影响下，我国高校毕业生就业形势呈现如下特点。

一　高校毕业生身份：从"精英"到"大众"

早期考大学是"千里挑一"，大学生是在精英教育下培养的"精英"。随着高校扩招，我国高等教育毛入学率不断提高。

高等教育毛入学率反映一个国家提供高等教育机会的整体水平。根据美国学者马丁·特罗的研究，如果以高等教育毛入学率为指标，则可以将高等教育发展历程分为"精英、大众和普及"三个阶段。国际上通常认为，高等教育毛入学率在15%以下时属于精英教育阶段，15%—50%为高等教育大众化阶段，50%以上为高等教育普及化阶段。根据世界银行2021年9月公布的数据，全球已有75个国家和经济体的高等教育毛入学率超过了50%。扩大高等教育机会供给，增加高校招生数量，促使弱势阶层群体获得更多的受教育机会，即便是在不同的高等教育体制与招生模式下，都对促进高等教育机会公平产生直接显著的积极影响。

高等教育扩张带来的高校毕业生人数的持续增加,为经济转型和升级提供了人才支持。从其他成功迈入高收入阶段的东亚经济体的发展经验也可以看到,从中等收入阶段向高收入阶段的突破,需要劳动生产率的加速提升,需要通过教育和培训加快人力资本的积累从而实现全要素生产率的提高,反之,如果没有高素质的劳动力,这一进程无法完成(Aoki,2011)。

2002年,我国高等教育毛入学率首次达到15%的水平,进入了大众化阶段。2019年,中国高等教育毛入学率超过50%,实现了高等教育大众化到高等教育普及化的转变。根据教育部公布的数据,2022年,中国已建成世界最大规模高等教育体系,在学总人数达到4655万人,高等教育毛入学率从2012年的30%,提高至2022年的59.6%[①],高等教育进入世界公认的普及化阶段。目前,中国接受高等教育的人口达到2.4亿,占总人口(14.1亿)的17%,新增劳动力平均受教育年限达13.8年。[②]

我国研究生教育也大力发展。1949年研究生招生仅为242人,在学人数仅629人;2003年起研究生开始扩招,2012年研究生招生约59万人;从2014年起取消公费研究生后,近10年来,硕士研究生招生年平均增幅达到6%,博士研究生增幅5.7%。到2020年,研究生招生突破110万人;2023年,研究生招生达130万人。

随着高等教育从精英教育到大众教育再到普及化的过程,我国高校毕业生也从最初的少数"精英"变为普通"大众"。高校毕业生在求职就业过程中对文凭贬值的感受越来越明显,这也加大了高校毕业生的就业压力。

二 高校毕业生就业方式:从统包统分到自主择业

在统包统分的就业制度下,高校毕业生依靠国家分配来就业,就业方式十分单一。实行自主择业后,高校毕业生的就业方式逐渐多元化,特别是随着互联网经济、数字经济、平台经济的发展,各类新就业形态不断涌

---

① "教育部:我国高等教育毛入学率达59.6%",https://baijiahao.baidu.com/s?id=1761128041160399604&wfr=spider&for=pc。

② "教育部:我国接受高等教育的人口达到2.4亿",https://www.sohu.com/a/547920652_121106687。

现，可供选择的职业类型也逐渐增多。

从高校毕业生初次就业的方式来看，灵活就业的比例逐渐提高。一些毕业生选择做自由职业者、开网店、做微商、主播带货、从事自媒体创业；一些毕业生选择从事服务机器人应用技术员、食品安全管理师、建筑幕墙设计师、调饮师、电子数据取证分析师、碳排放管理员等新职业。

就业方式的丰富发展，也使就业更具弹性。高校毕业生就业在时间、地点上更灵活，更具弹性。毕业生可以选择线下就业，也可以线上就业；可以选择全职就业，也可以兼职就业。相对于传统的就业形式而言，非全日制工作、临时性工作、季节性工作、小时工作等不定时间、不定收入、不限场所的灵活多样的就业增多。

三 高校毕业生就业市场特征：从"卖方市场"到"买方市场"

随着高校扩招，高校毕业生人数逐年递增，高校毕业生从就业市场的稀缺资源向普通生产要素转变。

高校毕业生就业市场逐渐从原有的由毕业生占主导的"卖方市场"，变为由用人单位占主导的"买方市场"。与商品市场类似，在就业"卖方市场"中，作为劳动要素供给方的高校毕业生由于数量少、供不应求，从而使用人单位采取提高薪酬、增加福利等方式吸引高校毕业生求职者，高校毕业生在就业中拥有大量岗位可以选择，占据了就业求职的主动权。随着高校扩招，高校毕业生就业市场成为"买方市场"，在这种就业市场情况下，相对于有限的就业岗位，高校毕业生供过于求，用人单位能够不断提高用人门槛，毕业生只能降低就业预期，从而使高校毕业生就业市场的竞争愈演愈烈。

在高校毕业生就业"买方市场"情况下，高校毕业生就业难问题日益突出，特别是在北京、上海等一线城市，高校毕业生人数多，人才内卷现象严重。根据北京教委的数据，2023 年北京硕博毕业生的人数将超过本科生，在 28.5 万毕业生中，硕博毕业生 16.08 万人，本科毕业生 13.61 万人。高学历人才的增多使用人单位不断提高招聘门槛，同时也出现了 "985 毕业送外卖""211 高才生 0 Offer" 的现象。

由于用人单位在雇佣关系中的强势地位，超时加班、加班不加薪等违反劳动法规的情况时有发生，使高校毕业生的合法权益受到侵害。

四 高校毕业生就业心理：从"等就业""快就业"到"慢就业""稳就业"

在统包统分的就业分配制度下，高校毕业生不需要考虑求职就业问题，只需要等国家分配计划下达后，根据分配方案直接去用人单位报到，这种分配方式也无须用人单位和毕业生的相互沟通磨合，而是快速进行就业的供求匹配。

在双向选择的就业制度下，高校毕业生和用人单位在就业市场进行双向选择，延长了求职招聘时间，高校毕业生出现了"慢就业"的现象。目前，高校毕业生就业状态中属于"慢就业"的情况主要有：（1）毕业生就业意愿较低，毕业后自愿暂时不就业。而是外出旅游、支教或者进行创业考察等。（2）部分毕业生毕业以后不急于就业，在家准备考研、升学、出国。包括脱产复习考取一些职业资格、技能类证书（法考等）情况。（3）毕业生有较强的就业意愿，但是因其他因素暂时未就业，主要是就业单位条件与自身期待差距较大，不愿就业或者是准备考取机关事业单位，或者自身能力与单位要求存在差距，无法就业。

对于"慢就业"的现象以及社会影响，有很多解读。一些人认为，"慢就业"对学生有积极的一面，可以让毕业生有时间更好地进行自我认知和职业规划，就业更理性。但更多人认为，"慢就业"浪费了毕业生的时间，降低了就业能力，导致越来越多年轻人"躺平"不就业或就业意愿下降的现象。

同时，高校毕业生就业中求"稳"的心理也越来越突出。毕业生越来越倾向于选择稳定的工作就业，特别是在经济下行时期，容易出现考公务员热潮。2022年公务员报考人数超过212.3万人，平均录取比例为68∶1。其中，最热门的编制岗位录取比例达到20813∶1。

五 高校毕业生就业分布：从"一二三"产业变为"三二一"产业

随着国家经济发展战略布局和产业结构调整，我国高校毕业生就业的产业分布发生了变化。

中华人民共和国成立初期，国家百废待兴，高校毕业生就业分配主要围绕关系国计民生的重大工程项目，如苏联援建的156项重点工程，支援东北、西北地区建设，充实党政机关，后来主要是分配到生产一线和教育科研领域。60年代，随着国家"三线建设"的开展、"两弹一星"工程建设，高校毕业生分配调整为保证国防工业、三线建设基础工业的需要，适当兼顾农业、轻工业。"文化大革命"时期，毕业生的分配方向是面向农村、面向工矿、面向基层、面向边疆，与工农群众相结合。80年代，随着改革开放和经济的恢复发展，高校毕业生开始通过"供需见面""双向选择"的方式就业，就业渠道逐渐拓宽，除了高校和科研机构，还有大量毕业生进入企业单位和生产部门。毕业生更青睐中心城市、沿海开放地区和经济发展快、文化水平高的地区，从1986年开始，高校毕业生的"从商热"日渐盖过"从政热"，但"从商"的目标单位多是大城市商业性大机构、大公司、外资与合资企业，即便是兴起的"海南热"，在许多高校毕业生分配志愿表中，海南仍排在京、津、沪之后。①

在全面推行"自主择业"之后，高校毕业生可以按照自己的意愿进行就业选择，除了机关、事业单位等体制内就业外，毕业生普遍倾向于选择在当时收入高、待遇好的工作。调查发现，我国具有大专以上学历者在金融、信息、教育卫生和公共管理等行业就业的大学生比重高于一些发达国家，而那些直接生产性行业中的大学毕业生就业比重则较低。例如，在农业中的大学生就业比重，2010年，中国是0.6%，美国是24.6%；在制造业中大学生的比重，中国为10.3%，美国为30.0%；在交通业中的大学生比重，中国为10.8%，美国27.1%；在商业、贸易、餐饮和旅游业中的大学生比重，中国为11%，美国为28.6%。②

随着我国第三产业的发展，第三产业吸纳就业人数不断上升，2022年，我国第三产业增加值比重为52.8%③，第三产业从业人员占从业人员总数的比重达到48%④。第三产业也成为吸纳高校毕业生的主要产业。根据麦可思研究院的数据，2021届本科毕业生就业的主要行业排前十位的

---

① 汤华：《大学生对分配择业的矛盾心态》，《瞭望周刊》1988年第Z1期，第44页。
② 胡瑞文等：《我国教育结构与人才供求状况》，《课题报告》，2013年。
③ 国家统计局：《中华人民共和国2022年国民经济和社会发展统计公报》，2023年2月。
④ 澎湃网："人社部部长王晓萍：我国第三产业从业人员以上升到48%"，https://m.thepaper.cn/newsDetail_forward_22138136。

依次是教育业（14.0%），信息传输、软件和信息技术服务业（9.2%），建筑业（8.6%），金融业（7.2%），政府级公共管理（6.4%），电子电气设备制造业（含计算机、通信、家电等）（6.2%），医疗和社会护理服务业（6.0%），各类专业设计与咨询服务业（5.3%），文化、体育和娱乐业（4.6%），零售业（3.8%）。①

第三节 高校毕业生就业政策未来展望

2022年，我国高校毕业生首次突破1000万人，达到1076万人，2023年高校毕业生人数将继续增加，达到1158万人，再加上往届未就业毕业生，以高校毕业生为主的青年就业压力持续加大。根据国家统计局发布的数据，2023年3月，我国16—24岁青年人调查失业率达19.6%②，就业的供求矛盾十分突出。

后疫情时代，面对更加严峻的就业形势，要进一步优化完善高校毕业生就业政策体系，促进高校毕业生实现更高质量更充分就业。

一 促进经济发展，强化就业优先政策

就业问题首先是一个经济问题，在促进高校毕业生就业方面，要充分发挥市场的决定性作用，促进经济发展吸纳就业。

一是挖掘经济增长点。紧密结合新型工业化、乡村振兴战略、区域协调发展战略、区域重大战略、主体功能区战略、新型城镇化战略、"一带一路"等建设目标，提升经济发展吸纳就业的能力，为高校毕业生创造良好的就业需求环境。

二是加大产业、贸易、区域政策与就业政策的协同联动，大力开发新职业，在动能转换中挖掘更多数字就业、绿色就业机会。实施重大产业就业影响评估，明确重要产业规划带动就业目标，优先投资就业带动能力

---

① 麦可思研究院：《2022年中国本科生就业报告》，社会科学文献出版社2022年版，第30页。

② 搜狐网："16—24岁劳动力调查失业率达19.6%！国家统计局回应青年人失业率上升问题"，https：//www.sohu.com/a/667813067_255783？spm=smpc.content.content.4.1683260720361RR2CCFJ。

强、有利于就业的产业。加快制定和完善引导相关产业向中西部地区转移的政策措施。对部分带动就业能力强、环境影响可控的项目，制定环评审批正面清单，加大环评"放管服"改革力度，审慎采取查封扣押、限产停产等措施。

三是从政策、服务、环境等方面进一步促进中小微企业和个体工商户发展，助力就业创业。持续完善政策措施，强化政策落实。注重政策的精准性和部门协同性，在财税、金融、社保、就业等方面出台相关政策措施；加强政策宣传和解读，组织开展相关政策培训；简化审批流程，缩短办理时间，推出更多网上办理项目；加强政策满意度评估，不断优化完善政策内容。完善服务措施。针对中小微企业和个体工商户开展线上线下普法宣传、融资对接、技能培训、人员招聘等主题活动；通过举办节日活动、开办夜市、产品展销会、直播带货等方式，帮助中小微企业和个体工商户销售产品。优化营商环境。推进"一照多址""一证多址"等改革；依法保护各类市场主体产权和合法权益，完善产权保护制度，落实公平竞争审查制度，确保个体工商户平等参与市场竞争，维护公平竞争的市场环境。

二 鼓励吸纳就业，拓宽高校毕业生就业渠道

一是扩大招聘高校毕业生规模。提高机关事业单位专项招聘高校毕业生的比例，扩大"三支一扶"计划等基层服务项目招募规模。开发城乡社区等基层公共管理和社会服务岗位，更多用于高校毕业生就业。国有企业扩大高校毕业生招聘规模，不得随意毁约，不得将本单位实习期限作为招聘入职的前提条件。对中小微企业招用毕业年度高校毕业生并签订1年以上劳动合同的，给予一次性吸纳就业补贴。

二是扩大招生入伍规模。扩大硕士研究生招生和普通高校专升本招生规模。扩大大学生应征入伍规模，健全参军入伍激励政策，大力提高应届毕业生征集比例。

三是进一步促进就业见习。支持企业、政府投资项目、科研项目设立见习岗位。对见习期未满与高校毕业生签订劳动合同的，给予见习单位剩余期限见习补贴。

四是允许适当延迟办理高校相关手续时间。对延迟离校的应届毕业

生，相应延长报到接收、档案转递、落户办理时限。离校未就业毕业生可根据本人意愿，将户口、档案在学校保留 2 年或转入生源地公共就业人才服务机构，以应届毕业生身份参加用人单位考试、录用，落实工作单位后参照应届毕业生办理相关手续。

五是通过数据发现、岗位调查等方式，确定一批就业容量大的行业企业和重大项目，构建岗位收集、技能培训、用工服务、政策兑现联动机制，切实加大支持力度，为高校毕业生创造更多高质量充分就业机会。

六是消除劳动力市场的性别歧视，促进女大学生就业。教育部门和高校要针对女大学生提供个性化就业创业指导与咨询，多渠道收集就业信息，引导企事业单位更多吸纳女大学生；各地各高校要建立一对一的帮扶机制，对就业困难女生做好就业指导、优先推荐，帮助她们尽快落实就业岗位。加大对女大学生创业的资金、场地、培训等扶持力度，鼓励女大学生勇于创业、帮助女大学生成功创业。

三 深化高教改革，促进就业能力提升

一是优化专业设置。根据国家未来重点领域的人才需求，调整相关专业设置，扩大未来急需紧缺专业的招生规模，在课程设置、教材选择、培养方式、师资配备等方面进行相应调整。

二是加强人才培养，促进就业能力提升。拓展一批学徒培训、技能研修、新职业培训，助力毕业生提升就业技能；实施百万见习岗位募集计划，鼓励高校毕业生参加就业见习；通过"高校毕业生就业信息网"及时为企业审核见习岗位、见习协议，落实见习补贴发放工作。高质量建设一批实习实训基地。瞄准重大战略工程、重大前沿产业，围绕实体经济特别是制造业转型升级，适应新就业形态发展，深化产教融合、校企合作，开展订单式培养、套餐式培训，健全多层次培训体系。推动学历证书与技能证书互认、技师学院与高等职业院校学分课程互认。

三是推进高校分类评价，引导地方院校和民办院校科学定位，办出特色和水平。探索建立应用型本科评价标准，突出培养与地方产业结构相适应的专业能力和实践应用能力，使毕业生更好地服务当地经济社会发展。

四 提高服务质量，优化完善公共就业服务

一是加强部门联动。增强人社部门与教育、财政等就业相关部门之间的协同合作，增强政策协同性、一致性，建立信息共享、联合联动的工作机制。

二是加强就业创业服务体系建设。加强公共就业服务机构建设，明确机构职责，完善基层公共就业服务平台。加强机构职能整合和基层平台服务功能，优化完善公共就业服务体系。推动公共就业服务机构和市场服务机构携手，社会组织广泛参与，建立多元参与的就业服务体系。以数字治理驱动就业工作理念创新、模式创新、手段创新，积极利用大数据、人工智能等手段，推进就业信息化建设。

三是提升就业服务精准度。离校前推进公共就业服务进校园，启动百日千万网络招聘行动，为毕业生提供充足岗位信息。离校后及时启动未就业毕业生就业服务攻坚行动，跟进实名制帮扶，确保服务不断线。加强分类指导，着力做好家庭经济困难学生和就业能力弱学生的就业帮扶，列出清单，通过建立"一对一"就业工作台账、鼓励全员参与等方式，逐一帮助其落实就业岗位。

四是简化优化求职就业手续。取消公共就业人才服务机构在就业协议书上签章、毕业生到公共就业人才服务机构办理报到这两个环节，延长档案转递、落户办理时限，积极推进体检结果互认，使毕业生求职就业更便捷。

五 积极宣传指导，引导毕业生调整就业心态

一是加大政策宣传力度。充分运用报纸、广播、电视、网络等各类媒体，通过举办新闻发布会、编印宣传材料、用好服务热线电话、加大服务窗口宣传力度、加强公益宣传等形式，介绍中央、省、市就业政策，做到宣传的全方位、多角度、广覆盖，提高政策知晓度。

二是加强就业指导。开展就业认知教育，指导毕业生树立"先就业，后择业"的理念。帮助高校毕业生正确认识和评价自我、适当降低就业预期、科学规划职业生涯，不断提高自己的就业能力。帮助毕业生掌握就业求职技巧，在简历制作、简历投递、笔试面试、个人形象、语言表达等

方面给予指导。

三是积极转变大学生就业观念，帮助大学生准确定位，调整就业心态。做好与毕业生家长沟通工作，加强信息共享，切实了解学生就业真实心态，掌握学生就业过程中存在的实际困难，要求家长配合学校做好相关工作，家校合力确保学生尽快顺利就业。对毕业生就业情况进行摸排，重点关注就业困难学生群体的身心状况。开展毕业生就业心理辅导活动，积极引导毕业生正确分析就业形势，通过提升求职技能、参加网络招聘、积极参军入伍、服务基层一线等渠道，解决就业压力。开展情绪管理教育，帮助高校毕业生合理疏导不良情绪。对找工作过程中感受到压力、紧张或因未找到工作而表现出焦虑、抑郁等情况的学生，应积极引导，及时调整就业心态。对高校毕业生进行挫折教育，指导学生正确认识和积极面对各种就业挫折，传递顽强拼搏、乐观向上的精神力量，提高抵抗挫折的心理承受能力。

六　注重政策评估，加强监督问责

一是完善政策评估机制。注重政策效果，区分就业政策对不同目标群体产生的效果，评估政策实施所产生的短期效果、长期效果、附带效果和潜在效果。提高政府绩效评估结果的客观性和公正性，建立政府主导、由第三方机构开展的高校毕业生就业政策评估工作机制。通过定期评估和合理评价，检查政策执行中存在的问题，明确可行性程度，提供继续执行或停止执行的参考；对于明显不适用于高校毕业生就业的政策应及时废除，对于应调整的政策及时提出修改建议，对于即将出台的政策进行充分的论证。对现有政策实施过程中的问题及建议，还可以为后续政策的制定和政策资源分配提供有效借鉴，不断提高高校毕业生就业创业政策的质量。

二是强化高校毕业生就业权益保障，加大惩罚力度。健全劳动法律法规体系，加大监察执法力度，持续开展人力资源市场秩序清理整顿，维护高校毕业生就业市场秩序，严肃查处拖欠工资、就业歧视、超时加班等侵权行为，健全就业保障机制。对违反法律法规、侵害毕业生就业权益的行为进行严肃问责。严厉打击黑中介、虚假招聘等违法违规问题，切实保障高校毕业生合法就业权益。

三是健全风险防范机制。强化统计调查和大数据应用，完善风险应对处置预案，建立健全形势监测、趋势研判、风险预警、即时响应的风控体系，把风险化解在萌芽，防范化解规模性失业风险。运用大数据平台对高校毕业生就业情况、就业质量进行监测和分析，对就业满意度进行调查，根据情况进行动态调整。

参考文献

鲍春雷：《中国青年创业现状报告》，《中国劳动》2016年第9期。
蔡昉主编：《中国人口与劳动问题报告（2013）——从人口红利到制度红利》，社会科学文献出版社2013年版。
陈学飞主编：《中国高等教育研究50年（1949—1999）》，教育科学出版社1999年版。
程连升：《国民经济恢复时期的结构性失业及其治理》，《中国经济史研究》1999年第4期。
程连升：《中国反失业政策研究》，社会科学文献出版社2002年版。
程连升：《中国五十年反失业政策研究（1949—1999）》，博士学位论文，中国社会科学院研究生院，2000年。
邓希泉：《中国青年人口与发展统计报告（2015）》，《中国青年研究》2015年第11期。
郜风涛、张小建：《中国就业制度》，中国法制出版社2009年版。
国务院法制办公室：《法律法规全书》，中国法制出版社2014年版。
韩勤英、苏峰：《国民经济恢复时期北京的失业知识分子救济政策及其成效》，《当代中国史研究》2006年第3期。
何东昌：《中华人民共和国重要教育文献（1949—1975）》，海南出版社1997年版。
何光：《当代中国的劳动力管理》，中国社会科学出版社1990年版。
胡桂香：《中国的计划生育政策与西村妇女（1950—1980）》，中国社会科学出版社2017年版。
胡建华：《现代中国大学制度的原点：50年代初期的大学改革》，南京师范大学出版社 2001 年版。

黄福涛主编：《外国高等教育史》，北京大学出版社 2021 年版。

教育部年鉴编撰委员会：《第二次中国教育统计年鉴（第十四编　教育统计）》，商务印书馆 1948 年版。

金铁宽主编：《中华人民共和国教育大事记（第 1—3 卷）》，山东教育出版社 1995 年版。

赖德胜：《劳动力市场分割与大学毕业生失业》，《北京师范大学学报》（人文社会科学版）2001 年第 4 期。

劳动人事部政策研究室编：《劳动人事法规规章文件汇编（1949—1983）》，劳动人事出版社 1987 年版。

劳动人事部政策研究室编：《劳动人事法规规章文件汇编（1984—1987）》，劳动人事出版社 1989 年版。

李朝军：《大学毕业生统一分配制度研究（1950—1965 年——以上海为中心的历史考察）》，博士学位论文，复旦大学，2007 年。

李江源：《我是一个工农兵学员：泛政治化教育中的受教育者》，福建人民出版社 2006 年版。

厉以宁：《中国城镇就业研究》，中国计划出版社 2001 年版。

林颖：《我国高等学校毕业生就业政策研究》，硕士学位论文，武汉大学，2004 年。

刘艾玉：《劳动社会学教程（第 2 版）》，北京大学出版社 2008 年版。

刘慧：《中国高等教育的怪胎——工农兵学员探析》，硕士学位论文，山东大学，2010 年。

陆宗祥：《论劳动力市场与政府就业政策选择》，硕士学位论文，中国社会科学院研究生院，2003 年。

莫宏伟：《建国初期失业知识分子的安置与救济》，《求索》2008 年第 1 期。

莫荣、丁赛尔、王伯庆：《高校毕业生就业研究：产业转型升级下的机遇与挑战》，社会科学文献出版社 2018 年版。

莫荣：《中国积极就业政策形成、发展和完善》，社会科学文献出版社 2015 年版。

潘晨光主编：《中国人才发展报告》，社会科学文献出版社 2010 年版。

齐鹏飞：《中华人民共和国史》，中国人民大学出版社 2020 年版。

任吉、左春玲：《中国的就业制度与政策》，中国劳动社会保障出版社 2011 年版。

宋恩荣、吕达主编：《当代中国教育史论》，人民教育出版社 2004 年版。

苏渭昌、雷克啸、章炳良主编：《中国教育制度通史》（第 8 卷），山东教育出版社 2000 年版。

苏星、杨秋宝：《新中国经济史资料选编》，中共中央党校出版社 2000 年版。

孙健：《中华人民共和国经济史（1949—90 年代初）》，中国人民大学出版社 1992 年版。

孙蕾：《高等教育大众化条件下我国大学生就业政策研究》，硕士学位论文，南京农业大学，2007 年。

谭杰、廖根深、张应统：《珠三角地区青年就业创业形势分析》，《中国青年研究》2014 年第 7 期。

谭永生：《中国高校毕业生失业问题及其治理》，中国劳动社会保障出版社 2011 年版。

童大焕：《世纪大迁徙：决定中国命运的大城市化》，中国发展出版社 2011 年版。

汪慧：《社会制度对大学生就业的影响》，《中国政治学院学报》2005 年第 4 期。

王春城：《政策精准性与精准性政策——"精准时代"的一个重要公共政策走向》，《中国行政管理》2018 年第 1 期。

王战军、周文辉、李明磊等著：《中国研究生教育 70 年》，中国科学技术出版社 2019 年版。

吴承名、董志凯：《中华人民共和国经济史（1949—1952）》，中国财政经济出版社 2001 年版。

吴庆：《演变、定位和类型——中国大学生就业政策分析》，《中国青年政治学院学报》2006 年第 2 期。

吴要武、赵泉：《高校扩招与大学毕业生就业》，《经济研究》2010 年第 9 期。

吴镇柔、陆叔云、汪太辅：《中华人民共和国研究生教育和学位制度史》，北京理工大学出版社2001年版。

徐晓艳：《建国以来大学毕业生就业政策的历史演进与现状分析》，硕士学位论文，苏州大学，2007年。

杨德广：《中国大学毕业生就业制度变迁分析》，《当代青年研究》1997年第4期。

杨伟国：《借重"看得见的手"——谈谈国外对大学生就业的政策支持》，《求是》2004年第6期。

杨伟国、王飞：《大学生就业：国外促进政策及对中国的借鉴》，《中国人口科学》2004年第4期。

姚裕群：《论我国的就业政策与大学生就业问题》，《人口学刊》2004年第4期。

姚裕群、伍晓燕：《大学生扩招与就业难的讨论》，《首都经济》2003年第10期。

易富贤：《大国空巢：反思中国计划生育政策》，中国发展出版社2013年版。

于春娥：《建国以来大学生就业制度的沿革与职业价值观的演变》，硕士学位论文，山东大学，2006年。

于光远：《1978：我亲历的那次历史大转折——十一届三中全会的台前幕后》，中央编译出版社2008年版。

袁伦渠主编：《中国劳动经济史》，北京经济学院出版社1990年版。

袁庆宏、刘园：《高校毕业生就业制度的历史沿革》，《中小企业管理与科技》2009年。

袁守启主编：《劳动法全书》，宇航出版社1994年版。

袁志刚、方颖：《中国就业制度的变迁》，山西经济出版社1998年版。

曾湘泉等：《中国就业战略报告——变革中的就业环境与中国大学生就业》，中国人民大学出版社2004年版。

张原：《我国就业政策的内涵、关系和趋势再理解》，《劳动经济》2015年第3期。

张志坚、苏玉堂主编：《当代中国的人事管理》（上册），当代中国出版社1994年版。

赵德馨：《中华人民共和国经济专题大事记（1949—1966）》，河南人民出版社1989年版。

郑功成：《大学生就业难与政府的政策取向》，《中国劳动》2006年第4期。

中共中央文献研究室：《十四大以来重要文献选编（上）》，人民出版社1996年版。

中共中央文献研究室、中央档案馆《党的文献》编辑部：《共和国走过的路——建国以来重要文献专题选集（一九四九——一九五二年）》，中央文献出版社1991年版。

《中国教育年鉴》编辑部编：《中国教育年鉴（1949—1981）》，中国大百科全书出版社1984年版。

中国青少年研究中心"新世纪中国青年发展报告"课题组：《新世纪中国青年发展报告（2000—2010）》，《中国青年研究》第2012年第4期。

中华人民共和国教育部：《高等教育文献法令汇编（第一辑）》，高等教育部办公厅，1954年。

中华人民共和国教育部：《教育文献法令汇编（1959—1952）》，中华人民共和国教育部办公厅，1952年。

中央教育科学研究所：《中国现代教育大事记》，教育科学出版社1998年版。

中央教育科学研究所：《中华人民共和国教育大事记（1949—1982）》，教育科学出版社1984年版。

《周恩来教育文选》，教育科学出版社1984年版。

［美］查尔斯·J.福克斯、休·T.米勒：《后现代公共行政——话语指向》，楚艳红等译，中国人民大学出版社2002年版。

［美］兰德尔·柯林斯：《文凭社会：教育与分层的历史社会学》，刘冉译，北京大学出版社2021年版。

后　　记

　　笔者对就业问题关注良久。在西南财经大学攻读博士学位期间，就曾撰写过论文，研究2008年金融危机时国家"四万亿"投资政策的就业效应。在导师尹庆双教授的指导下，合作撰写了《金融危机背景下我国政府投资的就业效应分析》一文，并在《经济学动态》上发表。博士期间还参加了"四川省统筹城乡就业问题研究"、国家社会科学基金项目"中国就业优先战略背景下教育投资的就业效应评价：2002—2012"等就业相关课题。博士论文关注于就业结构与产业结构的变化发展规律，以"中国就业结构与产业结构发展趋势研究"为题，运用人工神经网络的定量研究方法，对人均GDP在16000—45000元范围内，我国三次产业就业比重和产业比重的变化情况进行了预测。

　　2013年到中国人事科学研究院（简称"人科院"）工作后，一直在就业创业与政策评价研究室工作。作为人力资源和社会保障部直属事业单位，人科院主要为人力资源和社会保障部门制定相关政策提供决策参考，得益于此，我有机会参与到一系列就业领域的重大课题和研究工作当中，并逐渐将关注点投向以高校毕业生为主的青年就业。例如，2014年参加了人力资源和社会保障部部级重大课题"健全鼓励高校毕业生到基层工作服务保障机制研究"。其后，作为执行组长或主要执笔人参加了"购买基层公共管理社会服务岗位用于高校毕业生就业研究""'三支一扶'计划实施效果评估研究""整合发展高校毕业生就业创业基金专题研究""大学生社会实践与就业相关性研究""大学生创业引领计划绩效评估研究"等课题。此外，我还多次参加人力资源和社会保障部"高校毕业生就业工作专班"的研究课题，对高校毕业生就业中的具体问题进行了研究，比如应届毕业生身份问题、相关考试招聘时间问题等。

专业的学科训练和长期的研究经历为本书的写作打下了一定基础，不但为本项研究积累了较为丰富的政策素材，而且还有助于理解政策出台与实施过程细节，从全局视角认识和理解就业促进政策。

2021年，我参与了由人科院院长余兴安同志主持编撰的《当代中国人事制度》一书，负责其中第八章"大中专毕业生就业分配与促进制度"的写作工作。该书出版后，获得专家的认可和社会一致好评。余院长提议在此基础上将就业政策研究做深做细，将1949年以来我国高校毕业生就业制度的历史变迁进行系统的学术研究并整理出版，建议将此书定名为《高校毕业生就业制度的变迁》。

本书的出版需要感恩感谢太多的人。首先，西南财经大学尹庆双教授作为我的学术引路人，他以宏观的视野与博学的才识让我认识到需要将就业问题放在一个宏大的政治经济环境中来研究。博士后导师中国人民大学董克用教授思维灵敏、睿智过人，引领我更多地从制度建设和历史变迁的视角来思考就业以及更为广泛的社会问题。

感谢人科院的领导和同事们给予我的无私帮助。余兴安院长自始至终都给予我真诚的帮助，他对本书的研究主题充满了期待，为我开拓思路，总能在历史研究的理论与方法方面给我一些宝贵的建议。感谢李志更副院长多年来带领我开展有关就业课题研究工作，感谢司若霞副院长、庞诗研究员，还有黎宇、韩红梅、李怡林这几位可亲可爱的同事为本书的写作提供了充分支持。需要特别感谢的还有科研处的黄梅研究员、柏玉林老师，本书的出版得益于她们严谨的工作态度和细致入微的工作作风。感谢佟亚丽研究员，她的工作阅历丰富令人羡慕，经常与我交流讨论学术问题，帮我厘清研究思路，搭建本书的框架结构，并对书中部分内容提供了修改意见。感谢王晓辉博士与我分享他的出版经验，给我大量鼓励。感谢熊亮博士为我提供了涉及高校毕业生工资制度的珍贵历史文献资料。

在本书的撰写过程中，参阅了大量高校毕业生就业方面的历史书籍、论文、政策汇编，针对特定的历史时期，还参考了一些能够反映当时社会经济文化等方面的学术专著、史学专著等。在此，也向本书参考文献中的各位作者表示感谢，正是你们优秀的学术成果给本项研究提供了良好的基础。

本书的顺利出版更离不开家人的支持。在写作期间，你们的默默付出和陪伴，给我提供了巨大精神动力，你们的理解和支持是本书得以出版的主要原因。

由于时间和能力的限制，本书的撰写难免存在疏漏和不足，诚挚期待来自各方的批评、指正。

奉莹

2023 年 9 月于北京

中国人事科学研究院学术文库
已出版书目

《人才工作支撑创新驱动发展——评价、激励、能力建设与国际化》
《劳动力市场发展及测量》
《当代中国的行政改革》
《外国公职人员行为及道德准则》
《国家人才安全问题研究》
《可持续治理能力建设探索——国际行政科学学会暨国际行政院校联合会2016年联合大会论文集》
《澜湄国家人力资源开发合作研究》
《职称制度的历史与发展》
《强化公益属性的事业单位工资制度改革研究》
《人事制度改革与人才队伍建设（1978—2018）》
《人才创新创业生态系统案例研究》
《科研事业单位人事制度改革研究》
《哲学与公共行政》
《人力资源市场信息监测——逻辑、技术与策略》
《事业单位工资制度建构与实践探索》
《文献计量视角下的全球基础研究人才发展报告（2019）》
《职业社会学》
《职业管理制度研究》
《干部选拔任用制度发展历程与改革研究》
《人力资源开发法制建设研究》
《当代中国的退休制度》

《当代中国人事制度》
《中国人才政策环境比较分析（省域篇）》
《社会力量动员探索》
《中国人才政策环境比较分析（市域篇）》
《人才发展治理体系研究》
《英国文官制度文献选译》
《企业用工灵活化研究》
《外国公务员分类制度》
《中国福利制度发展解析》
《国有企业人事制度改革与发展》
《大学生实习中的权益保护》
《数字化转型与工作变革》
《乡村人力资源开发》
《高校毕业生就业制度的变迁》
《中国事业单位工资福利制度》
《中外职业分类概述》
《人力资源管理实践与创新：基于双元理论视角》
《海外及港澳台人才引进政策新动向分析》